Andreas Hilger (Hrsg.)
Diplomatie für die deutsche Einheit

**Schriftenreihe
der Vierteljahrshefte
für Zeitgeschichte
Band 103**

Im Auftrag des
Instituts für Zeitgeschichte München – Berlin

herausgegeben von
Helmut Altrichter   Horst Möller
Hans-Peter Schwarz   Andreas Wirsching

Redaktion:
Johannes Hürter und Jürgen Zarusky

Diplomatie für die deutsche Einheit

Dokumente des Auswärtigen Amts zu den deutsch-sowjetischen
Beziehungen 1989/90

Herausgegeben von
Andreas Hilger

Oldenbourg Verlag München 2011

Bibliografische Information der Deutschen Nationalbibliothek

Die Deutsche Nationalbibliothek verzeichnet diese Publikation in der Deutschen Nationalbibliografie; detaillierte bibliografische Daten sind im Internet über http://dnb.d-nb.de abrufbar.

© 2011 Oldenbourg Wissenschaftsverlag GmbH
Rosenheimer Straße 145, D-81671 München
Tel: 089 / 45051-0
www.oldenbourg-verlag.de

Das Werk einschließlich aller Abbildungen ist urheberrechtlich geschützt. Jede Verwertung außerhalb der Grenzen des Urheberrechtsgesetzes ist ohne Zustimmung des Verlages unzulässig und strafbar. Das gilt insbesondere für Vervielfältigungen, Übersetzungen, Mikroverfilmungen und die Einspeicherung und Bearbeitung in elektronischen Systemen.

Umschlagentwurf: Thomas Rein, München, und Daniel Johnson, Hamburg
Umschlagabbildung: Hans-Dietrich Genscher, Bundesminister des Auswärtigen (l.), im Gespräch mit Eduard Schewardnadse, Außenminister der Sowjetunion (r.), 13.2.1990. Das Gespräch fand am Rande der „Open Skies"-Konferenz der Außenminister der NATO und des Warschauer Vertrages im Government Conference Center statt. Presse- und Informationsamt der Bundesregierung/Fotograf: Arne Schambeck
Satz: Typodata GmbH
Druck und Bindung: Grafik + Druck, München

Dieses Papier ist alterungsbeständig nach DIN/ISO 9706

ISBN 978-3-486-70659-8
ISSN 0506-9408

Inhalt

Einleitung 7

Dokumente 15

Dokumentenverzeichnis 265

Abkürzungen 271

Auswahlbibliographie 275

Personenregister 283

Einleitung

"Wer hat die deutsche Einheit ‚gemacht'?" Das fragte sich Gunter Hofmann bereits vor 15 Jahren, nachdem er Erinnerungen deutschlandpolitischer Schwergewichte der „alten" Bundesrepublik gelesen hatte.[1] „Ich! Ich! Ich!", lautete damals die Antwort von so unterschiedlichen Autoren wie Schäuble, Kohl oder Genscher. Die beiden Letztgenannten waren qua Amt die Hauptprotagonisten westdeutscher Deutschland- und Außenpolitik, und auf sie hin zugespitzt resümierte Hofmann: „Für Genscher ist die Politik, die in die Einheit mündet, in den wahren Traum also, ein langer Prozeß. Und für Kohl? Ein kurzes Ereignis. Unverhofft, unvermittelt, unpräpariert. Genscher spinnt sich erst recht in einen ostwesteuropäischen Kokon ein. Kohl schafft die Welt gemeinsam mit Michail Gorbatschow ab sofort neu."[2] Sicherlich unterschätzt Hofmann hier wesentliche Gemeinsamkeiten von Kanzleramt und Auswärtigem Amt in der Deutschlandpolitik, und er überzeichnet vermeintliche Widersprüche in den jeweiligen Zukunftsvisionen. Er hebt aber mit gutem Recht die unterschiedlichen Blickwinkel hervor, aus denen heraus sich die Bonner Politik 1989 und 1990 formulieren ließ.

Die Zahl der Memoiren deutschland- und weltpolitischer Akteure der späten 1980er und frühen 1990er Jahre hat seit der hier zitierten Rezension noch einmal zugenommen. Heute präsentieren neben westdeutschen Protagonisten auch führende ostdeutsche Politiker jeglicher Couleur ihre Interpretation der Umbruchjahre.[3] Dazu kommen Darstellungen internationaler Entscheidungsträger,[4] und neben diesen „Großen Männern" beanspruchen die Frauen und Männer der Bürgerbewegung in der DDR ihren Platz in der kollektiven Erinnerung.[5] Die unterschiedlichen Perspektiven zeigen deutlich, dass sich in der „Deutschen Frage" 1989/90 – wie auch in den 45 Jahren zuvor – Entwicklungslinien von Innen-, Deutschland-, Europa- und Globalpolitik überschnitten. Eine abschließende politische Lösung der Deutschen Frage musste diesen unterschiedlichen Kontexten gerecht werden.[6] Es war dabei nicht nur einvernehmlich zu klären, wer das Selbstbestim-

---

[1] Gunter Hofmann, Wer hat die deutsche Einheit „gemacht"?, in: Die Zeit Nr. 42 vom 11.10.1996; Besprechung von Diekmann/Reuth, Kohl: „Ich wollte Deutschlands Einheit"; Genscher, Erinnerungen; Schäuble, Der Vertrag; Bahr, Zu meiner Zeit.
[2] Hofmann, Wer hat die deutsche Einheit „gemacht"? (s. Anm. 1). Schäuble, so der Eindruck Hofmanns, hat sich „in seinem Rückblick aus dem Jahr 1991 wirklich beschränkt auf die Rolle im Schatten des Körpers des Kanzlers".
[3] Aus westdeutscher Feder etwa Kiessler/Elbe, Ein runder Tisch; Teltschik, 329 Tage. Aus der ehemaligen DDR u. a. Krenz, Herbst; Modrow, Ich wollte ein neues Deutschland; de Maizière, Ich will.
[4] Thatcher, Downing Street No. 10; Bush/Scowcroft, A World; Attali, Verbatim; Tschernjaew, Die letzten Jahre; Černjaev, Sovmestnyj ischod; Gorbatschow, Erinnerungen; ders., Wie es war. Mit wissenschaftlichem Anspruch Zelikow/Rice, Sternstunde.
[5] Vgl. hierzu Kowalczuk, Endspiel. Die unterschiedlichen Blickweisen spiegeln sich nicht zuletzt in den Entwürfen für ein „Freiheits- und Einheitsdenkmal" in Berlin (2010), http://www.bbr.bund.de/cln_015/nn_22808/DE/WettbewerbeAusschreibungen/PlanungsWettbewerbe/Ablage__Abgeschl Wettbewerbe/Ablage__2010/FreiheitEinheitDenkmal/FreiheitsEinheitsDenkmal__2/FED2__Standard.html (letzter Zugriff am 22.3.2011).
[6] Hierzu an aktueller Literatur, die z. T. auch ungedruckte Aktenbestände ausgewertet hat: Sarotte, 1989; Plato, Die Vereinigung Deutschlands; Bozo, Mitterrand; Zelikow/Rice, Sternstunde; Weiden-

mungsrecht der Deutschen ausüben durfte: die west- oder die ostdeutsche Regierung oder die (Gesamt-)Bevölkerung. Vielmehr musste der Anspruch auf nationale Selbstbestimmung in der Mitte Europas mit den Ansprüchen und Mechanismen der internationalen Staatengemeinschaft in Einklang gebracht werden. Diese wurde von zwei antagonistischen Allianzen dominiert, deren Mitglieder wiederum auch akzentuiert eigenstaatliche Interessen vertraten.[7]

Der historischen Forschung stellt sich die Aufgabe, die Ereignisse der Jahre 1989/90 auf nationaler wie internationaler Ebene in ihrer Multidimensionalität und mit adäquater Gewichtung der Handlungsprämissen und -optionen der Beteiligten zu erfassen. Für diese Aufgabe stehen neben der erwähnten Erinnerungsliteratur sowie der zeitgenössischen Presseberichterstattung seit mehreren Jahren auch einige relevante Aktenbestände zur Verfügung.[8] Der Zugang zu den diplomatischen Papieren, die für die Rekonstruktion politischer Akzentuierungen und Entscheidungsprozesse auf der internationalen Ebene unverzichtbar bleiben, ist aufgrund der divergierenden Archivpolitik der Einzelstaaten unvollständig und begrenzt. So basiert die bundesdeutsche „Sonderedition" zur deutschen Einheit, die 1998 unter der Federführung von Hanns Jürgen Küsters und Daniel Hofmann erarbeitet wurde, vor allem auf Akten des Bundeskanzleramts.[9] Das war insofern vertretbar, als „[s]eit Gründung der Bundesrepublik Deutschland [...] alle wichtigen Entscheidungen in der Deutschlandpolitik zur Domäne des Bundeskanzlers" gehörten.[10] Werner Weidenfeld hat in seinem Standardwerk zur deutschen „Außenpolitik für die deutsche Einheit" jedoch deutlich gemacht, dass eine Analyse dieser Politik ohne eine adäquate Einbeziehung der Aktivitäten des Auswärtigen Amts Gefahr läuft, wichtige Aspekte außer Acht zu lassen. Ob man für 1989/90 eine „Arbeitsteilung" zwischen Bundeskanzleramt und Außenministerium oder unterschiedliche Strategien beider Behörden annimmt[11] – beide Versionen implizieren ein nicht unerhebliches Engagement der klassischen Diplomatie im Einigungsprozess, das sich nur aus den Akten des Auswärtigen Amts bewerten lässt. Leider bieten, das sei hier vorausgeschickt, die bekannten Bestände des Bundeskanzleramts und die des Auswärtigen Amts nur vereinzelte Informationen über mögliche Abstimmungsverfahren zwischen den Behörden,[12] und sie können beispielsweise den alten Streit über die jeweiligen Anteile an der Ausformulierung der Gemeinsamen deutsch-sowjetischen Erklärung vom 13. Juni 1989 nicht ab-

---

feld, Außenpolitik. Als Gesamtüberblick Rödder, Deutschland. Aus der älteren Literatur Biermann, Kreml; Pond, Beyond the Wall; Oberdorfer, The Turn.

[7] Zur Gesamtproblematik vgl. zuletzt Fisch, Das Selbstbestimmungsrecht.

[8] An gedruckten Quellenpublikationen sind zu nennen: Galkin/Tschernjajew (Hrsg.), Michail Gorbatschow und die deutsche Frage (russ.: Galkin/Černjaev [Hrsg.], Michail Gorbačev i germanskij vopros); DBPO, Series III, Vol. VI, German Unification; Deutsche Einheit; Masterpieces of History; Gorbačev, Sobranie sočinenij. Daneben sind Einzelpublikationen der National Security Archive – v.a. die Electronic Briefing Books – sowie die Sammlungen des Cold War International History Projects (v.a. The End of the Cold War) zu erwähnen (http://www.gwu.edu/~nsarchiv/NSAEBB/; http://www.wilsoncenter.org/index.cfm?topic_id=1409&fuseaction=va2.browse&sort=Collection&item=End%20of%20the%20Cold%20War). Französische Akten sind teilweise ebenfalls zugänglich, aber nicht publiziert.

[9] Hanns, Zur Edition, S. 13–15; Weidenfeld, Außenpolitik, S. 645–647.

[10] Küsters, Entscheidung, S. 21. Zu institutionellen und persönlichen Zuständigkeiten insges. vgl. Küsters, Entscheidung, S. 21–32; Rödder, Deutschland, S. 132f.

[11] Weidenfeld, Außenpolitik, S. 458f., 625f.

[12] Vgl. Dokument Nr. 18.

schließend klären.[13] Die Dokumente zeigen durchaus unterschiedliche Zugänge von Auswärtigem Amt und Bundeskanzleramt zu den sowjetischen Verhandlungspartnern, die aber beide das abschließende gemeinsame Ziel, die deutsche Einheit, keineswegs aus den Augen ließen oder gar konterkarierten.

Daneben verweist Weidenfeld in seiner Diskussion der bundesdeutschen Außen- und Deutschlandpolitik mit Recht auf die besondere Bedeutung, die ein vertrauensvolles persönliches Verhältnis zwischen den Beteiligten in der Vereinigungspolitik spielte.[14] Protokolle der Begegnungen von Bundesaußenminister Genscher mit dem sowjetischen Außenminister Ševardnadze geben Auskunft darüber, inwieweit sie auf ihrer Ebene zu der Schaffung einer positiven Gesamtatmosphäre beitragen wollten und konnten – die beiden trafen sich immerhin allein 1990 dreizehnmal zu mitunter mehrstündigen Besprechungen.[15]

Vor diesem Hintergrund ist es sehr zu begrüßen, dass das Auswärtige Amt bereits im unmittelbaren Vorfeld des zwanzigsten Jahrestags der Vereinigung Akten des eigenen Geschäftsgangs aus den Jahren 1989 und 1990 zur deutschen Einheit freigegeben hat.[16] Die Dokumente verorten die westdeutsche Politik deutlich in ihren bilateralen, gesamteuropäischen und globalen Kontexten. Vor allem aber beleuchten sie den komplexen Prozesscharakter der multilateralen Verhandlungen weitaus eindringlicher, als es Überlieferungen von Gipfeltreffen allein vermögen. Die Akten des Politischen Archivs erzwingen keine radikale Neuinterpretation der Ereignisse von 1989/90. Sie verleihen dem Bild, das wir uns von den politischen Verhandlungen über die deutsche Einigung machen, jedoch notwendige zusätzliche Tiefenschärfe und Dimensionen.

Diese Gesamteinschätzung gilt insbesondere auch hinsichtlich der Archivalien über die Beziehungen der Bundesrepublik mit der UdSSR. Diese Beziehungen waren, das steht außer Zweifel, für den Prozess der deutschen Vereinigung von ausschlaggebender Bedeutung. Daher erschien es sinnvoll, die bereits vorliegenden Editionen zunächst nur um Quellen zu den deutsch-sowjetischen Verhandlungen der Jahre 1989 und 1990 zu ergänzen. Die zusätzliche Dokumentation von ausgewählten Gesprächen von Außenminister Genscher mit den Spitzen der westlichen Hauptverbündeten der Bundesrepublik Ende 1989 und im Frühjahr 1990 dient dazu, westliche Prioritätensetzungen und Zielvorstellungen vor Augen zu führen, die die bundesdeutsche Politik im bilateralen Verhältnis zur UdSSR zu beachten hatte oder nutzen konnte.[17] Die UdSSR ihrerseits betrachtete die Bundesrepublik in den sicherheits- und bündnispolitischen Grundfragen einer Vereinigung als ersten Ansprechpartner.[18]

---

[13] Kohl, Erinnerungen 1982–1990, S. 892–894, anders dagegen Genscher, Erinnerungen, S. 625f. Hierzu in der hier vorliegenden Edition Dokument Nr. 12. Die Erklärung sowie die Gemeinsame Mitteilung von Gorbačev und Kohl vom selben Tag abgedruckt in: Galkin/Tschernjajew (Hrsg.), Michail Gorbatschow und die deutsche Frage, Dokumente Nr. 38 a–b.
[14] Weidenfeld, Außenpolitik, S. 638f.
[15] Vgl. das Delegationsgespräch Gorbačevs mit Bundeskanzler Kohl am 9.11.1990, in: Galkin/Tschernjajew (Hrsg.), Michail Gorbatschow und die deutsche Frage, S. 564–568, hier S. 565.
[16] Akten aus der Provenienz Dritter, die im PA AA lagern, sind hiervon in aller Regel nicht berührt, vgl. beispielhaft Dokument 37, Anm. 31. Eine erste publizistische Bestandsaufnahme der Dokumente lieferte Klaus Wiegrefe, Allein gegen alle, in: Der Spiegel, Nr. 39 vom 27.9.2010, S. 39–52.
[17] Dokumente Nr. 8, 10, 11 und 22.
[18] Vgl. hierzu die Gipfelgespräche Gorbačevs mit Kohl im Februar und Juli 1990, in: Galkin/Tschernjajew (Hrsg.), Michail Gorbatschow und die deutsche Frage, Dokumente Nr. 72 und 73 sowie 102–104, ferner in dieser Dokumentation u.a. die Dokumente Nr. 17, 23 und 27.

Es ist hier nicht der Platz, die mit dieser Edition ausführlich belegten diplomatischen Aktivitäten und Ministergespräche im Detail nachzuzeichnen. Vielmehr sollen im Folgenden einige Schwerpunkte und Bereiche angerissen werden, für deren Diskussion die hier zusammengestellten Dokumente von besonderem Wert sind.

Die bundesdeutsche Diplomatie sah sich im Spätsommer 1989 mit der Erkenntnis konfrontiert, dass der Schwung, den Gorbačevs Besuch in der Bundesrepublik Deutschland den sowjetisch-westdeutschen Beziehungen verliehen hatte, im Alltag nicht allzu weit trug. Auf der sowjetischen Seite wirkte dem nicht nur das besondere Beharrungsvermögen veralteter Denkschulen im MID entgegen – dass der Deutschland-Experte Bondarenko noch 1989 die gesammelten Werke Ulbrichts in Ehren hielt, sagt einiges über seine Weltsicht aus.[19] Daneben zeigte sich in diesen Monaten aber auch die besondere Empfindlichkeit aller politisch Verantwortlichen in der UdSSR gegenüber angeblichen westlichen Stärkedemonstrationen oder gegenüber vermeintlichen Versuchen, den angesichts der Entwicklungen in Ungarn und Polen ohnehin schon prekären Status quo in Mitteleuropa in Frage zu stellen.[20] Die sowjetische Reaktion auf Äußerungen von Bundeskanzler Kohl auf dem CDU-Parteitag in Bremen im September 1989 zeugt davon, dass sich beide Seiten mit einer wirklich neuen Qualität der deutsch-sowjetischen Beziehungen noch schwertaten.[21] Vor diesem Hintergrund erweist sich der Fall der Mauer umso mehr als zufälliger, nahezu erzwungener Neubeginn.

Der sowjetischen Führung, das ist schon aus den Gorbačev-Dokumenten ersichtlich, fiel es in dieser gänzlich veränderten Ausgangssituation äußerst schwer, eine stringente und schlagkräftige Deutschlandpolitik zu entwickeln. Innerhalb der sowjetischen Eliten gab es zu diesem Zeitpunkt kaum eine einheitliche Vorstellung über die Zukunft Gesamtdeutschlands; als sich in den folgenden Monaten die Auseinandersetzungen über Gorbačevs Gesamtagenda verschärften, nahm auch die Kritik an den außenpolitischen Zugeständnissen zu. Ševardnadze verwies schon sehr früh auf starke und gefährliche Gegenkräfte innerhalb der UdSSR, die durch den Sturz Gorbačevs (und Ševardnadzes) jede weitergehende internationale wie deutschlandpolitische Verständigung und Kooperation verhindern hätten können. Es muss dahingestellt bleiben, inwieweit die beredten Warnungen Ševardnadzes an die deutsche Adresse zu den jeweiligen Zeitpunkten nicht auch – oder sogar weitgehend – taktischem Verhandlungskalkül entsprangen.[22] Ševardnadzes Rücktritt im Dezember 1990, der Putsch des altkommunistischen „Notstandskomitees"[23] im August 1991 und die anschließende Auflösung der UdSSR im Dezember 1991 unterstreichen, dass die Zeitspanne, innerhalb derer weitgehende Abmachungen getroffen werden konnten, tatsächlich begrenzt war. Auf der anderen Seite verlief die Ratifizierung der deutschlandpolitischen Abkommen bis März 1991 jedoch vergleichsweise reibungslos.[24]

In dieser Frist hat die bundesdeutsche Politik ihr großes Ziel erreicht. Doch auch in der Bundesrepublik gab es beim Mauerfall keineswegs einen fixen Masterplan für den Weg zur deutschen Einheit. Gerade in dieser ersten Phase ab November 1989 lassen sich in

---

[19] Dokumente Nr. 3 und 4.
[20] Dokumente Nr. 1, 2, 5 und 6.
[21] Dokument Nr. 3.
[22] Vgl. v. a. Dokumente Nr. 12 und 21.
[23] Gosudarstvennyj komitet po črezvyčajnomu položeniju, GKČP.
[24] Vgl. hierzu die Resolution des Komitees für internationale Angelegenheiten des Obersten Sowjets der UdSSR vom 20.9.1990 sowie die Erklärung des Obersten Sowjets vom 4.3.1991, in: Galkin/Tschernjajew (Hrsg.), Michail Gorbatschow und die deutsche Frage, S. 537–539 und 585f.

Bundeskanzleramt und Auswärtigem Amt je eigene Vorstellungen auch über das einzuschlagende Tempo feststellen.[25] Die Übereinstimmung hinsichtlich des Kernzieles hielt schon jetzt die unterschiedlichen Ansätze zusammen und wandelte sie – um die Leitbegriffe Weidenfelds noch einmal aufzugreifen – in eine Arbeitsteilung um, in der dem Auswärtigen Amt ein wichtiger Part zukam.

Insbesondere die zahlreichen, langen persönlichen Gespräche auf Ministerebene lassen sich als engagiertes – und erfolgreiches – Werben der deutschen Diplomatie um das sowjetische Vertrauen lesen. Die Führung der UdSSR hat in der Deutschlandfrage wie in anderen Politikbereichen innerhalb kurzer Zeit einen weiten Weg zurücklegen müssen – das führen diese Gespräche noch einmal eindringlich vor Augen. In den Unterredungen werden neben den enormen akuten Wirtschaftsproblemen der UdSSR sowjetische Urängste um die eigene Sicherheit, um den Verlust einer stabilen DDR als Eckstein einer in Moskauer Augen bewährten europäischen Sicherheitsstruktur greifbar. In der Substanz zeigen die Unterlagen, wie sich sowjetische Standpunkte graduell verschoben, wie Positionen sukzessive neu bewertet wurden. Diese Verschiebungen erfolgten in ständiger Konsultation und Diskussion mit der deutschen Seite, mit der neue Zugänge und Lösungsmöglichkeiten erwogen und diskutiert wurden. Auf diese Weise gerieten wichtige Problemfelder und Themen früh in den Fokus deutscher Diplomatie, die damit Entscheidungen der großen Gipfeltreffen mit vorbereitete und mit bestimmte.[26] Auf der anderen Seite zeigte sich die Diplomatie gerade 1990 als recht verlässlicher Sensor für anstehende sowjetische Entscheidungen; die recht genauen Vorstellungen vom Stand sowjetischer Debatten konnten der deutschen Politik die Abstimmung und Feinjustierung einzelner Schritte erleichtern. So nahm beispielsweise auch das Auswärtige Amt früh Moskauer Signale dafür auf, wie die zukünftige NATO-Mitgliedschaft Deutschlands in eine internationale Gesamtstruktur eingebettet werden müsste, um für die UdSSR akzeptabel zu sein.[27]

An der späteren Erweiterung der NATO nach Osteuropa hinein hat sich das post-sowjetische Russland immer wieder gerieben. Begründet wurde das mit angeblichen Absprachen oder westlichen Zusicherungen, die im Kontext der deutschen Vereinigung gemacht worden seien. Explizite Versprechen lassen sich in den Akten nicht nachweisen.[28] Die Dokumente des Auswärtigen Amts zeigen jedoch, dass sich die westliche Politik während der Verhandlungen mit der UdSSR sowohl der Brisanz als auch der Aktualität einer NATO-Osterweiterung über das Gebiet der DDR hinaus durchaus bewusst war.[29] Es steht außer Zweifel, dass man sich in der UdSSR in Planspielen ebenfalls mit derartigen Perspektiven befasste. Gorbačevs Berater, Černjaev, setzte sich beispielsweise in einem Memorandum für den Präsidenten mit kursierenden „Überlegungen darüber, dass im Ergebnis der Vereinigung Deutschlands und danach eines möglichen Beitritts Polens zur NATO die Grenzen des Blocks an die sowjetischen Grenzen heranrücken würden", auseinander. „Dies stammt von gestern, dies ist", so Černjaev, „die Strategie aus den Zeiten des Zweiten Weltkrieges und des ‚Kalten Krieges'."[30] Vor diesem allgemeinen Hintergrund konnten Moskauer Vertreter die Äußerungen Genschers vom 11. Februar 1990 weit interpretieren: „Uns sei be-

---

[25] Dokumente Nr. 9 und 12–14.
[26] Dokumente Nr. 20, 23, 27, 30–32 und 34–38.
[27] Dokumente Nr. 33 und 40.
[28] Hierzu eingehend, jedoch sehr formal argumentierend, Kramer, The Myth.
[29] Dokument Nr. 22.
[30] Memorandum vom 4.5.1990, in: Galkin/Tschernjajew (Hrsg.), Michail Gorbatschow und die deutsche Frage, S. 393–395, hier S. 394.

wußt", so Genscher im Gespräch mit Ševardnadze, „daß die Zugehörigkeit eines vereinten Deutschlands zur NATO komplizierte Fragen aufwerfe. Für uns stehe aber fest: Die NATO werde sich nicht nach Osten ausdehnen. Selbstverständlich habe auch die neuzuwählende Regierung der DDR hierbei mitzuentscheiden. Man müsse sich dann mit der SU verständigen. Vielleicht stelle sich dann heraus, daß eine Lösung gar nicht so kompliziert sei. Wenn sowjet. Truppen in der DDR zurückblieben, so sei dies nicht unser Problem. Wichtig sei, daß wir vertrauensvoll miteinander sprächen. Was im übrigen die Nichtausdehnung der NATO anbetreffe, so gelte dieses ganz generell."[31]

Dass „die Sowjetunion dem Verbleib des vereinten Deutschlands in der NATO zustimmen werde", davon zeigte sich US-Außenminister Baker schon vor Gorbačevs Besuch in den Vereinigten Staaten überzeugt.[32] Černjaev hatte noch früher, in dem bereits zitierten Vermerk vom 4. Mai 1990, lakonisch festgehalten: „Es ist völlig offenkundig, dass Deutschland in der NATO sein wird. Und wir haben keinerlei wirkliche Hebel, um das zu verhindern."[33] Die UdSSR brauchte tatsächlich dringend die Unterstützung des Westens für die Perestrojka, doch nicht nur das: Im Rahmen des außenpolitischen „Neuen Denkens" Gorbačevs und Ševardnadzes konnte die einvernehmliche Lösung der „Deutschen Frage" in angemessenen Kooperations- und Sicherheitsstrukturen eine neue Epoche nicht nur bilateraler, sondern gesamteuropäischer und globaler Politik einleiten. Die Debatten der Außenminister über die KSZE-Strukturen, über das zukünftige Verhältnis von NATO und Warschauer Pakt mit der Politisierung beider Bündnisse, die Verhandlungen über die deutsch-sowjetischen Vertragswerke sowie die Gespräche über die wirtschaftlichen Möglichkeiten nach der Einheit zeigen, dass beide Seiten die deutsche Einheit als Auftakt dieser neuen Ära akzeptieren konnten und verstanden wissen wollten. Von daher ging es der deutschen wie der sowjetischen Diplomatie darum, die neuen vertraglichen Beziehungen zügig mit Leben zu füllen. Dass Genscher hierbei demonstrativ großen Wert auf einen angemessenen Umgang Deutschlands mit den noch vorübergehend in Deutschland verbleibenden sowjetischen Soldaten legte, unterstreicht seine Fähigkeit, das Gespür für sowjetische Empfindlichkeiten mit deutschen Interessen zu verbinden.[34] Generell hätte sich die beschworene neue Qualität der deutsch-sowjetischen Beziehungen in der Praxis erst noch herausbilden müssen: Die Gespräche, die die Außenminister, Diplomaten und die Staats- und Regierungschefs im September 1990 führten, verweisen darauf, dass der Übergang von einer belasteten Vergangenheit, von Konfrontation bzw. von einer vorsichtig abwartenden Haltung hin zu einer intensiven Kooperation nur schrittweise erfolgen konnte.[35]

Bonner und Moskauer Projekte einer deutsch-sowjetischen Zusammenarbeit wurden unter den Trümmern der UdSSR begraben. Es ist müßig, darüber zu spekulieren, ob bzw.

---

[31] Vgl. vor diesem Hintergrund auch Dokument Nr. 37, Genscher im Gespräch am 18.6.1990 in Münster: „Wenn das vereinigte Deutschland Mitglied im westlichen Bündnis bleibe, dann könnten wir weiter mitgestalten. Das sei gut für das Bündnis; aber auch gut aus der Sicht Verbündeter der Sowjetunion. Es bestünde keine Absicht, die Streitkräfte der NATO nach Osten auszudehnen. Die Frage der Ausdehnung der Schutzklausel stehe im Zusammenhang mit der Frage des künftigen Verhältnisses der Bündnisstaaten zueinander."
[32] Dokument Nr. 22.
[33] Wie Anm. 30, hier S. 393.
[34] Dokumente Nr. 42, 46 und 49.
[35] Dokumente Nr. 41–45 und 48; vgl. dazu die Telefonate Kohls mit Gorbačev am 7. und 10.9.1990, in: Galkin/Tschernjajew (Hrsg.), Michail Gorbatschow und die deutsche Frage, S. 513–518 und 520–523.

in welchem Umfang sie in ihrer Abhängigkeit von internationalen und nationalen Rahmenbedingungen dauerhaft zu realisieren gewesen wären.

Russland ist für Berlin sicherlich der herausragende Nachfolgestaat der UdSSR. Das deutsch-russische Verhältnis war (und ist) bei allen Annäherungen nicht frei von Problemen, die auch aus der schwierigen Vergangenheit der deutsch-sowjetischen Beziehungen sowie aus dem Einigungsprozess selbst herrühren. Sowjetische Entwürfe für den „2+4"-Vertrag verwiesen unter anderem auf die Frage der Entschädigung von ehemaligen sowjetischen Zwangsarbeitern im Dritten Reich, die 1990/91 immer noch einer befriedigenden Regelung harrte.[36] Daneben sorgte etwa das Thema der so genannten Beutekunst seit 1990 für Irritationen.[37] Der Streitpunkt „NATO-Osterweiterung" war bereits angesprochen worden. Im Mai 2009 bezeichnete Gorbačev die 20 Jahre seit 1989 als „zum Teil ‚vertane Zeit' in den Ost-West-Beziehungen" insgesamt und hob hierbei vor allem die fehlende „neue europäische Sicherheitsstruktur" hervor.[38] Aus diesen langfristigen, bi- und multilateralen Perspektiven heraus betrachtet, erweist sich die deutsche Einheit 1990 als ein Schritt in eine letztlich offene Zukunft. Die bundesdeutsche Diplomatie hat in den Umbruchjahren dazu beigetragen, dass die UdSSR die Zukunftschancen, die mit der „Herstellung der deutschen Einheit" verbunden waren,[39] höher bewertete, als ihre potentiellen Risiken.

Abschließend einige Bemerkungen zur Präsentation der Dokumente:
Rechtschreibung und Zeichensetzung folgen den Vorlagen; das gilt auch für die Schreibweise russischer Namen. Im Autorentext wird hingegen die wissenschaftliche Transliteration des Russischen verwendet. Biographische Kurzangaben zu den Personen finden sich jeweils bei der ersten Nennung der Akteure, die sich unschwer über das Personenregister ermitteln lässt.

Eindeutige Fehler in der Rechtschreibung wurden korrigiert, unterschiedliche Schreibweisen innerhalb der Dokumente (z. B. für „2+4") wurden beibehalten. Fernschreiben der deutschen Botschaften im Ausland lagen in Blockschrift vor, zudem stand für „x" durchweg ein „ks"; diese technischen Besonderheiten wurden stillschweigend der geltenden Rechtschreibung angepasst.

---

[36] Dokument Nr. 43. Verhandlungen liefen ab 1991, nahmen aber erst nach dem Ende der UdSSR konkretere Formen an: Eine gemeinsame Erklärung von Kohl und El'cin vom 16.12.1992 legte 1 Milliarde DM als freiwillige Entschädigungszahlung der Bundesrepublik fest, die dann auf Russland, die Ukraine und Weißrussland verteilt wurde. Die zuständige russische Stiftung „Verständigung und Aussöhnung" wurde im November 1993 gegründet. Vgl. zusammenfassend u. a. Herbert Küpper, Die Wiedergutmachung nationalsozialistischen Unrechts in den Nachfolgestaaten der Sowjetunion, in: Osteuropa 46 (1996), S. 639–656.
[37] Vgl. Brief Gorbačevs an Bundespräsident von Weizsäcker vom 12.7.1991, in: Galkin/Tschernjajew (Hrsg.), Michail Gorbatschow und die deutsche Frage, S. 590–592, hier Anm. 4.
[38] dpa, zitiert nach: „Gorbatschow hält deutsche Presse für bösartig", Welt Online 14.5.2009, http://www.welt.de/politik/article3737091/Gorbatschow-haelt-deutsche-Presse-fuer-boesartig.html (letzter Zugriff am 23.3.2011).
[39] Zur Formulierung vgl. den Drahterlass von D 2 vom 14.2.1990 über die Gespräche Genschers mit den drei westlichen Außenministern und mit Ševardnadze am 13.2.1990 in Ottawa, PA AA, ZA 198.452 E. Ševardnadze strebte ursprünglich „eine Formulierung an, die einen länger andauernden Prozess zum Ausdruck bringen sollte". Nach Rücksprache mit Moskau akzeptierte der sowjetische Außenminister die „Herstellung der deutschen Einheit" als Grundlage und Ziel der 2+4-Verhandlungen.

Die formale Ausgestaltung der Dokumente wurde weitgehend übernommen. Das schließt die Hervorhebung von Personen in Gesprächsprotokollen (Fettdruck, Unterstreichung) ein, die in den einzelnen Dokumenten unterschiedlich gehandhabt ist.

Besonderheiten wie Anstreichungen, Vermerke usw. werden in den Anmerkungen angegeben. Inhaltliche Kommentare sind auf das Notwendigste beschränkt. Auf Abweichungen der vorliegenden Quellen von Parallelüberlieferungen wird nicht hingewiesen. Grundsätzlich sei für den notwendigen Abgleich auf das Literaturverzeichnis dieser Edition verwiesen.

Die vorliegende Edition hat sich aus den Arbeiten zur Übersetzung und Kommentierung der deutschen Ausgabe von Michail Gorbačev i germanskij vopros (Michail Gorbatschow und die deutsche Frage) entwickelt, die im Frühjahr 2011 erschienen ist. Ich möchte mich herzlich bei den Herausgebern und bei der Redaktion der „Schriftenreihe der Vierteljahrshefte für Zeitgeschichte" bedanken, die die schnelle Realisierung dieses Folgeprojekts ermöglicht haben.

Den Mitarbeitern des Politischen Archivs, die mir die intensive Nutzung der freigegebenen Aktenbestände ermöglicht haben, bin ich zu besonderem Dank verpflichtet. Darüber hinaus stand mir Herr Freiherr Dr. Johannes von Boeselager mit wichtigen Hilfestellungen bei der Aufbereitung der Dokumente zur Seite – dafür mein zusätzlicher, sehr herzlicher Dank.

Hamburg, März 2011   Andreas Hilger

Dokumente

Nr. 1

Aufzeichnung des Dolmetschers Scheel[1] vom 13. Juni 1989 über das Gespräch von Bundesaußenminister Genscher[2] mit dem sowjetischen Außenminister Ševardnadze[3] am 12. Juni 1989 in Bonn [Auszug]

Referat 105[4]
105 – A89/3
H. Scheel

Bonn, den 13.06.1989[5]

Betr.: Gespräch des Herrn Bundesaußenminister des Auswärtigen, Hans-Dietrich Genscher (im weiteren abgekürzt als BM), und des Außenministers der Sowjetunion, Herrn Eduard Schewardnadse (im weiteren abgekürzt als Sch.), am 12.06.1989;
hier: Dolmetscheraufzeichnung

BM: Er freue sich, feststellen zu können, daß dieser bedeutsame Tag endlich gekommen sei, für den sehr viel von beiden Seiten gearbeitet worden sei, um ihn zu ermöglichen. Vor allem sei hervorzuheben, daß dieser Besuch zu einem günstigen Zeitpunkt stattfinde. Der freundliche, herzliche Empfang komme auch daher, daß das Volk spüre, in welch hohem Maße sich die sowjetische Führung ihrer Verantwortung für die Zukunft des Friedens in Europa bewußt sei; dies sei ein sehr ermutigendes Zeichen. Er wolle auch nicht verhehlen, daß das gute persönliche Verhältnis zu Herrn Schewardnadse Fragen lösbar gemacht habe, die früher nicht lösbar erschienen seien; und was heute noch nicht geregelt werden könne, werde dann eben in Zukunft lösbar werden. Das allgemeine hohe Interesse für diesen Besuch zeige, in welch freundschaftlichem und positivem Geist die Entwicklungen in der Sowjetunion von unserer Bevölkerung verfolgt würden; wenn es Probleme in der Sowjetunion gebe, sei das Interesse unserer Bevölkerung ein Interesse des intensiven Mitfühlens.
Sch.: Er teile die Auffassung, daß dies ein besonderer Tag sei; die sowjetische Seite fühle sehr wohl die wohlwollende Atmosphäre, in der der Besuch stattfinde. Die Unterzeich-

---

[1] VLR Hermann Scheel, Dolmetscher im AA.
[2] Hans-Dietrich Genscher (*1927), 1974–1992 Bundesaußenminister.
[3] Éduard Amvrosievič Ševardnadze (*1928), 1985 bis Dezember 1990 und November bis Dezember 1991 Außenminister der UdSSR, 1985–1990 Mitglied des Politbüros des ZK der KPdSU, 1990 Mitglied des Präsidialrats.
[4] Sprachendienst des AA.
[5] Handschr. Vermerk Seitenmitte oben: „SOW (Gespr.)"; unter dem Datum handschr.: „G[enscher] 18.6. zdA E[lbe] 3/7". Frank Elbe (*1941), 1987–1992 Leiter des Ministerbüros im AA. Das Gespräch fand während des Staatsbesuchs Gorbačevs in der Bundesrepublik statt, vgl. die Dokumente Nr. 33–44 in Galkin/Tschernjajew (Hrsg.), Michail Gorbatschow und die deutsche Frage.

nung eines wichtigen Dokuments stehe an, dessen Vorbereitung kein leichter Prozeß gewesen sei.[6] Nunmehr sei es möglich, den Weg zur Zusammenarbeit für viele kommende Jahre zu finden. Auch die sowjetische Seite sehe diesen Besuch als ein großes Ereignis, zu dem auch der Herr BM einen großen persönlichen Beitrag geleistet habe, der bekannt sei als aufrichtiger Anhänger einer Stärkung der Zusammenarbeit zwischen beiden Ländern. Er, Sch., schätze das gute persönliche Verhältnis sehr, das auch für schwierige Fragen Lösungen [ermögliche].[7] Es hänge viel von der Qualität der persönlichen Kontakte ab, die viel Gutes ermöglichten, wenn man sich gegenseitig vertraue und glaube.

Ein aktuelles, konkretes Thema sei jetzt, wie die Verminderung der militärischen Konfrontation durchgesetzt werden könne. Man dürfe nicht auf dem Erreichten stehenbleiben, denn das Wettrüsten dauere an. Es komme jetzt darauf an, eine hohe Dynamik der Abrüstung und Rüstungskontrolle sicherzustellen. Wenn heute noch oder bei späteren Gelegenheiten des Zusammenkommens über die Zukunft Europas ein Meinungsaustausch durchgeführt werde, so sei er tief überzeugt, daß, wenn es zu einem realen Fortschritt, zu Ergebnissen bei der Reduzierung der Rüstungen komme, auch für die Zukunft Europas kühne Entwürfe möglich seien. Ob dies nun das gemeinsame europäische Haus oder irgendwie anders genannt werde, sei nicht so wichtig. Die Zeit sei herangereift, um das Vertrauen zwischen den Völkern zu stärken. Eine Grundlage dafür sei die Überwindung der militärischen Konfrontation. Die heute vorhandenen Chancen für gute Fortschritte in dieser Richtung dürften nicht aufgeschoben werden. Die heute lebende Generation sei reif dafür, kühne, allumfassende Entscheidungen auf diesem Gebiet zu treffen. Konkret gesprochen, sei es nach dem INF-Vertrag besonders wichtig, bei den Wiener Verhandlungen Erfolg zu erzielen.[8] [...].[9]

BM: Er wolle in aller Offenheit fragen, welches politische Ziel die sowjetische Seite mit diesem Besuch verbinde. Der Abschluß der Abkommen[10] und die Verabschiedung der gemeinsamen Erklärung sei eine klare abgesprochene Sache, aber es gebe ja auch weitreichende politische Ziele.

Sch.: Die gemeinsame Erklärung müsse demonstrieren, daß beide Seiten nicht nur gute Worte verlieren wollten, sondern daß die Verwirklichung des Erklärten schon beginne. Daß es schließlich so gut gelungen sei, dieses gemeinsame Dokument zu produzieren, wer-

---

[6] Gemeinsame Erklärung der UdSSR und der Bundesrepublik Deutschland vom 15.6.1989, in: Bulletin Nr. 61 vom 15.6.1989, S. 542–544; die „Abgestimmte Presseerklärung" vom 15.6.1989 ebenda, S. 544f. Die Übersetzung der amtlichen Bezeichnung der Bundesrepublik ins Russische war bis zuletzt umstritten. Die Bundesrepublik bestand für „Deutschland" auf dem Nominativ (Germanija), während die UdSSR gem. alter Praxis den Genitiv (Germanii, „Deutschlands") verwenden wollte (analog zur früheren Bezeichnung durch die DDR, „Deutsche Bundesrepublik"); dahinter stand die sowjetische Annahme, „hinter dem Nominativ ‚Deutschland' verstecke sich ein Alleinvertretungsanspruch". Schließlich setzten Ševardnadze und Gorbačev die Verwendung des Nominativs durch, vgl. Fernschreiben Botschaft Moskau vom 4.6.1989 an AA, Referat 213 (Sowjetunion bzw. Osteuropa), PA AA, ZA 147.141 E.
[7] Im Dokument: ermöglich.
[8] INF-Vertrag vom 8.12.1987, u. a. unter http://www.state.gov/www/global/arms/treaties/inf2.html (letzter Zugriff am 27.3.2011). In Wien wurden seit dem 9.3.1989 – nach Abbruch der MBFR-Verhandlungen – die Verhandlungen über Konventionelle Streitkräfte in Europa (KSE) geführt. KSE-Vertrag vom 19.11.1990, in: Schweisfurth/Oellers-Frahm (Hrsg.), Dokumente, S. 307–431.
[9] Ausführlicher Austausch über Grundfragen der Abrüstungsgespräche.
[10] Eine Auflistung der abgeschlossenen Abkommen findet sich in der Gemeinsamen Presseerklärung vom 15.6.1989 (s. Anm. 6). Die entsprechenden Fundstellen der Abkommen sind in: Galkin/Tschernjajew (Hrsg.), Michail Gorbatschow und die deutsche Frage, Dokument Nr. 38 b.

de auch eine große Bedeutung für ganz Europa haben. Als Versuch, die hierin ausgedrückten Ziele sämtlich zu realisieren, sei das gesamte Abkommenspaket ein guter Beweis. Wahrscheinlich werde es in der Zukunft ein großes Europa-Gespräch über die Zukunft des Kontinents geben. Mit der Erklärung sei zwar theoretisch und weltanschaulich alles fixiert, jetzt stehe die ganz praktische Frage an, wie all diese Wünsche realisiert werden müßten. Man solle sich hier von einem pragmatischen Ansatz leiten lassen: Es sei nicht zufällig, daß die sowjetische Seite die Reduzierung der taktischen Nuklearbewaffnungen in den Vordergrund rücke.[11] Jedoch werde auch alles andere, die wirtschaftlichen, ökologischen und humanitären Fragen, erweisen, was Partnerschaft in der Praxis bedeute. Und hierin liege auch die große Bedeutung der gemeinsamen Erklärung: Sie zeige, was heute Partnerschaft und Zusammenarbeit bedeuten. Dies beschränke sich nicht nur auf das Verhältnis zur Bundesrepublik, sondern auch auf das zwischen Bundesrepublik und der DDR und darauf, was tatsächliche Partnerschaft zwischen West und Ost insgesamt bedeute. Auch im Bereich der Wissenschaft und Forschung, der Technologie usw. komme es darauf an, die Partnerschaft aufzubauen. Der Herr BM habe mit Herrn Kwizinski[12] sehr interessante Gespräche über die künftigen europäischen Strukturen geführt. Auch GS Gorbatschow[13] wolle mit allen seinen Gesprächspartnern diese Themen anschneiden.[14] Die Sowjetunion wolle keine bestehenden Strukturen zerstören, denn dies sei irreal und verhängnisvoll. Es komme darauf an, die bestehenden Strukturen zu nutzen, um dann aber auch neue zu entwickeln. Der Vorschlag, die Bündnisblöcke aufzulösen, sei zwar der Sowjetunion sympathisch, aber da er keine Chance habe, angenommen zu werden, sei er irrational. Vonnöten sei ein anderer Ansatz: Schon die Wiener Verhandlungen der 23 Staaten [bedeuten][15] einen Übergang zu praktizierter Partnerschaft. Auch die Verhandlung [sic!] der 35 KSZE-Staaten über vertrauensbildende Maßnahmen sei ein weiterer Schritt auf diesem Wege.[16] Falls sich Einigung im Bereich der konventionellen Abrüstung erreichen lasse, würden zunehmend die politischen Fragen statt der militärischen die erstrangige Bedeutung erhalten. Europa verfüge heute schon über eine reiche Erfahrung in wirtschaftlicher Zusammenarbeit, bei der Überwindung der militärischen Konfrontation, im humanitären Bereich und im grenzüberschreitenden Umweltschutz sowie auf vielen anderen Gebieten. Später entstehende Strukturen könnten mit Gewinn auf diesen Erfahrungen basieren. All diese Gedanken wären vor zehn Jahren noch als völlig abstrakt erschienen. Zum Beispiel hätten der Herr BM und Präsident Mitterrand[17] [einem][18] KSZE-Gipfel zur Sicherheitspolitik [zugestimmt [?]].[19] Warum könne dies nicht zu einer Tradition gemacht werden, da

---

[11] Der NATO-Gipfel in Brüssel (29./30.5.1989) hatte die Entscheidung über die Modernisierung der Kurzstreckenrakete Lance auf 1992 verschoben. Zur Gesamtproblematik vgl. Genscher, Erinnerungen, S. 581–621; Gespräch Kohls mit Gorbačev am 13.6.1989, in: Deutsche Einheit, S. 287–292.
[12] Julij Aleksandrovič Kvicinskij (1936–2010), 1986–1990 sowjetischer Botschafter in der Bundesrepublik, 1989–1990 Mitglied des ZK der KPdSU, 1990–1991 (Erster) Stellv. Außenminister.
[13] Michail Sergeevič Gorbačev (*1931), 1985–1991 Generalsekretär des ZK der KPdSU, 1989–1990 Vorsitzender des Obersten Sowjets der UdSSR, 1990–1991 Präsident der UdSSR.
[14] Vgl. die Dokumente Nr. 33–44 in Galkin/Tschernjajew (Hrsg.), Michail Gorbatschow und die deutsche Frage.
[15] Im Dokument: bedeute.
[16] Die Verhandlungen über vertrauens- und sicherheitsbildende Maßnahmen mündeten in das Wiener Dokument vom 17.11.1990, in: Schweisfurth/Oellers-Frahm (Hrsg.), Dokumente, S. 273–303.
[17] François Mitterrand (1916–1996), 1981–1995 französischer Staatspräsident.
[18] Handschr. korrigiert aus: einen.
[19] Handschr. korrigiert aus: vorgeschlagen. Vgl. die Charta von Paris vom 21.11.1990, in: Schweisfurth/Oellers-Frahm (Hrsg.), Dokumente, S. 441–469.

schließlich die Zeiten und die Politiker sich änderten bzw. sich ablösten? Wichtig sei auch das Zentrum zur Verminderung der Kriegsgefahr, wozu die Rede des Herrn BM viele interessante Ideen enthalten habe.[20] Es werde zu der Bildung vieler neuer Institutionen kommen.

BM: Der Vorzug der Gemeinsamen[21] Erklärung bestehe darin, daß man von bestehenden Strukturen ausgehe und gleichzeitig die Gestaltung der Zukunft entworfen werde. Schon, was den militärischen Bereich anbetreffe, werde es dank der vielen Überprüfungsmechanismen, die durch die neuen Vereinbarungen bedingt seien, zu institutionalisierten Strukturen kommen. Der Generalsekretär habe in New York den Gedanken der Errichtung eines Internationalen Gerichtshofs für Menschenrechtsfragen vorgetragen.[22] Innerhalb der EG werde jetzt das Projekt des hochverdichteten Fernsehens vorangetrieben, das es ermögliche, in allen Ländern ein einheitliches Empfangssystem zu schaffen und damit zum besseren gegenseitigen Kennenlernen der Völker und ihrer Kulturen aktiv beizutragen.

Sch.: Es sei sehr wichtig, hierfür die technisch-wissenschaftlichen Voraussetzungen zu gewährleisten. In politischer Hinsicht habe die sowjetische Seite einen freien, gesamteuropäischen Informationsraum gefordert.

BM: Sehr wichtig sei auch, sich in der Infrastruktur auf die europäische Dimension einzustellen, dies bedeute neben der West-Ost-Struktur in der Bundesrepublik auch eine zusätzliche Nord-Süd-Struktur, nämlich hinsichtlich unserer Verkehrsnetze in Eisenbahn und auf der Straße. Es komme darauf an, in ganz Europa eine gemeinsame Struktur zu schaffen. Vereinheitlichung der Normen und der Umweltforschung seien wichtig. Es sei absurd, daß zum Beispiel Reisende zwischen der Bundesrepublik und der SU ihre jeweiligen Stekker in den Steckdosen der anderen Seite nicht verwenden könnten, weil die Standards verschieden seien. Europa müsse als Ganzes gesehen werden, obwohl es in dem Sinne nicht einheitlich sei, daß es ein Kontinent der Vielfalt sei. Es komme aber darauf an, all die Faktoren zu beseitigen, die ein Zusammenwachsen verhinderten. Wenn es gelinge, in all diesen Gebieten die Divergenzen einzugrenzen und zu beseitigen, werde sich auch die Zahl der politischen Probleme vermindern.

Sch. stimmt zu. Praktisch gesehen verhalte es sich so, daß die zukünftigen europäischen Strukturen im Dialog wachsen würden. Man könne tatsächlich nicht sagen, daß es in Europa einen Mangel an Dialog gebe. Auf allen möglichen Gebieten seien Gesprächsforen vorhanden. Im KSZE-Rahmen seien, besonders nach Wien, eine ganze Reihe von Konferenzen angesetzt worden. Woran es aber fehle, seien die Orientierungsmarken. Wohin wollen wir? Er habe zum Beispiel vor kurzem an einer Konferenz in Paris für die menschliche Dimension teilgenommen, diese Konferenz sei auch sehr gut gewesen.[23] Was aber komme danach? Wenn zum Beispiel die Wirtschaftskonferenz, die in Bulgarien stattfinden werde, kein konkretes Programm hervorbringe, sei ein Gefühl der Enttäuschung unaus-

---

[20] Vgl. schließlich die Gründung eines Konfliktverhütungszentrums durch die Charta von Paris, in: Ebenda, S. 453, 458f.
[21] Wechsel von Groß- und Kleinschreibung im Terminus gem. Dokument.
[22] In seiner Rede vor der Generalversammlung der Vereinten Nationen am 7.12.1988 forderte Gorbačev, dass „die Jurisdiktion des Internationalen Gerichtshofes in Den Haag in bezug auf die Deutung und Anwendung der Menschenrechtsabkommen für alle Staaten verbindlich sein muß". Gorbatschow, Glasnost, S. 278.
[23] Zur KSZE-Menschenrechtskonferenz vom 30.5. bis 23.6.1989 vgl. u.a. Richter, Die friedliche Revolution, S. 119; vgl. auch Anm. 36.

bleiblich. Oder das Wirtschaftsforum in Bonn: Es könne ebenso gut eine folgenlose Konferenz werden, wenn es nicht sehr gut vorbereitet würde. Es müßten also immer konkrete Projekte benannt und beschlossen werden, dazu seien auch Wege der Finanzierung zu erschließen. Alle gesamteuropäischen Kontakte müßten in dieser Hinsicht effektiver gemacht und konkretisiert werden.

BM: Das Beispiel der Pariser Konferenz zeige natürlich, wie wichtig es sei, konkrete Ziele anzusteuern und diese auch institutionell abzusichern. Schon GS Gorbatschow habe ja in New York entsprechende Erklärungen abgegeben. Natürlich seien wir froh, daß das Wirtschaftsforum in Bonn stattfinden werde. Der diesem Forum erteilte Auftrag hätte aber durchaus klarer sein können.

Sch.: Es sei völlig klar, daß Fragen der Verkehrswirtschaft, der Energetik usw. von den Staaten allein nicht mehr zu lösen [seien].[24] Als Energieträger gebe es heute die Atomenergie, die traditionellen Quellen wie Gas und Öl, aber was werde morgen? Hierzu gebe es nun das Projekt der Kernfusion, das für die Zukunft ausschließliche Bedeutung habe und an dem unsere beiden Seiten auch schon zusammen arbeiteten; warum aber sollte sich nicht ganz Europa daran beteiligen? Wenn sich die europäischen Konferenzen und Foren nur in allgemeinen Erwägungen ergingen, sei damit wenig geholfen. Es komme auf eine [gewisse][25] Zusammenführungsdynamik zwischen Ost und West an. Man denke nur einmal an die Dynamik der Entwicklungen der deutsch-sowjetischen Beziehungen in den letzten 12 bis 24 Monaten. Um die europäische Spaltung [politisch][26] und wirtschaftlich zu überwinden, müsse man zunehmend lernen, eine gemeinsame Sprache zu finden. Hierzu sei allein ein kontinuierlicher Dialog Voraussetzung. All das, was schon auf der Grundlage des KSZE-Prozesses gelungen sei, könne man wahrhaft revolutionär nennen. Es gebe hier viele Facetten und Komponenten. Ein kühner Ansatz sei vonnöten, jedoch auch eine bestimmte Toleranz und ein respektvolles Verhalten zu Partnern.

BM: Herr Sch. möge sich bitte offen aussprechen, falls er mit diesen Gedanken eine Andeutung in bezug auf die Bundesrepublik machen wolle.

Sch.: Gut, er wolle direkt antworten: Es sei völlig in Ordnung, daß Präsident Bush[27] in die Bundesrepublik gekommen sei; er werde auch geachtet und als seriöser Politiker nach Verdienst geschätzt. Warum aber halte er es für notwendig, die Atmosphäre gegen die DDR aufzuheizen?[28] Irgendwelche Appelle würden die Situation in keiner Weise ändern. Er, Sch., sei vor kurzem in der DDR und in Berlin gewesen, und habe dort wegen der letzten Bush-Äußerungen über die Berliner Mauer nur Gereiztheit und sonst nichts angetroffen.[29] Man sollte Feinfühligkeit walten lassen. Auch die Sowjetunion und die Bundesrepublik hätten nicht über Nacht zu humanitären Lösungen gefunden. Was die Sowjetunion heutzutage als neue Entwicklungen in ihrem Leben durchsetze, habe sie wahrlich nicht in der Konsequenz von Präsident Reagans[30] Appellen getan. Auch die Berliner Mauer werde fallen, wenn dafür die Zeit reif sei. Dazu bedürfe es aber einer gewissen Atmosphäre des

---

[24] Im Dokument: sei.
[25] Im Dokument: gewissen.
[26] Im Dokument: politische.
[27] George H. W. Bush (*1924), 1989–1993 Präsident der USA.
[28] Vgl. die Rede Bushs in der Mainzer Rheingoldhalle am 31.5.1989, in: Europa-Archiv 44 (1989), S. D 356–D 361.
[29] Niederschrift über das Gespräch Ševardnadzes mit Honecker am 9.6.1989, in: Stephan (Hrsg.), Vorwärts immer, S. 75–88; Auszüge in Masterpieces of History, S. 460–462.
[30] Ronald Reagan (1911–2004), 1981–1989 Präsident der USA.

Vertrauens und des Wunsches, sich wirklich in der Situation auszukennen, sowie einer respektvollen Haltung gegenüber anderen Staaten.

BM: Er bitte um Verständnis für seine Ansicht, daß die Mauer natürlich ein Ärgernis sei und vor allem nicht zeitgemäß. In einem kürzlichen SPIEGEL-Interview habe er gesagt, das Problem der DDR-Führung bestehe darin, daß sie zustandebringen müßte, die DDR attraktiv zu machen.[31] Es sei eben so, daß die Ereignisse in der Sowjetunion bei der Bevölkerung der DDR ganz besonders attraktiv seien. Er, der BM, habe die Sorge, daß die DDR noch nicht den frischen Wind der Reformen wie in der Sowjetunion ins Land lassen wolle. In außenpolitischer Hinsicht sei die Bevölkerung der DDR durchaus zufrieden, weil sie überzeugt sei, daß die DDR zur Abrüstung beitragen wolle und zum Westen ein auskömmliches Verhältnis suche. Es habe ja auch große Fortschritte bezüglich des Reiseverkehrs gegeben. Es komme uns darauf an, daß die Verhältnisse in der DDR möglichst stabil gehalten werden könnten, wir wollten eben keine Destabilisierung; es sei gut, daß Herr Sch. vor kurzem in der DDR gewesen sei.

Sch.: Die Politik der DDR könne nur durch ihre Führung bestimmt werden; sie werde nicht in Washington, Moskau oder irgendwo anders gemacht. Die Amerikaner sähen diese Dinge in schiefem Licht, daher erklärten sich wohl auch die abschätzigen und respektlosen Äußerungen. Er habe mit Honecker[32] ein dreistündiges Gespräch geführt und es sei durchaus interessant, welches Programm der politischen Maßnahmen die DDR-Führung sich vorgenommen habe. In sozialer Hinsicht habe die DDR ohnehin viel geleistet. Man könne sagen, daß die Sowjetunion in dieser Hinsicht deutlich hinter der DDR zurückliege, ob es nun um das Wohnungswesen, die Kinderfürsorge, das Schulwesen oder den Sport gehe. Wahrscheinlich könne die DDR in der Menschenrechtspolitik etwas beherzter handeln, aber auch dies könne sie nur selber entscheiden.

BM: Für ihn sei die Mauer ein Ärgernis; dieses sage er aus seiner Sicht, ohne daraus eine Prestigefrage machen zu wollen. Man solle überhaupt anderen gegenüber versuchen, Dinge nicht zu einem Prestigeproblem werden zu lassen. ~~Er sage dies aber nur, weil Herr Sch. das DDR-Thema angeschnitten habe, ansonsten hätte er es von sich aus nicht getan.~~[33]

Sch.: Er habe dies bewußt angeschnitten, da er klarmachen wolle, daß er keinem akuten Problem auszuweichen wünsche. Wie solle er zum Beispiel die Mauer bewerten, wenn er zugrundelege, daß Honecker gegen die Atomrüstung sei, Frau Thatcher[34] aber für die Beibehaltung von Atomwaffen? Was zähle dagegen dann die Mauer? Solle er aber andererseits keinen Dialog mit Frau Thatcher führen? Natürlich müsse ein Dialog auf der gebührlichen Ebene geführt werden. Wahrscheinlich müßten alle lernen, die Meinung und die Standpunkte anderer zu achten.

BM: Die DDR-Führung sei in einer schwierigen Lage, da ein Arbeiter in der DDR seine Lage nicht mit der seines Kollegen in Polen, Ungarn, Rumänien usw. vergleichen würde, sondern mit der seines westdeutschen Kollegen. Die Bevölkerung wünsche auch Reformschritte. Es seien sehr nüchterne und realistische Leute, die einfach enttäuscht seien, wenn

---

[31] Spiegel Nr. 24 vom 12.6.1989, S. 20–23.
[32] Erich Honecker (1912–1994), 1971–1989 Erster bzw. Generalsekretär des ZK der SED und Vorsitzender des Nationalen Verteidigungsrats, 1976–1989 Vorsitzender des Staatsrats der DDR.
[33] Satz von Hand gestrichen.
[34] Margaret Thatcher (*1925), 1979–1990 Premierministerin des Vereinigten Königreichs Großbritannien und Nordirland.

die DDR-Führung sich nicht zu dem entschließe, was jetzt in der SU in vollem Gange sei. Vor kurzem sei er in seiner Heimatstadt Halle bei den Händel-Festspielen gewesen, habe dort ehemalige Schulkameraden und auch andere Menschen gesprochen. Bei allen sei der Wunsch angeklungen, es möge in der DDR dasselbe geschehen wie auch in der Sowjetunion.

Sch.: Wenn in der SU jetzt die Demokratisierung, die Öffnung usw. anstehe, so werde die Sache oft in dem Sinne falsch gesehen, als ob die Perestroika in der Sowjetunion durch irgendwelche äußeren Faktoren entstanden sei. Niemand aber und nichts Äußeres habe der Sowjetunion diesen Kurs aufgedrängt. Sie habe sich selber dazu entschlossen und werde deshalb auch keinen drängen, ihn zu kopieren. Früher seien solche Irrtümer durchaus begangen worden. Man nehme zum Beispiel einen Vergleich zwischen der Bundesrepublik und dem NATO-Partner Türkei. Die Demokratie in diesen beiden Ländern sei völlig unvergleichbar. In der Bundesrepublik zum Beispiel habe die DKP volle Betätigungsfreiheit, während ein kommunistischer Türke auf offener Straße erschlagen werden könne. Trotzdem werde die SU die Türkei niemals fragen, warum sie nicht Verhältnisse wie in der Bundesrepublik einführe.

BM wirft eine Anekdote ein: Er habe auf Fragen von Journalisten, warum er nicht die SU stärker dränge, auf die DDR Einfluß zu nehmen, gefragt, wie es miteinander zu vereinbaren sei, daß man früher der SU zuviel Einmischung in die DDR-Angelegenheiten vorgeworfen habe, um ihr jetzt vorzuwerfen, sich nicht genug einzumischen? Er wolle aber gerne von Herrn Sch. hören, wie die SU den weiteren Weg der DDR beurteile und welchen Rat sie uns zu geben habe, was unser weiteres Verhältnis zur DDR anbetreffe.

Sch.: Je weniger Konfrontation es gebe, desto besser. Aktionen wie die Bush-Rede jedoch verletzten die Selbstachtung der DDR, daher sei dies nicht nur eine Sache, mit der man nicht konform gehe, sondern er lehne sie durchweg ab.

BM: Er begrüße uneingeschränkt die Äußerung [seines][35] verehrten sowjetischen Kollegen auf der Wiener Konferenz vom „rostenden eisernen Vorhang", der jetzt zerfalle.[36]

Sch.: Er danke, letztlich, davon sei er überzeugt, würden alle zur Demokratie kommen. In der Sowjetunion habe man dies in den letzten Jahren eingesehen. Man solle kein Problem daraus machen, was die DDR zu ihrem Schutz für nötig halte; jedenfalls solle gegen die Selbstachtung von Staaten nicht verstoßen werden.

Der Herr BM äußerte seine Freude anläßlich der Änderung der sowjetischen Praxis in bezug auf die russische Benennung der Bundesrepublik Deutschland.[37]

Beide Minister äußerten sich befriedigt über das offene und zugleich auch freundschaftliche Gespräch.

Beginn des Gesprächs: 13.40 Uhr; Ende des Gesprächs: 15.20 Uhr.

Hermann Scheel[38]

PA AA, ZA 178.931 E.

---

[35] Im Dokument: eines.
[36] Rede auf der Abschlusssitzung des Wiener KSZE-Folgetreffens (4.11.1986–19.1.1989), in: Genscher, Erinnerungen, S. 628f.
[37] Wie Anm. 6.
[38] Eigenhändige Unterschrift.

Nr. 2

Aufzeichnung des Dolmetschers Scheel vom 20. Juni 1989 über das Gespräch von Bundesaußenminister Genscher mit dem sowjetischen Außenminister Ševardnadze am 14. Juni 1989 in Wachtberg-Pech [Auszug]

Referat 105
105 – A89/4
VLR Hermann Scheel

Bonn, den 20. Juni 1989

<u>Betr.:</u> Gespräch zwischen dem Herrn Bundesminister des Auswärtigen, Hans-Dietrich Genscher, und dem Außenminister der Sowjetunion, Herrn Eduard Schewardnadse, in Wachtberg-Pech am 14.6.1989

<u>hier:</u> Dolmetscheraufzeichnung der politischen Aussagen Sch.'s zu einigen Themen in komprimierter Form

1. Zur Aufnahme in der Bundesrepublik Deutschland

Die Begrüßung durch die Bevölkerung sei außerordentlich bewegend: man spüre die Aufrichtigkeit und Herzlichkeit der Menschen, es gebe geradezu eine Seelenbewegtheit. Die Aufnahme durch die Bevölkerung sei so überwältigend, als habe es jenen schrecklichen Krieg gar nicht gegeben. Aus dieser Sicht sei es doch ein kluger Entschluß gewesen, die Gemeinsame Erklärung herauszugeben.[1] Hätte man dies oder etwas Ähnliches nicht getan, so wäre dies von den Völkern nicht mehr verstanden worden. Die Herzlichkeit, mit der die Bevölkerung der sowjetischen Delegation und dem Generalsekretär begegne, sei bis zu Tränen rührend. In Moskau, das wisse er aus Telefongesprächen, könne man schon gar nicht mehr begreifen, was bei uns vorgehe.

(Sch. stimmt dann jedoch dem BM zu, als dieser auf die Erwähnung des Krieges hin antwortet, die Gefühle der Bevölkerung seien sicher gerade wegen der Wunden des Krieges noch tiefer geworden. Beide Völker hätten ja geschichtlich immer eine starke Zuneigung zueinander gehabt, die sich erst in diesem Jahrhundert abgekühlt hätte und dann bewußt durch Verhetzung verdrängt worden sei. Heutzutage kämen diese Gefühle umso stärker wieder zum Ausdruck.)

2. Zur inneren Lage in der Sowjetunion

[...].[2]

3. Zur Lage in Mittel- und Osteuropa

---

[1] Vgl. Dokument Nr. 1, Anm. 6.
[2] Kurze Ausführungen Ševardnadzes zu Überlegungen der sowjetischen Führung, den Besuch wegen einer Eisenbahnkatastrophe bei Ufa (am 4.6.1989) zu verschieben, sowie zu nationalen Unruhen in Uzbekistan.

Sch. erklärt, in einigen Ländern erlebe man im Moment schwere Augenblicke wegen der überaus schwierigen wirtschaftlichen Situation. In Polen bestehe eine Gefahr der Instabilität, die Lage der Ungarn sei schwer.

(Der BM wirft ein: trotzdem sei der Kurs der Sowjetunion, Polens und Ungarns der richtige, denn wenn man es zu einem Problemstau kommen lasse, bewirke dieser eher noch mehr Instabilität.)

Sch.: Wandel bringe immer Schwierigkeiten mit sich, die man einfach zu überwinden lernen müsse, jedoch bedeute die wirtschaftliche Situation eine starke Komplikation der Lage.

4. Beide Minister sind sich einig, daß man im Hinblick auf Wien noch mehr zusammenarbeiten solle.[3] Es solle am besten noch vor der Sommerpause ein Expertentreffen beider Länder stattfinden. Der BM schlägt vor, falls immer nötig, z.B. vor entscheidenden Momenten, wie es ja auch beim INF-Problem schon funktioniert habe, könnten sich beide Minister ohne große Formalitäten und Protokoll telefonisch in Verbindung setzen oder auch kurzfristig eine direkte Begegnung vorsehen.

5. Zu den Verhandlungen mit den USA; Verhältnis SU – USA im allgemeinen.

[...].

(Nach einem Hinweis des BM auf bedeutsame Aussagen des Präsidenten [Bush] während seines Besuchs in Mainz fährt Sch. fort.)[4]

In dieser Rede habe es auch inakzeptable Passagen gegeben. Insgesamt sei es desto besser, je weniger die USA auf die deutsche Frage eingingen. Allerdings sei Präsident Bush vorsichtiger als sein Vorgänger; in Reagans Reden sei fast alles zu diesem Thema äußerst aufreizend gewesen, das habe er auch in der DDR selber feststellen können.

6. Zur künftigen Entwicklung in der DDR

Sch.: Man bereite sich jetzt in der DDR auf den Parteitag vor, in diesem Zusammenhang gebe es sehr interessante Gedanken und Lösungsvorschläge.[5] Damit werde eine Basis für die Vervollkommnung der Verhältnisse gegeben sein. Es werde sich aber um eine schrittweise und geplante Vervollkommnung handeln. Es gebe jedenfalls viele interne Erwägungen, die viel Positives bedeuten könnten, je weniger feindselige Elemente ins Spiel gebracht würden. Der BM sei hiermit nicht gemeint. Wenn sich jedoch amerikanische Präsidenten so skrupellos über die DDR äußerten, wie dies der Fall gewesen sei, könne man das nur schlecht nennen. Die DDR sei schließlich ein Staat und VN-Mitglied. Das scheine oft vergessen zu werden.

(Der BM wirft ein, es sei wünschenswert, daß die DDR möglichst bald dem Reformbeispiel der UdSSR folge.)

Sch.: Dies dürfe gerade nicht forciert werden. Die Bedingungen dafür müßten in Ruhe reifen können.

---

[3] Vgl. Dokument Nr. 1, Anm. 8 und 16.
[4] Vgl. Dokument Nr. 1, Anm. 28.
[5] Der 12. Parteitag der SED war für Mai 1990 geplant.

(Einwurf des BM: Wenn der DDR-Bevölkerung eine Perspektive in dieser Richtung gegeben werde, so werde dies zumindest die Hoffnung verstärken, und Wandlungsprozesse könnten sich eher in geordneten Formen vollziehen.)

Sch.: Hinderlich auf die Entwicklung der DDR könnten sich Phänomene der Destabilisierung in Polen oder Ungarn auswirken. Man verfolge in der DDR sehr aufmerksam die dortigen Entwicklungen. Wenn es gelänge, die Situation in den genannten Ländern zu stabilisieren, dann könnten sich auch in der DDR progressive Prozesse entfalten. Käme es jedoch zu einer Destabilisierung woanders, würde sich die Lage wahrscheinlich nur verhärten können.

Beginn des Gesprächs: 20.10 Uhr
Ende des Gesprächs: 21.20 Uhr

PA AA, ZA 178.931 E.

Nr. 3
Vorlage des Leiters des Referats 213, Neubert,[1] vom 19. September 1989 zum Antrittsbesuch des bundesdeutschen Botschafters Dr. Blech[2] beim Ersten Stellvertretenden Außenminister der UdSSR, Kovalev,[3] am 15. September 1989

Referat 213
Az.: 213-321.00 SOW
RL + Verf.: VLR I Neubert

Bonn, 19. Sept. 1989[4]

Über DG 21[5]
       D 2
       Herrn Staatssekretär
       Herrn Bundesminister

Betr.: Deutsch-sowjetische Beziehungen
       hier: **Antrittsbesuch Botschafter Dr. Blech bei 1. Stv. AM Kowaljow (15. Sept.)**

---

[1] Klaus Neubert (*1942), 1989–1995 Leiter des Referats 213 des AA (Sowjetunion bzw. Osteuropa).
[2] Klaus Blech (*1928), 1989–1991 bundesdeutscher Botschafter in der UdSSR.
[3] Anatolij Kovalev.
[4] Unter dem Datum handschr.: „BM-NYC".
[5] Daneben handschr.: „[v.] Stu[dnitz] 19/". Ernst-Jörg von Studnitz (*1937), seit 1990 Unterabteilungsleiter für Mittel- und Osteuropa. Die erste Seite der Vorlage (bis einschließl. Punkt b) von Dg 21 mit einem Querstrich von re. oben nach li. unten – „cessat" (entfällt) – versehen. Am Seitenende neben dem Verteiler (Ministerbüro, Staatssekretäre, Staatsminister, D 2, Dg 21) handschr.: „ZdA N[eu]b[ert] 10/10". Die Unterabteilung Dg 21 umfaßte die Referate, die für Osteuropa, die Ost-West-Beziehungen, Berlin und Deutschland als Ganzes zuständig waren.

Bezug: DB 3774 vom 16.09.89 (Kopie anbei)[6]
Anlg.: – 1 –

<u>Zweck der Vorlage:</u> Zur Unterrichtung vor Ihrem Gespräch mit AM Schewardnadse in New York (27.09.1989)[7]

Der Antrittsbesuch von Botschafter Blech bei 1. Stv. AM Kowaljow zeigt, daß zur durchgreifenden Verbesserung unserer bilateralen Beziehungen noch erhebliche Anstrengungen erforderlich sind. Die Gesprächsführung Kowaljows beschränkte sich auf zwei Unfreundlichkeiten:
a) die Ablehnung der von uns gewünschten russischen Staatsbezeichnung, nämlich „Germanija" undekliniert zu lassen,[8] und
b) seiner „Empörung" über „Äußerungen eines Politikers" (BK Kohl[9] in Bremen) über das Verhältnis von Gemeinsamer Erklärung und Moskauer Vertrag (Redepassage ist als Anlage beigefügt).[10]
Damit bleibt das SAM alter russischer Praxis und eigener bisheriger Linie treu, ausländische Gesprächspartner zunächst einmal ins Unrecht zu setzen und ihnen zu demonstrieren, wo in Moskau „oben und unten" ist. Daß diese alte Technik ausgerechnet zum Dienstantritt unseres neuen Botschafters aus der byzantinischen Klamottenkiste hervorgeholt wird, ist ein Affront, der nicht den <u>politischen</u> Aussagen der sowjetischen Führung entspricht.
zu a) Staatsnamen: russische Sprache läßt beide Varianten zu, „Germanija" mit zu deklinieren oder auch nicht. Es ist Ausfluß der Souveränität, die uns genehmere Form zu wählen. Tatsache, daß sowjetische Seite erneut zu unrichtigen philologischen Argumenten greift, ist Zeichen, daß hier <u>politisch</u> hinter die Verständigung der Minister im Juni zurückgegangen werden soll. Dies als sowjetischer „Empfang" für den neuen Botschafter ist unerfreulich.
zu b) Recherche zum Stichwort „Empörung" hat ergeben, daß sie sich auf folgende Aussage von BK Kohl in Bremen bezieht: „Wir haben dieses überragende Ziel (einer dauerhaften und gerechten gesamteurop. Friedensordnung) in der gemeinsamen Bonner Erklärung niedergeschrieben, die Generalsekretär Gorbatschow und ich im Juni unterzeichnet haben. Anders als im Moskauer Vertrag werden dort gemeinsame Wege aufgezeigt, wie der Status quo, wie die Trennung Europas friedlich überwunden werden kann."
Daraus zu folgern, der BK stelle einen <u>Widerspruch</u> zwischen Gemeinsamer Erklärung und Moskauer Vertrag fest, ist böswillig – oder Frucht einer oberflächlichen Analyse (die dann aber nicht Grundlage politischer Aussagen sein dürfte).

---

[6] Fernschreiben der Botschaft Moskau vom 16.9.1989 über den Antrittsbesuch, PA AA, ZA 140.713 E, hier nicht abgedruckt.
[7] Dokument Nr. 5.
[8] Vgl. Dokument Nr. 1, Anm. 6.
[9] Helmut Kohl (*1930), 1973–1998 Bundesvorsitzender der CDU, 1982–1998 Bundeskanzler.
[10] Hier nicht abgedruckt. Gemeint ist die Rede Kohls auf dem CDU-Bundesparteitag (11.–13.9.1989), vgl. das Folgende. Zur kritischen Berichterstattung der sowjetischen Prawda am 23.9.1989 vgl. das Fernschreiben der Botschaft Moskau Nr. 3923 vom 25.9.1989, PA AA, ZA 140.713 E. Die Prawda setzte sich demnach ausführlich mit Aussagen „zur Überwindung des Status quo" auseinander. Zur Gemeinsamen Erklärung vgl. Dokument Nr. 1, Anm. 6; Moskauer Vertrag vom 12.8.1970, in: BGBl. 1972 II, S. 354–356.

Sinn der BK-Aussage wird vollends deutlich, wenn man den kurz darauffolgenden Satz liest, den er in Bremen aber nicht [vorgetragen][11] hat – „Dies ist bisher ein weltweit einzigartiges Dokument mit der Sowjetunion. Wer den Unterschied zwischen unserer Ostpolitik und jener der SPD wissen will, der vergleiche nur den Moskauer Vertrag mit unserer Bonner Erklärung!" (Seite 14 Redemanuskript)

AM Schewardnadse sagte einmal zu Botschafter Meyer-Landrut[12] – nach einer Besprechung über Möglichkeiten intensivierter Zusammenarbeit – „Wir werden die Beziehungen verbessern, wenn uns der Apparat nicht dabei stört". Er stört nach wie vor erheblich.

Ich rege an, daß Sie die Verbesserung der Beziehungen, wie die Gemeinsame Erklärung sie vorzeichnet, ansprechen und die Äußerung des BK in den richtigen Zusammenhang setzen. Die Haltung des „Apparats" zeigt, daß solche Wiederholung – leider – nicht entbehrlich ist.

Neubert[13]

PA AA, ZA 147.141 E.

Nr. 4
Fernschreiben der Botschaft Moskau vom 21. September 1989 über die Beziehungen der UdSSR zur DDR

210-322.00 DDR/SOW/1382/89 VS-V[1]

Aus: Moskau
Nr 3856[2] vom 21.09.1989, 1038 OZ
An: Bonn AA

Fernschreiben (verschlüsselt) an 213 210[3]
Eingegangen: 21.09.89, 0927 OZ
VS – Vertraulich – Amtlich geheimgehalten[4]
FM-Zentrum VS-Tgbnr.: 14771/89 VS-V

---

[11] Im Dokument: vorgetagen.
[12] Andreas Meyer-Landrut (*1929), 1980–1983 und 1987–1989 bundesdeutscher Botschafter in Moskau.
[13] Eigenhändige Unterschrift.

[1] Nr. am Kopf handschr. eingetragen. Darüber durchgestrichener Stempel: „213-1382/89 VS-V", daneben Stempel „z. d. A".
[2] Der Bericht verteilt sich auf insges. 3 Fernschreiben mit den Nummern 3856–3858. Die entsprechenden Fortsetzungsvermerke wurden hier kommentarlos ausgelassen.
[3] „210" handschr., mit Pfeil von 213 auf 210, darüber handschr.: „über VS-Reg N[eu]b[ert] 21/9". Daneben Sichtvermerk Herold vom 26.9., darunter handschr.: „zdA L[ambach] 25/9". Frank Lambach (*1937), Leiter des Referats 210 des AA (Berlin und Deutschland als Ganzes).
[4] Geheimhaltungsstufe zusätzlich auf allen 13 Seiten gestempelt. Geheimhaltungsgrad gem. Stempel vom 4.8.1995 auf VS-NfD geändert, gem. Stempel vom 16.3.2010 Geheimhaltungsgrad gelöscht.

Az.: Pol 322.00 DDR 206 89 VS-V
Verfasser: Schaefers[,] v. Arnim[5]
Betr.: Beziehungen SU-DDR und sowjet. Einschätzung der Lage in der DDR
Bezug: DE Nr. 1427 vom 31.08.1989
– Erbetener Bericht –

I

1) Die folgende Analyse stüzt sich auf die Beobachtung der sowjet. Innen- und Außenpolitik der letzten Monate. Angesichts der nach wie vor zu beobachtenden Zurückhaltung der zu dieser Thematik überhaupt gesprächsbereiten Partner, die alle im prononciert pro-Gorbatschow-Spektrum anzusiedeln sind, beruht sie allerdings in weiten Teilen nicht auf expliziten Erklärungen, sondern auf der Extrapolation von sehr viel begrenzteren Aussagen. Sie ist mit entsprechendem Vorbehalt aufzunehmen und als Beitrag zum Durchdenken langer [sic!] Zeit undenkbarer Fragen gedacht.

2) Die Entwicklung der Beziehungen der SU zur DDR ist enger denn je mit der innersowjet. Entwicklung und den in anderen WP-Ländern ablaufenden Reformprozessen verknüpft. Diese Beziehungen haben sich in den letzten Monaten zweifellos verschlechtert.

Ursache hierfür ist nicht eine Veränderung der Interessenlage der SU gegenüber der DDR als solcher, d.h. als zweitem deutschen Staat. Ursache hierfür ist, dass der Systemwandel in der SU zu einer sich in freien Wahlen legitimierenden politischen Ordnung, wenn er gelingt, die DDR zu einer ähnlichen Entwicklung zwingt, weil sie keinerlei Aussicht hat, ihrer Bevölkerung dauerhaft Freiheiten glaubwürdig zu verweigern, welche in der SU gewährt werden. Dieses Zusammenhangs sind sich die Führungen beider Staaten bewusst.

3) [Die politische][6] Elite der SU, die allmählich, wenn auch noch sehr vorsichtig und ständig zu Geduld und Zurückhaltung mahnend, begonnen hat, mit uns über die „Deutsche Frage" überhaupt zu sprechen, betont immer wieder, dass man die DDR nicht drängen könne und werde. Sowjet. Gesprächspartner versuchen bisher, anders als Prof. Reinhold,[7] auch zu übergehen, dass sich für die DDR nicht nur die Frage ihrer inneren Ordnung, sondern sogar die ihrer weiteren Existenz als selbständiger Staat stellen könnte. Dass auch diese Konsequenz gesehen wird, ist aber kein Zweifel [sic!] (vgl. DB Nr. 3007 vom 31.07.89 – Pol 322.00 161 89 VS-V).

Auch die ohne Not ganz grundsätzlich mit der „europäischen Stabilität"[,] nicht aber mit der „Provokation" zur Flucht aus Ungarn argumentierende TASS-Erklärung belegt, dass man sich des Mangels an politischer Legitimität des DDR-Systems in der DDR [sic!] ganz bewusst ist.[8]

---

[5] Joachim von Arnim war Leiter der Politischen Abteilung der Botschaft; Reinhard Schäfers (*1950), 1988–1991 als Botschaftsrat zuständig für deutsch-sowjetische Beziehungen und Außen- und Sicherheitspolitik.
[6] Im Dokument: Der politischen.
[7] Otto Reinhold (*1925), seit 1967 Mitglied des ZK der SED, seit 1961 Direktor des Instituts für Gesellschaftswissenschaften beim ZK sowie 1976–1989 Rektor der Nachfolgeorganisation, der Akademie für Gesellschaftswissenschaften beim ZK der SED. Reinhold hatte dieses Kernproblem im August 1989 im Rundfunk angesprochen, vgl. Süß, Staatssicherheit, S. 176; Genscher, Erinnerungen, S. 646.
[8] Am 10.9.1989 gab die ungarische Regierung bekannt, dass Bürger der DDR ab dem 11.9. aus Ungarn in ein Land ihrer Wahl ausreisen könnten, vgl. Schreiben Kohls an den ungarischen Ministerpräsidenten Németh vom 12.9.1989, in: Deutsche Einheit, S. 404. Im Kommentar von TASS in der Pravda Nr. 255 vom 12.9.1989, S. 5, war die Rede von „tendenziösen Kampagnen" gegen die DDR in westdeutschen Medien und „politischen Kreisen". Die deutsche Übersetzung des ND nach dem

4) Außenpolitisch argumentierend nimmt man teilweise Zuflucht zu untergründigen Appellen an die Interessen unserer westlichen und östlichen Nachbarn und versucht, die bloße „Existenz" der DDR als Garantie für Frieden in Europa aufzubauen. Darin kommt sicher auch eine alte Denkschule der sowjet. Außenpolitik seit 1945 zum Ausdruck, die die Teilung Deutschlands als im Interesse der Weltmachtstellung der SU und die Hegemonie der SU über die DDR als deren wesentliches Element betrachtet hat. Diese Denkschule sucht nun, für den Fall des endgültigen Zusammenbruches der bisherigen Begründung dieser Politik als Erstreckung des realen Sozialismus auf wenigstens einen Teil Deutschlands, nach neuen Argumenten, und zwar solchen des europäischen Mächtegleichgewichts, das angeblich ein wiedervereinigtes Deutschland unerträglich mache. Sie verwendet dabei z. T. auch Erfahrungen, die sie im Kontakt mit Westeuropäern macht.

5) Im Gespräch mit intelligenteren Partnern wird aber spürbar, obwohl dies nicht explizit eingeräumt wird, dass diese Argumentation aus dem 19. Jahrhundert nicht auf die Gegenwart passt, weil die USA und die SU heute Supermächte in Europa sind und West-Europa nicht mehr aus dem „sacro egoismo" ergebenen Nationalstaaten, sondern aus einer bereits tief integrierten Gruppe besteht. Die Fortdauer der DDR wird von solchen Gesprächspartnern zwar als in andauerndem Interesse der SU empfunden, das Problem der sowjet. Glaubwürdigkeit angesichts eigener wachsender Betonung des Prinzips der Selbstbestimmung auch in der inneren sowjet. Diskussion über die Nationalitätenfrage wird aber gesehen.

6) Wohl vor allem durch die Entwicklung in Ungarn und Polen angestoßen sind die Konsequenzen dessen außenpolitisch konzeptionell in den Überlegungen zu erkennen, die europäische Ordnung nicht mehr ausschließlich durch Bündnisse zu determinieren, sondern das „Neue Denken" in Form eines „gewandelten Sicherheitsbegriffs" von den West-Ost-Beziehungen auch auf die Beziehungen innerhalb des WP zu übertragen. Solche Denkansätze, um mehr handelt es sich bisher nicht, machen aber in ihrer logischen Konsequenz, was wenig mit ihrer polit. Wahrscheinlichkeit zu tun hat, auch die Existenz der DDR nicht mehr zur conditio sine qua non. Wenn der neue Sicherheitsbegriff ernst gemeint ist, so setzt er die Dislozierung von 20 Divisionen in einem 2. deutschen Staat nicht voraus.

7) Gorbatschow und Schewardnadse haben zwar in anderem Zusammenhang auf den engen inneren Zusammenhang zwischen innerer Perestrojka und „Neuem Denken" nach außen gesprochen. Sie hüten sich aber, die logische Implikation dieses Zusammenhangs für die europ. Ordnung offenzulegen. Außenpolit. ist ihnen bei weitem nicht genügend sicher, dass der Westen eine solche neue Ordnung Europas gerade auch der SU gegenüber honorieren würde, sie also Gefahr läuft, ihre Position in Mittel- und Osteuropa ohne wirklich bedeutende Förderung des Westens auf dem Weg zu einer konkurrenzfähigen Gesellschaft verlieren könnte.

Innenpolit. können beide in dem laufenden Kampf mit den Konservativen in Partei- und Regierungsapparat keine Entwicklung verkraften, in der sie für Angriffe des Ausverkaufs der sowjet. Weltmachtstellung verwundbar werden.

8) Hier liegt auch die verbliebene, sehr beachtliche Stärke der DDR und ihrer gegenwärtigen Führung. Sie weiß, dass ihre Existenz, genauso wie die Entwicklung in Ungarn und

---

Abdruck in der SZ vom 13.9.1989 ist zu finden unter http://www.2plus4.de/abstracts_inhalt.php3?year=1989&month=09 (letzter Zugriff am 10.4.2011), relevante Passagen und Einordnung sind nachzulesen bei Biermann, Kreml, S. 176–180.

Polen, gewichtige Argumente im inneren Kampf für oder gegen die Demokratisierung der SU sind, und sie urteilt offenbar so, dass sie sich in diesem Kampf noch eine Chance ausrechnet. Sie setzt also offenbar auf das Scheitern Gorbatschows.[9]

Das ist wiederum die Ursache für die eingangs erwähnte wachsende Abkühlung im Verhältnis DDR – SU. In den letzten Monaten, etwa bei Honeckers letztem Besuch mit seinen – kaum verhüllten – Angriffen auf die Perestrojka in Magnitogorsk.[10] Der Besuch Ligatschows in Berlin bestätigt diese Analyse eher, als dass er ihr widerspricht.[11]

9) Für die Zukunft hängt deshalb auch in den sowjet. Beziehungen zur DDR alles davon ab, ob der Systemwandel in der SU tatsächlich weiter voranschreitet. Angesichts der inneren Probleme der SU sind die Entwicklungen im WP nur Nebenkriegsschauplätze, solange sie für diesen nicht existenzbedrohend sind. Die von Gorbatschow [gesteuerte][12] Führung versucht, dort wenigstens allzu rapide Entwicklungen zu verhindern, um zu Hause nicht zu sehr gestört zu werden. Wenn Gorbatschow sich allerdings zu Hause entscheidend durchsetzen könnte, dann kann man davon ausgehen, dass er bereit ist, die europäischen Konsequenzen zu tragen, die eine Demokratisierung der DDR als Konsequenz des Wandels der SU haben kann. Das heißt nicht, dass er aktiv starken Druck auf die DDR ausüben würde, um dort rapiden Wandel zu erzwingen. Er würde aber wohl, trotz der destabilisierenden Folgen für die DDR auf Grund sowjet. Demokratisierung, an seiner Innenpolitik [keine][13] Abstriche machen und versuchen, ob nicht doch Politiker à la Nyers[14] in der DDR gefunden werden können, die DDR also sozusagen sozialdemokratisch stabilisierbar ist.

Seine Äußerungen, etwa [auch][15] vor der deutschen Industrie in Köln,[16] oder zu seiner gesamtpolitischen Zielsetzung vor dem Obersten Sowjet, sind aber, wenn man sie ernst nimmt, von einer solchen Radikalität, dass man auch seine Bereitschaft zu einer eine Vereinigung der beiden deutschen Staaten führenden Entwicklung nicht ausschließen kann, wenn sie die Gewähr dafür bietet, dass die SU den Anschluss an die entwickelten westlichen Staaten findet.

II

1) Die Abkühlung des Verhältnisses zwischen SU und DDR und die Einkehr einer deutlichen Sprödigkeit im Umgang miteinander ist auf den Beginn des „Umbaus" und der Einführung von „Glasnost" in der SU zurückzuführen. Seither hat sich eine dramatische Auseinanderentwicklung im ideologischen, institutionellen, wirtschaftspolitischen und persönlichen Bereich ergeben. Es ist in wesentlichen Teilen ein Verlust an „Gemeinsamkeit" und systembedingter Identität eingetreten, die entstandenen Unterschiede im Selbst-

---

[9] Dieser Abschnitt am linken Rand von Hand doppelt angestrichen.
[10] Honecker besuchte die UdSSR vom 27.6. bis 1.7.1989 und nahm an den Jubiläumsfeiern der Stadt teil, vgl. Niederschrift des Arbeitstreffens Honeckers mit Gorbačev am 28.6.1989 in Moskau, in: Küchenmeister (Hrsg.), Honecker – Gorbatschow, S. 208–239.
[11] Politbüromitglied Ligačev weilte vom 12. bis 14.9.1989 mit einer ZK-Delegation in der DDR, vgl. Biermann, Kreml, S. 176–180. Egor Kuz'mič Ligačev (*1920), 1983–1990 ZK-Sekretär, 1985–1990 Mitglied des Politbüros des ZK der KPdSU.
[12] Im Dokument: gesteuerter.
[13] Im Dokument: kyine.
[14] Rezső Nyers (*1923), 1989–1990 Vorsitzender der Ungarischen Sozialistischen Arbeiterpartei (MSZMP). Er leitete die Umwandlung der MSZMP in die sozialdemokratisch orientierte Ungarische Sozialistische Partei (MSZP).
[15] Im Dokument: auzh.
[16] Ansprache vom 13.6.1989, in: Galkin/Tschernjajew (Hrsg.), Michail Gorbatschow und die deutsche Frage, Dokument Nr. 39.

verständnis (bis hin zur unterschiedlichen Deutung der gemeinsamen revolutionären Geschichte in der Entstalinisierungsdiskussion) und bei der Bestimmung der künftigen Rolle des „sozialistischen Lagers" insgesamt haben vielfache Auswirkungen auf die Gesamtatmosphäre gehabt: der von Gorbatschow entschlossen vorangetriebene Prozess der Erneuerung und des Systemumbaus (gesellschaftlicher Pluralismus, Selbstkritik, freie Wahlen, Reduzierung der Rolle der Partei, Dezentralisierung, Einführung marktwirtschaftlicher Elemente, Deideologisierung der Außenpolitik) kumuliert in der Sicht der derzeitigen DDR-Führung zu „Häresie" an dem System, das (von Prof. Reinhold inzwischen eingeräumt) letztlich die Existenz der DDR ausmacht bzw. garantiert.

Wie muss es aber um diese Existenz bestellt sein, wenn in Moskau niemand mehr bereit oder in der Lage ist, ex cathedra auf der Grundlage eines festgefügten Systems der Weltanschauung festzulegen, „was überhaupt Sozialismus ist", wie ein prominenter Moskauer Wissenschaftler gegenüber Mitarbeitern formulierte?

Diese offenkundigen Divergenzen wurden zunehmend weniger in der Öffentlichkeit verborgen. Der treuherzige Satz in der TASS-Erklärung vom 11.9.89 zum Exodus aus der DDR: „Die DDR ist ein untrennbares Glied des Warschauer Vertrages, unser treuer Freund und Verbündeter" hat einen operativen, beruhigenden Zweck und ändert nichts an diesem Befund.[17]

Illustriert wird die Entfremdung zwischen beiden „Bruderländern" nicht zuletzt durch Erscheinungen wie z. B.
- die gegenseitigen Weglassungen in den zentralen Medien anlässlich des letzten Treffens von Gorbatschow und Honecker in Moskau (vgl. DB Nr. 2750 vom 30.6.89)[18]
- die ironischen Äußerungen von Schewardnadse und Jakowlew Anfang d.J. [(]„Das ist nicht unsere Mauer", „Fragen Sie hierzu Genosse Fischer")[19]
- die unverhüllte Konkurrenz der Parteien bei den Auseinandersetzungen innerhalb der DKP.[20]

2) Der Verlust an Gemeinsamkeit zwischen SU und DDR aufgrund unterschiedlicher Haltung zur Notwendigkeit innerer Perestroika[21] hat jedoch seitens der sowjet. Führung – nicht – zur Ausübung wie auch immer gearteten aktiven und gezielten Drucks auf die SED-Führung mit dem Ziel der Anpassung der DDR an den Perestroika-Prozess geführt. Diese Einschätzung der Botschaft wurde jüngst von allen unseren sowjet. Gesprächspartnern bestätigt.

Diese Gesprächspartner bestehen aus drei Gruppen. Der Apparat des SAM, soweit „germanistisch" ausgebildet, empfindet sich durch seine Arbeit der letzten Jahrzehnte ganz überwiegend als Schöpfer und Verteidiger der DDR. Er erkennt wohl das hohe Risiko der gegenwärtigen Entwicklung für dieses „Kind". (Den größten Raum in Bondarenkos[22]

---

[17] Wie Anm. 8.
[18] Wie Anm. 10.
[19] Oskar Fischer (*1923), 1975–1990 Außenminister der DDR. Aleksandr Nikolaevič Jakovlev (1923–2005), 1987–1990 Mitglied des Politbüro des ZK der KPdSU, 1988–1990 Vorsitzender der ZK-Kommission für Fragen der Internationalen Politik, 1990–1991 Mitglied des Präsidialrats der UdSSR. Es handelt sich um Äußerungen im Kontext des Wiener KSZE-Folgetreffens, dessen Abschlussdokument vom 15.1.1989 u.a. liberale Reisebestimmungen vorsah, vgl. Schweisfurth/Oellers-Frahm (Hrsg.), Dokumente, S. 147–209. Neben Dokument Nr.1, Anm. 36 vgl. auch Richter, Die friedliche Revolution, S. 37f.
[20] Zur inneren Situation der DKP vgl. Fülberth, KPD und DKP, S. 164ff.
[21] Wechselnde Schreibweise gem. Dokument.
[22] Aleksandr Pavlovič Bondarenko (*1922), 1971–1991 Leiter der 3. Europäischen Abteilung des Außenministeriums, April–Juli 1990 Leiter der sowjetischen 2+4-Delegation.

Bücherbord nimmt eine ledergebundene Ausgabe der „Gesammelten Werke" Walter Ulbrichts[23] ein.)[24] Kwizinski ist in dieser Tradition groß geworden, allerdings gleichzeitig auch der einzige dieser Gruppe mit genügend intellektuellem Mut, um sie in Frage stellen zu können. Er wurde uns gegenüber, gerade angesichts der gegenwärtigen Entwicklung der deutschen Dinge, für in Bonn „unersetzbar" bezeichnet.

Die 2. Gruppe im ZK unter Falin,[25] dem anderen hier in hohem Ansehen stehenden Deutschland-Experten, sieht die deutschen Probleme, unmittelbar der Parteiführung zuarbeitend, stärker auch in ihren Bezügen zur Gesamtpolitik Gorbatschows, einschließlich seiner Innenpolitik. Für den hohen Stellenwert der deutschen Dinge für die Führung spricht, dass Gorbatschow und Jakowlew einen Germanisten zum Leiter der Internationalen Abteilung des ZK gemacht haben, den mit uns wohl keine Sympathie[,] aber, wie traditionell bei vielen Deutschland-Experten in Russland, eine gewisse bewundernde Faszination für dieses „Übermaß" an Dynamik, Talent und Fleiß der Deutschen verbindet. Dieser Gruppe ist wohl am deutlichsten, dass von allen westlichen Staaten wohl nur Deutschland von der Lage seiner Interessen und seiner Geografie ein wirklich intensives Interesse an Zusammenarbeit mit der SU besitzt. Gerade deshalb bemüht sie sich so sehr darum, durch immer neue taktische Maßnahmen den Eindruck zu erwecken, man könne sich seine Partner aussuchen. Mitarbeiter Falins haben uns aber zu erkennen gegeben, dass manche West-Europäer mit dem „Europäischen Haus" wohl deshalb nichts anfangen können (wollen), weil sie kein Interesse an einem wirklichen Mitwirken Russlands in Europa haben und etwas hilflos der Möglichkeit entgegensehen, dies bei einem Aufbrechen der Nachkriegsordnung nicht mehr verhindert zu sehen.

Die 3. Gruppe, die am offensten spricht, besteht aus „Wissenschaftlern" und Journalisten. Sie sind Teil einer Intellektuellen-Szene in Moskau, in der inzwischen praktisch kein Tabu mehr gilt und auch die entlegensten Varianten z. T. hitzig diskutiert werden. Sie können frei von erkennbarer Verantwortung im Gespräch mit uns Signale übermitteln und Reaktionen testen, aber z. T. auch offensichtliche Zusammenhänge beim Namen nennen, um ihre Glaubwürdigkeit nicht zu gefährden.

Von allen 3 Gruppen wurde die Substanz der sicherheitspolitischen, wirtschaftlichen oder sonstiger praktischer Aspekte der bilateralen Beziehungen von sowjet. Seite nicht in Frage gestellt.

In dieser Hinsicht wirken die unbestreitbaren Interessenkonstanten des bilateralen Verhältnisses fort und erfahren – zeitweise – aufgrund der rasanten Veränderungen in Ungarn und vor allem im Nachbarland Polen sogar eine relative Stärkung: der von sowjet. Seite in Bezug auf die Entwicklung im WP derzeit meistgebrauchte Begriff ist „Stabilität". Bis in jüngste Vergangenheit hat die DDR-Führung dieses Postulat Moskaus an den geopolitisch exponierten Verbündeten erfüllt und der sowjet. Führung damit nicht unerhebliche Entlastung verschafft. Dies betrifft insbesondere:
– den sicherheitspolitischen Schulterschluss
– den – trotz beiderseitiger Unzufriedenheit in Einzelfragen – Wirtschaftsaustausch (jede Seite weiterhin der jeweils wichtigste Partner) und

---

[23] Alle Unterstreichungen in diesem Dokument von Hand. Walter Ulbricht (1893–1973), u. a. 1950–1971 Generalsekretär/Erster Sekretär des ZK der SED, ab 1960 Vorsitzender des Staatsrats der DDR.
[24] Diese Ausführungen über die „Germanisten" im MID am linken Rand von Hand angestrichen.
[25] Valentin Michajlovič Falin (*1926), 1971–1978 sowjetischer Botschafter in der Bundesrepublik, 1989–1991 Mitglied des ZK der KPdSU, 1988–1991 Leiter der Internationalen Abteilung des ZK.

– die Zusammenarbeit in internationalen Gremien, vor allem den VN.

Darüber hinaus wird hier von allen unseren Gesprächspartnern die Ansicht vertreten, es sei immer bekannt gewesen, dass ein gewisser Prozentsatz der DDR-Bevölkerung den Wunsch nach Ausreise gehabt habe. Damit habe die DDR immer leben müssen. Natürlich seien die Umstände dieser Ausreise schmachvoll für die DDR, insbesondere kurz vor ihrem 40. Jahrestag.

Aus den sowjet. Äußerungen wird klar, dass die Sicht auf die Vorgänge innerhalb der SU (Versorgungskrise, Nationalitätenkonflikte) und in Polen und Ungarn die Bewertung mittelbar beeinflussen. Ein SAM-Mitarbeiter: „Alles in allem ist die DDR im Vergleich zu Polen für uns ein Hort der Stabilität". Hinzu kommt nach Aussagen der früheren Abt.Leiterin für die DDR im Bogomolow-Institut[26] eine neuartige Hemmung: „Wir haben die DDR bis Anfang der 80er tatsächlich schikaniert und gegängelt. Angesichts unserer eigenen Schwierigkeiten heute können wir doch unter veränderten Vorzeichen nicht wieder den ‚Zeigefinger heben'.["]

[Auch][27] die Entsendung Ligatschows nach Berlin ([Ost][28]) und die öffentliche Darstellung seines Reisezwecks (Landwirtschaft) lassen – auch wenn taktisches Herunterspielen mitbeteiligt ist – nicht zwingend auf die Annahme einer schweren „Krise" in sowjet. Perzeption schließen, zumal Ligatschow sich auch hinsichtlich der Führungssituation innerhalb der SED informieren wollte. Die sonstigen Veröffentlichungen sowjet. Reaktionen waren letztlich darauf gerichtet, die Lage möglichst nicht zu dramatisieren und den Ost-West-Dialog nicht zur Unzeit in Schwierigkeiten kommen zu lassen.

3) Die nach außen zur Schau getragene relativ gelassene Einschätzung der aktuellen Lage in der DDR kontrastiert jedoch auffällig mit Bedenken und sogar konkreten Besorgnissen auf mittlere Sicht. In etwa zwei Jahren – so z. B. Prof. Daschitschew[29] – rechnet man in Moskau mit erheblichen sozialökonomischen Problemen und Krisenerscheinungen in der DDR.

Andeutungen von Gesprächspartnern ist zu entnehmen, dass es offenbar Studien sowjet. Ökonomen (vor allem des Bogomolow-Instituts) gibt, wonach die sich auf einer [30]schiefen Ebene befindende DDR-Wirtschaft in ca. zwei Jahren soviel Substanz aufgebraucht haben wird, dass ein Rückgang des Sozialprodukts, schlechtere Versorgung und entscheidendes Zurückbleiben bei wissenschaftlich-technischen Innovationen unausweichlich werden. Kenntnis dieser Studien lag offenbar auch bei Ges. Dimitriew vom Planungsstab des SAM vor, über dessen Äußerung („Krise in der DDR in absehbarer Zeit") die Botschaft im Mai d. J. berichtet hatte.[31]

---

[26] Institut für die Wirtschaft des sozialistischen Weltsystems der Akademie der Wissenschaften unter Direktor Oleg Timofeevič Bogomolev (*1927), 1969–1998 Direktor; ab 1990: Institut für Internationale Ökonomische und Politische Studien.
[27] Im Dokument: Auf.
[28] Im Dokument: Oyt.
[29] Am re. Rand handschr.: „KGB". Vjačeslav Ivanovič Dašičev (*1925), bis 1990 Leiter der Internationalen Abteilung im „Bogomolev-Institut" (s. Anm. 26).
[30] Ab hier bis Absatzende am li. Rand von Hand mehrfach angestrichen.
[31] Zur akuten Wirtschaftskrise in der DDR vgl. Schürer u. a., Analyse der ökonomischen Lage der DDR mit Schlussfolgerungen, Vorlage vom 30.10.1989 für die Politbüro-Sitzung am 31.10.1989, in: Hertle (Hrsg.), Fall, S. 448–460 sowie Schreiben Schürers an Krenz vom 27.10.1989, in: Ebenda, S. 460–462; zur Einschätzung durch die sowjetische Führung vgl. das Gespräch Gorbačevs mit Krenz am 1.11.1989, in: Galkin/Tschernjajew (Hrsg.), Michail Gorbatschow und die deutsche Frage, Dokument Nr. 52. Gerhard Schürer (*1921), 1965–1989 Vorsitzender der Staatlichen Plankommission der

In dieser Situation kommt zunächst ein aus der Not geborenes sowjet. Kalkül zum Tragen, wonach in absehbarer Zeit die heutige Führung der DDR aus Altersgründen die Macht abgeben wird. Im Zuge dieser „biologischen Erneuerung" verspricht sich Moskau eine ideologische und praktisch-politische Wiederannäherung auf der Basis eines „geläuterten Sozialismus". Man geht hier davon aus, dass zwar nicht unbedingt lupenreine Perestroikisten nach Honecker und Co. kommen werden, dass man in der jüngeren Generation aber viel deutlicher den Zwang verspürt zur Anpassung an eine sich ändernde internationale Umwelt, zu mehr Flexibilität in der Wirtschaftspolitik und allmählich auch zu mehr Pluralismus und Offenheit im gesellschaftlich-politischen Leben. Wenn nicht alles täuscht, könnte eine Gesinnung, wie sie Markus („Mischa") Wolf, Autor der „Troika",[32] in einem langen Prawda-Interview vom 15.09.89 mit seiner Befürwortung von mehr Glasnost und „Erfüllung der sozialistischen Begriffe mit tatsächlich demokratischem Inhalt" ein Wortführer dieser von sowjet. Seite erwarteten neuen SED-Führung sein. Insofern dürfte dieses Interview zum gegenwärtigen Zeitpunkt auch kein Zufall sein.[33]

Die persönlichen Beziehungen auf Parteiebene seien „bei der jüngeren Generation" weiterhin gut, so versichern uns SAM-Mitarbeiter und Wissenschaftler. Man wisse, dass im zweiten und dritten Glied „fähige, kritische und modern denkende Leute" stünden, die auch „eine andere Sprache sprechen" und somit eher Zugang zu den Menschen haben könnten. Ein Wissenschaftler: „Sie wissen, dass das Sozialismusmodell der DDR unwiederbringlich überholt ist".

4) Die vorgenannte Erwartung eines [Machtwechsels][34] in absehbarer Zeit in der DDR und die Hoffnung auf personelle Erneuerung ist jedoch nur eine weitere Illustrierung dessen, dass die längerfristige DDR-Politik der SU grundlegenden politischen [Dilemmata][35] verhaftet bleibt, die mit der deutschen Frage und den gesamteuropäischen Prozessen zusammenhängen. – Insofern – kann das Drama der DDR-Flüchtlinge von der sowjet. Führung nur als schrille Erinnerung an diese latenten Fundamentalprobleme aufgefasst werden.

4.1 Die sowjet. Führung ist sich darüber im klaren, dass die sich in letzter Zeit verstärkende Tendenz der DDR zur Selbstisolierung wegen innerer und äußerer Unbeweglichkeit mit den Bestrebungen in Richtung eines „Gemeinsamen Hauses Europa" nicht zu vereinbaren ist.

Ein für „Deutschland"-Fragen im ZK zuständiger höherer Funktionär hat uns gegenüber vor kurzem deutlich auf diese Implikation verwiesen. In das von Gorbatschow vertretene Konzept einer „Überwindung der Teilung des Kontinents", das Dynamik impliziert, passt – trotz der augenblicklichen Dankbarkeit der SU für relative Stabilität – die auf strikte ideologische Abgrenzung gegenüber dem Westen bedachte Innen- und Außenpolitik der SED nicht. Der Kontrast wird deutlich, wenn man sich ein positives Ergebnis der KRK-

---

DDR, 1973–1989 Kandidat, 1989 Mitglied des Politbüros des ZK der SED; Egon Krenz (*1937), 1983–1989 Mitglied des Politbüros des ZK der SED, 1989 Generalsekretär des ZK der SED und Vorsitzender des Staatsrats und des Nationalen Verteidigungsrats der DDR.
[32] Wolf, Die Troika. Markus Wolf (1923–2006), bis 1986 Leiter der Hauptverwaltung Aufklärung des MfS.
[33] Michail Fridrichovič i ego odnokašniki. Razgovor s razvedčikom, kotoryj stal pisatelem, in: Pravda Nr. 258 vom 15.9.1989, S. 5.
[34] Im Dokument: Machtwechsel.
[35] Im Dokument: Dilemma.

Verhandlungen[36] im nächsten Jahr und den dadurch zu erwartenden Impuls im Ost-West-Verhältnis bei Andauern der Stagnation in der DDR vergegenwärtigt.

Prof. Daschitschew benutzte für diesen sich zwangsläufig ergebenden Widerspruch das Bild der Moskauer Zentralheizung: die Konstruktion des WP beruhe darauf, dass es bei Beginn der Heizperiode eben überall und in allen Wohnungen – schneller oder langsamer – warm werde, und umgekehrt. Diesem großen Zyklus könne letztlich niemand ausweichen, weil das Heizsystem eben (noch) keine individuelle Abschaltung erlaube.

4.2 Im Zuge dieser konzeptionellen Überlegungen zur Ausfüllung europapolitischer Vorstellungen im Sinne eines „Gemeinsamen Hauses" stößt man in Moskau sehr schnell auf das „Erzproblem" im Zusammenhang mit der DDR, nämlich die „Deutsche Frage" (Sowjet. Wissenschaftler benutzen diesen Begriff übrigens im Gegensatz zu offiziellen Gesprächspartnern ganz unbefangen.).

Im neugegründeten Europa-Institut der ADW[37] wird zur Zeit eine Dokumentation zur deutschen Frage vorbereitet. Der damit befasste Mitarbeiter sprach vor einigen Tagen von einem lebhaften Interesse im Institut an [einer][38] Diskussion mit uns über die Thematik. Ob darüber hinaus schon jemand konkret und konzeptionell an möglichen Szenarien zur Lösung dieses Problems arbeitet, wissen wir nicht. Die Existenz dieses Problems wird, wenn auch in unterschiedlichen Formulierungen, hier von niemandem, der über sowjet. Westpolitik nachdenkt, mehr bestritten. Am [defensivsten][39] und orthodoxesten äußern sich weiterhin die mit der operativen Deutschlandpolitik befassten Vertreter des SAM. Bei diesen war, trotz aller aufrichtigen Zufriedenheit über den Verlauf des Gorbatschow-Besuchs,[40] bei persönlichen Gesprächen der Zwiespalt im politischen Wollen klar herauszuspüren: mancher Gedanke an noch engere und umfassendere Zusammenarbeit zwischen uns und der SU wird mit der Erwägung: „Wie sollen wir das der DDR erklären?["] oder „Wir müssen doch Rücksicht auf die DDR [nehmen][41] skeptisch aufgenommen.

Nicht zuletzt gilt dies für die von der sowjet. Führung zugestandene richtige Wendung unseres Staatsnamens. Manche im SAM sahen und sehen bei der offiziellen Verwendung von „Germanija" schon Dämme brechen.[42]

Die ungebrochene Existenz der deutschen Nation als Hauptfaktor für die Offenheit der „Deutschen Frage" war verschiedentlich Gegenstand von Artikeln in den sowjet. Medien (z. B. „Die Deutschen und Wir" in Literaturnaja Gazeta).[43] Dem sowjet. Fernsehzuschauer wird in diesen Tagen anhand zumeist österreich. Fernsehaufnahmen von DDR-Flüchtlingen eindrucksvoll verdeutlicht, dass die Situation zwischen beiden deutschen Staaten wohl doch noch Fragen aufwirft, die über die Regelung praktischer Nachbarschaft hinausgehen.

Die sowjet. Führung weiß, dass sie über diese Fragen in nicht zu ferner Zukunft (nicht erst „in hundert Jahren") mit den Betroffenen sprechen muss, wenn sie das Zusammenleben in Europa weiter verändern und entspannen will. Obwohl im offiziellen Sprachge-

---

[36] Zu den Wiener Verhandlungen vgl. Dokument Nr. 1, Anm. 8.
[37] Gegründet 1987.
[38] Im Dokument: eriner.
[39] Im Dokument: defensivstek.
[40] Hierzu Dokumente Nr. 33–44 in Galkin/Tschernjajew (Hrsg.), Michail Gorbatschow und die deutsche Frage.
[41] Im Dokument: nahmen.
[42] Der Absatz am linken Rand von Hand angestrichen. Vgl. Dokument Nr. 1, Anm. 6.
[43] Am re. Rand handschr.: „1988!"

brauch „deutsche" für die DDR und „westdeutsch" für uns verwendet wird, ist der SU klar, dass wir die Hauptansprechpartner bei einer Erörterung dieser Frage sein werden. Sowjet. Experten bezeichnen die Bundesrepublik deshalb des Öfteren als „Schlüssel".

Die DDR unternimmt bisher nichts politisch Sichtbares, um diese schleichende Zurücksetzung im mittelfristigen Kalkül aufzufangen oder aktiv gegenzusteuern. So führt die hiesige DDR-Botschaft weiterhin ein Mauerblümchen-Dasein. Zwar sind ihre Mitarbeiter im Vergleich zu früher etwas offener und kontaktfreudiger, jedoch ausgesuchte Hardliner. Die Öffentlichkeitsarbeit der DDR ist unauffällig, wenig wirksam und beschränkt sich auf gelegentliche Selbstdarstellung als technologischer Vorreiter im RGW. Die Medienwahrnehmung der DDR in der SU hat – nach Aussagen sowjet. Beobachter – im Vergleich zu früher stark nachgelassen.

Das seit langem geplante DDR-Kulturinstitut in Moskau findet derzeit keine Erwähnung. Der Kulturaustausch insgesamt zwischen SU und DDR scheint zu stagnieren.

Der geisteswissenschaftliche Austausch wird durch Aussagen eines Mitarbeiters des Bogomolow-Instituts charakterisiert, wonach „der früher rege Austausch zwischen unseren Wissenschaftlern fast zum Erliegen gekommen ist".

Der für beide Seiten wichtige Handelsaustausch macht eher durch gelegentliche Hakeleien und Schwierigkeiten von sich reden.

Das bilaterale Verhältnis SU – DDR erhält somit keine nennenswerte Befruchtung durch DDR-Aktivitäten.

Als Fazit zu Stand und Perspektiven der Beziehungen SU – DDR lässt sich deshalb festhalten, dass eigene und andere Probleme im WP die Einschätzung der SU derzeit stark überlagern. Bestehende und sich abzeichnende Probleme in der DDR und im bilateralen Verhältnis werden zur Zeit heruntergespielt und schlagen bei dem allgemeinen Wunsch nach „Stabilität" derzeit nicht durch.

Mittelfristig bestehen erhebliche Bedenken und Unsicherheiten auf sowjet. [Seite].[44] Man erkennt zunehmend, dass allgemeine Stagnation in der DDR gepaart mit grundlegenden Problemstellungen zu Deutschland und Europa zu einer DDR-Krise führen können.

III

Nach meiner Akkreditierung werde ich das Thema in meinen Gesprächen besonders zu berücksichtigen versuchen.

Weiterer Bericht bleibt also vorbehalten.

Blech

PA AA, B 130 13.503 E.

---

[44] Im Dokument: Seit.

Nr. 5

Vermerk des D 2, Kastrup,[1] vom 27. September 1989 über das Gespräch von Bundesaußenminister Genscher mit dem sowjetischen Außenminister Ševardnadze am 27. September 1989 in New York

D 2

New York, den 27. Sept. 1989

Vermerk

Betr.: Gespräch BM mit AM Schewardnadse am 27.09. in New York (Kleiner Kreis)

<u>AM</u> gratulierte BM zu einer gelungenen Rede.[2] Es sei eine wichtige Rede gewesen, weil sie zu schmerzhaften Fragen Stellung bezogen habe und interessante Überlegungen enthalte, die man genauestens prüfen werde.

<u>BM</u> erwiderte, er halte es für wichtig, daß in allen Fragen Klarheit bestehe. Er bedanke sich für den Brief von AM, der sehr persönlich gehalten gewesen sei und ihn deshalb besonders berührt habe. Er, AM, habe sicherlich bemerkt, daß auch er, BM, sich zuvor bemüht habe, in einer persönlichen Weise zu schreiben. Ihm sei es darauf angekommen, auch in dieser Form deutlich zu machen, wie sehr wir uns mit der Entwicklung in der Sowjetunion beschäftigten.[3]

Mit großer Offenheit wolle er, <u>BM</u>, einige Bemerkungen in der Rede von AM ansprechen, die in der deutschen Öffentlichkeit große Aufmerksamkeit gefunden hätten.[4] Die große Aufmerksamkeit sei darauf zurückzuführen, weil man bisher bei uns davon ausgegangen sei, daß die deutsch-sowjetischen Beziehungen inzwischen einen Stand erreicht hätten, wo derartige Äußerungen nicht mehr möglich seien. Er, BM, habe in seiner heutigen Rede bewußt davon Abstand genommen, hierauf Bezug zu nehmen, weil er ein Interesse daran habe, insbesondere nach dem erfolgreichen Besuch des Generalsekretärs und der historischen Gemeinsamen Erklärung,[5] Meinungsverschiedenheiten nicht öffentlich auszutragen.

---

[1] Dieter Kastrup (*1937), 1988–1991 Leiter Abteilung 2/Politischer Direktor im AA, 1990 Leiter der bundesdeutschen 2+4-Delegation.
[2] Rede am 27.9.1989 auf der 44. Generalversammlung der UN, in: Genscher, Zukunftsverantwortung, S. 79–93 sowie in Bulletin Nr. 98 vom 28.9.1989, S. 849–853. Die relevanten Passagen zur deutschen Ostgrenze wurden vom Bundestag in einer Entschließung vom 8.11.1989 ausdrücklich gebilligt, abgedruckt in: Europa-Archiv 44 (1989), S. D 672.
[3] Genscher schrieb Ševardnadze am 27.7.1989, dass er auch in seiner Rekonvaleszenz „das Ringen um die politischen, wirtschaftlichen und sozialen Reformen in Ihrem Land mit großer Anteilnahme verfolge", PA AA, ZA 178.924 E.
[4] Ševardnadze bedauerte, dass „einige Politiker" 50 Jahre nach Ende des Zweiten Weltkrieges dessen „Lehren vergessen" hätten. Er erinnerte an die Kriegskoalition gegen den Faschismus. „Der deutsche Nazismus marschierte unter dem Banner des Revanchismus. Jetzt, wo die Kräfte des Revanchismus wieder aktiv werden und versuchen, die Nachkriegs-Realitäten in Europa zu revidieren und zu zerstören, ist es unsere Pflicht, diejenigen zu warnen, die absichtlich oder unabsichtlich diese Kräfte ermutigen." Provisional Verbatim Record der 6. Vollsitzung am 26.9.1989, unter UN Bibliographic Information System, http://daccess-dds-ny.un.org/doc/UNDOC/PRO/N89/641/20/PDF/N8964120.pdf?OpenElement (letzter Zugriff am 9.4.2011).
[5] Vgl. Dokument Nr. 1, Anm. 6.

AM erklärte, er sei einverstanden, was BM zum Stand der Beziehungen und zu dem nach dem Besuch des GS [erreichten neuen][6] Niveau ausgeführt habe. Er müsse allerdings offen sagen: Einige Elemente in der Rede des Bundeskanzlers auf dem CDU-Parteitag in Bremen seien besorgniserregend.[7] Sie stünden nicht im Einklang mit der beim Besuch verabschiedeten Gemeinsamen Erklärung. Wenn diese Äußerungen vielleicht für den internen Bedarf notwendig gewesen seien, dann müsse es ja wohl Kräfte geben, auf die der Bundeskanzler glaube, Rücksicht nehmen zu müssen. AM erinnerte an die unglücklichen Interviewäußerungen des Bundeskanzlers im Herbst 1986, die seinerzeit zu großen Schwierigkeiten geführt hätten.[8] Die Probleme[,] die man jetzt sehe, seien vielleicht noch größer, wenn man die Atmosphäre auf dem Parteitag hinzunehme. Er, AM, habe sich gezwungen gesehen, ohne Bezugnahme auf Persönlichkeiten oder die genannte Rede Stellung zu beziehen. In den gesamten Zusammenhang gehöre aus sowjetischer Sicht auch, daß es in der Bundesrepublik Deutschland Mode geworden sei, die Ursache des Zweiten Weltkrieges in dem Molotow-Ribbentrop-Pakt zu sehen und dabei Hitler und die sowjetische Führung gleichzusetzen. Im übrigen müsse er darauf hinweisen, daß die Rede des Bundeskanzlers auch in Polen und der DDR Besorgnis ausgelöst habe.

Auf Frage des BM, wo der Punkt sei, [der][9] die sowjetische Seite störe, erklärte AM, es gehe insbesonders um Passagen über die Wiederherstellung Deutschlands in den alten Grenzen.

BM verwies auf seine heutige VN-Rede und betonte, sie gebe die verbindliche Auffassung der Bundesregierung wieder. Er, BM, wisse, daß diese Auffassung vom Bundeskanzler gebilligt werde.

BM erinnerte daran, daß er und AM viel in eine grundlegende Verbesserung der deutsch-sowjetischen Beziehungen investiert hätten. Beide hätten Anlaß, stolz auf ihren Anteil am Zustandekommen der deutsch-sowjetischen Erklärung zu sein. Er, BM, erinnere sich an die Unterhaltungen mit dem GS.[10] Jetzt könne man die Früchte einer jahrelangen Arbeit ernten. Es sei wichtig, daß die Sowjetunion und die Bundesrepublik Deutschland auch weiterhin wie bisher ihren Beitrag zur gesamteuropäischen Entwicklung leisteten. BM unterstrich, daß er in seiner Rede den Prozeß der Reformen in der Sowjetunion als unumkehrbar bezeichnet habe.

AM erklärte, die absolute Mehrheit der sowjetischen Bevölkerung unterstütze Perestrojka. Natürlich gebe es aber auch Fragen. Entwicklungen wie die in Ungarn und Polen wären zu Zeiten von Stalin[11] und Breschnew[12] nicht möglich gewesen. AM kam zurück auf die Rede des Bundeskanzlers. Zwischen den Zeilen sei herauszulesen gewesen, die Sowjetunion und der Warschauer Pakt brächen auseinander. Deshalb sei es jetzt Zeit für den Westen zu han-

---

[6] Im Dokument: erreichte neue.
[7] Vgl. Dokument Nr. 3, Anm. 10.
[8] Gemeint ist das Newsweek-Interview mit Kohl vom 16.10.1986, in dem er Gorbačev mit Goebbels verglich. Das Interview erschien am 27.10.1986.
[9] Im Dokument: den.
[10] Gespräch Genschers mit Gorbačev am 13.6.1989, in: Galkin/Tschernjajew (Hrsg.), Michail Gorbatschow und die deutsche Frage, Dokument Nr. 36.
[11] Iosif Vissarionovič Stalin (Džugašvili) (1879–1953), u.a. 1934–1953 Generalsekretär des ZK der VKP (b)/KPdSU, 1941–1953 Vorsitzender des Rats der Volkskommissare bzw. Ministerrats der UdSSR.
[12] Leonid Il'ič Brežnev (1906–1982), u.a. 1964–1982 Erster bzw. Generalsekretär des ZK der KPdSU, 1977–1982 Vorsitzender des Präsidiums des Obersten Sowjets.

deln. Derartige Untertöne seien für die sowjetische Führung Anlaß zu großer Besorgnis. BM habe in seiner Rede die Akzente richtig gesetzt.

BM erwiderte, es bestehe kein Zweifel, daß der Reformprozeß für die Sowjetunion, die Bundesrepublik Deutschland und ganz Europa wichtig sei. Vielleicht sei die Rede des Bundeskanzlers nicht so klar gewesen, daß sich nicht in sie hereinlesen lasse. Er wisse jedoch aus Gesprächen mit dem Bundeskanzler, daß er derartige Gedanken, wie sie AM vortrage, nicht habe. Ihm, BM, sei sehr daran gelegen, daß zwischen uns Klarheit bestehe. Die deutsch-sowjetischen Beziehungen seien zu wichtig, als daß Mißtrauen bestehen dürfe. Er, BM, möchte der Öffentlichkeit gerne sagen können: man habe eine sehr offene Unterhaltung gehabt und sei sich einig gewesen, die Beziehungen in gegenseitigem vollem Vertrauen fortzusetzen, das alle Persönlichkeiten umfasse.

AM erklärte, er sei voll hiermit einverstanden. Es sei wichtig, was der Bundeskanzler mit dem Generalsekretär bespreche. Das, was er öffentlich erkläre, müsse damit aber im Einklang stehen.

BM brachte das Gespräch dann auf die Lage in der DDR. Er knüpfte an das Gespräch in Bonn an und erinnerte daran, daß er damals gesagt habe, er halte Reformen in der DDR für dringend notwendig.[13] Nur durch einen Kurs der Reformen könne den Menschen dort eine Perspektive eröffnet werden. Die jetzige Entwicklung zeige, daß die DDR große Probleme habe. In unserem Verhältnis zur DDR habe es gute Ergebnisse im Bereich der Entspannung, bei der Abrüstung und in humanitären Fragen gegeben. In diesem Jahr würden etwa hunderttausend Bürger aus der DDR die Erlaubnis erhalten, in die Bundesrepublik Deutschland auszureisen. Zehntausende versuchten, über Ungarn, die CSSR und Polen zu uns zu kommen. Er, BM, möchte betonen, daß wir nichts täten, um das anzuheizen. Die Hauptursache für die Auswanderungswelle liege in der Tatsache, daß in der DDR keine Reformen wie in anderen sozialistischen Staaten durchgeführt würden. Wir wünschten nicht, daß Bürger der DDR ihre Heimat verließen; wir seien über die Entwicklung betroffen. BM schilderte die Lage in unserer Botschaft in Prag, die immer unerträglicher werde. Leider stehe zu befürchten, daß die Lage noch schwieriger werde. Auch in unserer Botschaft in Warschau suchten immer mehr Menschen Zuflucht. Er, BM, sei sicher, daß GS Gorbatschow in der DDR begeistert empfangen werde.[14] Die Menschen dort hofften auf Reformen. BM werde heute Abend mit AM Fischer sprechen und an ihn appellieren, den Weg der Reformen zu beschreiten.[15] In der DDR gebe es immer mehr Gruppen, insbesondere junger Leute, die sich zu Wort meldeten. Es handele sich nicht um Gegner der DDR, sondern um Menschen, die dort bleiben und die Lage verbessern wollten. Es liege weder in deutschem noch in sowjetischem Interesse, wenn sich in der DDR Entwicklungen vollzögen, die zu Konfrontationen führten.

AM erwiderte, auch die sowjetische Regierung habe wegen der Lage in der DDR große Besorgnis. Wenn man nach den Ursachen frage, so müsse man feststellen, daß die Lebensbedingungen in der DDR nicht schlecht seien. Der Lebensstandard sei der beste im WP. Er liege etwa um 50% höher als in der Sowjetunion. Auch auf sozialem Gebiet habe die

---

[13] Vgl. Dokumente Nr. 1 und 2.
[14] Zur Reise Gorbačevs zum 40. Jahrestag der DDR am 7.10.1989 und zu den Reaktionen der DDR-Bevölkerung vgl. u.a. Galkin/Tschernjajew (Hrsg.), Michail Gorbatschow und die deutsche Frage, Dokumente Nr. 45–47 und 49.
[15] Vgl. Genscher, Erinnerungen, S. 17f.

DDR erhebliche Erfolge vorzuweisen. Was politische Reformen anbetreffe, so sei dies eine rein interne Angelegenheit der DDR. Die Sowjetunion könne hier nichts machen.

BM bemerkte, daß die Krankheit Honeckers möglicherweise zu einer Stagnation in der Meinungsbildung geführt habe.[16] Die Ursachen für die Ausreisewelle [seien][17] nicht im materiellen Bereich zu suchen. Allerdings müsse man sehen, daß die Menschen in der DDR sich nicht mit den anderen sozialistischen Staaten verglichen, sondern mit der Bundesrepublik Deutschland. Er, BM, bitte AM, der Entwicklung in der DDR Aufmerksamkeit zu schenken. Wir hätten ein Interesse an einer organischen Entwicklung in diesem Land. Er wäre dankbar, wenn die sowjetische Seite bei der Lösung der Botschaftsfälle helfen könne.[18]

AM erklärte, er habe die Ausführungen des BM verstanden. In der Tat könne eine Destabilisierung in der DDR zu unvorhersehbaren Folgen in Europa führen. Wir hätten es hier mit einem sehr feinfühligen Bereich zu tun, der größte Vorsicht gebiete. Die führenden Repräsentanten der DDR müßten sich überlegen, was in bezug auf die innere Entwicklung zu tun sei. Der Wunsch nach Familienzusammenführung sei natürlich.

BM verwies darauf, daß die SPD ein Papier an GS Gorbatschow gesandt habe, in dem die Probleme ähnlich dargestellt würden, wie er sie vorgetragen habe. AM schloß das Gespräch mit der Bemerkung, er werden den GS unverzüglich über die Unterredung unterrichten.

Kastrup[19]

PA AA, ZA 178.931 E.

Nr. 6

Fernschreiben der Botschaft Moskau vom 5. Oktober 1989 über ein Gespräch mit dem amtierenden Leiter des Planungsstabs des sowjetischen Außenministeriums, Gvendzadze, am 4. Oktober 1989 über die deutsch-sowjetischen Beziehungen [Auszug]

Aus: Moskau[1]
Nr 4097 vom 05.10.1989, 1614 OZ
An: Bonn AA

---

[16] Honecker hatte von Juli bis September 1989 seine Amtsgeschäfte wegen Krankheit weitgehend ruhen lassen.
[17] Im Dokument: sei.
[18] Am 28.9.1989 führte Genscher weitere Gespräche mit Ševardnadze, Fischer, dem tschechoslowakischen Außenminister Johanes u.a. Außenministern über die deutschen Flüchtlinge in der deutschen Botschaft in Prag. Er bat die sowjetische Regierung, „zugunsten einer Überbrückungsmöglichkeit zu intervenieren". Am 29.9.1989 bedankte sich Genscher in einem Brief bei Ševardnadze für „die spontane Bereitschaft, die Sie gezeigt haben, sich für die betroffenen Menschen [...] bei den zuständigen Regierungen einzusetzen". Vermerk des Leiters des Ministerbüros, Elbe, vom 10.10.1989 über die Gespräche am 28.9.1989, PA AA, ZA 178.931 E; Brief Genschers vom 29.9.1989, PA AA, ZA 178.924 E. Jaromir Johanes (*1933), 1988–1989 Außenminister der Tschechoslowakei.
[19] Eigenhändige Unterschrift.

[1] Unterstreichung von Hand.

Fernschreiben (verschlüsselt) an 02
Eingegangen: 05.10.89, 1449 OZ
VS – Nur für den Dienstgebrauch[2]
Auch für Wien Diplo, Washington, London Diplo, Brüssel NATO, Ständige Vertr., Leningrad, Kiew, Prag, Budapest

Beteiligung erbeten: 210, 213
Az.: Pol 321.00 O VS-NFD
Verfasser: v. Arnim
Betr.: Deutsch-sowjetische Beziehungen
Hier: Gespräch mit dem amtierenden Leiter des Planungsstabs des SAM Gwendzadse
– Zur Unterrichtung –

Am 4.10. hatten Mitarbeiter Gelegenheit zu einem längeren Gespräch über Fragen der sowjetisch-amerikanischen Beziehungen, der Wiener Verhandlungen und der Deutschlandpolitik mit dem nach dem Tod von Bo[t]. Mendelewitsch amtierenden Leiter des Planungsstabes des SAM, Gwendzadse, anlässlich der Übergabe des Beileidstelegramms von Botschafter Dr. Citron.[3] Daraus wird folgendes festgehalten:
[...].[4]
III.
Das Gespräch wandte sich im Anschluss an eine Erörterung des „Neuen Denkens" in der Rede von AM Schewardnadse vor der New Yorker Foreign Policy Association (eine sehr bemerkenswerte Fortentwicklung der Gesamtkonzeption der sowjetischen Gesamtpolitik mit einem seinen Beitrag selbstbewusst beschreibenden Schewardnadse)[5] der Lage in Deutschland zu. Gwendzadse verwies darauf, dass es der SU darauf ankomme, Störungen zu vermeiden, die die Entwicklung des Neuen Denkens in Europa behindern könnten. Man wolle auf sowjetischer Seite keine Konfrontation. Schewardnadse habe deshalb in seiner Rede vor der GV auch keine Namen genannt.[6] Wir müssten aber wissen, dass die SU die Existenz zweier deutscher Staaten für eine grundlegende Bedingung der Sicherheit in Europa halte. Sie werde deshalb, wenn dazu Anlass bestehe, dieses Interesse nüchtern und klar wahrnehmen. Leider habe man manchmal in Moskau den Eindruck, dass unsere Haltung in dieser Frage ambivalent sei. Dies könne das in unseren Beziehungen erreichte positive Kapital gefährden.
L Pol erwiderte, die Bundesregierung habe gerade auch in den letzten Tagen ihre Treue zu den geschlossenen Verträgen und den Gemeinsamen Erklärungen sowohl des Gorbatschow-Besuchs in Bonn wie der Treffen des BK mit Honecker unterstrichen.[7] Der Eindruck von Ambivalenz sei nicht von uns zu vertreten. Er habe seine Ursache in der historischen Offenheit der deutschen Frage, von der Gorbatschow selbst gesprochen habe.

---

[2] Geheimhaltungsstufe zusätzlich auf allen 4 Seiten eingetragen.
[3] Klaus-Jürgen Citron (1929–2007).
[4] Zunächst zu Aspekten der sowjetisch-amerikanischen Abrüstungsverhandlungen.
[5] Am 2.10.1989.
[6] Vgl. Dokument Nr.5, Anm.4.
[7] Zur Gemeinsamen Erklärung vom Juni 1989 vgl. Dokument Nr.1, Anm.6; zum Honecker-Besuch in der Bundesrepublik im September 1987 vgl. Potthoff, Koalition, S.582–606; das Gemeinsame Kommuniqué vom 8.9.1987 ist abgedruckt in Bulletin Nr.83 vom 10.9.1987, S.710–713; die Gemeinsame Erklärung Kohls und Honeckers vom 12.3.1985 ist in Bulletin Nr.28 vom 14.3.1985, S.230.

Wir hielten uns an den Grundlagenvertrag.[8] In ihm seien, wie die DDR genau wisse, Staatsangehörigkeitsfragen nicht geregelt worden. Die heutigen Probleme hätten ihre Wurzel in der inneren Lage der DDR. Diese habe spätestens seit Abschluss des Grundlagenvertrages die Möglichkeit, sich nicht nur international, sondern gegenüber ihren eigenen Bürgern zu etablieren. Insbesondere der Empfang Honeckers in Bonn habe dies unzweideutig zum Ausdruck gebracht. Wenn man nun uns für die aktuellen Schwierigkeiten verantwortlich mache, so hätten wir den Eindruck, zum Sündenbock gemacht zu werden. Gwendzadse erwiderte, insgesamt entstehe doch der Eindruck eines Mangels der vernünftigen Steuerung der Emotionen durch die für diese Fragen bei uns verantwortlichen Stellen. Manchmal liege sogar der Schluss auf absichtlichen Druck auf die DDR sehr nahe. Dies könne und werde die SU nicht akzeptieren. Bedenkenswert sei allerdings, dass die Möglichkeit der Selbstbestätigung unserer Auffassung nach von der DDR nicht genutzt worden sei, obwohl er dies selbst so nicht ausdrücken würde. Wichtig sei in jedem Falle, sich auch in so sensiblen Fragen ruhig und ernsthaft, ohne Polemik, aber in Kenntnis ihrer grundlegenden Bedeutung miteinander zu unterhalten.

IV. – Bewertung –

Gwendzadse, der, selbst „Anglist", vom Gesandten Dimitrieff (Germanist) begleitet war, bemühte sich während des ganzen Gesprächs um einen ruhigen, freundlichen Ton. Bei der Beschreibung des sowjetischen Interesses an der Existenz zweier deutscher Staaten war er jedoch deutlich um unmissverständliche Klarheit und Nachdruck bemüht.

Auffallend war seine sehr positive Darstellung der Möglichkeiten zu einem baldigen Abschluss von START,[9] auf den man hier offenbar große Hoffnungen setzt.

Die Betonung der langfristigen Bedeutung des Rahmens der 35[10] entsprang offenbar nicht nur dem Versuch, die gegenwärtige taktische Defensive des Westens dort auszunutzen. Sie erscheint vielmehr Folge sowjetischen Suchens nach einem die Gesamtentwicklung in Europa, einschließlich der Sicherheitsfragen, dauerhaft stabilisierenden Rahmen, in einer Zeit eventuellen Bedeutungsverlusts der Allianzen.

Blech

PA AA, ZA 140.727 E.

Nr. 7
Vermerk des Leiters des Ministerbüros, [Elbe],[1] vom 11. November 1989 über das Telefonat von Bundesaußenminister Genscher mit dem sowjetischen Außenminister Ševardnadze am 11. November 1989

---

[8] Vertrag über die Grundlagen der Beziehungen zwischen der Bundesrepublik Deutschland und der Deutschen Demokratischen Republik vom 21.12.1972, abgedruckt in: Bulletin Nr. 155 vom 8.11.1972, S. 1842–1844.
[9] Vgl. schließlich den START-1-Vertrag vom 31.7.1991, ausführliche Dokumentation unter http://www.state.gov/www/global/arms/starthtm/start/toc.html (letzter Zugriff am 10.4.2011).
[10] KSZE.

[1] Vgl. Dokument Nr. 1, Anm. 5.

LEITER MINISTERBÜRO

Bonn, den 11. November 1989

Vermerk über den Anruf von Herrn Minister Genscher bei Herrn Außenminister Schewardnadse am Samstag, dem 11. November 1989, 9.15 Uhr bis 9.30 Uhr

BM sagte, daß er es in dieser bedeutungsvollen Zeit für notwendig erachte, der Sowjetunion für ihre verständnisvolle und verantwortungsbewußte Haltung zu danken. Er möchte ihm sagen, was er gestern schon bereits dem polnischen Außenminister Skubiscewski [sic!][2] gesagt habe.[3] Die Bundesrepublik Deutschland stehe zu allen Verträgen und allen Verpflichtungen, die sie übernommen habe. Das gelte für den Moskauer Vertrag, für den Warschauer Vertrag, für den Vertrag mit der CSSR und für den Grundlagenvertrag mit der DDR.[4] Es geht jetzt darum, den KSZE-Prozeß weiterhin konstruktiv zu gestalten. Die Politik der Abrüstung und der Rüstungskontrolle müsse mit großer Energie vorangetrieben werden. Er, BM, [messe][5] der gemeinsamen deutsch-sowjetischen Erklärung eine große Bedeutung zu.[6] Sie schaffe die Möglichkeit, auf der Grundlage des Moskauer Vertrages die deutsch-sowjetischen Beziehungen weiter zu vertiefen.

Er wolle die Rolle würdigen, die Generalsekretär Gorbatschow und Außenminister Schewardnadse bei den Entscheidungen der letzten Jahre und Monate übernommen haben. Wir seien daran interessiert, daß sich die Reformentwicklungen in den Staaten Mittel- und Ost-Europas ohne Brüche und Erschütterungen vollziehen können. Wir würden nichts tun, um auftretende Schwierigkeiten auszunutzen. Es komme darauf an, stabile Rahmenbedingungen in Europa zu bewahren und sie noch stabiler zu machen. Es müsse mit großer Verantwortung und Weitsicht gehandelt werden. BM unterrichtete AM Schewardnadse, daß er im gleichen Sinne auch mit seinen amerikanischen, französischen und britischen Amtskollegen gesprochen habe, mit denen er mit Westlichem Bündnis und in der Europäischen Gemeinschaft verbunden sei.[7]

AM Schewardnadse dankte herzlich für den Anruf. Diese Form des Meinungsaustauschs sollte in der Zukunft häufiger genutzt werden. Insoweit sei er für die von BM ergriffene Initiative dankbar. Er sei unterrichtet über die Gespräche, die BM mit dem polnischen Außenminister Skubiscewski geführt habe, weil ihm ein entsprechendes Papier von der deutschen Botschaft zugeleitet worden sei. Alles, was BM gegenüber Außenminister Skubiscewski gesagt habe, sei vernünftig, ausgewogen und realistisch. Es komme darauf an, daß nunmehr der gesetzmäßige Prozeß der Modernisierung und Erneuerung fortgesetzt

---

[2] Krzysztof Jan Skubiszewski (1926–2010), 1989–1993 polnischer Außenminister.
[3] Vgl. Vermerk Derix' vom 13.11.1989 über das Gespräch am 11.11.1989, PA AA, ZA 178.931 E.
[4] Zum Moskauer Vertrag vgl. Dokument Nr. 3, Anm. 10; Vertrag zwischen der Bundesrepublik Deutschland und der Volksrepublik Polen über die Grundlagen der Normalisierung ihrer gegenseitigen Beziehungen vom 7.12.1970 (Warschauer Vertrag), in: BGBl. 1972 II, S. 362f.; Vertrag über die gegenseitigen Beziehungen zwischen der Bundesrepublik Deutschland und der Tschechoslowakischen Sozialistischen Republik vom 11.12.1973 (Prager Vertrag), in: BGBl. 1974 II, S. 990–993. Zum Grundlagenvertrag vgl. Dokument Nr. 6, Anm. 8; Berlinabkommen vom 3.9.1971, in: Bundesministerium für innerdeutsche Beziehungen (Hrsg.), Zehn Jahre Deutschlandpolitik, S. 158–162; Viermächte-Schlussprotokoll vom 3.6.1972, in: Ebenda, S. 188f.
[5] Im Dokument: maße.
[6] Vgl. Dokument Nr. 1, Anm. 6.
[7] Vgl. Genscher, Erinnerungen, S. 661f.

werden könne. In den unterschiedlichen Ländern gebe es spezifische Schwierigkeiten. In jedem Fall sei aber das Prinzip zu beachten, daß es um die inneren Angelegenheiten eines jeden Staates gehe. Jede provozierende Handlung könne die Lage destabilisieren. Nicht nur in einem Land, sondern generell in Europa. Von besonderer Wichtigkeit sei es, die Stabilität in der DDR zu bewahren. Die neue Führung[8] habe ungewöhnliche, aber richtige und tapfere Schritte unternommen. Es werde jetzt zu großen Massenbewegungen von Menschen kommen. Daraus könne eine unberechenbare Situation entstehen. Dies sei für die Sowjetunion [eine][9] Angelegenheit von großer Besorgnis.

Generalsekretär Gorbatschow habe sich gestern telefonisch an den Bundeskanzler gewandt.[10] Bedauerlicherweise habe es einige Passagen in den Ausführungen des Bundeskanzlers gegeben, die bei ihnen Besorgnis erregt hätten.

Alle brauchten jetzt ein großes Verantwortungsbewußtsein, um das zu bewahren, was der Stabilität in Europa diene. Er hoffe, daß BM hierin mit ihm übereinstimmen könne.

BM bekräftigte, daß es darum gehe, die Stabilität in Europa zu sichern und konsequent den eingeschlagenen Weg fortzusetzen. Gerade in einer komplizierten Zeit gehe es darum, Vertrauen zu schaffen und Stabilität zu bewahren.

PA AA, ZA 178.931 E.

Nr. 8
Fernschreiben der Botschaft Washington vom 22. November 1989 über das Gespräch von Bundesaußenminister Genscher mit US-Präsident Bush am 21. November 1989

Aus: Washington
Nr 4743 vom 22.11.1989, 1337 OZ
An: Bonn AA[1]

Fernschreiben (verschlüsselt) an 204
Eingegangen: 22.11.89, 2016 OZ
VS – Nur für den Dienstgebrauch[2]

---

[8] Der Beschluss über die Absetzung Honeckers wurde in der Politbüro-Sitzung vom 17.10.1989 gefasst, der offizielle Rücktritt Honeckers und die Wahl von Egon Krenz zum Nachfolger erfolgten auf der 9. ZK-Tagung am 18.10.1989, vgl. Sitzungsprotokoll vom 17.10.1989 in: Stephan (Hrsg.), Vorwärts immer, S. 162–166; vgl. auch die persönlichen Aufzeichnungen Schürers, in: Hertle (Hrsg.), Fall, S. 430–437; Protokoll der 9. ZK-Tagung vom 18.10.1989, in: Hertle/Stephan (Hrsg.), Ende, S. 103f.
[9] Im Dokument: ein.
[10] Mündliche Botschaft Gorbačevs an Kohl vom 10.11.1989, in: Deutsche Einheit, S. 504f. Das Telefonat Gorbačevs mit Kohl am 11.11.1989, in: Galkin/Tschernjajew (Hrsg.), Michail Gorbatschow und die deutsche Frage, Dokument Nr. 54

[1] Re. daneben handschr.: „G[enscher] 23.11.", darunter „ZdA Mütz[elburg] 3/12". Bernd Mützelburg (*1944), 1988–1991 Stellv. Leiter des Ministerbüros.
[2] Geheimhaltungsstufe zusätzlich auf beiden Seiten eingetragen.

Az.: Pol 321.11 212100
Betr.: Besuch von BM Genscher in Washington am 21.11.89
Hier: Gespräch mit Präsident Bush

An dem 30-minütigen, von Freundschaft und menschlicher Wärme geprägten Gespräch nahmen auf amerikanischer Seite teil: VP Quayle, AM Baker, Stabschef Sununu, Sicherheitsberater Scowcroft, Gates, Blackwill und Botschafter Walters.[3] Auf deutscher Seite: B, D 2 und D 2 A.[4]

Bei Übergabe eines Steines der Berliner Mauer zu Beginn des Gesprächs führte BM aus, dies sei ein Symbol für den Willen zur Freiheit und zur Demokratie und ein Zeichen des Dankes für die Hilfe und Standfestigkeit, mit denen die USA uns in guten wie in schwierigen Jahren beigestanden hätten. Jetzt gelte es, Reformen und Selbstbestimmung zu verwirklichen und auf der Grundlage des KSZE-Prozesses die Friedensordnung in Europa zu schaffen (Wortlaut der Ausführungen, die in Anwesenheit der Journalisten gemacht wurden, folgen als FK).[5]

Präsident Bush dankte und würdigte mit bewegten Worten die Bedeutung der Ereignisse in Berlin.

Präsident Bush führte aus, er wolle vorweg auf [jüngste][6] amerikanische Zeitungsberichte über deutsche Äußerungen zum Thema SNF hinweisen. Er habe die Antwort des Bundesministers zu diesem Thema gegenüber den Journalisten gehört. BM bekräftigte, SNF sollten, wie beim Gipfeltreffen in Brüssel beschlossen, 1992 behandelt werden.[7]

Präsident Bush führte aus, es gebe weitreichende Veränderungen. Er werde von einigen kritisiert, dass er sich nicht stärker geäußert habe und „nicht auf die Mauer gesprungen" (did not jump on the wall) sei. Die Entwicklung zu mehr Freiheit schreite voran. Mit Umsicht könnten die sich ergebenden Probleme gemeistert werden.

BM antwortete: Never change a winning team, never change a winning concept. Das Bündnis habe mit den Beschlüssen des NATO-Gipfels im Sommer dieses Jahres ein gutes Konzept. Die Bundesregierung begrüße das Treffen vor Malta.[8] Wir seien interessiert an verbesserten Beziehungen zwischen USA und SU, sie könnten zu größerer Bewegungsfreiheit für Mittel- und Osteuropa führen. In Ungarn, Polen, DDR und nunmehr auch in der CSSR[9] gebe es eine eindrucksvolle Entwicklung in Richtung auf Freiheit und Demokratie.

---

[3] James Danforth „Dan" Quayle (*1947), 1989–1991 Vizepräsident der USA; James Baker (*1930), 1989–1992 Secretary of State; John Henry Sununu (*1939), 1989–1991 Stabschef des Weißen Hauses; Brent Scowcroft (*1925), 1989–1993 Nationaler Sicherheitsberater des US-Präsidenten; Robert Gates (*1943), 1989–1991 Stellv. Nationaler Sicherheitsberater; Robert Blackwill (*1939), 1989–1990 Special Assistant des Präsidenten für Nationale Sicherheitsfragen sowie Senior Director für Europäische und Sowjetische Angelegenheiten; Vernon A. Walters (1917–2002), 1989–1991 US-Botschafter in Bonn.
[4] Botschafter Jürgen Ruhfus (*1930), 1987–1992 bundesdeutscher Botschafter in Washington; D 2 war Kastrup, D 2 A Josef Holik (*1931), ab 1987 Beauftragter der Bundesregierung für Fragen der Abrüstung und Rüstungskontrolle.
[5] Hier nicht abgedruckt.
[6] Im Dokument Wechsel zwischen Auflösung der Umlaute und Verzicht auf Umlaute (jungste usw.). Das wird hier stillschweigend korrigiert.
[7] Zur Modernisierung der Lance-Raketen vgl. Dokument Nr. 1, Anm. 11.
[8] Zum sowjetisch-amerikanischen Gipfel am 2./3.12.1989 vgl. die Dokumente Nr. 59 und 60 in Galkin/Tschernjajew (Hrsg.), Michail Gorbatschow und die deutsche Frage.
[9] Gegen Demonstrationen am 17.11.1989 in Prag war die Polizei noch gewaltsam vorgegangen. Am 20.11. trat das Politbüro der KP, am 24.11. das ZK zurück. Am 28.11. wurde Dubček zum Parlaments-

Das Schicksal Deutschlands sei eingebettet in die Entwicklung auf dem europäischen Kontinent. Die Deutschen wollten ihre Fragen nicht isoliert lösen. Wir stünden loyal zum Bündnis und zu unseren Verpflichtungen aus der Europäischen Gemeinschaft. Auf dem EG-Gipfel Anfang Dezember würden wir dafür eintreten, dass der dynamische Integrationsprozess fortgesetzt wird. Die EG übe erhebliche Faszination und Anziehungskraft auf die Länder in Mittel- und Osteuropa aus. Deshalb sei es wichtig, auf dem EG-Gipfel in Strassburg weiter voranzuschreiten.[10] Die Allianz sei unverzichtbar. Der Westen trete seit dem Harmel-Bericht von 1967 ein für eine Friedensordnung vom Atlantik bis zum Ural.[11] Da darin ein großer Teil der SU enthalten sei, könne es keine Stabilität ohne Präsenz der USA in Europa geben. Es gelte, den politischen Charakter der Allianz zu stärken und zu verbessern. Das Bündnis müsse sich mehr den Fragen der Abrüstung und Rüstungskontrolle und kooperativen Sicherheitsstrukturen zuwenden. Wenn die SU ihre konventionellen Truppen in den mittel- und osteuropäischen Staaten reduziere, könne dies den Ländern größeren Bewegungsspielraum geben. Die SU könne in ihrem Vorfeld Partner gewinnen, die durch freie Wahlen und größere Selbstbestimmung ihrer Bürger folglich über ein erheblich größeres Maß an Stabilität verfügten. Die SU wünsche, dass die Mitgliedstaaten im Warschauer Pakt blieben. Die Bündnisse seien für eine stabile Entwicklung von Bedeutung. Wir seien daran interessiert, dass die Reformen erfolgreich verwirklicht werden. Der Westen dürfe daher nicht den Eindruck erwecken, dass wir aus Problemen oder möglichen Krisen in Osteuropa Vorteile ziehen wollen. Es sei wichtig, dass der Abrüstungsprozess nicht hinter der politischen Entwicklung zurückfalle. Wir müssten daher den Abrüstungsverhandlungen, insbesondere im konventionellen Bereich, zusätzliche Impulse geben.

Präsident Bush führte aus, Gorbatschow sei sehr besorgt über die deutsche Einigung. Die Schnelligkeit der Veränderungen in Polen, Ungarn, DDR und jetzt sich abzeichnend in der CSSR machten es sehr wahrscheinlich, dass sehr bald die Forderung nach deutscher Einheit erhoben werde. Die USA unterstützten das Anliegen der Deutschen nach Selbstbestimmung und Einheit in Frieden und Freiheit, aber es sei möglich, dass der Prozess noch schneller verlaufen könne als jetzt erwartet.

BM führte aus, die Forderungen der Deutschen in der DDR seien gerichtet auf Reformen, Demokratie und freie Wahlen. In Leipzig seien Demonstranten jetzt zum ersten Mal für Einheit eingetreten mit den Worten der Nationalhymne der DDR.[12] Wenn die Deutschen in der DDR Freiheit und Demokratie erreichten, könne dies kein Nachteil für Europa sein, sondern eher eine Ermutigung für unsere Nachbarn darstellen.

---

präsidenten gewählt, am 29.12. Havel zum Staatspräsidenten. Alexander Dubček (1921–1992), 1968–1969 Erster Sekretär der KPČ (Ausschluss 1970, Rehabilitation 1989), 1989 Mitbegründer der slowakischen Bewegung „Öffentlichkeit gegen Gewalt" (VPN), 1989–1992 Vorsitzender des Bundesparlaments der Tschechoslowakei. Václav Havel (*1936), 1989–1992 Präsident der Tschechoslowakei, 1993–2003 Präsident der Tschechischen Republik.

[10] Vgl. Schlussfolgerungen der Tagung des Europäischen Rats der Staats- und Regierungschefs vom 8./9.12.1989 in Strassburg mit Erklärung zu Mittel- und Osteuropa vom 9.12.1989, in: Europa-Archiv 45 (1990), S. D 5–D 18, hier S. D 13f. Zum Gesamtverlauf vgl. Weidenfeld, Außenpolitik, S. 145–152.
[11] Der am 13.12.1967 vom NATO-Ministerrat gebilligte Bericht „Die künftigen Aufgaben der Allianz" ist abgedruckt in Das Atlantische Bündnis, S. 432–434. Urheber des Berichts war Pierre Harmel (*1911), 1966–1972 belgischer Außenminister.
[12] „Deutschland einig Vaterland". Pond, Beyond the Wall, S. 134f. registrierte erste Forderungen nach Einheit für den 20.11., Rödder, Deutschland, S. 120f. für den 13.11.

Wir stünden unverbrüchlich zu NATO und EG. Wenn es zu einer Annäherung von Ost- und Westeuropa komme, müssten die Deutschen einbezogen werden. Es solle weder durch einen deutschen Alleingang, noch durch eine etwaige Ausklammerung der Deutschen von der europäischen Entwicklung einen besonderen Weg für Deutschland geben.

Der neue Regierungschef Modrow habe in seiner Regierungserklärung gesprochen von einer Vertragsgemeinschaft der DDR mit der Bundesrepublik.[13] Gleichzeitig habe sich die DDR in einem an die französische Präsidentschaft gerichteten Aide-mémoire um engere Beziehungen mit der Europäischen Gemeinschaft bemüht.[14] Hier zeige die neue Führung der DDR Klugheit, auch wenn man das nicht in allen Bereichen sagen könne. BM las wichtige Passagen aus dem Aide-mémoire vor.

Der Westen dürfe aus der Entwicklung keine einseitigen Vorteile ziehen. Auch die Sicherung der Grenzen sei eine wichtige Vorbedingung für Sicherheit in Europa. Daher sei es bedeutsam, dass der Bundestag mit großer Mehrheit in einer Resolution die Ausführungen bestätigte, die er, BM, vor den VN zur Unantastbarkeit der Grenzen gemacht habe.[15]

Auf Frage BM zum bevorstehenden Treffen in Malta führte Präsident Bush aus, er wolle bei dieser Begegnung Gorbatschow persönlich noch besser kennenlernen. Er möchte feststellen, wo die Grenzen für dessen Handeln liegen, was z. B. Gorbatschows Aussage, „Zurückhaltung im Hinblick auf deutsche Einigung" bedeute, wie schwerwiegend seien für ihn die Nationalitätenprobleme und wie die wirtschaftlichen Fragen zu bewerten seien. Malta solle keine Rüstungskontrollbegegnung werden (no arms control meeting). Wenn Gorbatschow mit Vorschlägen zur Abrüstung komme, werde er, Bush, ihn auf den multilateralen Prozess und die Notwendigkeit der Abstimmung mit den Bündnispartnern verweisen. Er werde Gorbatschow sagen, dass das sowjetische Verhalten bei regionalen Problemen, insbesondere Afghanistan und Zentralamerika[,][16] mit seinem Wunsch nach Verbesserung der Beziehungen nicht vereinbar sei. Im wirtschaftlichen Bereich rechne er, Bush, nicht mit großen Forderungen. Schewardnadse habe kürzlich die Vorstellungen zurückgewiesen, dass die USA die SU aus der wirtschaftlichen Bredouille befreien müssten (must not bail out Soviet Union). Zu weiteren Einzelheiten verwies Präsident Bush auf das anschließende Gespräch der beiden Außenminister.[17]

Zum Ende der Begegnung kam Präsident Bush mit sehr persönlichen Worten darauf zu sprechen, was die jüngsten Ereignisse für BM bei seiner engen Verbundenheit mit Ostdeutschland bedeuteten.

Ruhfus

PA AA, ZA 178.931 E.

---

[13] Regierungserklärung vom 17.11.1989, in: Volkskammer der DDR, 9. Wahlperiode, Stenographische Protokolle, Bd. 25, S. 272–281. Hans Modrow (*1928), 1967–1989 Mitglied des ZK der SED, 1989 Mitglied des Politbüros des ZK der SED, 1989–1990 Ministerpräsident der DDR.
[14] Aide-Mémoire vom 17.11.1989, in: Europa-Archiv 45 (1990), S. D 2–D 4.
[15] Vgl. Dokument Nr. 5, Anm. 2.
[16] Vgl. hierzu v. a. die Anmerkungen zu Dokument 59 in Galkin/Tschernjajew (Hrsg.), Michail Gorbatschow und die deutsche Frage.
[17] Im unmittelbaren Anschluss fand ein Gespräch Genschers mit Scowcroft statt, vgl. Vermerk von D 2 vom 23.11.1989, PA AA, ZA 178.931 E.

Nr. 9
Brief von Bundesaußenminister Genscher an den sowjetischen Außenminister Ševardnadze vom 27. November 1989[1]

Lieber Herr Schewardnadse,

Ich freue mich auf unsere Gespräche in der kommenden Woche in Moskau.[2] Angesichts der Entwicklungen in Europa möchte ich Ihnen vorab einige Gedanken übermitteln, die auch für die Vorbereitung Ihrer Führung auf das bevorstehende Treffen mit Präsident Bush nützlich sein können.[3]

Bei meinen Gesprächen in Washington vor einigen Tagen habe ich unterstrichen, wie sehr uns an einer weiteren positiven Entwicklung der Beziehungen zwischen den USA und der Sowjetunion gelegen ist.[4] Wir betrachten sie als eine wesentliche Voraussetzung beim Aufbau einer Friedensordnung in Europa entsprechend den Zielen, wie sie in der KSZE-Schlußakte von Helsinki niedergelegt sind.[5]

Meiner Auffassung, daß es das große Verdienst von Generalsekretär Gorbatschow ist, daß seine Politik der Umgestaltung den Weg zu einem neuen Denken in den internationalen Beziehungen und zu inneren Reformen auch in anderen Staaten des Warschauer Pakts eröffnet hat, ist von Präsident Bush und Außenminister Baker zugestimmt worden. Ich habe dabei auf die große Bedeutung der Gemeinsamen deutsch-sowjetischen Erklärung verwiesen, in der das Recht eines jeden Staates anerkannt wurde, das eigene politische und soziale System frei zu wählen.[6]

Sie werden verstehen, daß es mich mit Freude erfüllt, daß nunmehr auch den Menschen in der DDR Gelegenheit gegeben wird, ihren Willen zu Freiheit und Demokratie auszudrücken, und daß tiefgreifende Reformen in Angriff genommen werden. Ich habe in mehreren öffentlichen Erklärungen zum Ausdruck gebracht: Diese Entwicklung braucht für niemanden ein Grund zur Sorge zu sein. Von Deutschen in Freiheit und Demokratie ist für kein Volk jemals eine Bedrohung ausgegangen.

Mit meinen amerikanischen Gesprächspartnern bestand volle Übereinstimmung, daß wir den Reformentwicklungen in der Sowjetunion und den anderen Staaten Mittel- und Osteuropas Erfolg wünschen und daß wir sie durch breiteste Zusammenarbeit unterstützen wollen. Wir halten es für wichtig, daß sie sich unter stabilen Rahmenbedingungen ungestört vollziehen können. Ich möchte Ihnen deshalb erneut versichern, daß die Bundesregierung nicht beabsichtigt, aus Problemen, die sich möglicherweise bei der Verwirklichung der Reformen ergeben, einseitig Vorteile zu ziehen oder sie zu unseren Gunsten

---

[1] Übermittelt an die deutsche Botschaft in Moskau per Drahterlass Kastrups vom 25.11.1989. Das Schreiben sollte bei Kastrups Besuch in Moskau am 27.11.1989 Ševardnadze übergeben werden. Das Treffen mit Ševardnadze kam „wegen angeblicher Verhinderung des AM" nicht zustande. Kastrup übergab den Brief dem Ersten Stellv. Außenminister, Kovalev, vgl. Fernschreiben der Botschaft Moskau Nr. 4905 vom 28.11.1989, Az. Pol 321.15.0, PA AA, ZA 147.138 E.
[2] Dokumente Nr. 12–14.
[3] Vgl. Dokumente Nr. 59 und 60 in Galkin/Tschernjajew (Hrsg.), Michail Gorbatschow und die deutsche Frage.
[4] Dokument Nr. 8.
[5] Schlussakte der KSZE vom 1.8.1975, u.a. abgedruckt in: Schweisfurth/Oellers-Frahm (Hrsg.), Dokumente, S. 4–70.
[6] Vgl. Dokument Nr. 1, Anm. 6.

auszunutzen. Die amerikanische Administration teilt diese Auffassung. Sie sieht wie wir das Interesse der Sowjetunion an Sicherheit und Stabilität.

Die Bundesrepublik Deutschland wird ihrer Verantwortung für Stabilität in Europa auch dadurch gerecht, daß sie zu allen Verträgen steht, die sie geschlossen hat. Das gilt insbesondere für den Moskauer Vertrag, den Warschauer Vertrag, den Vertrag mit der CSSR und den Grundlagenvertrag mit der DDR.[7] Wir bekräftigen die KSZE-Schlußakte ausdrücklich in allen ihren Teilen. Es war für mich eine besondere Genugtuung, daß der Deutsche Bundestag mit überwältigender Mehrheit eine Resolution verabschiedet hat, in der die von mir vor den Vereinten Nationen am 27. September 1989 abgegebene Erklärung feierlich bekräftigt wurde, daß das Recht des polnischen Volkes, in sicheren Grenzen zu leben, von uns Deutschen weder jetzt noch in Zukunft durch Gebietsansprüche in Frage gestellt wird.[8]

Die Regierungserklärung von Ministerpräsident Modrow enthält ermutigende und konstruktive Ansätze.[9] Wir haben inzwischen Gespräche mit der DDR über eine Intensivierung unserer Zusammenarbeit aufgenommen. Für diese Zusammenarbeit gilt: Die Menschen in der DDR müssen allein entscheiden, welche politische, gesellschaftliche, wirtschaftliche und soziale Ordnung sie wollen und wie sie ihr Verhältnis zur Bundesrepublik Deutschland gestalten möchten. Wir werden jede Entscheidung, die die Menschen in der DDR in freier Selbstbestimmung treffen, respektieren.

Die Veränderungen in Europa, die wir gegenwärtig erleben, geben den Menschen wie niemals zuvor in der Nachkriegsgeschichte Hoffnung auf eine bessere und sicherere Zukunft. Dabei ist wichtig, daß die Bemühungen um Abrüstung und Rüstungskontrolle nicht hinter der Dynamik der politischen Entwicklung zurückbleiben. Wir sollten deshalb unsere Anstrengungen darauf richten, die laufenden Verhandlungen in Wien und Genf zu einem erfolgreichen Abschluß zu bringen.[10] Die Zeit ist gekommen, kooperative Strukturen der Sicherheit in Europa zu schaffen. Bei dieser Entwicklung werden die Bündnisse eine zunehmend auch politische Funktion zu erfüllen haben.

Lieber Herr Schewardnadse, in dieser historischen Phase der Entwicklung der West-Ost-Beziehungen hat niemand Anlaß zu Überheblichkeit. Alle Seiten sind aufgefordert, mit Verantwortung, Besonnenheit und politischer Weitsicht gemeinsam für eine glückliche Zukunft der Menschheit zu arbeiten.

Herr Ministerialdirektor Dr. Kastrup, der Ihnen diesen Brief übergibt[11] und der mein volles Vertrauen genießt, ist bevollmächtigt, im Blick auf Ihre Erwartungen in meinen Besuch in Moskau alle Erklärungen entgegenzunehmen, die Ihnen sachdienlich erscheinen.

---

[7] Vgl. Dokumente Nr. 3, Anm. 10, Nr. 6, Anm. 8 und Nr. 7, Anm. 4.
[8] Vgl. Dokument Nr. 5, Anm. 2.
[9] Vgl. Dokument Nr. 8, Anm. 13.
[10] Vgl. Dokument Nr. 1, Anm. 8 und 16. Zu START-1-Verhandlungen vgl. Dokument Nr. 6, Anm. 9; zu Verhandlungen über chemische Waffen vgl. Wollenweber, Bemühungen, S. 180ff., v. a. S. 184ff. mit Diskussion des Entwurfs vom 1.2.1990 (CD 961); Gemeinsame Erklärung Bushs und Gorbačevs über Nichtverbreitung von nuklearen und chemischen Waffen sowie von Raketen und Raketentechnologie vom 4.6.1990, in: Europa-Archiv 45 (1990), S. D 466–D 470; Übereinkommen vom 3.9.1992 (Verabschiedung durch die Genfer Abrüstungskonferenz; in Kraft am 29.4.1997) über das Verbot der Entwicklung, Herstellung, Lagerung und des Einsatzes chemischer Waffen und über die Vernichtung solcher Waffen, unter http://www.auswaertiges-amt.de/diplo/de/Aussenpolitik/Themen/Abruestung/Downloads/CWUE.pdf, Dokumentation unter http://www.opcw.org/chemical-weapons-convention/ (letzter Zugriff am 9.4.2011).
[11] Vgl. Anm. 1.

Ich wünsche Ihnen für die Politik der Umgestaltung Ihres Landes vollen Erfolg. Bitte übermitteln Sie meine besten Grüße auch dem Herrn Generalsekretär. Ich sehe dem Gedankenaustausch mit ihm und Ihnen mit großen Erwartungen entgegen.

Mit besten Grüßen

gez. Hans-Dietrich Genscher

PA AA, ZA 147.138 E.

Nr. 10
Vermerk des bundesdeutschen Botschafters in London, von Richthofen,[1] vom 30. November 1989 über das Gespräch von Bundesaußenminister Genscher mit der britischen Premierministerin Thatcher am 29. November 1989

Botschafter Frhr. v. Richthofen

London, den 30.11.1989

Auswärtiges Amt
Leiter 010[2]

Betr.: Besuch BM Genscher in London am 29./30.11.1989
hier: Vermerk über das Gespräch mit PM Thatcher am 29.11.1989–17.10 bis 18.05 Uhr

Mit der Bitte, BM zur Genehmigung vorzulegen[3]

Teilnehmer auf deutscher Seite:	Botschafter
	Frau Siebourg[4]
Teilnehmer auf britischer Seite:	AM Hurd[5]
	PolDir Sir John Fretwell[6]
	Außenpolitischer Berater der PM Charles Powell[7]

---

[1] Hermann Freiherr von Richthofen (*1933), 1989–1993 bundesdeutscher Botschafter in London.
[2] Rechts daneben handschr.: „G[enscher] 1.12.". Am li. Seitenende handschr.: „zdA Mützel[burg] 2/12". Referat 010 ist das Ministerbüro.
[3] Zusätzliche Unterstreichung von Hand.
[4] Gisela Siebourg (*1937), 1989–1992 Leiterin des Sprachendienstes des AA.
[5] Douglas Hurd (*1930), 1989–1995 britischer Außenminister.
[6] John Fretwell (*1930), 1987–1990 Politischer Direktor und Stellv. Unterstaatssekretär im Foreign and Commonwealth Office.
[7] Charles Powell (*1941), 1983–1990 Privatsekretär und außenpolitischer Berater der britischen Premierministerin.

BM erinnerte daran, daß er PM zum ersten Male nach ihrem Amtsantritt in Begleitung des damaligen BK Helmut Schmidt[8] getroffen habe, der mit ihr einen lebhaften Meinungsaustausch über das Verhältnis zu den Gewerkschaften und den Arbeitnehmern geführt habe. PM habe damals gesagt, ihr gehe es in erster Linie um die Arbeiter.

PM erinnerte sich ihrerseits lebhaft an diese Begegnung und spann den Bogen zur aktuellen Lage in GB: Japanische Investoren machten die Neu-Gründung von Fabriken davon abhängig, daß diesen nur eine Gewerkschaft gegenüberstehe. – BM wies darauf hin, daß die Bundesrepublik Deutschland bei ihrer Gründung auf Rat der Drei West-Mächte von GB die Einheitsgewerkschaft, von den USA das Wahlsystem und von F die föderative Gliederung unseres Staates angenommen habe und damit gut gefahren sei.

PM kam auf das Pariser Treffen der Staats- und Regierungschefs am 18.11.1989 zu sprechen und fragte, was jetzt vor sich gehe.[9] Sie habe gedacht, daß man sich in Paris einig geworden sei und man auf festem Grunde stehe. Jetzt sehe sie, daß alles in Bewegung geraten sei.

Sie machte dann längere Ausführungen über die Haltung des Westens gegenüber dem Osten. Die Veränderungen in Ost-Europa, die auf Freiheit und Demokratie gerichtet seien, sollten sich vor einem stabilen Hintergrund vollziehen, d.h. man solle die anderen Dinge lassen, wie sie seien. Die Geschichte Mittel-Europas sei immer wieder von Minderheiten-Problemen erschüttert worden. Minderheiten-Probleme auf dem Balkan hätten den Ersten [Weltkrieg][10] ausgelöst. An dem territorialen status quo in Europa etwas zu ändern, würde bedeuten, die Büchse der Pandora zu öffnen; dabei brauche man nur an Jugoslawien, Griechenland und Albanien zu denken. Wenn man anfange, irgendwo etwas zu verändern, werde man bald keinen sicheren Grund mehr unter den Füssen haben. Der Westen hätte viel gewonnen, wenn sich seine Form der Demokratie und sein Mehr-Parteien-System in Ost-Europa durchsetzen [würden].[11] Sie habe den Eindruck, daß in Ost-Europa mancherorts versucht werde, ein Mehr-Parteien-System nur zum Scheine aufzubauen, indem man Kleinstparteien neben die bestehenden kommunistischen Parteien stelle, die die eigentliche Macht im Staate behalten wollten. Sie habe einen der Gründer des Neuen Forums in der DDR, Prof. Masur aus Leipzig,[12] in BBC gehört, der sich für einen Sozialismus mit menschlichem Gesicht ausgesprochen habe. Nach dessen Auffassung sollten der sozialistische Staat und die Verstaatlichung der wesentlichen Produktionsmittel erhalten bleiben. Dies sei jedoch weder Freiheit noch Reform, sondern nur Sozialismus in anderem Gewande. Auch die Äußerungen von Gorbatschow gingen heute stärker in diese Richtung. Früher habe er mehr die Selbstverantwortlichkeit und Fähigkeiten der einzelnen Menschen in den Vordergrund gestellt. Deshalb habe sie in ihrer kürzlichen Rede in der [Guildhall][13] darauf hingewiesen, daß eine wirkliche Reform in Ost-Europa die Besei-

---

[8] Helmut Schmidt (*1918), 1974–1982 Bundeskanzler.
[9] Diese Bemerkung bezieht sich offenkundig auf den 10-Punkte-Plan Kohls vom 28.11.1990, vgl. Galkin/Tschernjajew (Hrsg.), Michail Gorbatschow und die deutsche Frage, S. 236–245. Zum Pariser Gipfel am 18.11.1989 vgl. Vorlage Teltschiks vom 17.11.1989, in: Deutsche Einheit, S. 541–546, zum Verlauf Weidenfeld, Außenpolitik, S. 88–95 mit Diskussion der Einzelbelege.
[10] Im Dokument: Weltkreig.
[11] Im Dokument: würde.
[12] Kurt Masur (*1927), 1970–1997 Gewandhauskapellmeister in Leipzig; Masur war vielmehr Mitunterzeichner des Leipziger Aufrufs „Keine Gewalt" vom 9.10.1989, der einen friedlichen Verlauf der Montagsdemonstrationen mit bewirkte.
[13] Im Dokument: Guildhall. Thatchers Rede beim Lord Mayor's Banquet am 13.11.1989 ist unter http://www.margaretthatcher.org/document/107821 (letzter Zugriff am 4.2.2011).

tigung des Sozialismus zum Ziel haben müsse; Sozialismus und Freiheit seien miteinander unvereinbar. Der Westen habe viel zu lange gezögert, offen für die Freiheit und Demokratie in den östlichen Staaten einzutreten. Stattdessen habe er sich mit der Doktrin des Containment (Sonnenfeld [sic!])[14] zufrieden gegeben. Nach der Unterzeichnung der Schlussakte von Helsinki[15] sei der Westen dann mutiger geworden. Erst Präsident Reagan habe dann den Osten wirklich herausgefordert und sei gleichzeitig für die Aufrechterhaltung einer starken Verteidigung im Bündnis eingetreten. Unter seiner Führung sei es gelungen, der sowjetischen SS 20-Rüstung den NATO-Doppelbeschluß und später die Stationierung entgegenzustellen.[16]

PM berichtete sodann über ihr Gespräch mit Prof. Greenspan[17] in Washington, der von einer kürzlichen Reise in die SU geradezu schockiert zurückgekehrt sei. Die sowjetische Regierung stehe den gewaltigen Wirtschaftsproblemen des Landes nahezu machtlos gegenüber. Es gebe keinerlei wirtschaftliche Stabilität, sondern im Gegenteil eine kolossale Inflation. Erst jetzt beginne die sowjetische Führung dies zu erkennen. Ohnehin sei es schwierig[,] eine Volkswirtschaft dieser Größenordnung zu kontrollieren. Sie verstehe[,] warum Gorbatschow so entschlossen war, das sowjetische System durch Reformen zu verändern, weil es nämlich kurz vor dem [Zusammenbruch][18] stand. G. habe gar keine andere Option als die der Veränderung gehabt. Daraus ziehe sie folgende Schlußfolgerungen:

Die Euphorie in den westlichen Medien stehe im Widerspruch zu den Schwierigkeiten, in den Ost-Staaten ein neues System an die Stelle des alten zu setzen. Was jetzt in der SU geschehe, sei nichts anderes als Sozialismus mit neuem Gesicht. G. wolle den Sozialismus funktionsfähig machen. Dies sei aber nicht das Ausmaß an Veränderungen, das sie erhofft habe. Politische Freiheit werde nicht lange halten, wenn sie keine Rückendeckung durch wirtschaftlichen Liberalismus habe. Die Formen der Liberalisierung seien in den einzelnen Staaten durchaus unterschiedlich. Das habe auch Prof. Greenspan bestätigt, der einerseits den Stand der Wirtschaft in Polen als schrecklich bezeichnete, gleichzeitig aber festgestellt habe, daß der Westen gar keine andere Wahl habe, als den Polen zu helfen, darüber wegzukommen. In der SU – dagegen nicht in Polen und Ungarn – gebe es einen gefährlichen psychologischen Faktor: den kleinen Unternehmern, die sich jetzt privatwirtschaftlich betätigen wollten, würden die Scheiben eingeschlagen, weil es ihnen besser gehe als der Masse des Volkes. Man müsse diese Länder im wahrsten Sinne am Zopf aus dem Sumpf ziehen. Alles komme darauf an, daß der Westen jetzt richtig handle.

BM, der den langen Ausführungen der PM mit Interesse gefolgt war, wies auf die Unterschiede in den Reformbewegungen in den einzelnen mittel-ost- und ost-europäischen Staaten hin. Diese lägen zum Teil in dem unterschiedlichen Grad ihrer Industrialisierung vor der kommunistischen Machtübernahme und den davor liegenden Erfahrungen mit der Demokratie [sic!]. In der DDR und der CSSR gingen die Reform-Bewegungen von unten, vom Volk aus; in der SU dagegen von oben, der Parteiführung. In Ungarn habe eine liberale Parteiführung die Führung im Wandel übernommen und sich dabei selbst

---

[14] Helmut Sonnenfeldt (*1926), ehem. Mitglied des NSC und Berater Kissingers, Politikwissenschaftler und Sowjetunion-Experte.
[15] Vgl. Dokument Nr. 9, Anm. 5.
[16] NATO-Doppelbeschluß vom 12.12.1979, in: Bulletin Nr. 154 vom 18.12.1979, S. 1409f. Die Regierung Kohl-Genscher setzte den Beschluss 1983 gegen starke Widerstände in der Öffentlichkeit um.
[17] Alan Greenspan (*1926), 1987–2006 Vorstandsvorsitzender des Federal Reserve System der USA.
[18] Im Dokument: Zusammenbruche.

verändert. Zur Haltung Gorbatschows wies BM darauf hin, daß dieser nach seiner Auffassung davon überzeugt sei, daß der Sozialismus als System nicht funktionieren könne, daß er sich zur Begründung des Wandels aber einer Sprache bedienen müsse, die der sozialistischen Ideologie entspreche. G. gehe es zunächst einmal darum, die Menschen zur Übernahme von mehr Verantwortung und Leistung zu bringen. Da er bezichtigt werde, den Sozialismus aufgeben zu wollen, müsse er die Metapher eines Sozialismus mit menschlichem Gesicht verwenden. G. habe im übrigen frühzeitig erkannt, daß die Aussenpolitik[19] [Breschnews][20] versagt habe. Zu dieser Erkenntnis habe der Doppelbeschluß der NATO maßgeblich beigetragen und letztlich G. veranlaßt, die fehlerhafte Außenpolitik aufzugeben. Darüber hinaus habe G. seinen östlichen Bündnispartnern nicht nur mehr Spielraum für Reformen gegeben, sondern sie geradezu ermutigt, diese in Angriff zu nehmen.

G. habe erkannt, daß die Unterstützung durch die Bevölkerung mehr Sicherheit biete als die Abstützung auf Bajonette. Deshalb habe G. die anderen Völker auch ermutigt, mit der Demokratie zu beginnen. Die Sprache von Prof. Masur überrasche ihn nicht, da der Sozialismus in der DDR noch Teil der geltenden Verfassung sei. Daher werde die Rechtfertigung für Reformen zunächst aus einer Bezugnahme auf die Verfassung gezogen. Der Vorsitzende der neuen Gruppe Demokratischer Aufbruch in der DDR, ein Anwalt,[21] habe ihn kürzlich besucht und ihm sein Parteiprogramm vorgelegt.[22] Das Programm könne das einer westlichen Partei sein, [man][23] wolle aber im derzeitigen Verfassungsrahmen bleiben.

PM erwiderte, G. bilde das erste Beispiel, wo ein Diktator versuche, mehr Freiheit einzuführen. Die sowjetische Dissidentin Ida Nudel[24] habe ihr nach ihrer Ausreise allerdings berichtet, wie schwer es den Menschen in der SU zunächst gefallen sei, sich ohne die engen Instruktionen der Partei zurecht zu finden. Ferner berichtete sie über ihre Erfahrungen aus den Gesprächen mit Gross [sic!][25] und Pozgay [sic!][26] in Ungarn und Mitgliedern der Solidarnoz [sic!] in Polen.

BM wies darauf hin, daß er G. gefragt habe, warum er nicht mit ökonomischen Reformen in den baltischen Staaten begonnen habe, um zu demonstrieren, daß Reformen in der SU möglich seien. Einem solchen Vorgehen hätten offenbar die Nationalitätenprobleme im Wege gestanden.

BM wies weiter darauf hin, daß er kürzlich auf der MR-Tagung der WEU[27] ausgeführt habe, daß man niemals ein „winning concept" ändern sollte. Dies gelte auch für die erfolg-

---

[19] Unterschiedliche Schreibweisen mit „ss" oder „ß" gem. Vorlage.
[20] Im Dokument: Brewschnews.
[21] Wolfgang Schnur (*1944), 1989–1990 Vorsitzender des Demokratischen Aufbruchs.
[22] Die auf dem Gründungsparteitag am 17.12.1989 beschlossene Endfassung ist abgedruckt u. a. in: Kammradt, Der Demokratische Aufbruch, Anhang. Eine ausführliche Dokumentation der Resolutionen und programmatischen Texte findet sich unter http://www.ddr89.de/ddr89/inhalt/ddr_da.html (letzter Zugriff am 11.4.2011).
[23] Im Dokument: mann.
[24] Ida Nudel' (*1931), jüdische Bürgerrechtlerin in der UdSSR. Ihre Ausreise nach Israel wurde 1987 genehmigt. Vgl. ihre Erinnerungen, A Hand.
[25] Károly Grósz (1930–1996), 1988–1989 Generalsekretär der ungarischen sozialistischen Arbeiterpartei (MSZMP).
[26] Imre Pozsgay (*1933), 1988–1990 Staatsminister im Außenministerium Ungarns.
[27] Nachzuweisen das Kommuniqué der Ministertagung der Euro-Gruppe der NATO vom 27.11.1989, in: Europa-Archiv 45 (1990), S. D 145–D 147.

reiche, gemeinsame Politik des Westens in der NATO und EG. Deshalb sei es wichtig, auf dem ER in Straßburg[28] die Dynamik der west-europäischen Integration aufrecht zu erhalten, die die Reformbewegungen in Mittel- und Ost-Europa ermutige. Es gehe dabei um Freiheit. Er sei glücklich, daß die Ost-Deutschen an dieser Entwicklung jetzt teilhaben könnten. Es sei das erste Mal, daß eine demokratische Revolution in Deutschland greife. Die West-Deutschen seien damals von den Alliierten befreit worden. In der DDR habe die Bevölkerung erst jetzt die Möglichkeit erhalten, für ihre persönliche Freiheit zu kämpfen. Da er selbst aus der DDR stamme, erfülle es ihn mit Stolz, daß die Menschen in seiner Heimat mit soviel Verantwortung und soviel Würde für Freiheit und Demokratie eintreten. Diese Entwicklung in Mittel- und Ost-Europa stehe in engem Zusammenhang mit den Entwicklungen in West-Europa. Die Deutschen wollten dabei keine Sonderwege gehen, von diesen Entwicklungen aber auch nicht ausgenommen werden. Es wäre im Gegenteil ein großer Fehler, die Deutschen nicht darin einzubeziehen.

BM erläuterte PM sodann die Ausführungen des BK zur Deutschland-Politik in der Haushaltsdebatte des Deutschen Bundestages am 28.11.1989,[29] wobei er betonte, daß die Bedingungen für eine funktionierende Wirtschaft in der DDR von den Menschen dort selbst angenommen werden müßten. Natürlich stehe ihnen unser funktionsfähiges Wirtschaftssystem vor Augen. Nach seiner persönlichen Auffassung würden sich die Deutschen in der DDR nach freien Wahlen mehrheitlich für mehr freie Marktwirtschaft aussprechen. Für die SU sei es von Bedeutung, daß sich die Veränderungen unter stabilen Rahmenbedingungen vollziehen. Er habe in seinen eigenen Ausführungen in der genannten Haushaltsdebatte des Deutschen Bundestages auf diesen Gesichtspunkt besonders hingewiesen,[30] aber auch die Notwendigkeit unterstrichen, die Rüstungskontroll- und Abrüstungs-Verhandlungen zügig voranzubringen.

AM Hurd bekundete sein Einverständnis mit dieser Feststellung.

BM fuhr fort, daß die Einführung von Demokratie in Ost-Deutschland zu einem Mehr an Zusammenarbeit zwischen den beiden [deutschen][31] Staaten führen werde. Er bekräftigte außerdem unser festes Einstehen zu den in der EG und in der NATO übernommenen Verpflichtungen. BM sprach sich außerdem für verstärkte Vertragsbeziehungen der EG mit den einzelnen Mitgliedsstaaten des RGW aus, für die man Beispiele und Modelle entwickeln müsse. Unser Interesse sei dagegen nicht der Ausbau der Beziehungen zwischen der EG und dem RGW als Ganzem.[32]

PM stimmte dem voll zu und bemerkte ergänzend, daß dies natürlich nicht für das Verhältnis der EG zur EFTA gelte.

---

[28] Vgl. Dokument Nr. 8, Anm. 10.
[29] Rede Kohls mit dem Zehn-Punkte-Programm, in: Verhandlungen des Deutschen Bundestages. Stenografische Berichte, Plenarprotokoll Nr. 11/177 vom 28.11.1989, Sp. 13502–13514, hier v. a. Sp. 13508ff.
[30] Ebenda, Sp. 13520–13523.
[31] Im Dokument: deutshen.
[32] Vgl. bereits die Gemeinsame Erklärung von RGW und EWG zur Aufnahme offizieller Beziehungen vom 25.6.1988 als Anhang zur Entscheidung des Ministerrats vom 22.6.1988, unter http://aei.pitt.edu/1691/01/joint_declaration_east_bloc.pdf (= Official Journal of the European Communities, L [Legislation], Luxemburg, Nr. L 157 vom 24.6.1988, S. 34f.; letzter Zugriff am 10.3.2011). Der Erklärung folgte u. a. die zügige Aufnahme diplomatischer Beziehungen zwischen der EG und den RGW-Mitgliedstaaten.

Als Grund für eine differenzierte Behandlung der einzelnen RGW-Staaten in den Beziehungen zur EG nannte BM erneut die unterschiedlichen Ausgangsbedingungen in diesen Ländern. Die Voraussetzungen für eine bessere wirtschaftliche Entwicklung seien in der DDR und der CSSR als den vor dem Kriege industriell am höchsten entwickelten Regionen am raschesten zu erwarten. Dies werde eine Bereicherung für das ganze Europa sein. Diese Entwicklung sei auch ein Beitrag zu mehr europäischer Stabilität. Das gelte besonders für mehr Demokratie und mehr Freiheit in der DDR.

PM stimmte dem ausdrücklich zu.

AM Hurd stellte fest, daß der BK in seiner Regierungserklärung keinen Zeitplan für die Wiedervereinigung genannt habe.

BM unterstrich dies ausdrücklich und erläuterte die in den Ausführungen des BK zum Ausdruck gebrachte Regierungsposition, insbesondere die europäische Einbettung der deutschen Politik.

PM bat um baldige Übermittlung des vollen Wortlautes der Regierungserklärung in englischer Übersetzung. (Inoffizielle, durch BPA übermittelte Übersetzung wurde ihr unverzüglich nach Beendigung des Gespräches zugeschickt.)

PM bemerkte, daß eine freie Gesellschaft auch von innen heraus ausgehöhlt werden könnte. In ihrer eigenen Partei sprächen sich manche gegen die Privatisierung aus. Einige Gedanken der Sozialisten seien immer noch attraktiv für die Menschen. Die Geschichte lehre, wie lange den Menschen die Lehren des Marxismus und Leninismus attraktiv erschienen seien. In diesem Zusammenhang kam sie erneut auf Prof. Masur zurück.

Das Gespräch wandte sich dann erneut der Lage in der SU, insbesondere der schwierigen Wirtschaftslage zu. Dabei wurde vor allem das völlig unzureichende Verteilungs-System und die schlechte Versorgung mit Nahrungsmitteln angesprochen. PM und BM stimmten in der kritischen Bewertung dieser Wirtschaftslage überein. BM gab eine Information von Schewardnaze [sic!] weiter, daß 1987 dreißig Prozent der Ernte wegen des schlechten Verteilungssystemes verloren gegangen sei. BM stellte fest, daß[,] wenn Gorbatschow einen Fehlschlag erleide, dies von einer sehr großen Tragweite für die internationalen Angelegenheiten wäre. Er hoffe, daß Präsident Bush und Präsident Gorbatschow in Malta hierüber eine offene und freie Aussprache halten würden.[33] Auch er wolle diese Frage bei seinem Besuch in Moskau am 4./5.12.1989 ansprechen.[34]

PM sprach sich dafür aus, Gorbatschow zu helfen, daß die Güter von A nach B gelangten.

BM wies darauf hin, daß dies besonders für den Winter 1989/90 gelte. Er sprach sich außerdem dafür aus, der Rüstungskontrolle und Abrüstung einen starken Impuls zu geben, um Furcht abzubauen.

PM stimmte zu, daß die Wiener Verhandlungen zu einem baldigen Abschluß geführt werden sollten.[35] Im Rahmen dieser Verhandlungen wisse man, wo man stehe. Weitere Reduzierungen seien allerdings nicht ohne Veränderung [der][36] alliierten Strategie möglich. Eine Veränderung der gemeinsamen Strategie könnte im Endergebnis teurer werden.[37]

---

[33] Vgl. Dokument Nr. 8, Anm. 8.
[34] Dokumente Nr. 12-14.
[35] Vgl. Dokument Nr. 1, Anm. 8.
[36] Wort fehlt im Dokument.
[37] Vgl. schließlich die „Botschaft" der NATO-Außenminister nach ihrem Treffen in Turnberry (7./8.6.1990) vom 8.6.1990, in: Bulletin Nr. 75 vom 13.6.1990, S. 645-649, sowie die Londoner Erklä-

BM wies darauf hin, daß derzeit 22 sowjetische Divisionen in der DDR stationiert seien. Die SU könne sich letztlich nur auf ihre eigenen Truppen verlassen. Eine drastische Reduzierung der sowjetischen Truppen in der DDR würde die Lage erheblich verbessern.

PM warnte beschwörend, nicht zu weit zu gehen. Es liege im gemeinsamen europäischen Interesse, die Amerikaner in Europa zu halten. Sie warne davor, daß diese eine solche sowjetische Truppenreduzierung zum Anlaß nehmen würden, ihre Truppen aus Europa zurückzuziehen.

BM stimmte PM in der Notwendigkeit der Aufrechterhaltung amerikanischer Truppenpräsenz in Europa zu. Die Bundesrepublik Deutschland sei geographisch sehr schmal und das einzige Land, in dem alliierte Truppen stationiert werden könnten.

PM wies darauf hin, daß Frankreich GB nicht gestatte, seine Häfen zu Übungszwecken zu benutzen. Sie sei sehr bestürzt (very worried) über die jüngste Rede von VM Cheney.[38] Die Amerikaner handelten wieder einmal in klassischer Weise, um das von ihnen verschuldete Budget-Defizit zu beseitigen.

PM, die einen Termin mit Abgeordneten hatte, bedauerte, das Gespräch an dieser Stelle beenden zu müssen. Sie hat bei drei Gelegenheiten den Wunsch zur Fortsetzung des Gesprächs ausgesprochen. Ein solcher Meinungsaustausch sei zum gegenseitigen Verständnis außerordentlich hilfreich. Auf Rüstungskontrolle und Abrüstung zurückkommend, meinte sie, der Westen dürfe nicht in seinen Verteidigungsanstrengungen nachlassen.

AM Hurd wies auf die zu begrüssenden Reduzierungen im Rahmen [erfolgreicher][39] Wiener Verhandlungen zur Herstellung konventioneller Stabilität hin.

PM setzte einen vorsichtigen Ton dagegen, indem sie darauf hinwies, daß die Umsetzung dieses Abkommens fünf Jahre dauern werde.

BM schilderte PM, daß er 1982 die „Wende" gemacht habe, weil die SPD den damaligen BK Helmut Schmidt nicht länger hinsichtlich des Doppelbeschlusses der NATO unterstützen wollte. Auf Bitten von PM ging BM kurz auf die derzeitige Haltung der SPD zur Verteidigung ein.

PM schloß das Gespräch mit einem Hinweis auf die rege Vortragstätigkeit von H. Schmidt als elder statesman, der dabei immer noch sehr „grumpy" (mürrisch) wirke.

Richthofen[40]

PA AA, ZA 178.931 E.

---

rung der NATO vom 6.7.1990, unter http://www.nato.diplo.de/Vertretung/nato/de/06/Gipfelerklaerungen/alt-Gipfelerkl_C3_A4rungen/1990__07__London__DownlDat,property=Daten.pdf (letzter Zugriff am 11.4.2011).
[38] Dick Cheney (*1941), 1989–1993 Verteidigungsminister der USA.
[39] Im Dokument: erfolgreichen.
[40] Eigenhändige Unterschrift.

Nr. 11
Niederschrift des bundesdeutschen Botschafters in Paris, Pfeffer,[1] vom 30. November 1989 über das Gespräch von Bundesaußenminister Genscher mit dem französischen Staatspräsidenten Mitterrand am 30. November 1989 in Paris

Botschafter Dr. Pfeffer[2]

Paris, den 30. November 1989

Herrn Bundesminister vorzulegen

Betr.: Ihr Gespräch mit Staatspräsident Mitterrand vom 30. November 1989

Hiermit lege ich weisungsgemäß meine Niederschrift über Ihr Gespräch mit Staatspräsident Mitterrand vom 30. November 1989 vor.
Das Gespräch dauerte etwa dreiviertel Stunden (von 17.45-18.30 Uhr).
Mitterrand hatte Frau Guigou,[3] die Generalsekretärin des Interministeriellen Europa-Ausschusses, und den französischen Botschafter Boidevaix[4] hinzugezogen. Frau Siebourg dolmetschte für unsere, Frau Sauzay[5] für die französische Seite.
Wegen der Bedeutung des Gesprächs habe ich keine inhaltlichen Zusammenziehungen vorgenommen, weil durch die Wiedergabe der insistierenden Wiederholungen die Hauptargumente besonders deutlich hervortreten.

Pfeffer[6]

<u>Niederschrift über das Gespräch des Herrn Bundesministers mit dem französischen Staatspräsidenten vom 30. November 1989 in Paris</u>

Präsident Mitterrand begrüßte den Bundesminister und erklärte, leider sei er durch den Staatsbesuch des koreanischen Präsidenten[7] zeitlich sehr begrenzt, was er in diesem Falle besonders bedauere. (Das Gespräch erstreckte sich dann aber doch über dreiviertel Stunden).
Der Bundesminister erklärte einleitend folgendes:
Wir lebten in einer sehr bewegten Zeit. Der ständige Meinungsaustausch mit Frankreich sei umso wichtiger. Wir müßten gemeinsam unsere Position bestimmen und dazu auch

---

[1] Franz Pfeffer (*1926), 1987-1991 bundesdeutscher Botschafter in Paris.
[2] Darüber Geheimhaltungsstufe gestempelt: „VS-Vertraulich. Amtlich geheimgehalten". Die Klassifizierung gem. Vermerken von 2007 herabgesetzt. Unter dem Datum Eingangsstempel der Botschaft Paris vom 6.12.1989, Tgb.-Nr. 151/89, Az. Pol. 321.00. Darunter handschr.: „9 Bl.". Das Vorblatt in der re. oberen Ecke handschr. gezählt als „Bl 1a)", der Beginn der Niederschrift als „Bl 1".
[3] Élisabeth Guigou (*1946), 1986-1990 Generalsekretärin.
[4] Serge Boidevaix (*1928), 1986-1992 französischer Botschafter in der Bundesrepublik.
[5] Brigitte Sauzay (1947-2003), Dolmetscherin französischer Präsidenten seit Pompidou.
[6] Eigenhändige Unterschrift. Darunter handschr.: „Herrn D 2 am 1.12.1989 für Bundesminister persönlich nach Bonn mitgegeben". Darunter handschr.: „zdA"; „Pf[effer] 1/2". Daneben handschr.: „bitte VS-V einstufen. [NN] 4/12".
[7] Roh Tae-woo (*1932), 1988-1993 südkoreanischer Präsident.

den Gipfel von Strassburg nutzen.[8] Er habe Außenminister Dumas[9] bereits erklärt, daß von Strassburg ein doppeltes Signal ausgehen müsse. Der feste Wille zur weiteren Integration Europas und die Bereitschaft zur Zusammenarbeit mit dem Osten, und zwar in dieser Reihenfolge. Er habe gestern mit der britischen Ministerpräsidentin [sic!] gesprochen, natürlich auch über die Fragen, die in Strassburg anstehen.[10] Diese Fragen seien nicht nur monetärer und wirtschaftlicher, sondern auch sehr politischer Art. Wir träten jetzt in einen Wettbewerb der Prozesse ein, nämlich der West-Integration und der Reformbewegung im Osten. Es sei seine feste Überzeugung, daß der westliche Einigungsprozeß nicht zurückbleiben dürfe. Er werde auch weiter mit aller Kraft für ihn eintreten. Es dürften keine Zweifel an der deutschen Position aufkommen.

Die Ereignisse in der DDR hätten natürlich die Nation bei uns aufgewühlt, und er verhehle nicht, daß dies auch in besonderer Weise auf ihn selbst zutreffe, was seiner Herkunft wegen ja nicht verwundern könne. Er verschweige auch nicht seinen Stolz darüber, daß seine Landsleute in der DDR mit friedlichen Mitteln für Freiheit und Demokratie aufgestanden seien. Vielleicht sei dies überhaupt die erste Revolution für Freiheit und Demokratie, die in Deutschland gelinge. In der Bundesrepublik Deutschland hätten die Alliierten den Weg für die Demokratie freigemacht. In der DDR täten dies nun die Menschen.

Eine der wichtigsten Aussagen, vielleicht die wichtigste, in der Erklärung des Bundeskanzlers vor dem Bundestag vom Vortage[11] sei die Bekräftigung, daß wir auch in Zukunft unser nationales Schicksal in die europäische Entwicklung einbetten wollten, also das Bekenntnis zur Europäischen Gemeinschaft und andererseits der Wille zur Fortführung des KSZE-[Prozesses].[12]

Wenn sich Europa näherkomme, kämen sich auch die beiden deutschen Staaten näher. Es wäre absurd, diese Wirkung auf die beiden deutschen Staaten ausschließen zu wollen. Nun seien aber Realitätssinn und Augenmaß vonnöten. Die Menschen, die in der DDR auf die Straße gegangen seien, hätten ein gutes Beispiel für Augenmaß gegeben. Sie hätten auch in ihren Forderungen Mäßigung gezeigt. Am 4. Dezember in Brüssel (Unterrichtung des Nato-Rats über die Konferenz von Malta durch Präsident Bush) müsse man sich über die neuen Fakten im Bündnis klarwerden.[13] Wir könnten nicht auf die Atlantische Allianz verzichten, auf lange Zeit nicht, und die amerikanische Präsenz in Europa sei für die Stabilität in Europa lebensnotwendig. Aber die Allianz müsse sich noch mehr mit politischen Gegenständen und noch mehr mit dem Abrüstungsprozeß beschäftigen.

Die Deutschen müßten zur Stabilität beitragen, zum Beispiel durch klare Haltung zur polnischen Westgrenze. Er habe sich verbindlich vor der Vollversammlung der Vereinten Nationen zu diesem Thema geäußert. Der Bundestag habe diese Aussage mit überwältigender Mehrheit bestätigt.[14]

Von Brüssel und Strassburg müsse die Botschaft ausgehen, daß wir an stabilen Rahmenbedingungen in Europa festhielten und daß wir keinen einseitigen Nutzen aus den Schwierigkeiten der sozialistischen Länder ziehen wollten. Ganz im Gegenteil, wir wollten zum

---

[8] Vgl. Dokument Nr. 8, Anm. 10.
[9] Roland Dumas (*1922), 1984–1986 und 1988–1993 französischer Außenminister.
[10] Dokument Nr. 10.
[11] Vgl. Dokument Nr. 10, Anm. 29.
[12] Im Dokument: Prozesse.
[13] Vgl. Dokument Nr. 8, Anm. 8.
[14] Vgl. Dokument Nr. 5, Anm. 2.

Erfolg der Reformbewegungen im Osten beitragen. Die Konferenz der 24 Geberländer am 13. Dezember in Paris sei ein wichtiges Element dazu (Hilfe für Polen und Ungarn).[15] Die Europäische Bank, über die am 18. November in Paris gesprochen worden sei, sollte ebenfalls ein weiteres neues Element werden.[16] Außerdem müßten wir neue Modelle für die Zusammenarbeit mit den Reformstaaten entwickeln.

Das alles könnten wir nur bewältigen, wenn wir im Integrationsprozeß fortschritten. Sonst würden wir alle Balance verlieren.

Am Montag (dem 4. Dezember 1989) werde er in Moskau sein.[17] Er habe mit Dumas vereinbart, daß er ihn vor der Reise des Präsidenten nach Kiew am 6. Dezember über das Ergebnis seiner (Genschers) Gespräche in Moskau unterrichten werde.[18]

Staatspräsident Mitterrand erklärte, er sei dankbar dafür, daß er Gelegenheit zu diesem Gespräch habe. Die Ereignisse hätten sich mit großer Wucht weiterentwickelt. Beim inoffiziellen Treffen des Europäischen Rates am 18. November habe man noch nicht von Grenzen gesprochen.[19] Sie seien auch heute nicht das Thema, aber die Kraft des Faktischen sei manchmal stärker als die diplomatische Konsultation. Die großen Probleme stellten sich jetzt von unten, und sie seien vielfältig miteinander verknüpft. Wenn wir in den Ost-West-Beziehungen ohne Risiko voranschreiten wollten, dann bedürfe es des parallelen Fortschritts der europäischen Integration. Wenn die West-Integration stehen bleibe, gehe sie zurück. Wenn sie zurückgehe, würden die Verhältnisse in Europa grundlegende Änderungen erfahren und neue privilegierte Bündnisse entstehen. Es sei sogar nicht ausgeschlossen, daß man in die Vorstellungswelt von 1913 zurückfalle. Das Europa von 1913 sei aber voller Bedrohungen gewesen. Wenn die künftige deutsche Wiedervereinigung sich in einem Europa vollziehen würde, das sich strukturell nicht entscheidend weiterentwickelt habe, dann riskierten wir, in alte Wege zu geraten. Er sei der Meinung, daß die Wiedervereinigung, wenn sie eines Tages komme, von einer noch stärker gefestigten Europäischen Gemeinschaft aufgefangen werden müsse. Sonst würden die europäischen Partner, die sich „diesem neuen Körper von 80 Millionen Menschen gegenübersehen, nach neuen Gegengewichten suchen".

Hier warf der Bundesminister ein, man werde diese Gegengewichte nicht brauchen, wenn die europäische Integration, wie wir es wünschen, vorwärtsgehe.

Staatspräsident Mitterrand betonte, wir müßten neue Fakten setzen, wenn sich die Kräfteverhältnisse so verändern sollten. Deutschland könne nur dann auf die Wiedervereinigung hoffen, wenn es in einer starken Gemeinschaft stehe. Die Bundesrepublik spiele doch jetzt schon eine große Rolle in dieser Gemeinschaft, und Deutschland und Frankreich zusammen seien de facto dominierend in ihr.

Die in Strassburg zu erledigenden Probleme müßten in dieser Perspektive gesehen werden. Nun brauche man kein Psychologe zu sein, um zu erkennen, daß die Bundesrepublik Deutschland auf dem Weg zur Wirtschafts- und Währungsunion zur Zeit bremse. Alle Argumente, die von deutscher Seite vorgetragen würden, deuteten klar auf die Haltung hin

---

[15] Vgl. Erklärung der „Gruppe der 24 für wirtschaftliche Hilfe an Polen und Ungarn" vom 13. 12. 1989, in: Europa-Archiv 45 (1990), S. D 58–D 60.
[16] Gründung der EBWE mit Übereinkommen vom 29. 5. 1990, in: BGBl. 1991 II, S. 184–255.
[17] Dokumente Nr. 12–14.
[18] Zu Gesprächen Mitterrands und seiner Mitarbeiter mit Gorbačev u. a. vgl. Dokumente Nr. 62 und 63 in Galkin/Tschernjajew (Hrsg.), Michail Gorbatschow und die deutsche Frage.
[19] Vgl. Dokument Nr. 10, Anm. 9.

„Wir haben es nicht eilig". Man lerne ja manchmal das meiste aus einem Text dadurch, daß man feststelle, was nicht in ihm stehe. Bisher sei die Bundesrepublik Deutschland immer Motor im europäischen Einigungsprozeß gewesen. Jetzt sei sie Bremse. Das sei die Entscheidung eines souveränen Landes. Die Bundesrepublik Deutschland müsse sich äußern. So wie die Dinge stünden, werde Frankreich nicht die gleiche Haltung wie Deutschland in Strassburg vertreten.[20] Wenn es aber zu Meinungsverschiedenheiten zwischen Deutschland und Frankreich in Strassburg komme, dann würden andere daraus Nutzen ziehen. Er denke vor allem an Großbritannien, das den Aufbau Europas nicht wolle. Ohne das bisherige deutsch-französische Zusammenspiel habe Großbritannien leichtes Spiel. Großbritannien wolle keine Ergebnisse in Strassburg, und es werde sich im übrigen mit denen zusammentun, die die Wiedervereinigung nicht wollten.

Für ihn sei die Wiedervereinigung eine unaufhaltsame Sache – dabei spreche er nicht von den Fristen –, und man müsse diese unaufhaltsame Sache integrieren. Er wolle keine Hürden aufbauen. Aber die Vorsicht gebiete es, daß wir bei dieser Evolution nicht mit der Sowjetunion aneinandergeraten sollten. Wir müßten vermeiden, daß plötzlich an allen möglichen Stellen in Osteuropa die Grenzfrage aufgeworfen werde.

Deutschland und Frankreich müßten in jeder Phase dieser Entwicklung gemeinsam vorgehen. Erste Priorität habe dabei die europäische Einigung. Die Bundesrepublik dürfe sich auf keinen Fall eine Blöße geben, so daß in Strassburg Verdächtigungen entstünden, sie richte jetzt ihre ganzen Energien nach Osten. Die Medien würden das sehr schnell übertreiben. Vieles sei natürlich durch die deutsche Innenpolitik erklärbar. Aber das sei doch alles sekundär im Vergleich mit den historischen Entscheidungen. „Ihre Spitzenpolitiker werden umso mehr Prestige haben, als sie mit der Geschichte gehen. Wenn sie in Strassburg bremsen" –

Der Bundesminister warf hier ein, die Bundesrepublik Deutschland habe ihre Wahl getroffen.

Staatspräsident Mitterrand fuhr fort: „Wenn die Deutschen Europa mitaufbauen, werden[21] alle Entwicklungen der DDR, sich an Deutschland und Europa anzunähern, möglich sein. Dann leben wir nicht im Jahre 1913, sondern im Jahre 1993. Wenn die Deutschen im europäischen Zusammenhang bleiben, wird sich selbst die Sowjetunion eines Tages mit der Wiedervereinigung Deutschlands in der europäischen Gemeinschaft abfinden können. Die isolierte Wiedervereinigung wird die Sowjetunion bekämpfen. Wenn Deutschland sich, um die DDR vergrößert, im europäischen Gesamtverband bewegt, wird sie in der Europäischen Gemeinschaft Freunde haben, sonst nur Partner mit eigenen Reflexen. Die einzelnen Länder, auch Frankreich, werden sich dann wieder unmittelbar an die Sowjetunion wenden. Ich fürchte diese Entwicklung. Ich möchte Ihnen helfen. Aber nicht zu Lasten Europas. Die Deutschen stehen vor einer sehr wichtigen Wahl. Ich werde in Strassburg diese Frage in aller Klarheit an sie richten."

Der Bundesminister erwiderte, er habe die Ehre gehabt, eine ganze Reihe von Gesprächen mit dem Staatspräsidenten zu führen. Dieses Gespräch halte er für das wichtigste. Die Haltung des Staatspräsidenten zu Deutschland sei von historischer Bedeutung. Der Präsi-

---

[20] Vgl. hierzu auch die Vorlage des VLR I Bitterlich an Kohl vom 2./3.12.1989 über die Vorbereitung des Strassburger Gipfels, den Briefwechsel zwischen Kohl und Mitterrand vom 27.11./1.12./5.12. 1989 sowie das Arbeitsfrühstück von Kohl und Mitterrand am 9.12.1989, in: Deutsche Einheit, S.565-567, S.596-600, S.614f., S.628-631.
[21] Im Dokument ein Anführungszeichen von Hand gestrichen.

dent werde aus seinen (des Ministers) Anfangsbemerkungen entnommen haben, daß nach seiner Ansicht in Strassburg Geschichte gemacht werde. Niemand werde so auf dem Prüfstand stehen wie die Bundesrepublik Deutschland. Bis vor kurzem wäre diese Rolle Frau Thatcher zugefallen. Deshalb sei es notwendig, in Strassburg eine Entscheidung über die Regierungskonferenz zur Vorbereitung der Wirtschafts- und Währungsunion zu treffen.

Mitterrand erklärte: „Ich gebe doch [sic!] ein Jahr, nur um die Diskussion zu eröffnen. Bis dahin wird noch vieles geschehen. Wir werden uns auch noch oft sehen. Wir können manches an die weiteren Ereignisse anpassen, aber wir dürfen in der Zwischenzeit nichts zerbrechen. In einem Jahr beginnt die Konferenz. Es handelt sich um den Beginn, nicht um den Abschluß der Konferenz, die Jahre dauern kann."[22]

Der Bundesminister erwiderte, er wisse, was der Präsident meine. Zur Zeit sei die Bundesregierung im Entscheidungsprozeß. In Strassburg [werde][23] eine Entscheidung getroffen werden können. Er habe dem Staatspräsidenten und Dumas noch nie etwas gesagt, was er nicht nachher unter Beweis gestellt habe. Unsere Zukunft liege in Europa. Sie liege nicht zwischen Ost und West. Sonst wären 40 Jahre Politik nutzlos gewesen.

Mitterrand: „Auf längere Sicht wird auch der Osten dazugehören. Eine Einheit der Deutschen wird möglich sein. Dazu bedarf es indessen der Anziehungskraft der Europäischen Union."

Bundesminister: Diese Anziehungskraft bestehe schon heute. Wir dürften sie nicht verlieren.

Mitterrand betonte, er habe großes Vertrauen in den Bundesminister und unterhalte ausgezeichnete Beziehungen mit dem Bundeskanzler. Wir müßten jetzt mit großer Klugheit vorgehen. Heute gelte es, schwerwiegende Entscheidungen zu treffen. Es [gehe][24] um die Rangfolge der Werte. In Stuttgart habe man sich auf die Europäische Union festgelegt.[25] Nun hätten wir es mit dem deutschen Problem zu tun – in der Perspektive einer Wiedervereinigung – und der Ost-West-Zusammenarbeit. Je nachdem wie man die Rangfolge treffe, die Farben mische und anordne, erhalte man ein gutes oder ein schlechtes Bild. Wir müßten an unserem europäischen Fahrplan festhalten. In Strassburg müsse Europa vorwärts gebracht werden. Das sei für die ganze Welt von Bedeutung. Es gebe natürlich auch die Verträge. Aber Verträge könnten ein Volk nicht an seinen Grundwünschen hindern. Deshalb käme es darauf an, daß die Dinge einen konstruktiven Gang nähmen. Frankreich werde mit Deutschland sehr freundschaftlich umgehen. Wir zusammen könnten das Schicksal Europas zum Guten verändern. Aber an der Anordnung unserer Prioritäten dürfe sich nichts ändern. 1991 hätten Irland und Italien die Präsidentschaft inne, dann seien wir schon im Jahr 1992. Es sei keine Zeit zu verlieren. Im übrigen beschäftigten sich alle mit Deutschland, auch Gorbatschow.

Der Bundesminister erklärte, Gorbatschow sähe uns auch lieber in der europäischen Gemeinschaft eingebunden als allein.

Mitterrand quittierte diese Bemerkung lächelnd und fügte hinzu, Frau Thatcher sei wegen der Wiedervereinigung sehr viel reservierter als er. Wir brauchten ein stabiles

---

[22] Vertrag über die Europäische Union vom 7.2.1992 („Vertrag von Maastricht"), u.a. unter http://eur-lex.europa.eu/de/treaties/dat/11992M/htm/11992M.html (letzter Zugriff am 28.2.2011).
[23] Im Dokument: wird, mit handschr. Korrektur des „i" in „e" und angehängtes „e".
[24] Im Dokument: geht, mit handschr. Korrektur des „t" in „e".
[25] Feierliche Deklaration des Europäischen Rats vom 19.6.1983 zur Europäischen Union, in: Bulletin der Europäischen Gemeinschaften, Juni 1983, Nr. 6, S. 26-32, unter http://www.ena.lu/ (letzter Zugriff am 11.4.2011). Zum Stuttgarter Gipfel vgl. Gaddum, Die deutsche Europapolitik, S. 222-238.

Europa und die Perspektive einer Öffnung für das ganze deutsche Volk und müßten Etappe für Etappe miteinander gehen.

Der Bundesminister bemerkte, wir könnten für das deutsche Problem keinen Kalender aufstellen, wohl aber einen Kalender für die europäische Einigung. Denn hier könnten wir allein entscheiden. Die Annäherung der DDR an die Bundesrepublik Deutschland und an die Europäische Gemeinschaft liege dagegen nicht allein in unseren Händen, sondern auch in denen der DDR und der Sowjetunion.

Mitterrand äußerte seinen Zweifel daran, wie die USA im letzten zur deutschen Wiedervereinigung stünden. Eine konservative Regierung sei grundstürzenden Veränderungen eher abhold.

Die Zeit laufe leider ab. Er habe das Wichtigste seiner Gedanken mitgeteilt. Er wolle eng mit uns zusammenarbeiten. Frankreich sei ja auch eine der Garantiemächte. Wenn wir unsere Steine im großen Spiel richtig setzten, sei er sehr optimistisch.

Der Bundesminister wiederholte, wir hätten unsere Wahl getroffen. Er stehe noch unter dem Eindruck der Debatte im Bundestag, in der mit Ausnahme der Grünen alle Parteien sich einvernehmlich zur europäischen Einigung und insbesondere zur Freundschaft mit Frankreich bekannt hätten.

Wie er schon gesagt habe, werde in der Bundesregierung die Frage der Regierungskonferenz diskutiert. In Strassburg werde es zu einer Entscheidung kommen, und zwar zur richtigen. Die Argumente für die richtige Entscheidung seien wegen der Entwicklung im Osten sogar noch stärker geworden.

Mitterrand: Wenn es Ende 1990 in der Bundesrepublik keine Wahlen gäbe,[26] läge dann die Bundesrepublik Deutschland nicht immer noch an der Spitze der europäischen Bewegung?

Bundesminister: Ende 1990 wird es zur gleichen Zeit Wahlen in der Bundesrepublik Deutschland und in der DDR geben. Niemand sollte glauben, daß die Frage der Regierungskonferenz in unserem Wahlkampf eine größere Rolle spielen werde. Dann seien ganz andere Emotionen im Spiel. Wenn die Bundesregierung sich in den Verdacht brächte, die europäische Einigungspolitik zu bremsen, würde sie die Wahl verlieren. Die Bundesregierung werde deshalb an ihrem klaren Kurs festhalten.

PA AA, ZA 178.931 E.

Nr. 12

Aufzeichnung des Dolmetschers Hartmann[1] vom 6. Dezember 1989 über das Gespräch von Bundaußenminister Genscher mit dem sowjetischen Außenminister Ševardnadze am 5. Dezember 1989 in Moskau[2]

Aufzeichnung über das Vier-Augen-Gespräch zwischen BM Genscher (BM) und dem sowjetischen Aussenminister Schewardnadse (SAM) am 05.12.1989

---

[26] Nach den Wahlen im Januar 1987 mussten die Wahlen zum 12. Bundestag bis Anfang 1990 stattfinden.
[1] Eggert Hartmann.
[2] Im Anschluss an das hier dokumentierte Gespräch mit Ševardnadze fand ein Treffen Genschers mit Michail Gorbačev statt. Vgl. Galkin/Tschernjajew (Hrsg.), Michail Gorbatschow und die deutsche Frage, Dokument Nr. 61 und Genscher, Erinnerungen, S. 683ff.

Anwesend waren der Endunterzeichnete und Herr Siborow, 3. Europäische Abteilung[,] als Dolmetscher[3]

SAM: Man lebe in einer interessanten Zeit, einer Zeit tiefgreifender Veränderungen. Deshalb sei der Wunsch nach einem Meinungsaustausch mit BM nur natürlich. In dieser Hinsicht habe Besuch BM besondere Bedeutung, dies umso mehr, da er nach dem Gipfel von Malta, dem Dialog zwischen der sowjetischen und amerikanischen Führung stattfinde.[4] Er wisse, dass der amerikanische Präsident BM über die grundlegenden Aspekte der Gespräche in Malta informiert habe. Die sowjetische Seite sei der Meinung, dass dieses Treffen, obgleich es als nicht offiziell bezeichnet werde, von grosser Bedeutung für die Zukunft der sowjetisch-amerikanischen Beziehungen und für das Ost-West-Verhältnis insgesamt sei. Es stelle eine wichtige Etappe dar. Er wolle nicht sagen, dass die sowjetisch-amerikanischen Beziehungen das Klima insgesamt bestimmten. Europa sei eine selbständige Grösse. Es gebe rein europäische Fragen und rein europäische Interessenlagen. Es sei notwendig, die Arbeit so zu gestalten, dass es keinen Widerspruch zwischen europäischen Interessen und dem sowjetisch-amerikanischen Verhältnis gebe.

SAM besprach danach mit BM einvernehmlich die Tagesordnung für den 5.12.

BM: Er wolle zunächst zum Ausdruck bringen, dass es wichtig sei, gegenwärtig in Moskau zu sein, insbesondere nach dem Gipfel von Malta und nach den darauf folgenden Informationen im Rahmen des NATO-Rates und des Warschauer Vertrages. Er habe am Sonntag ein langes Gespräch mit AM Baker geführt, in dem letzterer ihn umfassend unterrichtet habe.[5] Am Montag sei dann der NATO-Rat vom amerikanischen Präsidenten unterrichtet worden.[6] Die Amerikaner schätzten die Ergebnisse des Gipfels als wichtig ein. Deutsche Seite teile diese Bewertung, sie stehe damit nicht allein, denn alle Partner des westlichen Bündnisses seien der gleichen Meinung. Wir gehörten nicht zu denen, die sowjetisch-amerikanische Gipfeltreffen mit Unruhe betrachteten, weil wir der Meinung seien, dass es eine Reihe von Fragen gebe, die nur von diesen beiden Grossmächten geregelt werden könnten. Für die Entwicklung in Europa sei es gut, wenn die Beziehungen zwischen der SU und den USA gut seien, dies ermögliche auch die Unterhaltung guter Beziehungen in Europa. Das amerikanisch-sowjetische Verhältnis sei zwar nicht entscheidend, aber es habe seinen Einfluss auf Europa, dies gelte aber auch in umgekehrter Richtung.

Er meine, dass man heute eine sehr offene Bewertung der Entwicklung in Zentral- und Osteuropa abgeben solle. Man solle einen Meinungsaustausch über die Haltung der Bundesrepublik Deutschland und der Sowjetunion, über die Ziele und Verantwortlichkeiten dieser beiden Staaten führen. Dies entspreche dem Geist der deutsch-sowjetischen Gemeinsamen Erklärung, an der SAM und er intensiv mitgearbeitet hätten.[7] Diese Erklärung erweise sich insbesondere gegenwärtig als ein weitsichtiges Dokument.

---

[3] Am li. unteren Seitenrand handschr.: „zdA [Paraphe unleserl.]".
[4] Vgl. Dokument Nr. 8, Anm. 8.
[5] Vgl. Vorlage Teltschiks für Kohl vom 7.12.1989 über das Gespräch Genschers mit Baker am 3.12.1989, in: Deutsche Einheit, S. 622–625.
[6] Vgl. hierzu Zelikow/Rice, Sternstunde, S. 190–192; Genscher, Erinnerungen, S. 681f. Für das Warschauer Pakt-Treffen vgl. Niederschrift der DDR-Delegation über das Gipfeltreffen des Warschauer Vertrags am 4.12.1989 in Moskau (Auszug), in: Nakath (Hrsg.), Im Kreml, S. 74–82; Aktennotiz über ein Gespräch Modrows mit Ryžkov am 4.12.1989, in: Nakath/Stephan (Hrsg.), Countdown, S. 255–259; Pravda vom 5.12.1989, in: Gorbačev, Sobranie, Bd. 17, S. 266f.
[7] Vgl. Dokument Nr. 1, Anm. 6.

Er halte es für wichtig, dass man bei Besuchen wie dem gegenwärtigen Klarheit über die jeweiligen Ziele und Vorstellungen schaffe, dies unterstreiche die Bedeutung des deutsch-sowjetischen Verhältnisses. Wenn SAM davon spreche, dass besondere Verantwortung nötig sei, so könne er dem nur zustimmen. Erforderlich seien Verantwortung, Umsicht, Weitsicht und staatsmännisches Verhalten auf allen Seiten, weil der begonnene Prozess grosse Chancen in sich berge und die Erwartungen der Menschen erfüllen müsse.

SAM: Er stimme BM zu, der gegenwärtige Zeitraum sei sehr kompliziert und widersprüchlich. Wenn man an Ost- und Zentraleuropa und an die Sowjetunion denke, so sehe man, dass ein tiefgreifender Veränderungsprozess im Gange sei. Das wichtigste Kennzeichen dieser Prozesse sei die weitere Demokratisierung. Dieser Prozess sei nicht einfach. In einigen Fällen sei das Tempo der Umgestaltung und Erneuerung sehr hoch. Die Haltung zu den Veränderungsprozessen sei auch in den einzelnen Ländern nicht gleichartig. Einige Länder seien für Veränderungen gereift, andere noch nicht. Dementsprechend könne man die in den einzelnen Staaten vor sich gehenden Prozesse nicht eindeutig charakterisieren. Sogar innerhalb der einzelnen Staaten gebe es einen gewissen Widerstreit. Es gebe Menschen, die eine Umgestaltung (Perestroika), Demokratisierung und Erneuerung wünschten. Es gebe eine zweite Gruppe von Menschen, die keinerlei Veränderungen wünsche und es gebe eine dritte Kraft, mit der man ebenfalls rechnen müsse. Diese seien der Meinung, dass eine Demokratisierung in die Anarchie, in eine Destabilisierung führe, und die deshalb in einer „starken Hand" den Ausweg sehen.

Ein angesehener polnischer Politiker habe ihm gesagt, dass man in einer bestimmten Etappe, nämlich wenn die Regierung die Lage nicht stabilisieren könne, diese Variante nicht ausschliessen könne; d.h., dass dann diese dritte Kraft durch einen Diktator oder einen Oberst die Oberhand gewinnen könne. Es könne zu einer Situation kommen, in der das Volk der Situation überdrüssig werde und sage, dass Demokratie ausser Destabilisierung und Unsicherheit nichts bringe. Er wolle ehrlich sein, auch in der Sowjetunion gebe es derartige Stimmen. In früheren Regimen, so werde gesagt, habe auch Ordnung geherrscht. Dies sei ein System ohne Demonstrationen, Meetings und [Zusammenstösse]⁸ auf Grund zwischennationaler Beziehungen gewesen und heute gebe es dies alles.

Wenn sich die Prozesse gesetzmässig und stabil vollzögen, werde alles Schritt für Schritt weitergehen. Eine Demokratisierung benötige Zeit. Sie liege aber in unserem gemeinsamen Interesse. Sie liege im Interesse für die Zukunft, im Interesse des Westens und der Zivilisation insgesamt. Der Prozess sei jedoch ebenfalls widersprüchlich. Deshalb seien verantwortungsvolle Beschlüsse und ein verantwortungsvolles Verhalten der Staatsmänner erforderlich.

Was die gegenwärtige Lage in der Sowjetunion anbetreffe, so kenne man die Schwierigkeiten von heute und von morgen. Man habe jedoch eine Konzeption, eine Philosophie. Der Prozess der Schaffung einer neuen Gesellschaft sei im Gange. Es werde auch in Zukunft Schwierigkeiten geben, man habe jedoch die notwendigen Ideen zu ihrer Überwindung. Bei den Verbündeten der SU sei die Situation anders. In Polen und in der CSSR seien plötzlich Probleme aufgetreten. In der DDR herrsche eine explosive Lage. Er glaube, dass die Situation dort ausser Kontrolle geraten könne und dass ernsthafte Unannehmlichkeiten möglich seien. Die Erklärung, alles hänge nur mit dem Sozialismus zusammen, halte er für primitiv und zu einfach. Man müsse die Schaffung von Stabilität in den Vordergrund rücken. Man müsse ein Klima schaffen, in dem sich die Demokratisierung dyna-

---

⁸ Im Dokument: Zusammenstössen.

misch und unter günstigen Bedingungen entwickeln könne. Wenn es Schwierigkeiten geben werde, wenn die Lage nicht mehr steuerbar werden sollte, wisse er nicht, wohin das führen könne – wohl zu einer Destabilisierung in Zentraleuropa. BM möge sich vorstellen, dass [die][9] SU in [diesen][10] Ländern Truppen stationiert habe, diese Länder verfügten auch über ihre eigenen Armeen. Andererseits gebe es in jedem Volk Extremisten, Zusammenstösse seien möglich. Er frage sich, was SU dann tun werde. (Anmerkung: SAM hat an dieser Stelle noch von den osteuropäischen Staaten im Plural gesprochen.) Er frage sich immer wieder, was das dann bedeuten könne – etwa eine zweite Etappe des Kalten Krieges? Man müsse immer an die schlechteste Variante denken, aber die Tatsachen seien so.

– Es folgen längere Ausführungen über die katastrophale wirtschaftliche Situation in Polen, über die Lage in Ungarn und der CSSR. –

Die Lage in der DDR sei instabil, auch der amerikanische AM habe sie als sehr kompliziert bezeichnet. Vielleicht sei ein Grund für den derzeitigen schnellen Prozess darin zu suchen, dass man in der DDR zu spät mit Reformen begonnen habe. Wenn man vor ca. zwei Jahren in der DDR mit Reformen begonnen hätte, hätte sich dort alles fliessend und gesetzmässig vollzogen, aber nun stehe man vor den Tatsachen von heute, die Lage werde immer komplizierter.

Er stimme BM zu, dass man im Rahmen des KSZE-Prozesses, im Geiste der deutsch-sowjetischen Vereinbarungen, vor allem der Bestimmungen der Gemeinsamen Erklärung vom Juni 1989 handeln müsse. Wenn aber Erklärungen abgegeben würden, die diesen grundlegenden Prinzipien des Verhältnisses zwischen Ost- und Westeuropa widersprächen, so sei dies unverständlich. Solche Erklärungen seien mit der gegenwärtigen Situation nicht vereinbar, im Gegenteil, sie erschwerten sie. Er wolle völlig offen reden. Die sowjetische Seite lese die Reden und Erklärungen des BM sehr genau. Man schätze die in ihnen zum Ausdruck kommende Verantwortung und das feine Verständnis für entstehende Komplikationen. Es gebe jedoch andere gegenteilige widersprüchliche Vorkommnisse. Das sei nicht verständlich. Weshalb müsse man gegenwärtig den Prozess in Richtung auf eine Einheit oder Vereinigung oder auf ein Zusammenfliessen forcieren. Er verstehe die 10 Punkte in der Erklärung des Bundeskanzlers nicht.[11] Er habe sie wiederholt gelesen. Zuletzt noch gestern abend, um sich selbst vor voreiligen Schlüssen zu schützen. Er verstehe, dass BM die Haltung des Bundeskanzlers verteidigen müsse. Er wolle auch gar keine Forderungen an BM stellen. Aber was sei das – Regierungspolitik oder Wahlkampf einer Partei. Wenn das zweite zutreffe, so sei dies nicht gerechtfertigt. In einer äusserst komplizierten Lage, in der über das Schicksal Europas und der Welt entschieden werde, dürfe es keine nicht durchdachten und nicht abgewogenen Erklärungen geben. Dies sei nicht zulässig.

SAM zitiert mehrfach aus Punkt 3 der Regierungserklärung und führt dazu aus: Eine derartige Einmischung habe sich noch niemand erlaubt. Er glaube, dass BK mit den Ministerpräsidenten der Länder so nicht reden könne, sie würden ihm dies nicht verzeihen. Wenn BK Beseitigung des Machtmonopols der SED fordere, so frage man sich, was es ihn angehe, ob in der DDR ein Ein- oder Mehrparteiensystem herrsche. Dies sei wie in Polen und Ungarn eine Entscheidung der DDR, die die SU respektiere. Weder SU noch Bundesrepublik könne irgendetwas aufzwingen. Mit Bezug auf die Passage bezüglich der Einführung einer Marktwirtschaft in der DDR führte SAM aus, dass BK alle Regeln für die wirt-

---

[9] Im Dokument: e.
[10] Im Dokument: diesem.
[11] Vgl. Dokument Nr. 10, Anm. 29.

schaftliche und politische Struktur in der DDR schon vorgeschrieben habe. BK habe in diesem Zusammenhang einen Unterschied zwischen Voraussetzungen und Vorbedingungen gemacht. Dies sei jedoch nur ein Wortspiel. Unter Zitierung der Passage über die einheitlichen Strukturen im wirtschaftlichen und parlamentarischen Bereich wiederholte SAM, BK habe alles vorausbestimmt, vorab bereits alles entschieden.

Er, SAM, verstehe, dass jeder Mensch nationale Gefühle und Emotionen habe. Politiker müssten jedoch die Realitäten in Rechnung stellen. Er wolle BM auffordern, sich Sendungen der Medien, die aus dem Westen in die DDR ausgestrahlt würden, anzusehen. Es handele sich hier um eine zielgerichtete Propaganda mit dem Ziel der Destabilisierung.

Er wolle jedoch nicht alles auf den Bundeskanzler und die Medien abwälzen. Vieles erkläre sich auch durch mangelhafte Arbeit, Fehler und falsche Berechnungen in der DDR. Sowjetische Seite sehe die Möglichkeit der Überwindung der Spaltung Europas, des Baues des gemeinsamen europäischen Hauses und der Beseitigung der militärischen Konfrontation. Seit 1985 könne man in Erklärungen des Generalsekretärs und anderer Politiker die sowjetische Bereitschaft zur Auflösung der Blöcke nachlesen. Europa könne sich einigen. Wenn man jedoch aus diesem gesetzmässigen Prozess etwas herauslöse, so erschwere dies, milde gesagt, die Situation, den KSZE-Prozess, die Annäherung der beiden Teile Europas und die laufenden Verhandlungen. Er frage sich, ob man davon ausgehen könne, dass zwei deutsche Staaten existierten oder ob die Bundesrepublik für eine Einigung kämpfe. Wenn letzteres zutreffe, wisse man, womit man es zu tun habe.

Er kenne Antwort des BM im voraus – diese Fragen sollten die Deutschen in der DDR selbst entscheiden. Dem stimme er zu. Sowjetische Seite wolle niemandem ihre Meinung aufzwingen. Die Lage in der DDR laufe jedoch Gefahr, instabil zu werden. Die Lage sei gestern und heute dort sehr schlecht. Er wisse nicht, was für Befehle die sowjetischen Soldaten dort erhalten könnten. SU habe bekanntlich in der DDR ein gewaltiges Truppenkontingent stationiert, in Wien sei ja noch nichts entschieden.[12] Die Soldaten hätten dort ihre Frauen und Kinder bei sich. Wenn es auch nur zu einem kleinen Zwischenfall käme, sei eine Explosion möglich. Dies alles sei sehr ernst. Vielleicht rede er zu akzentuiert von diesen Problemen, man müsse sich jedoch auf die schlimmste Möglichkeit vorbereiten. Aber vielleicht verlaufe alles auch ruhig, nichts anderes strebe die sowjetische Seite an. Man müsse jedoch auch auf extreme Erscheinungsformen in diesem Prozess gefasst sein, die seine Strukturen stören könnten.

Sein gutes Verhältnis zu BM erlaube ihm zu sagen, dass sowjetisches Volk zu allem, was die Deutschen und hier insbesondere die Deutschen in der DDR betreffe, ein besonderes Verhältnis habe. Eine Destabilisierung dort bedeute auch eine Destabilisierung der sowjetischen Gesellschaft.

Im folgenden ging SAM auf die seit 1985 erfolgte Neueinschätzung des Einmarsches in die CSSR 1968 und der Entsendung sowjetischer Truppen nach Afghanistan ein. Es gebe in der SU Menschen, die diese Neueinschätzung früherer Entscheidungen für falsch [halten].[13]

Die Frage nach der Situation in der DDR sei jedoch die Frage aller Fragen. Jede sowjetische Familie sei in dem einen oder anderen Sinne hiervon berührt. Der Bundeskanzler habe oft von den Gefühlen der Generation gesprochen, die den Krieg erlebt habe. Seine

---

[12] Vgl. Dokument Nr. 1, Anm. 8.
[13] Im Dokument: halte.

10 Punkte passen nicht dazu. SAM glaube, dass eine Destabilisierung in der SU und in Osteuropa nicht im Interesse der europäischen Länder liegen könne.

BM: Er danke SAM für seine offenen Ausführungen. Er wolle genauso offen antworten. Er gebe nicht nur eine persönliche Antwort, sondern die Antwort des Aussenministers der Bundesrepublik Deutschland. Er wolle einen Begriff aufnehmen, den SAM in den Mittelpunkt seiner Überlegungen gestellt habe. Er sei in der Tat der Meinung, dass es in den gegenwärtigen, so dramatischen Entwicklungen in Osteuropa, die in den einzelnen Staaten unterschiedlich verliefen, erforderlich sei, die stabilen Rahmenbedingungen zu schaffen, die für den Ablauf dieser Entwicklung nötig seien. Die Bundesregierung habe deshalb von Anfang an keinerlei Zweifel daran gelassen, dass sie keine Destabilisierung wolle und dass sie aus [den][14] sich zwangsläufig aus den Prozessen ergebenden Problemen keinerlei einseitigen Nutzen ziehen wolle, sondern, dass sie durch Zusammenarbeit dazu beitragen wolle, dass sich diese Prozesse Schritt für Schritt und ohne Verwerfungen oder – um mit SAM zu sprechen – ohne Explosionen vollziehen könnten. In diesem Grundsatz bestehe volle Übereinstimmung mit den Bündnispartnern. Dies sei ein wichtiges Signal, das am Vortage erneut von Brüssel ausgegangen sei und das am Wochenende von Strassburg ausgehen werde, wenn sich dort der Europäische Rat versammeln werde.[15]

Als einer[,] der an der Ausarbeitung der Schlussakte von Helsinki mitgearbeitet habe, stelle er mit Befriedigung fest, dass immer mehr erkannt werde, wie weitsichtig die Schlussakte angelegt sei und dass der KSZE-Prozess die stabilen Rahmenbedingungen für die europäische Entwicklung und für die Annäherung der Staaten Europas geschaffen habe. Im Grunde entspreche das, was sich gegenwärtig vollziehe, dem Geist und den Vorstellungen der Schlussakte.[16] Bei richtiger Analyse seien die gegenwärtigen Entwicklungen nicht der Sieg des einen Systems über das andere, sondern die Besinnung auf die Werte der Menschenrechte, der Menschenwürde und der Demokratie, die sich in der Geschichte der europäischen Völker entwickelt hätten und zu denen die europäischen Philosophen, Dichter und Denker ihre Beiträge geleistet hätten. Europa besinne sich auf sich selbst. Es sei nicht so, dass einer dem anderen etwas wegnehme, sondern alle besönnen sich auf die in der Schlussakte niedergelegten Werte.

Wir Deutschen seien uns bewusst, dass wir für die europäische Stabilität eine besondere Verantwortung trügen, d. h.[,] dass wir einen besonderen Beitrag dazu leisten könnten. Der Grund hierfür liege in dem Gewicht unseres Volkes in Europa, in der geographischen Lage im Mittelpunkt Europas, in der Geschichte und in den Erfahrungen, die unsere Nachbarvölker mit uns machen mussten und von denen wir wissen, dass die gegenwärtige Generation sie nicht vergessen habe.

Es dürfe nicht vergessen werden, dass es ohne die Verträge der Bundesrepublik Deutschland mit der SU, Polen, der CSSR und ohne den Grundlagenvertrag mit der DDR keine Schlussakte gäbe.[17] Deshalb gehöre zu den stabilen Rahmenbedingungen nicht nur unser Bekenntnis zur Schlussakte, sondern auch das Bekenntnis zu den Verträgen.

Er habe sich deshalb im September diesen Jahres in seiner Rede vor der VN-GV bewusst an den polnischen Aussenminister, aber auch an alle anderen Völker gewandt und folgendes ausgeführt: „Das polnische Volk ist vor fünfzig Jahren das erste Opfer des von Hitler-

---

[14] Im Dokument: dem.
[15] Zum Strassburger Gipfel vgl. Dokument Nr. 8, Anm. 10.
[16] Vgl. Dokument Nr. 9, Anm. 5.
[17] Zu diesen Vertragswerken vgl. Dokumente Nr. 3, Anm. 10, Nr. 6, Anm. 8 und Nr. 7, Anm. 4.

Deutschland vom Zaune gebrochenen Krieges geworden. Es soll wissen, dass sein Recht, in sicheren Grenzen zu leben, von uns Deutschen weder jetzt noch in Zukunft durch Gebietsansprüche in Frage gestellt wird.

Das Rad der Geschichte wird nicht zurückgedreht. Wir wollen mit Polen für ein besseres Europa der Zukunft arbeiten.

Die Unverletzlichkeit der Grenzen ist Grundlage des friedlichen Zusammenlebens in Europa."[18]

Diese Äußerung habe später wörtlich Zustimmung in einer Resolution des Deutschen Bundestages gefunden, was dieser Erklärung ein zusätzliches Gewicht verleihe.[19] Diese Worte seien nicht nur für den innerdeutschen Gebrauch bestimmt, sondern sie seien ein Signal an unsere Nachbarn, die den Wunsch Polens teilten, in sicheren Grenzen zu leben.

Die Bundesrepublik Deutschland habe nie einen Zweifel daran gelassen, dass es keinen Alleingang von ihr geben werde. Sie sei Mitglied des westlichen Bündnisses, wie die DDR Mitglied des Warschauer Vertrages sei. Die Bundesrepublik sei Mitglied der EG, die sich auf dem Weg zu einer dynamischen Integration befinde. Der bevorstehende Europäische Rat werde beweisen, dass die Zwölf zu einer immer engeren Zusammenarbeit zusammenwüchsen.

Er habe kürzlich ein langes Gespräch mit Präsident Mitterrand über die politische Bedeutung der gegenwärtigen Prozesse geführt.[20] Er sei mit ihm einig, dass von dem bevorstehenden Europäischen Rat zwei Signale ausgehen würden – einmal das Signal für die sich fortsetzende europäische Integration und zum anderen ein Signal der Bereitschaft zur Zusammenarbeit mit Osteuropa.

Man wisse, dass die EG nicht ganz Europa sei. Deshalb sei man auch so aktiv bei der Ausarbeitung der Helsinki-Schlussakte gewesen, die die Rahmenbedingungen oder eine Kursbestimmung für die europäische Friedensordnung oder – mit anderen Worten – für die Errichtung des gemeinsamen europäischen Hauses geschaffen habe.

Was bedeute dies für die Deutschen? Die Deutschen hätten gelernt, dass sie ihr Schicksal in das europäische Schicksal einbetten können und müssen. Die Deutschen hätten in der Vergangenheit wiederholt im Gegensatz zu ihren Nachbarn gestanden, heute kennten sie die Bedeutung der Übereinstimmung durch die Einbettung ihres Schicksals in das europäische Schicksal. Dies bedeute aber auch, dass sich die Annäherung zwischen West- und Osteuropa nicht um die Deutschen herum vollziehen könne, sondern dass sie das Verhältnis zwischen den beiden deutschen Staaten auch erfassen müsse. Das ergebe sich aus der Logik der Sache und entspreche den Interessen unserer Nachbarn.

Er stimme der Einschätzung des SAM zur Lage in Polen und Ungarn zu. Deshalb würden die 24 Staaten, die diesen Ländern helfen wollten, am 13.12. eine Konferenz abhalten.[21] Polen und Ungarn würden der SU bestätigen können, dass sich die Bundesrepublik hier besonders engagiere, um bei der Lösung der überaus ernsten wirtschaftlichen Probleme zu helfen. Die Probleme in diesen beiden Ländern seien unterschiedlich, die Bundesrepublik wolle ihren Beitrag zur Stabilisierung des Reformprozesses leisten.

---

[18] Vgl. Dokument Nr. 5, Anm. 2.
[19] Ebenda.
[20] Dokument Nr. 11.
[21] Vgl. Dokument Nr. 11, Anm. 15.

Er wolle nun seine Einschätzung der Lage in der DDR abgeben. Er danke SAM für dessen Offenheit. SAM erinnere sich sicher, dass man bei dem letzten Besuch des SAM in Bonn zur Vorbereitung des Gipfels ein Gespräch zu diesem Thema geführt habe. SAM sei kurz vorher in Berlin gewesen und habe mit der Führung der DDR gesprochen. BM habe ausgeführt, dass die Bundesregierung mit Sorge auf die Entwicklung in der DDR blicke, da dort die Bereitschaft zu Reformen fehle. SAM habe damals geantwortet, dass man in der DDR zu Reformen bereit sei. BM habe Zweifel geäussert und leider Recht behalten.[22] Er sage dies ohne Schadenfreude, sondern voller Sorge, da er die Bedeutung der Stabilität in der DDR für Europa, für Deutschland und für die Sowjetunion verstehe.

SAM wisse, dass er für die Beziehungen zur DDR nicht zuständig sei. Seine Kontakte mit AM Fischer beschränkten sich auf multilaterale Veranstaltungen. Im Februar d.J. habe er Gelegenheit gehabt, mit einer Honecker nahestehenden Person zu sprechen.[23] Er habe dabei die grösste Besorgnis angesichts der Entwicklung in der DDR ausgedrückt und gesagt, dass sich die DDR nicht aus dem Prozess ausklammern könne, der in der Sowjetunion angefangen habe und der sich in Polen und Ungarn fortsetze. Er habe grosse Schwierigkeiten für 1989 in der DDR vorausgesehen, da schon damals die Hoffnungslosigkeit der Menschen sehr gross gewesen sei. Im Juni habe er mit der gleichen Person erneut gesprochen und sie gefragt, was in den Köpfen der führenden Politiker der DDR vorgegangen sei, als sie Kommunalwahlen abgehalten hätten, als ob sich nichts geändert habe und nachdem kurz vorher in der Sowjetunion Wahlen mit mehreren Kandidaten stattgefunden hätten, bei denen die Wähler auch Einfluss auf die Kandidatenaufstellung gehabt hätten.[24]

Dann sei die Fluchtbewegung gekommen, die die Bundesrepublik nicht gewollt habe und für die sie nichts getan habe. SAM könne sich sicher vorstellen, dass es für die Bundesrepublik Probleme schaffe, all diese Menschen mit Arbeit und Wohnung zu versorgen. Bundesregierung wolle nicht, dass die DDR ausblute, sondern sie wolle, dass sich die DDR gut und gedeihlich entwickeln könne. Aber man habe das Problem der Flüchtlinge lösen müssen. SAM habe an dieser Lösung mitgewirkt, wofür er ihm nochmals danken wolle.[25] In Begegnungen mit Menschen aus der DDR habe man spüren können, wie tief die Hoffnungslosigkeit und Enttäuschung bei diesen Menschen sei.

Als der Vertreter der DDR verlangt habe, dass die Züge aus Prag über die DDR fahren müssten, habe er (BM) erwidert, dass sich die Deutschen aus der DDR weigern würden. Wenn dies jedoch eine Bedingung der DDR sei, müsse man die Leute überzeugen. Das könne nur er tun und deshalb müsse er nach Prag reisen. Die DDR-Führung habe zugestimmt. Seine Befürchtungen hätten sich als richtig erwiesen. Im deutschen Fernsehen habe man nicht gezeigt, wie die 5000 in unserer Prager Botschaft in Sprechchören „Nein, nein, nein" gerufen hätten. Er habe ihnen gesagt, dass sie sich darauf verlassen könnten, dass ihnen nichts passieren werde. Sie könnten auf ihn vertrauen, er trage die volle Verantwortung.[26]

---

[22] Vgl. Dokument Nr. 1 sowie, zum Besuch Ševardnadzes in Bonn im Mai 1989, Genscher, Erinnerungen, S. 612f.
[23] Vgl. Genscher, Erinnerungen, S. 688. Wolfgang Vogel (1925–2008), Anwalt, offiziell Persönlicher Beauftragter des SED-Generalsekretärs und Staatsratsvorsitzenden in humanitären Angelegenheiten.
[24] Kommunalwahlen in der DDR am 7.5.1989, in der UdSSR Wahlen zum Volksdeputiertenkongress am 26.3.1989.
[25] Vgl. Dokument Nr. 5, Anm. 18.
[26] Während erste Fahrten ab dem 30.9.1989 ruhig verliefen, kam es am 4.10.1989 zu Tumulten am Dresdner Hauptbahnhof, als DDR-Bürger vor Ort die eigene Mitfahrt erzwingen wollten.

Er erzähle dies, um aufzuzeigen, wie tief die Kluft zwischen der Führung und den Menschen in der DDR war. Die Bundesrepublik habe dies nicht beeinflusst.

Er könne jedes Wort der Besorgnis des SAM unterschreiben. Die Bundesrepublik wolle über Presse oder Reden keinen Einfluss nehmen. Man verstehe jedoch die Enttäuschung der Menschen über all das, was gegenwärtig bekannt werde.[27]

Es müsse auch offen gesagt werden, dass die Menschen in der DDR bei ihren Demonstrationen für Demokratisierung viel Verantwortung, Würde und Augenmass an den Tag legten. Sie seien nicht aggressiv, sondern friedlich. Er selbst sei darüber sehr befriedigt, handele es sich doch um Menschen aus seiner Heimat.

Er kenne MP Modrow nicht, im Gegensatz zu seinem Fraktionsführer Mischnick.[28] Er teile jedoch die Meinung des letzteren, dass Modrow die Reformentwicklung aufrichtig beginne. Die Bundesregierung wünsche ihm, dass er den richtigen Weg finden und es ihm gelingen möge, die Menschen von der Aufrichtigkeit seiner Politik zu überzeugen, den Glauben an diese Aufrichtigkeit zurückzugewinnen.

Er wolle eigentlich nicht über ein drittes Land reden. Aber die Sowjetunion und die Bundesrepublik Deutschland müssten diejenigen sein, die ein besonderes Interesse an der Stabilität in der DDR haben, die eine besondere Verantwortung fühlen. Für die Bundesrepublik treffe dies zu. Man müsse mit der Sowjetunion immer reden, wenn es die Situation erfordere, hier sei ein ständiger Kontakt nötig. Er glaube nicht, dass man gegenwärtig an den schlechtesten Fall denken müsse, die Chancen für eine positive Entwicklung seien grösser. Grossen Einfluss werde das haben, was die neue Führung der DDR sagen werde. Hier seien die Beschlüsse des bevorstehenden Parteitags der SED für die DDR und für Europa von besonderer Bedeutung.[29]

Er habe gestern in Vorbereitung seines Besuches in Moskau ein Gespräch mit dem Bundeskanzler gehabt, auch weil er gewusst habe, dass SAM Erklärung des Kanzlers im Bundestag ansprechen werde. BK habe sich auch in der Öffentlichkeit dazu geäussert. SAM müsse erkennen, dass er alles, was sich zwischen den beiden deutschen Staaten vollziehen kann, nicht als Diktat der Bundesrepublik, sondern als Angebot versteht. Es sei Sache der DDR zu sagen, was sie für möglich halte, wie sie sich ihr Verhältnis zur Bundesrepublik vorstelle. BK habe positiv auf den von Modrow verwendeten Begriff der Vertragsgemeinschaft reagiert.[30] Er (BM) erkenne des weiteren an, dass das Aide-Mémoire der DDR an die EG ein verantwortungsvolles Dokument sei, das einen Zusammenhang zwischen den Beziehungen der beiden deutschen Staaten und Europa herstelle.[31] Des weiteren habe der Bundeskanzler erklärt, dass man keinen Alleingang wolle, dass man alles, was geschehe, in den gesamteuropäischen Zusammenhang einbetten wolle. Und dies geschehe unter Berücksichtigung der Interessen, der Sicherheitsinteressen aller [europäischen][32] Staaten, in

---

[27] Anspielung auf frühe Ermittlungen gegen führende ehemalige Amtsträger wegen Amtsmissbrauch, Korruption und Wahlfälschung. Einen Abriss über Vorwürfe und strafrechtliche Aufarbeitung vermitteln Marxen/Werle, Die strafrechtliche Aufarbeitung, als Gesamtdokumentation hierzu ist zu nennen Strafjustiz und DDR-Unrecht.
[28] Wolfgang Mischnick (1921–2002), 1968–1991 Vorsitzender der FDP-Bundestagsfraktion.
[29] Es handelt sich hierbei um den Sonderparteitag vom 8./9. und 16./17. 12. 1989. Die SED benannte sich in SED-PDS um und wählte Gregor Gysi zum Vorsitzenden des Parteivorstands. Vgl. Außerordentlicher Parteitag der SED-PDS. Gregor Gysi (*1948), 1989–1993 Vorsitzender der SED/PDS bzw. PDS.
[30] Vgl. Dokument Nr. 8, Anm. 13.
[31] Vgl. Dokument Nr. 8, Anm. 14.
[32] Im Dokument: europäischer.

erster Linie der Sowjetunion. BK habe ihm gesagt, und er wolle dies hier wiederholen, dass er auf einen Kalender, auf einen zwingenden Fahrplan verzichtet habe, weil er die Langfristigkeit des Prozesses kenne, in dem nichts überstürzt werden dürfe.

Er glaube, dass engere Beziehungen zwischen beiden deutschen Staaten in der Logik des gesamteuropäischen Prozesses lägen. Aber diese müssten beide wollen. Und sie müssten das in einer Weise wollen, die die Verantwortung für die Stabilität nicht ausser acht lässt.

Die Beziehungen zwischen den beiden deutschen Staaten waren immer anders, als die Beziehungen zwischen anderen Staaten. Die Deutschen waren immer eine Nation und sie sind es trotz jahrzehntelanger Trennung geblieben. Dem habe auch die gegenwärtige Führung der DDR zugestimmt. Auch Europa sei trotz der Spaltung bei all seiner Vielfalt eins geblieben.

Als die Bundesrepublik den Moskauer Vertrag unterzeichnet habe, habe sie ihm den Brief zur deutschen Einheit beigefügt, der sich auf die erwähnte europäische Einbettung gründe.[33] In diesem Brief werde davon gesprochen, dass das politische Ziel der Bundesrepublik Deutschland darin besteht, auf einen Zustand des Friedens in Europa hinzuwirken, in dem das deutsche Volk in freier Selbstbestimmung seine Einheit wiedererlangen kann.

Die Bundesrepublik sei sich damals im klaren gewesen, dass die Deutschen dieses Ziel nur erreichen könnten, wenn in Europa ein Zustand neuer Qualität geschaffen werde. Man sei sich der Langfristigkeit und der Verantwortung für Europa bewusst gewesen. Das gelte heute wie damals.

SAM habe vorhin die Erwartung ausgedrückt, dass er die Erklärung des BK wie ein Pflichtverteidiger verteidigen werde. Er wolle offen sagen: Er wolle sich treu bleiben, er wolle sich auch in Zukunft treu bleiben, er hätte die Verantwortung als Aussenminister der Bundesrepublik Deutschland nicht so lange tragen können, wenn er nicht davon überzeugt gewesen wäre, dass die Gedanken und Motive, die ihn bewegten, die deutsche Aussenpolitik seien. Er habe den Krieg und die Nachkriegszeit erlebt. Er sei seinen Weg gegangen und er wolle, dass Europa für immer seinen Frieden finden und dass die Deutschen in Europa ihren Frieden finden mögen. Das müsse man verstehen. SAM kenne ihn als einen Politiker, der eine derartige Politik mit Verantwortung, Umsicht und Augenmass verfolge. Er habe dies auch in schwierigen Zeiten getan, als er die Alliierten in der Diskussion über den INF-Vertrag oder über die Kurzstreckenraketen habe überzeugen müssen.[34]

SAM möge ihm das so abnehmen, wie er es sage. Die Bundesrepublik kenne ihre Verantwortung, sie wolle den gegenwärtigen Prozess nicht stören. Als er 1986 nach dem ersten Gespräch mit Gorbatschow und dem SAM Moskau verlassen habe, sei er davon überzeugt gewesen, dass diese beiden Politiker es ernst meinten, dass man sich auf sie verlassen könne und dass sie sich auf das verlassen können müssten, was wir tun.[35] Deshalb habe er am 1.2.87 in Davos gesagt, dass man Gorbatschow ernst nehmen müsse.[36] Heute würden das alle sagen. Er wisse, dass der Demokratisierungsprozess in Zentral- und Osteuropa ohne die Entscheidungen von Gorbatschow und SAM nicht möglich wäre.

---

[33] Brief vom 12.8.1970 zur deutschen Einheit, in: BGBl. 1972 II, S. 356. Zum Vertrag vgl. Dokument Nr. 3, Anm. 10.

[34] Zum INF-Vertrag vgl. Dokument Nr. 1, Anm. 8, zur Modernisierung der Lance-Raketen Dokument Nr. 1, Anm. 11.

[35] Zum früheren Besuch Genschers in Moskau vgl. die Dokumente Nr. 5 und 6 in Galkin/Tschernjajew (Hrsg.), Michail Gorbatschow und die deutsche Frage.

[36] Rede vor dem World Economic Forum, u.a. in: Genscher, Unterwegs zur Einheit, S. 137–150.

SAM wisse auch, dass die Bundesrepublik ihren entsprechenden Beitrag leiste. Dies wollten wir nicht aufs Spiel setzen. Wir seien keine Abenteurer. Er (BM) wolle vor seiner Familie, vor seinen Wählern bestehen.

Er wisse, dass man sich in der SU Sorgen hinsichtlich revanchistischer Tendenzen in der Bundesrepublik mache. Es gebe bei uns derartig Unverbesserliche, wie es sie in jedem Land gebe.[37] Man habe aber SAM sicher gesagt, welche Billigung die Politik des BM in der Bundesrepublik finde. Er geniesse als Politiker nach dem Bundespräsidenten[38] die höchsten Sympathien, dies gründe sich auf seine Politik und das sei auch ein Vertrauensbeweis für die sowjetische Seite.

Als er vor kurzem zusammen mit Willy Brandt, dem Bundeskanzler und dem Regierenden Bürgermeister[39] vor Zehntausenden auf einer Demonstration in Berlin das obige Zitat über die polnische Westgrenze ausgesprochen habe, habe er den weitaus grössten Beifall dafür bekommen. Das sei die wahre Stimmung im deutschen Volk. Das Beispiel der Deutschen aus der DDR in unserer Prager Botschaft zeige, dass diese über eine gleiche demokratische und verantwortungsbewusste Gesinnung verfügten.

Sowjetische Seite könne sich auf die Führung der Bundesrepublik verlassen. Er würde nicht dazu stehen, wenn er davon nicht überzeugt wäre. Er sei der Meinung, dass man in der gegenwärtigen Phase Klarheit und Offenheit benötige. Er verbürge sich für jedes seiner Worte und lege sie in die Hand des SAM, damit dieser werte.

Die Bundesrepublik wolle mit SU zum Nutzen Europas zusammenarbeiten. Sie wolle, dass die Deutschen in der DDR selbst ihren Willen äussern. Dies müssten sie selbst tun. Er wünsche sich, dass die neue Führung der DDR die richtigen Worte fände, damit sich der Prozess in der DDR auch weiter so verantwortungsvoll vollziehen könne wie bisher. Er gehe davon aus, dass die Menschen in der DDR ebenfalls ihre Verantwortung für Europa kennten.

<u>SAM:</u> Er danke für die Erklärungen des BM. Er habe nie daran gezweifelt, dass BM ein aufrichtiger Anhänger einer Entwicklung sei, die auf eine Verbesserung der Beziehungen zwischen der Sowjetunion und der Bundesrepublik ausgerichtet sei, dass er einen wichtigen Beitrag zur Definierung der deutschen Aussenpolitik geleistet habe. Er wolle auch den Beitrag des BM am gesamteuropäischen Prozess betonen. Sowjetische Seite könne sich nicht vorstellen, unter anderen Bedingungen zu leben. Er sei überzeugt, dass sich die Entwicklung in dieser europäischen Richtung vollziehen werde.

Eine Destabilisierung in Osteuropa, vor allem in der DDR, könnte jedoch den Prozess in der Sowjetunion stoppen. Dies seien auch die Überlegungen seiner Kollegen. Er glaube, dass die Prozesse in Europa noch zerbrechlich seien (BM stimmt diesem unter Hinweis auf eigenes Zitat zu). Man müsse sich bemühen, die Entwicklung im Geist von Helsinki weiter voranzutreiben.

Es sei heute zu spät, von Fehlern der Führung der DDR in der Vergangenheit zu reden. Die Führung der DDR sei nicht von den Entwicklungen in der SU begeistert gewesen.

Er müsse jedoch nochmals unter Berücksichtigung des Respekts, den er BM gegenüber empfinde, zum Ausdruck bringen, dass die sowjetische Seite über die Erklärung des Bundeskanzlers beunruhigt ist. BM kenne ihn als einen Partner, der nicht die Konfrontation

---

[37] Bei Kommunalwahlen in NRW am 1.10.1989 hatten die Republikaner zum Teil Gewinne verzeichnen können. Die Partei, gegründet Ende November 1983, zog 1989 zudem in das Europaparlament (Juni 1989) und in das Berliner Abgeordnetenhaus (Januar 1989) ein.
[38] Richard von Weizsäcker (*1920), 1984–1994 Bundespräsident.
[39] Walter Momper (*1945), 1989–1991 Regierender Bürgermeister von Berlin. Willy Brandt (1913–1992), seit 1987 Ehrenvorsitzender der SPD, war 1957–1966 Regierender Bürgermeister von Berlin.

suche. Die 10 Punkte des BK enthielten jedoch ernste, beunruhigende Momente. Was solle man davon halten, wenn der Bundeskanzler in seinen 10 Punkten die Bedingungen für das Verhältnis zur DDR festlege, was solle das Reden von einer Konföderation, was solle das Aufstellen von Bedingungen? BM habe von einer Unterstützung des Vorschlags von Modrow hinsichtlich einer Vertragsgemeinschaft gesprochen. Der Bundeskanzler habe sich positiv dazu geäussert. Aber er (BK) verstehe unter einer Vertragsgemeinschaft eine Konföderation oder Föderation der beiden deutschen Staaten. Für Modrow sei das etwas anderes. Die Sowjetunion sei nicht gegen eine Weiterentwicklung der Beziehungen der Bundesrepublik zur DDR. Vielleicht würden diese Beziehungen enger sein als zu anderen Staaten. Dies sei ein gesetzmässiger Prozess. Die erwähnten Sätze des Bundeskanzlers riefen jedoch in der Sowjetunion eine stürmische Reaktion hervor. Man habe es einerseits mit den Fehlern der früheren DDR-Führung und andererseits mit der Stimmung in der DDR als Folge dieser Fehler zu tun. Und nun kämen noch derartige offene Aufrufe hinzu. Hierüber müsse man ernsthaft nachdenken und eine tiefgehende Analyse anstellen. Er glaube nicht, dass man in Europa die 10 Punkte begrüsse.

<u>BM:</u> Die 10 Punkte enthielten vieles von der Substanz der Politik, die von allen Parteien im Bundestag vertreten würde, auch von den Sozialdemokraten und den Freien Demokraten, die seinerzeit die Entspannungspolitik begonnen hätten. Es gebe eine Zustimmung im Grundsätzlichen. Für SAM sei wichtig zu wissen, dass die Bundesregierung nichts überstürzen, die Entwicklung nicht anheizen und keine Aufrufe erlassen wolle.

SAM möge seine Worte bitte ernst nehmen. Die Bundesrepublik wolle am Prozess der Annäherung in Europa teilhaben, man könne die Deutschen davon nicht ausschliessen. Die Integration in das europäische Schicksal sei unsere gemeinsame Chance. Auch SAM habe geäussert, dass bei engeren Beziehungen innerhalb Europas auch die Beziehungen zwischen den deutschen Staaten enger werden würden. Dies liege in der Logik der Geschichte, dies sei ein Ausdruck der Selbstbestimmung.

Er habe mit Mitterrand und Dumas über dieses Thema geredet.[40] Auch in Frankreich sei man der Meinung, dass die Einbettung des deutschen Schicksals in das europäische Schicksal einen Beitrag zur Stabilität in Europa bedeute. Dies sei auch die Meinung des BK. Er (BM) würde dies nicht sagen, wenn er davon nicht überzeugt wäre. Die Bundesregierung wolle keine explosive Entwicklung in der DDR. Sie hoffe darauf, dass die Voraussetzungen geschaffen werden, unter denen sich alles so verantwortungsvoll vollziehen könne, wie es von den Menschen begonnen worden sei. Das verdiene Respekt. Modrow kenne diese Verantwortung.

<u>SAM:</u> Sowjetische Seite kenne und respektiere Modrow als sachlichen und kompetenten Politiker. Er (SAM) würdige die Worte des BM. Er beachte vor allem den wichtigen Satz, dass beide Seiten in schwierigen Situationen zusammenwirken müssten. Das sei eine wichtige Frage. Man müsse sich öfter beraten. Man könne die völlig unvorhersehbare Variante der Entwicklung in Osteuropa nicht ausschliessen.

<u>BM:</u> Er wolle die Bedeutung der bestehenden Kontakte zu SAM betonen. Beide Minister hätten in der Vergangenheit oft Gedanken ausgetauscht, er habe vor einigen Wochen seine Gedanken nochmals dargelegt. In der gegenwärtigen Phase müsse man jederzeit die Möglichkeit zu Kontakten haben – öffentlich oder diskret, schriftlich, per Telefon oder über Vertrauenspersonen. Er halte das für ausserordentlich wichtig. Nicht, weil die Sowjetunion

---

[40] Dokument Nr. 11, dazu der Gesprächsvermerk vom 1.12.1989 über das Gespräch Genschers mit Dumas am 30.11.1989, PA AA, ZA 178.931 E.

oder die Bundesrepublik die DDR bevormunden wolle – dies wolle weder der eine noch der andere –, sondern weil vom Verhalten der SU und der Bundesrepublik die Sicherstellung einer stabilen Entwicklung abhänge. Die deutsche Seite wünsche dies von Herzen.

SAM: Man sei sich also darüber einig, alle Möglichkeiten und alle Kanäle zu nutzen. Man habe nur eine Bitte: Er vertraue BM und er habe an ihm keinerlei Zweifel, aber es wäre wünschenswert, wenn wenigstens die offiziellen Erklärungen von BK und BM übereinstimmen würden. Was BM gesagt habe, sei alles normal. Die 10 Punkte und die Äusserungen auf dem letzten CDU-Parteitag seien etwas anderes.[41]

Gegenwärtig stehe Genscher am Steuer der Aussenpolitik. Die sowjetische Seite könne ruhig reagieren, auch auf das, was andere sagten. Sie wisse jedoch nicht, wie die nächsten Wahlen in der Bundesrepublik ausgingen. BM sei sehr populär, aber man könne das Auftauchen neuer Parteien, die bereits im Europäischen Parlament vertreten seien, nicht ausschliessen.[42] Man könne nicht wissen, wie später einmal die Kräfteverteilung aussehen werde.

BM möge sowjetische Seite verstehen, man messe politischen Erklärungen grosse Bedeutung bei. Was er heute gesagt habe, sei ein Ausdruck der Beunruhigung nicht nur in der sowjetischen Führung, sondern auch in der sowjetischen Öffentlichkeit.

BM: Niemand könne ein Jahr vor den Wahlen Prognosen abgeben. Eines könne er jedoch mit Sicherheit sagen: Es werde auch im nächsten Bundestag keine Mehrheit gegen die Politik geben, die er vertrete.

SAM: „Geb's Gott".

Moskau, den 6. Dezember 1989

(Hartmann, BR)[43]

PA AA, ZA 178.931 E.

Nr. 13
Vermerk des D 2, Kastrup, vom 6. Dezember 1989 über das Gespräch von Bundesaußenminister Genscher mit Generalsekretär Gorbačev am 5. Dezember 1989 in Moskau

D 2

Bonn, den 06. Dezember 1989

Vermerk[1]

---

[41] Zum CDU-Parteitag vgl. Dokument Nr. 3, Anm. 10.
[42] Vgl. Anm. 37.
[43] Darüber eigenhändige Unterschrift.

[1] Das Anschreiben zur Vorlage des Vermerks „über Herrn Staatssekretär" an „Herrn Bundesminister" ist hier nicht abgedruckt. Den Vermerk zeichneten Staatssekretär Sudhoff am 6.12. und Genscher am 7.12. ab, mit der handschr. Vorgabe: „mit Korrektur neu erledigen und WV". Jürgen Sudhoff (*1935), 1985–1991 Staatssekretär des AA.

Betr.: Gespräch BM mit GS Gorbatschow am 05.12.1989 in Moskau (16.00 Uhr bis 17.30 Uhr)[2]

Sowjetische Teilnehmer: AM Schewardnadse, Sagladin[3]
Deutsche Teilnehmer: Botschafter Blech, MD Kastrup

G[4] begrüßt BM und erklärt, der Besuch habe durch die aktuelle Entwicklung eine besondere Tonfärbung erhalten. Er betrachte BM als privilegierten Gesprächspartner, im Unterschied zu früheren Gesprächen befinde man sich jedoch in einer schwierigen Situation.

BM übermittelt Grüße des Bundespräsidenten und des Bundeskanzlers. Er begrüße, daß das Gespräch jetzt stattfinden könne. In dieser wichtigen Phase komme ihm große Bedeutung zu. Im Geiste der abgeschlossenen Vereinbarungen wolle er in großer Offenheit, Aufrichtigkeit und Klarheit Gedanken mit GS austauschen.

Auf Frage von GS, wie er die Lage gegenwärtig einschätze, führt BM aus, die gegenwärtige Entwicklung biete große Chancen, sie sei im Kern unumkehrbar, aber fragil. Daher sei auf allen Seiten große Verantwortung, Weitsicht, Behutsamkeit und Besonnenheit erforderlich. Unsere Politik beruhe auf dem Moskauer Vertrag, dem Warschauer Vertrag, dem Vertrag mit der CSSR, dem Grundlagenvertrag mit der DDR sowie auf der bedeutsamen gemeinsamen deutsch-sowjetischen Erklärung, die nicht nur den bilateralen Beziehungen eine neue Qualität verliehen habe, sondern der auch große Bedeutung für die West-Ost-Beziehungen insgesamt zukomme.[5]

Er, BM, wolle an das erste Gespräch mit GS im Sommer 1986 erinnern.[6] Damals habe GS seine Auffassungen und Ziele auf innen- und außenpolitischem Gebiet dargelegt. Er, BM, sei zu der Überzeugung gelangt, daß es sich um eine aufrichtige Zielsetzung gehandelt habe. Er habe dies auch in seinen öffentlichen Äußerungen zum Ausdruck gebracht und die Reformpolitik von Anfang an unterstützt. Diese Politik sei ein Vorteil für alle Völker Europas.

Alle beteiligten Staaten trügen große Verantwortung für die Schaffung stabiler Rahmenbedingungen zur Entwicklung der Reformprozesse. Dies gelte insbesondere für die Deutschen, und zwar aufgrund ihrer Geschichte, der geographischen Lage und der Größe des Volkes. Wenn er gesagt habe, daß wir zu den abgeschlossenen Verträgen stünden, so beziehe das unsere Haltung zur polnischen Westgrenze ein. BM verweist auf seine Rede vor den VN. Die entsprechende Passage sei wörtlich in die Resolution des Deutschen Bundestages vom 08.11.1989 übernommen und von einer großen Mehrheit des Parlaments bekräftigt worden (BM zitiert aus der Resolution.)[7]

---

[2] Die sowjetische Überlieferung ist als Dokument Nr. 61 in Galkin/Tschernjajew (Hrsg.), Michail Gorbatschow und die deutsche Frage.
[3] Vadim Valentinovič Zagladin (1927–2006), 1981–1990 Mitglied des ZK der KPdSU, 1989–1991 Berater des Vorsitzenden des Obersten Sowjets der UdSSR bzw. Präsidentenberater, Vorsitzender des sowjetischen Komitees für europäische Sicherheit und Zusammenarbeit.
[4] Wechsel der Abkürzungen G/GS gem. Vorlage.
[5] Zu den Vertragswerken und Erklärungen vgl. Dokumente Nr. 1, Anm. 6, Nr. 3, Anm. 10, Nr. 6, Anm. 8 und Nr. 7, Anm. 4.
[6] Vgl. Dokumente Nr. 5 und 6 in Galkin/Tschernjajew (Hrsg.), Michail Gorbatschow und die deutsche Frage.
[7] Vgl. Dokument Nr. 5, Anm. 2.

BM betont, daß wir keine einseitigen Vorteile aus unvermeidlichen Schwierigkeiten im Zusammenhang mit den Reformentwicklungen ziehen wollten. Dies sei die Auffassung des gesamten Bündnisses. Mitterrand würde dies am 06.12. ihm, GS, sagen.[8] Unser Interesse sei, daß diese Prozesse sich unter stabilen Bedingungen vollziehen könnten. Wir hätten uns deshalb auch im Kreis unserer Freunde für einen Ausbau der wirtschaftlichen Zusammenarbeit mit der Sowjetunion, Polen, der CSSR und nicht zuletzt der DDR eingesetzt. GS müsse verstehen, daß die Entwicklungen in der DDR uns tief berühren und uns sehr am Herzen lägen.

Die Bundesregierung habe nie einen Zweifel daran gelassen, daß es für die Bundesrepublik Deutschland keinen nationalen Alleingang geben könne. Die Bundesrepublik Deutschland sei fest integriert in die Europäische Gemeinschaft und ein überzeugter Anhänger des KSZE-Prozesses, der Verhaltensregeln für die Stabilität in Europa aufgestellt habe. Europa wachse immer stärker zusammen. Von dieser Entwicklung dürfe kein Volk ausgenommen sein; sie dürfe nicht um die Deutschen herum stattfinden. Er, BM, wolle allerdings nochmals unterstreichen, daß das Zusammenwachsen der beiden deutschen Staaten in europäische Strukturen eingepaßt werden müsse.

Bei dem Gespräch mit AM Schewardnadse am Vormittag seien sie sich über die Bedeutung baldiger Abrüstungsfortschritte einig gewesen.[9] Es komme darauf an, die internationalen Beziehungen Schritt für Schritt von den militärischen Elementen zu befreien. Beide Bündnisse hätten hierbei eine große stabilisierende Bedeutung. Ihnen komme zunehmend eine politische und abrüstungspolitische Dimension zu.

Die Bundesregierung begrüße, daß die Sowjetunion und die USA um eine Verbesserung ihrer Beziehungen bemüht seien. Dies liege auch im Interesse Europas. Die USA trügen Verantwortung für die Sicherheit in Europa. Dies komme insbesondere in ihrer Teilnahme am KSZE-Prozeß zum Ausdruck.

BM erklärt, wir führten eine Politik der Verantwortung und stünden zu unserem Wort, das wir in den von ihm genannten Verträgen und Vereinbarungen gegeben hätten. Er, BM, stehe zu jedem Wort, das er dem GS und dem AM in allen Begegnungen gesagt habe. Er spreche hier nicht als Privatmann, sondern als Außenminister der Bundesrepublik Deutschland. Die Politik der Bundesregierung werde von einer breiten Zustimmung der Bevölkerung getragen. Dies sei ein Pfeiler des Vertrauens für alle Staaten, mit denen wir Beziehungen pflegten. Dies sei wichtig für die Lage in Europa.

GS erwiderte, er sei einverstanden mit allem, was BM gesagt habe. Es gebe jedoch zwei Ebenen: Eine der Philosophie und eine der praktischen Schritte. Die sowjetische Führung beobachte sehr aufmerksam alle Prozesse in Europa. Was gegenwärtig geschehe, sei eine wirkliche Wende der Entwicklung in Europa und der ganzen Welt. Es sei äußerst gefährlich, wenn sich die Richtung der Bewegung zu größerer Zusammenarbeit und zu einer Abkehr von der Konfrontation ändere und wenn dieses abgelöst werde durch ein provinzielles, regionales und egoistisches Herangehen. Wir Politiker würden vom historischen Prozeß einer Prüfung unterzogen, ob wir gemeinsam an die Probleme herangegangen seien. Er wolle offen sein: Manches in der Bundesrepublik besorge ihn. Er könne nicht begreifen, wie der Bundeskanzler in seinen 10 Punkten ultimative Äußerungen gegenüber der

---

[8] Dokumente Nr. 62 und 63 in Galkin/Tschernjajew (Hrsg.), Michail Gorbatschow und die deutsche Frage.
[9] Dokument Nr. 12.

DDR machen konnte.[10] Dies sei eine Herausforderung an alle. Er hätte erwartet, daß die 10 Punkte erst dann formuliert worden wären, wenn man die Möglichkeit eines Meinungsaustausches gehabt habe. Oder glaube der Bundeskanzler, daß er einen solchen nicht mehr brauche? Meine er, seine Musik habe zu spielen begonnen und er brauche nur noch die Märsche zu spielen? Die praktischen Schritte der Bundesregierung müßten den abgeschlossenen Vereinbarungen entsprechen. In den beiderseitigen Beziehungen müsse Vertrauen gelten. Er, GS, wolle mit großem Ernst darauf hinweisen, daß die Entwicklung in der DDR nur durch die Positionen der SU möglich geworden sei. In dem Telefongespräch mit dem Bundeskanzler habe er darauf hingewiesen, daß die Entwicklung in der DDR nicht nur eine Frage der europäischen Politik, sondern der Weltpolitik sei, die im Westen und im Osten aufmerksam beobachtet werde.[11] Der Bundeskanzler habe ihm versprochen, ausgewogen zu handeln. Er, GS, habe in dem Telefongespräch ferner betont, was in der DDR geschehe, sei von besonderem Interesse für die Bundesrepublik Deutschland und die Sowjetunion. In diesem Dreieck müsse alles sorgfältig bedacht werden. Nach dieser Bemerkung habe ihm der Bundeskanzler nochmals eine beruhigende Versicherung gegeben.

Jetzt aber sei das gekommen. Er stelle fest, daß der Bundeskanzler in seiner Erklärung der DDR vorschreiben wolle, wie sie ihre innere Ordnung in Bezug auf Parteien und Strukturen zu organisieren habe. Er, GS, sähe hierin eine ultimative Forderung. Alle spürten dies. In einer schwierigen Entwicklungsphase seien alle Politiker dafür verantwortlich, ihre Schritte im voraus sorgfältig zu bedenken. Die Geschichte habe verfügt, daß wir es mit der Realität zweier deutscher Staaten zu tun hätten. Die Geschichte werde auch über ihr weiteres Schicksal verfügen. Dies könne nur in einem gesamteuropäischen Prozeß geschehen, der auf Verständigung und Vertrauen gegründet sei. Nur in einem solchen Kontext könnten sich die Beziehungen zwischen den beiden deutschen Staaten entwickeln. Diese Beziehungen würden dichter werden. Alles müsse jedoch normal verlaufen. Wir hätten es mit einem Zentralpunkt der Weltpolitik zu tun.

Bundeskanzler Kohl habe gestern gesagt, Präsident Bush habe den Gedanken einer Konföderation beider deutscher Staaten unterstützt. Er, GS, müsse die Frage stellen: Was werde dann aus der NATO? Was geschehe mit den deutsch-sowjetischen Vereinbarungen? Heute behandele man so die DDR, morgen Polen und Österreich. Dies alles sei nicht der beste Stil der Politik und BM grenze sich davon nicht deutlich ab.[12]

BM erwidert, jede Politik benötige eine Philosophie, damit sie verständlich und logisch sei. Andernfalls werde sie unberechenbar. Im Zusammenhang mit dem Moskauer Vertrag habe die Bundesregierung den Brief zur deutschen Einheit an die sowjetische Regierung gesandt, in dem unsere Philosophie zur deutschen Frage dargelegt werde (BM zitiert den Brief).[13] Das in dem Brief genannte Ziel sei ohne Zeitplan oder Kalender aufgestellt worden. Er, BM, habe bereits dem AM gesagt: Wenn er die von der Bundesregierung verfolgte Politik nicht verantworten könnte, würde er der Bundesregierung nicht angehören. Die sowjetische Regierung wisse, daß er gegebenenfalls notwendige Auseinandersetzungen nicht scheue. Dies habe er in wichtigen Fragen des Abrüstungsprozesses gezeigt. Die Erklärung des Bundeskanzlers zeige die Langfristigkeit des Prozesses und seine Einbettung in

---

[10] Vgl. Dokument Nr. 10, Anm. 29.
[11] Dokument Nr. 54 in Galkin/Tschernjajew (Hrsg.), Michail Gorbatschow und die deutsche Frage.
[12] Teilsatz von Hand gestrichen.
[13] Vgl. Dokument Nr. 12, Anm. 33.

europäische Strukturen. Der Bundeskanzler habe in seinem 10 Punkte-Programm gesagt, wir seien zu Hilfe und Zusammenarbeit bereit und Möglichkeiten der Annäherung zwischen beiden deutschen Staaten aufgezeigt. Dies sei ein Angebot, kein Ultimatum oder Diktat. Er, BM, habe noch vor seiner Abreise mit dem Bundeskanzler gesprochen. Dieser habe ihm versichert, sein Programm sei als Perspektive gemeint und dargestellt gewesen und als Möglichkeit für die DDR, Ja oder Nein zu sagen.

Er, BM, wolle mit Nachdruck wiederholen, die Bundesregierung sei an innerer Stabilität der DDR interessiert. Wir hätten dies gezeigt durch Zusammenarbeit auf zahlreichen Gebieten, zu deren Ausbau wir bereit seien. Auch in Polen und Ungarn sei unsere Haltung als Angebot empfunden worden. Das 10 Punkte-Programm des Bundeskanzlers habe in der Substanz auch die Unterstützung seiner Partei sowie der oppositionellen SPD gefunden.[14] Das Programm der Bundesregierung sei klar zu trennen von den [inneren][15] Problemen der DDR, für die die Bundesregierung keine Verantwortung trage.

GS erwidert, BM übernehme vergeblich die Rolle eines Rechtsanwalts für den Bundeskanzler. Er zitiert ausführlich aus Punkt 3 des Programms und erklärt, dies sei eine „Ansprache an Untertanen" und „waschechter Revanchismus". BM weist [das zurück und verweist][16] auf Punkt 2 hin und zitiert aus ihm.

GS betont, die Bundesregierung wolle eine Zusammenarbeit nur unter Bedingungen. Das Ganze erinnere ihn an einen politischen Häftling, dem bei seiner Entlassung mitgeteilt werde, daß er lediglich bestimmte Verwaltungsbezirke nicht betreten dürfe, dabei in Wirklichkeit aber alle aufzähle. Die Erklärung des Bundeskanzlers sei ein politischer Fehler. Man solle hier keine Diplomatie spielen. Wenn die Bundesregierung sage, sie sei zur Zusammenarbeit bereit, dann mache die sowjetische Seite mit.

BM wiederholt, Punkt 3 des Programms sei ein Angebot. Die Menschen in der DDR müßten entscheiden, ob sie dies annähmen.

GS sagt, er sehe in der Haltung des Bundeskanzlers eine Bestattung des europäischen Prozesses.

BM erwidert, die sowjetische Regierung könne uns nicht den guten Willen absprechen. Er wolle nochmals sagen, daß die Bundesregierung sich nicht einmischen wolle. Sie mache sich wie die sowjetische Seite Sorgen über die innere Entwicklung der DDR.

GS unterbricht, auch die SU wolle sich nicht einmischen, aber er habe die Pflicht, seinem Volk etwas zu sagen.

BM fährt fort, die Politik der Bundesregierung sei auf Zusammenarbeit gegründet. Offensichtlich bestehe die gemeinsame Sorge, wo die Ursachen für die Entwicklung in der DDR lägen. Er habe in den ersten Monaten dieses Jahres Honecker gegenüber durch einen seiner Vertrauten Sorge über mangelnde Reformschritte und sich daraus ergebende baldige kritische Entwicklungen zum Ausdruck gebracht und dies auch AM Schewardnadse gesagt.[17] Die gegenwärtige Entwicklung in der DDR sei nicht von der Bundesregierung verursacht und von ihr nicht zu verantworten. Wir fühlten keinen Triumph. Die Probleme könnten nur in der DDR selbst gelöst werden. Er hoffe, daß die Verantwortlichen in der

---

[14] Zur Reaktion der Parteien auf die Regierungserklärung vom 28.11.1989 vgl. zusammenfassend Rödder, Deutschland, S. 167–173; Weidenfeld, Außenpolitik, S. 111–114.
[15] Im Dokument: inneseren
[16] Einschub handschr. eingefügt, über der ursprünglichen Korrektur noch einmal in anderer Handschrift wiederholt.
[17] Vgl. Dokumente Nr. 1, 2 und 4.

DDR bei dem bevorstehenden Parteitag die richtigen Entscheidungen träfen.[18] Er frage sich, was die sowjetische Führung der DDR geraten habe.[19] Wenn er, BM, MP Modrow gestern auf dem Flughafen noch getroffen hätte, hätte er ihm dringend nahegelegt, daß es jetzt darauf ankomme, das Vertrauen der Bevölkerung herzustellen. Er, BM, wolle nochmals betonen: Wir seien an stabilen Verhältnissen in der DDR interessiert. Er sei nicht der Pflichtverteidiger des Bundeskanzlers, sondern sage das aus Überzeugung.

GS erklärt, die Ausführungen des Bundeskanzlers könne er nur als Wirrwarr bezeichnen. Sie seien geeignet, das zu zerstören, was durch gemeinsame Politik aufgebaut worden sei. Er wisse, die Deutschen seien ein emotionales Volk. Dies dürfe jedoch nicht dazu führen, daß eine Politik ohne Kopf gemacht werde. Die Politik der Bundesregierung, so wie sie der Bundeskanzler verkünde, erwecke den Eindruck, als ob man an der Meinung außerhalb der Bundesrepublik Deutschland überhaupt nicht interessiert sei.

BM erwidert, die Haltung der Bundesregierung verdiene eine solche Beurteilung nicht. Er wolle darauf hinweisen, daß die Menschen in der DDR mit Besonnenheit, Würde, friedlich und ohne [Aggressivität][20] gehandelt hätten. Es erfülle ihn mit Befriedigung, daß die Menschen in seiner Heimat auf diese Weise ihre Rechte einforderten. Die Politiker bei uns hätten auf diese Entwicklungen mit großem Verantwortungsbewußtsein reagiert. Wir respektieren, was die Menschen in der DDR für sich entscheiden würden. Uns sei bewußt, was die Politik des GS für die Entwicklungen in Europa bedeuteten. Er, BM, bitte jedoch, den Beitrag unseres Landes dazu nicht zu unterschätzen. Er, BM, sage dies im Bewußtsein dessen, was er in seinem politischen Leben dafür eingebracht habe. Er wisse nicht, was Modrow bei seinem Besuch in Moskau gegenüber der sowjetischen Führung [über die Erklärungen des Bundeskanzlers vor dem Bundestag][21] gesagt habe. Seine öffentlichen Äußerungen trügen jedoch einen positiven Grundton, wenn auch sicherlich nicht allem zugestimmt worden sei.[22]

GS wirft ein, offensichtlich sei BM der Meinung, daß die Bundesregierung richtig und verantwortungsvoll gehandelt habe.

BM bejaht und fügt hinzu, bisher sei auch die sowjetische Seite der Meinung gewesen, daß die Bundesregierung eine verantwortungsvolle Politik betrieben habe.

GS unterbricht: In dem konkreten von ihm genannten Punkt gebe es eine andere sowjetische Einschätzung. Dies müsse er nochmals direkt und ehrlich sagen. Auf Seiten der Bundesregierung habe man viel vergessen, was man sich gemeinsam vorgenommen habe. Die Erklärung des Bundeskanzlers enthalte gefährliche Elemente, die auf eine künstliche Beschleunigung der Ereignisse abzielen.

BM widerspricht.

GS: Aber jede sowjetische Familie denkt so. Er sage das offen und direkt. Andere sagten das zwar nicht so, meinten es aber. Dies gelte für die wichtigsten Partner im Osten und im Westen.[23]

---

[18] Vgl. Dokument Nr. 12, Anm. 29.
[19] Vgl. Dokument Nr. 12, Anm. 6.
[20] Im Dokument: Agressivität.
[21] Einschub handschr. eingefügt, unter der ursprünglichen Korrektur noch einmal in anderer Handschrift wiederholt.
[22] Die DDR-Regierung sah in den 10 Punkten „interessante Ansatzpunkte für Verhandlungen", vgl. Biermann, Kreml, S. 337–340, Zitat S. 337.
[23] Zur sowjetischen Wahrnehmung der englischen und italienischen Haltung vgl. etwa die Dokumente Nr. 49, 57 und 58 in Galkin/Tschernjajew (Hrsg.), Gorbatschow und die deutsche Frage.

BM bittet, die deutsche Politik so einzuschätzen, wie sie ist. Die Politik der Bundesregierung sei geradlinig. Es habe keine Veränderung dieser Politik in den letzten Monaten gegeben. Es gebe in Europa vielleicht kein Land, das wie wir den Prozeß der Reformen von Anfang an unterstützt habe. Dies geschehe, wie er zu Beginn dargelegt habe, aus unserer besonderen Verantwortung heraus. Wir wollten im Verhältnis der beiden deutschen Staaten zueinander nichts beschleunigen, im Gegenteil. Unser Schicksal hänge vom Schicksal [Europas][24] ab. Er, BM, müsse den Anspruch erheben, daß man unsere Motive akzeptiere.

GS betont, er respektiere BM persönlich sehr. Er könne allerdings nicht verstehen, daß er es zugelassen habe, daß der Bundeskanzler wie eine Feuerwehr gehandelt habe. Dies sei keine Politik. Es werde Explosionsstoff ins Feuer geworfen. Er müsse nochmals sagen: Seine Schlußfolgerung aus der Erklärung des Bundeskanzlers sei, daß die Zusammenarbeit in Gefahr gebracht werde. Er sehe, daß die Entwicklung zum Gegenstand des Wahlkampfes gemacht werde.

BM weist dies zurück. Mit Wahlkampf habe das alles nichts zu tun. Für ihn persönlich gelte: Man gebe nichts für einen kurzfristigen Vorteil auf, wofür man sein ganzes Leben gearbeitet habe. Man könne in Sachfragen unterschiedlicher Meinung sein, aber was Absichten und Ziele anbetreffe, müsse gegenseitiges Vertrauen bestehen. Wir seien keine Abenteurer, wir kennten unsere Verantwortung. Nochmals wolle er sagen, daß die Vorgänge in der DDR eine innere Angelegenheit dieses Staates seien. Die Bürger dort müßten entscheiden, wie sie von ihrer Freiheit Gebrauch machten. Von dem, was wir in der deutsch-sowjetischen Erklärung gemeinsam gesagt hätten, brauchten wir kein Wort zurückzunehmen.[25] Für die sowjetische Seite bestehe kein Anlaß, an unserer Vertragstreue zu zweifeln.

GS [erklärt],[26] er betrachte dies als ein nützliches und sehr offenes Gespräch zu einem sehr wichtigen Zeitpunkt. Er wolle die bisherigen Vereinbarungen nicht in Zweifel ziehen, habe allerdings sehr große Besorgnisse über praktische Schritte der Bundesregierung. Ganz offen wolle er feststellen: Improvisationen seien äußerst gefährlich. Er spreche eine Einladung zur Zusammenarbeit mit der Bundesregierung zu einem äußerst wichtigen Augenblick aus. Es dürfe allerdings keine Überraschungen für die Welt geben. Die Veränderungen im West-Ost-Verhältnis bedeuteten eine positive Ausrichtung aufeinander zu. Man dürfe sich allerdings nicht wie ein Elefant im [Porzellanladen][27] bewegen.

BM erklärt, er habe aus den Darlegungen des GS die Sorge heraus gehört, der Wahlkampf bei uns könnte zu einer Veränderung unserer Politik führen. Er möchte sehr deutlich sagen, daß dies nicht eintreten werde. Die Außenpolitik der Bundesregierung werde von einer sehr breiten Mehrheit in unserem Land unterstützt. Wenn GS zu einer Zusammenarbeit ohne Überraschungen einlade, so könne er dem nur zustimmen. Genau dies sei unsere Absicht. Er, BM, habe in dem Gespräch um Verständnis für die Politik seines Landes geworben. Wenn er gesagt habe, daß man mit Behutsamkeit und Verantwortung vorgehen müsse, so beziehe sich das auch auf das heutige Gespräch. Er frage sich, wie das Gespräch öffentlich von beiden Seiten gewertet werden solle. Darüber möchte er sich gerne mit GS verständigen.

GS erwiderte, noch sei der Zeitpunkt nicht gekommen, die Einschätzung, die er BM gegenüber abgegeben habe, auch öffentlich zu erklären. Einstweilen ändere sich nichts.

---

[24] Im Dokument: Europa.
[25] Vgl. Dokument Nr. 1, Anm. 6.
[26] Im Dokument: erklärte.
[27] Im Dokument: Prozellanladen.

Das Verhalten der Bundesregierung werde im Kreml, darüber müsse Bonn sich im Klaren sein, aufmerksam verfolgt. Die Bundesregierung müsse die Besorgnisse der sowjetischen Regierung kennen. Normale Prozesse entsprächen sowjetischem und europäischem Interesse. Es dürfe nichts überstürzt werden. Er wolle nicht den Bundeskanzler und seinen Stellvertreter gegeneinander ausspielen. BM habe die 10 Punkte des Bundeskanzlers verteidigt. Aber es sei doch richtig, daß er erst im Bundestag davon erfahren habe.

BM ~~bejaht und~~ erklärt, dies sei ~~aber~~[28] eine innere Angelegenheit, die unter den Beteiligten ausgemacht werden müsse.

GS: Wir werden in unserer öffentlichen Erklärung sagen, daß wir ein großes Gespräch über europäische Angelegenheiten im Zusammenhang mit den gegenwärtigen Veränderungen geführt haben. Die sowjetische Seite habe dabei die prinzipielle Position der Sowjetunion zur deutschen Frage dargelegt. BM habe darauf hingewiesen, daß die Bundesregierung zu den Ostverträgen und der Schlußakte von Helsinki[29] stehe und das Interesse an Stabilität in Europa zum Ausdruck gebracht.

Die Sowjetunion und die Bundesregierung seien sich einig gewesen, daß wir in einer Zeit leben, in der an die Verantwortlichkeit der Politik besonders hohe Anforderungen gestellt werden. Das gelte für heute. Wenn die westdeutsche Seite allerdings das fortsetze, was der Bundeskanzler mit seinem Programm erklärt habe, werde die sowjetische Regierung morgen etwas anderes sagen.

BM schließt das Gespräch mit der Bemerkung, daß wir unsere verantwortungsvolle Politik fortsetzen würden. Er betont nochmals die Aufrichtigkeit unserer Politik auf der Grundlage der abgeschlossenen Verträge und der KSZE-Schlußakte.

Bei der Verabschiedung bemerkte GS, wenn der gesamteuropäische Prozeß und die Beziehungen zwischen der SU und der Bundesrepublik sich gut entwickelten, dann werde es auch in der deutschen Frage Entwicklungen geben können.

Kastrup[30]

PA AA, ZA 178.931 E.

Nr. 14
Gedächtnisaufzeichnung des Dolmetschers Hartmann vom 6. Dezember 1989 über das zweite Gespräch zwischen Bundesaußenminister Genscher und dem sowjetischen Außenminister Ševardnadze am 5. Dezember 1989 in Moskau

Gedächtnisaufzeichnung über das Gespräch zwischen Bundesminister Genscher (BM) und dem sowjetischen Aussenminister (Schewardnadse (SAM) auf der Fahrt zum Flughafen am 5.12.1989[1]

---

[28] Beide Streichungen von Hand.
[29] Vgl. Dokumente Nr. 3, Anm. 10, Nr. 6, Anm. 8, Nr. 7, Anm. 4 und Nr. 9, Anm. 5.
[30] Eigenhändige Unterschrift.

[1] Auf dem Seitenkopf Eingangsstempel des AA, Ministerbüro I, vom 7.12.1989. Am li. Seitenende handschr.: „zdA [Paraphe unleserl.] 20/6 [?]".

BM: Ihm sei aufgefallen, dass sowjetische Seite sowohl im morgendlichen Gespräch mit SAM als auch im Gespräch mit Generalsekretär Gorbatschow die Akzente anders gesetzt habe als früher und auch anders als DDR-MP Modrow, der sich durchaus positiv zur Regierungserklärung des Bundeskanzlers geäussert habe.[2]

SAM: Auf die 10 Punkte habe man hier auf sehr hoher Ebene zunächst sofort sehr scharf reagieren wollen. Er sei für ein Abwarten eingetreten, um die Reaktion in Ruhe zu überdenken. Man frage sich, wozu man in der gegenwärtigen angeheizten Situation in der DDR von Seiten der Bundesregierung Vorbedingungen stellen und Aufrufe erlassen müsse.

In diesem Zusammenhang wiederholte SAM seine Argumentation, insbesondere bezüglich Punkt 3 der Regierungserklärung. Er kam erneut nachdrücklich auf die Situation im Zusammenhang mit den in der DDR stationierten Truppen zu sprechen und drückte die Furcht vor Zwischenfällen aus, die unabsehbare Folgen haben könnten. BM fragte, ob es Hinweise für aggressives Verhalten von Deutschen in der DDR gegenüber sowjetischen Armee-Angehörigen oder deren Verwandten gebe. SAM erwiderte, dass DDR-Führung am Vortage derartige Hinweise gegeben habe.[3] Genauere Angaben machte SAM nicht.

BM: Im Zusammenhang mit der von SAM am Ende der Delegationssitzung[4] gemachten Ankündigung, in einer Pressemitteilung die sowjetische Haltung zu den 10 Punkten der Regierungserklärung darzustellen, wolle er SAM mitteilen, dass er sich in seiner Pressekonferenz an die mit dem Generalsekretär getroffene Vereinbarung über die Behandlung des Gesprächs mit ihm vor der Öffentlichkeit gehalten habe. Er habe verabredungsgemäss auf der Pressekonferenz mehrfach geäussert, dass die sowjetische Führung ihre hinlänglich bekannte grundsätzliche Position zur deutschen Frage dargelegt habe. Auf Fragen nach dem Inhalt der sowjetischen Äusserungen habe er geantwortet, dass er nicht Mitglied und nicht Interpret der sowjetischen Führung sei.

Es gebe eine öffentliche Meinung in Deutschland und eine internationale öffentliche Meinung und es gebe Menschen, die nicht ungern läsen, dass zwischen beiden Seiten Worte gefallen seien, die nicht so gut klängen wie die in der Vergangenheit. Es sei wichtig, an die Folgen von Pressemitteilungen zu denken, auch in internationaler Hinsicht.

SAM: Die Pressemitteilung über das Gespräch mit dem Generalsekretär werde lauten wie verabredet. Es werde jedoch am nächsten Tag eine weitere Pressemitteilung über den Besuch des BM insgesamt geben, in der die 10 Punkte in einem kleinen Absatz erwähnt

---

[2] Vgl. Dokument Nr. 13, Anm. 22.
[3] Zu Gesprächen der DDR- und UdSSR-Führungen am 4.12. vgl. Dokument Nr. 12, Anm. 6.
[4] Vermerk des VLR Neubert vom 13.12.1989 über die Delegationsgespräche am 5.12.1989, PA AA, ZA 147.138 E. Dort wurden im Wesentlichen die Berichte der Arbeitsgruppen zur Rüstungskontrolle, zu Wirtschaftsbeziehungen, zu Regionalkonflikten und zu humanitären Fragen besprochen. In Neuberts Entwurf des Vermerks vom 11.12.1989 ist auch der Austausch über die Pressekonferenz enthalten. Ševardnadze sagte, „er werde ergänzend zu den positiven Einschätzungen des BM in seiner Pressekonferenz bezüglich Osteuropa und der DDR auch etwas zu den 10 Punkten des Bundeskanzlers sagen müssen, weil sonst die Partner im WP die sowjetische Haltung nicht verstehen würden. Insbesondere die Prager Führung habe sich in dieser Richtung geäussert. Das, was die sowjetische Seite dazu sagen werde, werde sich im Rahmen dessen halten, was in den Gesprächen BM mit GS und AM dazu vorgebracht wurde, aber ohne jegliche Dramatisierung. [...] AM führte aus, er habe mit Absicht selbst keine Pressekonferenz gegeben, weil damit zwangsläufig Fragen nach dem Konzept des Bundeskanzlers gekommen wären und er gezwungen gewesen wäre, darauf ‚wie es sich gehört' zu antworten." Ebenda.

würden.⁵ Es sei ihm nicht möglich, dieses Thema überhaupt nicht zu erwähnen. Um nicht ausführlich reagieren zu müssen, habe er keine Pressekonferenz gegeben und auch den Wegfall der Tischreden beim offiziellen Frühstück vorgeschlagen.

BM: Es sei ein Fehler zu glauben, dass es in der Bundesrepublik Menschen bösen Willens gebe, die eine Destabilisierung wollten. Es sei hier eine richtige Bewertung erforderlich, wer Mitglied der Regierung sei, wer für die Aussenpolitik stehe, wer seinen persönlichen Beitrag leiste und wer der Garant für diese Politik sei. SAM lese sicher, was er in der letzten Zeit gesagt habe, er wisse sicher um seine Bemühungen, der DDR die jetzt nötige Hilfe ohne Vorbedingungen zu leisten.

SAM: Er könne nur die bekannte Position Genschers in der Aussenpolitik, seine Linie und seine Aufrichtigkeit bestätigen. Worte wie Konföderation, Föderation oder Zusammenfliessen würden jedoch den Weg in der DDR erschweren. Die sowjetischen Politiker seien auch keine Kinder, sie wüssten genau, wohin das führe.

BM erinnere sich sicher an den bekannten beleidigenden Satz des Bundeskanzlers an die Adresse des Generalsekretärs.⁶ BM habe sich damals einschalten müssen, um alles zu glätten. Man habe dies dann auch gewissermassen vergessen. Wenn sich aber so unbedachte Dinge, wie jetzt geschehen, wiederholten, so treffe das tief. Alles Frühere werde bei allen Bürgern wieder in Erinnerung gerufen. Die Reaktion sei Unverständnis, ja Empörung. Es habe sich in der sowjetischen Führung die Frage gestellt, ob der Generalsekretär in dieser Situation BM empfangen solle. Wegen des hohen Respekts gegenüber BM und aufgrund des Wissens um seine Aufrichtigkeit habe das Gespräch stattgefunden.

Der Generalsekretär habe Schewardnadse telefonisch nach dem Gespräch gebeten, BM Wunsch von Gorbatschow nach möglichst wörtlicher Mitteilung des Gesagten an Bundeskanzler zu übermitteln.

BM: Die Sowjetunion und die Bundesrepublik trügen eine grosse Verantwortung für die Stabilität in Europa. Man müsse einen ständigen persönlichen Kontakt unterhalten, nicht um über Dritte zu reden, sondern wegen dieser grossen Verantwortung.

SAM stimmte dem zu.

BM bat nochmals abzuwägen, was in der Presse mitgeteilt werden solle. Dies sei von ausserordentlicher Bedeutung. SAM führte aus, dass sich BM nicht zu beunruhigen brauche, es werde nichts Schlimmes mitgeteilt werden.

Moskau, den 6. Dezember 1989

(Hartmann, BR)⁷

PA AA, ZA 178.931 E.

---

⁵ Die TASS-Meldungen vom 5.12.1989 in der Pravda Nr. 340 vom 6.12.1989 sind zusammengefasst bei Biermann, Kreml, S. 341f.
⁶ Vgl. Dokument Nr. 5, Anm. 8.
⁷ Darüber eigenhändige Unterschrift.

Nr. 15
Vermerk des Stellvertretenden Leiters des Referats 213, Stüdemann,[1] vom 12. Dezember 1989 über ein Gespräch des D 2, Kastrup, mit dem sowjetischen Botschafter Kvicinskij am 11. Dezember 1989

213-330[.29 SOW][2]

Bonn, 12. Dezember 1989

Vermerk

Betr.: Vermerk über ein Gespräch von D 2 mit dem Botschafter der UdSSR, Kwizinskij, am 11.12.1989, um 16.00 h im Auswärtigen Amt

D 2 übergab Botschafter **Kwizinskij**, der gerade aus Moskau zurückgekehrt war, den Text der Erklärung des Europäischen Rates zu Mittel- und Osteuropa.[3] Er wies darauf hin, daß die Passage zur deutschen Einheit der Linie entspreche, die Bundesminister Genscher in seinen Gesprächen mit GS Gorbatschow und Außenminister Schewardnadse vertreten habe.[4] Dies sei die Philosophie, von der Gorbatschow erklärt hat, daß auch er mit ihr einverstanden sei.

D 2 unterstrich, daß die deutsche Frage in europäische Strukturen eingebettet und untrennbar mit der Zukunft Europas verbunden sei. Es werde keinen deutschen Alleingang geben. Der Text bringe deutlich zum Ausdruck, daß die Bundesrepublik Deutschland fest in die Europäische Gemeinschaft integriert sei. Die Bedeutung, die der Helsinki[-]Schlußakte mit allen ihren Prinzipien sowie dem Helsinki-Prozeß für die Überwindung der Trennung Europas [zukomme],[5] werde hervorgehoben.[6]

Mit der Erklärung hätten die Europäer ihr Höchstmaß an Verantwortungsbewußtsein deutlich machen wollen. Es sei wichtig, daß die erforderlichen Veränderungen und Entwicklungen zur Stärkung der Stabilität Europas beitragen. Die Erklärung des Europäischen Rates zeige insgesamt, daß die Politik der Bundesregierung in der deutschen Frage – so, wie es BM in seinen Gesprächen in Moskau betont habe – berechenbar sei. Über unser grundsätzliches Ziel sei niemand im Unklaren gelassen worden. Wichtig für uns sei, daß sich die Annäherung der beiden deutschen Staaten im Rahmen einer europäischen Friedensordnung vollziehe.

Kwizinskij (K) sagte, er werde die Erklärung sorgfältig lesen und verwies im übrigen auf die Passage aus Gorbatschows Rede vor dem ZK Plenum am 09.12.1989, aus der klar hervorgehe, daß Moskau die Veränderungen in der DDR begrüße und die DDR, ihren Verbündeten, nicht im Stich lassen werde.[7]

---

[1] Dietmar Stüdemann (*1941), bis 1991 Stellv. Leiter des Referats 213.
[2] Ergänzung handschr.
[3] Vgl. Dokument Nr. 8, Anm. 10.
[4] Dokumente Nr. 12–14.
[5] Im Dokument: zukommme.
[6] Zur KSZE-Schlussakte vgl. Dokument Nr. 9, Anm. 5.
[7] Bericht vor dem ZK-Plenum, in: Gorbačev, Sobranie, Bd. 17, S. 310–332, hier S. 323–325.

D 2 fragte sodann nach den Vorstellungen K's zu dem Treffen der Botschafter der Vier Mächte am 11.12.1989 in Berlin.[8]

K: Die Vier hätten Rechte und Verantwortlichkeiten in dem betreffenden Gebiet, er wolle präzisieren in dem „großen betreffenden Gebiet" [sic!]. Fragen der Selbstbestimmung und der Einheit der Deutschen könnten nicht behandelt werden, ohne daß auch den Rechten und Verantwortlichkeiten der Vier, die noch bestünden, Rechnung getragen würde.

Auf Frage von D 2[9] nach der Definition der Vorbehaltsrechte: Sie bestimmten sich nach dem Potsdamer Abkommen und seien derart umfassend, daß es viele Auslegungsmöglichkeiten gebe.[10] Er könne sich nicht vorstellen, daß die Vertreter der Vier Mächte sich in Berlin nur über Reagan's Berlin[-]Initiative unterhalten würden.

D 2: Er frage sich, ob die jetzige Besorgnis der sowjetischen Seite über das hinausgehe, was in den Botschaften von GS Gorbatschow an Bush, Mitterrand, Frau Thatcher und mündlich an Bundeskanzler Kohl am Tage nach der Öffnung der Mauer gesagt worden sei.[11]

K: Bejaht dies mit dem Hinweis, daß die Entwicklung in der DDR nicht aus dem Ruder laufen dürfe. Die Vertreter der Vier sollten sich dazu äußern und ihre Gedanken darlegen. Im übrigen sei es die Bundesregierung selbst gewesen, die etwa mit der Hinterlegung von Briefen anläßlich des Beitritts der beiden deutschen Staaten zu den Vereinten Nationen auf die Bedeutung des Vier-Mächte-Vorbehaltes hingewiesen habe.[12] Das Vier-Mächte-Abkommen habe diese Vorbehaltsrechte bestätigt.[13]

D 2: Das besage nichts über die Definition des Inhalts der Vorbehaltsrechte.

K: Ohne daß diese je präzise definiert worden seien, könne ihre Definition von der jeweiligen Situation abhängen.

D 2 fragte, was die beiden deutschen Staaten in diesem Zusammenhang machen sollen.

K: „Interessiert zuschauen."

D 2: Man sei schon in den 50er Jahren weiter gewesen („Katzentisch").[14] Sollten die Deutschen auf eine Zuschauerrolle verwiesen werden, könne die Wirkung in der Bundesrepublik Deutschland und in der DDR nur ein Aufschrei sein.

Kwizinskij lenkte etwas ein und wiederholte mehrfach, daß die Situation kontrollierbar bleiben müsse.

D 2: Es liege im Interesse aller, es zu keiner Destabilisierung kommen zu lassen. BM habe zur Besonnenheit aufgerufen.

Der Frage von D 2, ob die sowjetischen Truppen in der DDR in Mitleidenschaft gezogen worden seien, wich K. aus. Er habe keine authentischen Informationen und wolle sich deshalb darüber nicht äußern.

K kam dann noch einmal darauf zu sprechen, daß auch die Situation in der Bundesrepublik Deutschland aus dem Ruder laufen könne. Den Hinweis von D 2, es könne sich

---

[8] Das Treffen fand auf sowjetische Initiative hin am 11.12.1989 statt. Vgl. Gespräch Seiters mit den Botschaftern der drei Mächte am 13.12.1989, in: Deutsche Einheit, S. 641f. sowie Information Kočemasovs an Modrow, in: Nakath (Hrsg.), Im Kreml, S. 93–97; Telegramm C. Mallabys an Hurd vom 10.12.1989, in: DBPO, Series III, Vol. VI, German Unification, S. 168f.
[9] Wechsel zwischen Fett- zu Normaldruck gem. Vorlage.
[10] Kommuniqué und Protokoll der Konferenz von Potsdam (17.7.–1.8.1945), u.a. in: Fischer (Hrsg.), Teheran, S. 391–410.
[11] Vgl. Dokument Nr. 7, Anm. 10.
[12] Zum Grundlagenvertrag vgl. Dokument Nr. 6, Anm. 8.
[13] Vgl. Dokument Nr. 7, Anm. 4.
[14] Zu Vorbereitung und Verlauf der Konferenzen 1955 mit Angabe der entsprechenden Editionen vgl. u.a. Lindemann, Die deutsche Frage.

allenfalls um Randphänomene nicht repräsentativer rechter Gruppierungen handeln, die es schließlich in allen westlichen Demokratien gebe, ließ K nicht gelten. In führenden politischen Kreisen bei uns sei man durchaus der Ansicht, daß es abhängig von der Entwicklung in der DDR auch bei uns zu unkontrollierbarer Bewegung im äußersten rechten oder linken Lager unter nationalistischen Vorzeichen kommen könnte.

D2 hielt dem entgegen, daß die Entwicklung in der jüngsten Zeit sich in Formen vollzogen habe, die nur wenige uns zugetraut hätten, es habe keine Überreaktionen gegeben. Im übrigen wolle er noch einmal sagen, daß die Probleme, die zu der Entwicklung in der DDR geführt haben, nicht bei uns oder durch uns entstanden sind. Auch Gorbatschow unterliege hier einer Fehleinschätzung, wenn er die Ursachen für die Entwicklung bei uns sucht. Sie liegen allein bei der DDR und ihrer Führung.

K meinte, daß wir Vorbedingungen an die Adresse der DDR richteten und damit den Innendruck dort verstärken.

D 2 wies dagegen darauf hin, daß die Behauptung von Vorbedingungen nicht dadurch richtiger werde, daß sie ständig von sowjetischer Seite wiederholt würde.

K lenkte ein und sagte, die Menschen in der DDR sollten über ihre eigene Zukunft entscheiden. Die DDR dürfe allerdings nicht als reifer Apfel der NATO zufallen. Er wisse, daß der Westen intensiv darüber nachdenke.

D 2 wies das zurück. Man solle sich darauf verständigen, daß die Menschen in der DDR im Wege der Selbstbestimmung über ihre innere Ordnung und ihre Beziehungen zu uns frei entscheiden. Wenn insoweit Einvernehmen bestehe, sei man schon ein Stück weiter. Dann solle man gefälligst auch den Knüppel der Vier-Mächte-Vorbehaltsrechte im Sack lassen.

Herrn D 2 zur Billigung.

gez.
(Stüdemann)[15]

PA AA, ZA 140.727 E.

Nr. 16
Fernschreiben der Botschaft Moskau vom 14. Dezember 1989 über die sowjetische Deutschlandpolitik

Aus: Moskau[1]
Nr 5169 vom 14.12.1989, 1839 OZ
An: Bonn AA

---

[15] Daneben handschr. (Paraphen hier aufgelöst): „H. Lambach n. R. b. R.", „Kastrup 13.", „erl. Lambach 15.". „1) H. Pauls z. Ktns 2) zdA Lambach 26. Pauls 29.1. Reg 210: Wv. 21.12. Lambach 15." Christian Pauls (*1944), Referat 210.

[1] Daneben Eingangsstempel des AA, Referat 210, vom 15.12.1989, Tgb.-Nr. 1886/89 VS-V, darunter handschr.: „Ex. 2 = 213 Ex. 3 = Dg 21", jeweils von Hand abgehakt. Am re. oberen Seitenrand Stempel: „z.d.A.".

Fernschreiben (verschlüsselt) an 210
Eingegangen: 14.12.89, 1722 OZ
VS – Vertraulich – Amtlich geheimgehalten[2]

Beteiligung erbeten: 213
Az.: Pol 330.00 267 89 VS-
Verfasser: v. Arnim
Betr.: Sowj. Deutschlandpolitik
– Zur Unterrichtung –

I.

In der Analyse der Botschaften der 3 Mächte in Moskau betrachtet die SU inzwischen den Prozess der Fusion der beiden deutschen Staaten als auf die Dauer wohl kaum mehr aufhaltbar und derzeit in immer schnellerer Bewegung. Sie habe zwar die Hoffnung auf eine Stabilisierung der DDR als eigenständigen Staat noch nicht völlig aufgegeben, verlagere aber das Gewicht ihrer Bemühungen jetzt fast ganz auf die beschleunigte Schaffung eines internationalen Rahmens für diesen Fusionsprozess, in dem sie ein Maximum ihrer sicherheitspolit. und ökonomischen Interessen wahren könne.

[Die][3] Analysen der 3 Mächte, die sich vor allem auf Gespräche im ZK-Sekretariat stützen, kommen zu dem Ergebnis, dass das eigentlich heikle Problem für die SU nicht die Frage der innerdeutschen Grenze, sondern die der Oder-Neisse-Grenze sei. Dies liege daran, dass ein ernsthaftes Infragestellen dieser Grenze auch Konsequenzen für die polnische Ostgrenze und für das Baltikum sowie Moldawien haben könnte.

Unsere Gespräche in den letzten Tagen ergaben zwar keine ähnlich klaren Äußerungen zur Unaufhaltsamkeit des Annäherungsprozesses der beiden deutschen Staaten. Sie bestätigten aber, dass die Frage der Oder-Neisse-Grenze den Kern der derzeitigen sowj. Besorgnisse bildet, und dass hinter all dem die Sorge um die innenpolitische Position der jetzigen Führung steht, die sich in der Gefahr der Anklage sieht, den Sieg im 2. Weltkrieg zu verspielen.

II.

1) F hat hier – wohl am Rande des Kiewer Gipfels[4] – ein Gespräch mit dem Stv. Leiter der Internat. Abtl. des ZK-Sekretariats[,] Kartschew, geführt. Dieser habe dargelegt, die Annäherung der beiden deutschen Staaten sei wohl kaum mehr aufzuhalten. Es sei von entscheidender Bedeutung, nicht die Kontrolle darüber zu verlieren. Die Vier Mächte müssten deshalb gemeinsam überlegen, unter welchen Bedingungen dies sich vollziehen solle.

2) F hier ist, wie GB, davon überzeugt, dass das ZK-Sekretariat, anders als das SAM, inzwischen resigniert in Kauf nehme, dass eine Fusion der beiden deutschen Staaten auf die Dauer nicht mehr zu verhindern sei. Man habe dort offenbar zwar ein längerfristiges Konzept, das die deutsche Frage zum Zwecke der Öffnung der Weltwirtschaft für die SU instrumentalisieren wolle. Die Entwicklung sei aber so schnell verlaufen, dass man jetzt keine operativen Mittel habe, um dies umzusetzen. Die Plötzlichkeit, mit der sich das Problem

---

[2] Geheimhaltungsstufe zusätzlich auf allen 3 Seiten gestempelt; Geheimhaltungsgrad gelöscht gem. Stempel vom 16.3.2010.
[3] Im Dokument: Dies.
[4] Vgl. Dokument Nr. 11, Anm. 18.

Deutschlands nun als real erweise, habe wohl auch in der sowj. Führung, etwa bei Schewardnadse, zu [Zweifeln][5] an der Richtigkeit der ursprünglich wohl akzeptierten Konzeption geführt. So bemühten sich die Sowjets jetzt unter großem Druck, sich zur Umsetzung ihrer Politik einen operativen Rahmen auf 3 Ebenen zu verschaffen, dem der 35,[6] der 4 Mächte und wohl auch eines Dreiecks SU-DDR-Bundesregierung. Sie hätten aber den Eindruck, dass die Bundesregierung sich dem entziehe. Daher das Wort von „Diktat".
Die amerikanische Botschaft teilt diese Analyse.
III.
Bei einem Mittagessen in der Residenz für den zukünftigen sowj. Gesandten in Bonn, Ussytschenko,[7] bemüht sich dieser, die Äußerungen Gorbatschows zur „Wiedervereinigung" in Kiew hvverunterzuspielen.[8] Er habe eben frei, ohne vorher ausgearbeiteten Text gesprochen. Dies sei also nicht von dem gleichen Gewicht wie andere Äußerungen.
Bondarenko hob hervor, [alle Äußerungen der Bundesregierung zu den Grenzen seien ambivalent, auch die des BM vor den Vereinten Nationen seien nicht eindeutig,][9] denn es sei eben nicht klar, wie die „gesicherten Grenzen" Polens aussehen sollten, von denen dort gesprochen werde. Angesichts der Behauptung von Fortexistenz des Deutschen Reiches in den Grenzen von 1937, an die sich die Bundesregierung durch das BVerfG gebunden fühle, sei dies besonders auffällig.[10]
Bondarenko beharrte auf dieser Position trotz ausführlicher Erwiderung durch den Botschafter.
IV.
Bei einem ausführlichen Gespräch mit dem Stv. Leiter des Planungsstabes des SAM, [Gwendzadse],[11] arbeiteten er und der Deutschland-Experte des Planungsstabes, im Verlauf des Gespräches immer deutlicher werdend, heraus, dass die Kontrolle der sich offenbar rasch beschleunigenden Stimmung für die deutsche Einheit in der DDR nicht nur aussenpolit. kardinal sei. Eine rapide Entwicklung in Deutschland wäre auch für den Fortgang der Perestrojka ernsthaft gefährlich. Gorbatschow sehe sich ohnehin einer mit den inneren Problemen der SU wachsenden chauvinistisch-großrussischen Stimmung gegenüber. In einer solchen Lage könne der Eindruck, der Sieg im 2. Weltkrieg werde verspielt und die Leiden des russ. Volkes seien umsonst gewesen, zu unkontrollierbarer Explosion dieses Chauvinismus führen.
L Pol erwiderte, die 10 Punkte des BK seien von ihm in eine Gesamtkonzeption der Überwindung der Teilung Europas eingebettet worden.[12] Sein politisches Ziel sei es gewesen, der Entwicklung, die sich von unten ohne Linie entwickelt habe, einen Rahmen und dadurch Maß zu verschaffen. Wir wüssten, dass in Moskau der Verdacht bestehe, wir wollten die Dinge nur beschleunigen. Tatsächlich habe aber die SU die Bewegung in Gang

---

[5] Im Dokument: Zweifel.
[6] KSZE.
[7] Leonid G. Usyčenko.
[8] Neben Dokument Nr. 11, Anm. 18 vgl. die gemeinsame Pressekonferenz von Mitterrand und Gorbačev am 6.12.1989 in Kiev, in: Gorbačev, Sobranie, Bd. 17, S. 297–305.
[9] Im Dokument Satzbau verschoben: „alle Äußerungen der Bundesregierung, vor den Vereinten Nationen seien nicht eindeutig, zu den Grenzen seien ambivalent auch die des BM".
[10] Vgl. Der Grundlagenvertrag vor dem Bundesverfassungsgericht. Dokumentation sowie Dokument Nr. 65 in Galkin/Tschernjajew (Hrsg.), Michail Gorbatschow und die deutsche Frage.
[11] Im Dokument: Gwenzadse.
[12] Vgl. Dokument Nr. 10, Anm. 29.

gesetzt und mit dem „Recht auf freie Wahl" große polit. Kräfte freigesetzt, ohne sich parallel auf ein diplomat. Instrumentarium zu verständigen, um diese Kräfte zu bändigen.

Die Bundesregierung habe niemals bestritten, dass die Interessen der Deutschen nur in Abstimmung mit allen verwirklichbar seien, im Gegenteil. Es liege an der SU, sich der „Realität" des Problems bewusst zu werden, von der Gorbatschow gesprochen habe. Wir hätten selbst das größte Interesse an Stabilität. Der BM habe dies in Moskau mehrfach unterstrichen. Eine unkontrollierte Entwicklung würde die Möglichkeiten zur Schaffung einer auf der Zustimmung aller aufgebauten und damit stabilen Ordnung auf lange Zeit verschütten.

Gwendzadse stimmte dem widerstrebend zu, betonte aber noch einmal die unbedingte Notwendigkeit, sich der Grenzen der innenpolit. Akzeptanz dieses Prozesses in der SU ständig bewusst zu bleiben.

Heyken[13]

PA AA, B 130 13.503 E.

Nr. 17
Entwurf des Vermerks von Legationsrat Berger,[1] Mitarbeiter des Ministerbüros, vom 20. Dezember 1989 über das Gespräch von Bundesaußenminister Genscher mit dem sowjetischen Außenminister Ševardnadze am 19. Dezember 1989 in Brüssel

– Ministerbüro –

Bonn, den 20.12.1989

unter Verschluß

Vermerk[2]

Betr.: Bilaterales Gespräch des Bundesaußenministers mit AM Schewardnadse am Rande des EG-Außenministerrates vom 19.12.1989

BM leitete das Gespräch mit der Bemerkung ein, seine übrigen EG-Kollegen, insbesondere diejenigen, die nur selten eine Gelegenheit hätten, mit AM Schewardnadse zusammenzutreffen, hätten jetzt nach der Unterhaltung sicherlich ein besseres Verständnis der Philo-

---

[13] Eberhard Heyken (1935–2008), 1989–1994 Gesandter an der deutschen Botschaft in Moskau.

[1] Berger, Legationsrat I.
[2] Daneben handschr.: „G[enscher] 21.12.". Die hier ausgewiesenen handschr. Änderungen Genschers im vorliegenden Konzept wurden in die Endfassung (ebenfalls vom 20.12.) übernommen, PA AA, ZA 178.931 E.
[3] Zu den erwähnten Kommuniqués vgl. Dokumente Nr. 8, Anm. 10 und Nr. 12, Anm. 6. Zum Auftreten Ševardnadzes in Brüssel vgl. v. a. die Vorlage Hartmanns für Kohl vom 20.12.1989 zu Äußerungen

sophie von AM Schewardnadse. Insbesondere wichtig gewesen sei die Erwähnung der Kommuniqués vom Europäischen und vom NATO-Rat durch AM Schewardnadse.³

BM wies ferner darauf hin, daß er im Anschluß an seine letzten Gespräche in Moskau ein langes Gespräch mit dem BK gehabt habe und diesem den Rat gegeben habe, einen Brief an den Generalsekretär zu schreiben.⁴ Des weiteren wies er hin auf die Äußerungen des Bundespräsidenten und seine eigenen Äußerungen zur Entwicklung in der DDR, in denen für Besonnenheit und Verantwortungsbewußtsein plädiert werde.

Wichtig sei es, die Zeit bis zur Wahl zu überbrücken.⁵ Was die Wahlen in der DDR angehe, so seien die Bevölkerung, aber auch die Parteien, noch in einem Suchprozeß.

Besondere Verantwortung komme derzeit der Kirche zu. Dies habe sich auch bei seinem kürzlichen Besuch in Halle gezeigt.⁶ BM wies darauf hin, daß er in Halle besonderen Beifall für zwei Äußerungen erhalten habe:

– Die Erwähnung der Tatsache, daß Generalsekretär Gorbatschow den Weg für Reformen in der DDR und anderswo erst freigemacht habe; er, BM, habe schon 1987 in Davos dazu aufgerufen, Gorbatschow ernst, ihn beim Wort zu nehmen.⁷

– Ebenso starken Beifall habe er bekommen für seine Äußerung zur polnischen Westgrenze. Wichtig sei, daß er auch bei seiner kürzlichen Ansprache in West-Berlin ähnlich starken Beifall zur gleichen Äußerung bekommen habe.⁸

BM wies weiterhin darauf hin, daß auch sein Hinweis auf die Zugehörigkeit beider deutscher Staaten zu zwei unterschiedlichen Bündnissen in der DDR verstanden worden sei. Nach seiner Einschätzung gelte es jetzt, ohne die Verantwortung für die europäische Stabilität zu verletzen, eine stärkere Verflechtung der beiden Gesellschaften herbeizuführen. BM nannte die Sektoren Wirtschaft, Verkehr, Umweltschutz und Kultur als Beispiel. Er faßte dann seine Eindrücke aus Halle und Leipzig wie folgt zusammen:

Die Menschen fühlten sich als einer Nation zugehörig, aber sie erkennen auch den europäischen Rahmen für die deutsche Annäherung [und Einheit]⁹ an. Das wichtigste sei jetzt, den Lebensstandard in der DDR durch wirtschaftliche Kooperation schnell zu heben, damit die Abwanderungsbewegung austrockne. In diesem Zusammenhang sei auch die Kooperation der EG mit der DDR besonders wichtig. Diese Kooperation stelle zugleich ein weiteres Element für die europäische Einbindung des Prozesses der Annäherung zwischen beiden deutschen Staaten dar.

AM Schewardnadse dankte für BMs Ausführungen. Er erwähnte, daß parallel zum Brief des BK an den Generalsekretär ein Brief des Generalsekretärs an den BK im Zusammenhang mit der DDR-Reise abgegangen sei.¹⁰ Der Generalsekretär äußere seine Besorgnis wegen gewisser Tendenzen und plädiere zugleich dafür, die Möglichkeiten zur Normalisierung zu nutzen. Auch die sowjetische Führung wisse, daß das Volk in der DDR gegenüber

---

Ševardnadzes vor dem Politischen Ausschuss des Europäischen Parlaments, in: Deutsche Einheit, S. 676–679. Die Rede selbst ist in Europa-Archiv 45 (1990), S. D 127–D 136.
⁴ Schreiben Kohls an Gorbačev vom 14.12.1989, in: Deutsche Einheit, S. 645–650.
⁵ Die Volkskammerwahlen waren ursprünglich für den 6.5.1990 geplant, wurden aber Ende Januar 1990 auf den 18.3.1990 vorgezogen.
⁶ Zu Genschers Besuch in Halle und Leipzig am 16./17.12.1989 vgl. Genscher, Erinnerungen, S. 697–702. Dort auch zur Rolle der Kirche und Einzelgesprächen u. a. mit Vertretern der LDPD und des DA.
⁷ Vgl. Dokument Nr. 12, Anm. 36.
⁸ Vgl. Dokument Nr. 5, Anm. 2.
⁹ Einschub handschr.
¹⁰ Undat. Brief Gorbačevs an Kohl sowie die Vorlage Hartmanns für Kohl vom 18.12.1989, in: Deutsche Einheit, S. 658–661.

der Sowjetunion nicht negativ eingestellt sei. Dies sei besonders wichtig auch wegen der dort stationierten sowjetischen Truppen. Unfreundliche Äußerungen, insbesondere zum jetzigen Zeitpunkt, könnten unangenehme Folgen haben; dies sei zur Zeit der sensibelste Punkt. AM erwähnte, daß einige Genossen im ZK die direkte Frage gestellt hätten (wie es mit der DDR weitergehen solle) und zugleich gewisse Vorwürfe an die Führung gerichtet hätten. Dies sei der einzige Bereich in der Außenpolitik, der eine kritische Bewertung erfahren habe. AM unterstrich, daß alle deutschen Reden, Auftritte und Äußerungen zu diesem Themenkomplex besonders aufmerksam verfolgt würden. Die bekannte Rede habe sehr stürmische Reaktionen hervorgerufen.[11]

AM Schewardnadse kam dann auf seine bevorstehende Rede vor dem Auswärtigen Ausschuß des Europäischen Parlaments zu sprechen, in der er auch auf die sowjetische Sicht des Problems der Ereignisse in der DDR eingehen werde.[12] Die schwierige, teilweise widersprüchliche Situation zwinge nach Einschätzung von AM Schewardnadse zur Intensivierung der bilateralen Beziehungen zwischen der Sowjetunion und der Bundesrepublik Deutschland, was wiederum zur Stabilisierung in Europa im allgemeinen beitragen werde.

BM erwiderte, es dürfe keinen deutschen Sonderweg geben, aber andererseits auch keine europäische [Annäherung][13] ohne eine gleichzeitige deutsch-deutsche [Annäherung].[14] BM wies auf vergleichbare Brandt-Äußerungen hin.[15] Man müsse die KSZE-Möglichkeiten nutzen, damit die Deutschen das Gefühl hätten, einander näher zu kommen. Eine Sonderbehandlung der Deutschen beinhalte die Gefahr eines Aufkeimens von Nationalismus.

BM fragte anschließend, auf die vorherige Feststellung von AM S. eingehend, nach konkreten Möglichkeiten der Intensivierung der deutsch-sowjetischen Beziehungen. AM erwiderte, er habe noch keine speziellen Vorstellungen. Nach dem, was passiert sei, solle zunächst jede Seite nachdenken. Er schlug BM ein Treffen in einem dritten Land vor, eventuell an einem Wochenende.

BM sagte zu und schlug vor, den Termin nicht [zu weit][16] hinauszuschieben.[17] Man brauche neue, positive Elemente, was wiederum stabilisierend auf die europäische Entwicklung wirken werde. Dies gelte auch für bilaterale Überlegungen zu Helsinki II.[18]

AM stimmte ausdrücklich zu.

---

[11] Vgl. Dokument Nr. 10, Anm. 29.
[12] Vgl. Anm. 3.
[13] Handschr. korrigiert aus „Integration".
[14] Dto.
[15] Vgl. etwa die Rede Brandts in der St. Marienkirche in Rostock am 6.12.1989 sowie das Interview für die Financial Times am 14.12.1989, in: Brandt, Berliner Ausgabe, Bd. 10, S. 398–416.
[16] Im Dokument: zuweit.
[17] Vgl. Vermerk des Leiters des Ministerbüros, Elbe, vom 31.1.1990 über ein Telefonat Genschers mit Ševardnadze am 31.1.1990, PA AA, ZA 178.928 E. Genscher kam auf die Überlegungen zurück, „bald ein bilaterales Gespräch zu führen". Aufgrund der „innen- und außenpolitische[n] Situation" der UdSSR könne „man sich in den nächsten Tagen nicht sehen", so Ševardnadze. Er schlug ein Treffen während des Zusammenkommens der Außenminister von NATO und Warschauer Pakt zur Eröffnung einer Konferenz über „Open Skies" in Ottawa vor. Vgl. das Kommuniqué der Außenminister der 2+4, u. a. in: Kuhn, Gorbatschow, S. 124f. Vgl. ferner den Drahterlaß von D 2 vom 14.2.1990 über die Gespräche Genschers mit den drei westlichen Außenministern und mit Ševardnadze am 13.2.1990, PA AA, ZA 198.452 E. Ševardnadze setzte durch, in der Verlautbarung den Hinweis auf die DDR-Wahlen fallen zu lassen. Zugleich strebte er anstelle des Begriffs „Vereinigung" „eine Formulierung an, die einen länger andauernden Prozess zum Ausdruck bringen sollte". Nach Rücksprache mit Moskau akzeptierte der sowjetische Außenminister den Ausdruck „Herstellung der deutschen Einheit".
[18] Vgl. Dokument Nr. 1, Anm. 19.

Abschließend erwähnte AM seinen bevorstehenden Besuch in London.[19] BM antwortete, daß er bei seinem kürzlichen Besuch in London in einem sehr ernsthaften Gespräch mit der Premierministerin seine europäische Philosophie erläutert habe und für eine verstärkte europäische Integration geworben habe.[20]

Zuletzt fragte AM Schewardnadse noch nach der Einschätzung BMs zu seinem, AMs, bevorstehenden Besuch bei der NATO.[21]

BM antwortete, alle NATO-Außenminister hätten positiv reagiert. Dieser Besuch drücke auch die neue Realität aus und weise auf die neue Bedeutung der Bündnisse hin. AM erwiderte, daß er mit diesem Besuch zeigen wolle, daß er die NATO nicht als Gegner ansehe. Der Besuch sei übrigens in der Sowjetunion nicht unumstritten gewesen. Es sei die Frage aufgeworfen worden, ob nun der US-Imperialismus nicht mehr existiere. Er, AM, habe geantwortet, die Welt ändere sich.

BM ergänzte, daß diese Änderungen Abrüstung möglich machten. Die Bündnisse würden heute gebraucht bei den Bemühungen um Schaffung von Strukturen kooperativer Sicherheit. Abrüstung könne sich nur im Kontext der beiden Bündnisse vollziehen.

Zuletzt fragte BM nach AM Schewardnadses Einschätzung zu Rumänien.[22] Dieser erwiderte, das rumänische Volk müsse bestimmen. Die Sowjetunion könne sich nicht einmischen, so wie sie sich auch in der DDR zu Zeiten Honeckers nicht eingemischt habe, sondern lediglich auf das Beispiel der Sowjetunion, Reformen durchzuführen, verwiesen habe.

Beide Gesprächspartner verabschiedeten sich mit allen guten Wünschen für 1990.

(Berger)[23]

PA AA, ZA 178.931 E.

Nr. 18

Vermerk des Leiters des Referats 213, Neubert, vom 23. Januar 1990 über eine Vorbesprechung im Bundeskanzleramt am 16. Januar 1990 zu einem Besuch von Bundeskanzler Kohl in der UdSSR 1990 [Auszug]

213-321.10 SOW[1]

Bonn, den 23.01.1990
BK-Reise

---

[19] Zu den Gesprächen Ševardnadzes mit Thatcher und Hurd vgl. das Fernschreiben der Botschaft London Nr. 2447 vom 20.12.1989 an Referat 213, PA AA, ZA 140.727 E.
[20] Dokument Nr. 10.
[21] Der Besuch fand ebenfalls am 19.12.1989 statt.
[22] Erste Demonstrationen wurden ab 16.12.1989 in der rumänischen Stadt Timişoara unterdrückt, am 21.12. kam es in Bukarest zum offenen Aufruhr. Der Fluchtversuch des Ehepaars Nicolae und Elena Ceauşescu am 22.12. wurde vereitelt; am 25.12.1989 wurden beide in einem Schnellprozess zum Tode verurteilt und hingerichtet. Im Mai 1990 wurde Ion Iliescu (*1930) zum Staatspräsidenten gewählt (im Amt bis 1996 sowie 2000–2004).
[23] Darüber eigenhändige Unterschrift.

[1] In der Kopfmitte handschr. durchgestrichener Kreis, daneben „Stü[demann]". Am re. Seitenende handschr.: „zdA Stü[demann]".

Vermerk

<u>Betr.:</u> **Besuch des Bundeskanzlers in der Sowjetunion 1990**
   <u>hier:</u> Vorbesprechung im Bundeskanzleramt am 16.01.1990

MD Teltschik[2] eröffnete die Besprechung mit der Feststellung, gemäß den Absprachen BK-GS solle der politische Dialog auch auf höchster Ebene fortgesetzt werden, das bedeute Besuch des Bundeskanzlers in Moskau 1990, ein Termin sei bisher nicht in Aussicht genommen worden.

Mit dem Besuch des GS in Bonn seien große Erwartungen geweckt worden, es gäbe jedoch Anzeichen dafür, daß diese in den Augen der Sowjets sich nicht voll erfüllt hätten, sowohl in der Wirtschaft wie in anderen Bereichen.[3] In der Vorbereitung des nächsten Kanzlerbesuches ginge es darum festzustellen, ob dieser Eindruck zutreffe, wenn ja, warum die Erwartungen nicht erfüllt werden konnten, wo man mehr tun könne und wie.

Angesichts der Lage in der SU, der Entwicklung in der DDR und der Bedeutung der bilateralen Beziehungen liege es in unserem Interesse, diese lebhafter zu gestalten, einschließlich der Frage, was bereits <u>vor</u> einem Besuch des BK getan werden könne. (Stichwort: „Angebot").

Aus den Berichten der einzelnen Ressorts ist folgendes festzuhalten.
[...].[4]

13. MD Teltschik faßte zusammen, daß die Besprechung die <u>große Breite</u> der bilateralen Zusammenarbeit gezeigt hätte, jetzt gelte es, diese vor allem zu <u>vertiefen</u>. Dabei müßten Schwerpunkte herausgearbeitet werden. Zu gegebener Zeit solle erneute Besprechung einberufen werden, um zu klären, wie diese Intensivierung verwirklicht werden kann.

14. Aus der Erörterung ist aus Sicht Ref. 213 festzuhalten, daß in einigen Bereichen Wünsche und Bedürfnisse der SU bekannt sind, von deutscher Seite Möglichkeiten der Zusammenarbeit bestehen und der sowjet. Seite auch angetragen werden, die sowjet. Bürokratie jedoch nicht die erforderliche <u>Aufnahmefähigkeit</u> zeigt.

In anderen Fällen, vor allem im Bereich des Arbeits- und Sozialwesens, des Umweltschutzes und einiger sehr spezieller Einzelbereiche, ist das sowjet. Interesse und die Bereitschaft, sich mit unseren Erfahrungen vertraut zu machen, außerordentlich groß und die Intensivierung der Zusammenarbeit allein durch <u>unsere knappen</u>, vor allem personellen <u>Ressourcen</u> beschränkt.

Insgesamt bestätigte die Besprechung, daß es ratsam wäre, jetzt nicht eine lange Wunschliste neuer Abkommen zusammenzustellen,[5] sondern die bestehenden Vereinbarungen, die <u>fast</u> alle Bereiche der Zusammenarbeit abdecken, intensiv mit Inhalten auszufüllen, damit der sowjet. Seite, nicht nur der politischen Führung, sondern auf breiter Basis im Staats- und Wirtschaftsapparat deutlich zu machen, wie nützlich diese bilaterale

---

[2] Horst Teltschik (*1940), 1982–1991 Leiter der Abteilung 2 (Auswärtige und innerdeutsche Beziehungen; Entwicklungspolitik, äußere Sicherheit) im Bundeskanzleramt.
[3] Vgl. hierzu bereits das in Dokument Nr. 14, Anm. 4 zitierte deutsch-sowjetische Delegationsgespräch vom 5.12.1989.
[4] Es folgen Sachstandsberichte der Ministerien.
[5] Einen Überblick über die 1988/89 abgeschlossenen bilateralen Vereinbarungen in verschiedenen Bereichen vermittelt die abgestimmte Presseerklärung von Gorbačev und Kohl vom 13.6.1989, in: Bulletin Nr. 61 vom 15.6.1989, S. 544f., ferner das Gespräch Gorbačevs mit Kohl am 24.10.1988 in Moskau, in: Galkin/Tschernjajew (Hrsg.), Michail Gorbatschow und die deutsche Frage, Dokument Nr. 29.

Zusammenarbeit für die SU gerade in der gegenwärtigen wirtschaftlichen und sozialen Lage sein kann. (Dies schließt nicht neue Abkommen für Bereiche aus, die noch nicht erfaßt sind und wo Zusammenarbeit von beiden Seiten gewünscht wird).

Neubert[6]

PA AA, ZA 151.638 E.

Nr. 19
Fernschreiben der Botschaft Moskau vom 1. Februar 1990 über ein Gespräch mit dem Stellvertretenden sowjetischen Außenminister, Adamišin,[1] am 31. Januar 1990 über die sowjetische Deutschlandpolitik

Aus: Moskau
Nr 471[2] vom 01.02.1990, 1709 OZ
An: Bonn AA
Citissime

Fernschreiben (verschlüsselt) an 210[3]
Eingegangen: 01.02.90, 1627 OZ
VS – Vertraulich – Amtlich geheimgehalten[4]
Auch für ständige Vertr., ChBK, Washington, London Diplo, Paris Diplo, Brüssel NATO

Beteiligung erbeten: 213
Az.: Pol. 330.00 – 29 90 VS-V
Verfasser: v. Arnim
Betr.: Deutsche Frage
Hier: Gespräch mit VAM Adamischin am 31.1.1990
– Zur Unterrichtung –

Am 31.1. führte ich ein längeres Gespräch mit VAM Adamischin (A.) zur deutschen Frage. Es kam auf meine Bitte vom [gleichen][5] Tage um Unterrichtung über den Modrow-Besuch zustande.[6]

---

[6] Eigenhändige Unterschrift.
[1] Anatolij Leonidovič Adamišin (*1934), 1986 bis April 1990 Stellv. Außenminister.
[2] Der Bericht verteilt sich auf 2 Fernschreiben mit den Nummern 471 und 472. Die entsprechenden Fortsetzungsvermerke wurden hier kommentarlos ausgelassen.
[3] Re. darüber Stempel: „Arbeitsexemplar. Ex 1 an 210. Ex 2 an 213 [abgehakt]". Darunter 3 Sichtvermerke sowie Ablagevermerk vom 2.2.1990. Oben Mitte Eingangsstempel des AA, Referat 210, vom 2.2.1990.
[4] Geheimhaltungsstufe auf allen 8 Seiten eingetragen. Auf der ersten Seite Stempel vom 16.3.2010 betr. Löschung des Geheimhaltungsgrads.
[5] Im Dokument: gleichem.
[6] Vgl. hierzu Dokumente Nr. 67 und 68 in Galkin/Tschernjajew (Hrsg.), Michail Gorbatschow und die deutsche Frage.

In seinen in sehr freundlicher Atmosphäre gemachten Darlegungen (vgl. im Einzelnen unten) wurden insbesondere folgende sowjetische Anliegen deutlich.
– Ausschöpfung aller Möglichkeiten zur Stabilisierung der Lage in der DDR, insbesondere durch Vorantreiben der Vertragsgemeinschaft unter der Regierung Modrow.
– deutliche Sorge über innenpolitisch <u>für die Perestroika gefährliche Rückwirkungen</u>[7] einer Destabilisierung der DDR
– Präferenz des Rahmens der 35 für die Einbettung der Vertragsgemeinschaft in die Gesamtarchitektur.
– Großer Zeitdruck[8] für die Abstimmung einer Regelung, in der Etappen und Fristen für die Bildung der Vertragsgemeinschaft und Konföderation festgelegt werden.
– deutlicher Wille, eine, wenn auch u. U. nicht „Friedensvertrag" genannte, aber doch <u>förmliche völkerrechtliche Regelung</u> in Bezug auf das sich einigende Deutschland herbeizuführen.

II.
Adamischin begann das Gespräch mit der Bemerkung, nach dem Besuch von MP Modrow sei ja nun eine gewichtige Portion des zu Leistenden bereits hinter uns.

Ich erwiderte, die Äußerungen Gorbatschows im Zusammenhang mit diesem Besuch seien bedeutsam, wenn sie auch nach den Gesprächen der letzten Wochen für mich keine Überraschung in der Sache darstellten.[9] Die Tatsache, dass diese Position nun öffentlich vertreten werde, sei jedoch ein neues Element. <u>Modrow</u> sei allerdings, soweit ich sähe, <u>über das von ihm bisher öffentlich Gesagte hinausgegangen</u>[,] und das bedeutsamerweise in Moskau.[10] (A. gab Zustimmung zu erkennen). Es sei zu fragen, was die Ursache dafür sei.

A. antwortete, in der Tat kennten wir die sowjetische Position zur deutschen Frage gut. Er wolle sie aber dennoch noch einmal zusammenfassen. Man müsse von den in Europa gegebenen <u>Realitäten</u> ausgehen, sowohl der <u>politischen wie der geographischen, der Existenz der Blöcke und des gesamteuropäischen Prozesses</u>. Einige dieser Realitäten könnten nicht geändert werden, wie die <u>bestehenden Grenzen</u>, wobei die entsprechenden Klauseln der Schlussakte berücksichtigt werden müssten.[11] <u>Andere Realitäten seien in der Veränderung</u>, die grundsätzlich einen positiven Charakter trage. Alle seien daran interessiert, dass dieser Prozess stabil verlaufe, es gehe also um Dynamik in Stabilität.

Was die eigentliche deutsche Frage betreffe, so gebe es zwei deutsche Staaten. Das Volk jedes der beiden Staaten habe das Recht, <u>souverän sein Schicksal selbst zu bestimmen</u>. Insoweit seien die Deutschen keinerlei Ausnahme im Vergleich zu anderen Völkern. Die Ausübung dieses Rechtes müsse aber unter <u>Berücksichtigung der Interessen anderer Völker verlaufen</u>.

---

[7] Alle Unterstreichungen im Dokument von Hand.
[8] Wort von Hand umkreist.
[9] Erklärung Gorbačevs am 30.1.1990, in: Biermann, Kreml, S. 392f.: „Mir scheint, es gibt sowohl bei den Deutschen in West und Ost als auch bei den Vertretern der vier Mächte ein gewisses Einverständnis darüber, dass die Vereinigung der Deutschen niemals und von niemandem prinzipiell in Zweifel gezogen wurde. [...]. Auf keinen Fall darf man die Interessen der Deutschen schmälern, denn ich bin für einen realistischen Prozess. Wenn wir sagen, die Geschichte wird die Dinge entscheiden, [...] dann wird das auch so sein, und ich glaube, dass sie bereits ihre Korrekturen einbringt."
[10] Vgl. hierzu Modrows Konzeption vom 30.1.1990, „Für Deutschland, einig Vaterland", in: Galkin/ Tschernjajew (Hrsg.), Michail Gorbatschow und die deutsche Frage, Dokument Nr. 68.
[11] Zur Schlussakte von Helsinki vgl. Dokument Nr. 9, Anm. 5.

In welchen Formen die Verwirklichung dieses Rechts vorgehe, das sei ein Gegenstand für Verhandlungen. Wenn die Tendenzen zur Ausübung dieses Rechtes im Sinne der Einheit die Oberhand gewönnen, wer könne dann dagegen sein? Niemand könne sagen, nein, Ihr dürft Euch nicht vereinigen. Dies wäre weder politisch, noch juristisch oder moralisch angängig. Dies sei auch nicht die sowjetische Position. Die SU habe nie gesagt, Deutschland könne sich nicht vereinigen, zu keiner Zeit seit dem Kriege. Mehr noch, die SU sei es gewesen, die in einer Reihe von Fällen der Initiator für Gespräche gewesen sei.[12] Die SU sei an der Teilung Deutschlands nicht schuld.

Was die nächste Zukunft angehe, in der sich die Lage in Europa insgesamt entwickele, so müsse der Prozess in Deutschland in konstruktiver Form vor sich gehen. Dieser Prozess müsse also eingebettet werden in den Prozess positiver Veränderungen, in denen ein neues Europa geboren werde. Dazu müsse dieser Prozess geordnet, in Etappen, über einen gewissen Zeitraum erstreckt ablaufen. Deutsche und ihre Nachbarn seien daran zu beteiligen, alle Teilnehmer am gesamteuropäischen Prozess.

Die Rede Schewardnadses von Brüssel habe die Rahmenbedingungen für diesen Prozess in Deutschland festgelegt unter Berücksichtigung der Realitäten, der Veränderungen und der eigenen sowjetischen Sicherheit.[13] Damit sei sozusagen das Konzept erarbeitet.

Es gebe aber auch schon praktische Elemente dieses Prozesses. So gebe es die Annäherung zwischen den beiden deutschen Staaten, es gebe neue Foren der Zusammenarbeit zwischen ihnen, es gebe eine sich entwickelnde Übereinstimmung der beiden deutschen Staaten, wie man vorwärts komme.

So gebe es Übereinstimmung, dass es zu einer Vertragsgemeinschaft kommen solle, dass es einen entsprechenden Vertrag geben solle. Jetzt scheine es aber, dass die westdeutsche Seite zeitlich rückwärts gehe. Das könne keinen Enthusiasmus hervorrufen. Es bleibe aber die Vorstellung der Vertragsgemeinschaft als Etappe der Annäherung. Dazu komme, dass beide Staaten sagten, diese Gemeinschaft solle zur Konföderation führen, wenn wohl auch Nuancen vorlägen.

[14]Modrow habe zum Gesamtprozess einige Gedanken vorgetragen. Man habe sie mit dem gebotenen Verständnis aufgenommen. Dies bedeute aber nicht, dass die SU in allen Punkten damit einverstanden sei. In einigen würde sie weiter gehen wollen, in anderen weniger. A. spezifizierte diese Punkte nicht.

Die SU habe zu diesen Vorstellungen erklärt, dass sie Gegenstand einer breiten Erörterung werden könnten, zwischen den daran interessierten Staaten. Wie könne man sich diese Erörterung vorstellen, zunächst bilateral, also mit uns, der DDR, England, Frankreich, Österreich, Belgien usw. Zu einem bestimmten Zeitpunkt werde man aber auf eine multilaterale Ebene gehen müssen.

Er sei sicher, dass diese Thematik auf dem KSZE-Gipfeltreffen dieses Jahres [ihren][15] gebührenden Platz erhalten werde.[16] Wie könne es anders sein. Die Deutschen selbst würden anderes nicht zulassen.

Vielleicht werde es erforderlich, sich damit schon vor dem Gipfel zu befassen. Solche Vorschläge habe die SU schon von kleineren Staaten Westeuropas gehört. Diese seien der

---

[12] Im Detail führte Gorbačev diese Position in seinem Interview mit der Pravda am 21.2.1990 aus, in: Galkin/Tschernjajew (Hrsg.), Michail Gorbatschow und die deutsche Frage, Dokument Nr. 78.
[13] Vgl. Dokument Nr. 17, Anm. 3.
[14] Der folgende Absatz am linken Rand von Hand doppelt angestrichen.
[15] Im Dokument: seinen.
[16] Vgl. Dokument Nr. 1, Anm. 19.

Auffassung, dass die Großen ohnehin ihre Foren besäßen, an denen die Kleinen, die interessiert seien, nicht teilnähmen. Allerdings sei die Hebung auf eine multilaterale Ebene nur im Konsens möglich.

Jedenfalls werde die Thematik aber schon in bestehenden, multilateralen Gremien wie der EPZ, er vermute auch der NATO, erörtert. Innerhalb des WP spreche man darüber sowohl bi- als auch multilateral.

Die SU wolle Lösungen finden, die sich in den Gang der Entwicklung des Europa[s] der Zusammenarbeit und Sicherheit einfügten. Die Lösung dürfe nicht gegen irgendjemand gesucht werden, sondern von allen zusammen. Es gehe um ein Europa, das sich nicht in Allianzen teile. Man müsse also im gesamteuropäischen Rahmen arbeiten[,] und zwar auch offen. Wenn man also einen neuen Schritt plane, dann sei man bereit, mit uns darüber zu sprechen.

Ich antwortete, es werde sich herausstellen, jedenfalls für die, für die sich das noch nicht herausgestellt habe, dass die Grenzfrage, mit der die deutsche Ost-Grenze von 1937 gemeint sei, keine wesentliche Bedeutung haben werde.

Die Darlegungen zum Selbstbestimmungsrecht seien befriedigend, jedoch müsse klar sein, dass die Deutschen dieses Recht nicht weniger als andere hätten.

A. warf ein, sie hätten es aber auch nicht mehr und mit der Einschränkung, dass die nach dem Krieg entstandene Lage nicht endgültig geregelt sei. Es sei ein deutsches Spezifikum, dass es noch keine definitive Friedensregelung gebe. So seien die Fragen der Vier-Mächte-Rechte, nicht nur in Bezug auf Berlin zu nennen. Es gebe keinen Friedensvertrag mit Deutschland. Die Bundesregierung sage dies selbst, das <u>Bundesverfassungsgericht</u> spreche sogar von der <u>Fortexistenz des Reiches in den Grenzen von 1937</u>.[17]

Ich erwiderte, die Ausübung des Selbstbestimmungsrechts vollziehe sich natürlich nicht im luftleeren Raum, es sei unbestritten, dass es in Verantwortung ausgeübt werden müsse. Es heiße aber, es komme auf Konsens an im gesamteuropäischen Prozess. Wir seien einig, dass im gesamteuropäischen Prozess etwa zur Gesamtarchitektur Europas zu fällende Beschlüsse Konsens erforderten, die Ausübung des Selbstbestimmungsrechtes sei aber prinzipiell Sache der Deutschen allein. Eine Art von <u>Vormundschaft</u> über das Selbstbestimmungsrecht als solchem sei <u>unakzeptabel</u> und die Forderung danach könne sensible, emotionale Reaktionen hervorrufen. Dies habe nichts damit zu tun, dass wir etwa doch allein handeln wollten. BK und BM hätten die Ablehnung des Alleingangs wiederholt verdeutlicht. Es gehe um die verantwortliche, die Interessen anderer berücksichtigende Ausübung eines unteilbaren Rechts.

Wir hätten auch nichts gegen den Wunsch nach einem konstruktiven, geordneten Prozess. Im Gegenteil, die Fragen Schewardnadses seien sachbezogen. Sie würden geprüft. Aber die Entwicklung in der DDR verlaufe so schnell, dass Antworten rasch überholt sein könnten. Man müsse also über das weitere Vorgehen sprechen. Treffen der beiden AM oder auch auf höchster Ebene könnten schneller als bisher angenommen zu Stande kommen.

Was die Vertragsgemeinschaft angehe, so gebe es keinen Rückschritt. Bei Vorverlegung der Wahl in der DDR[18] habe die Frage, ob es vorher oder nachher zum Abschluss der Vertragsgemeinschaft kommen sollte[,] an Realität verloren, da die Vorarbeiten vorher wohl kaum abschließbar seien.

---

[17] Vgl. Dokument Nr. 16, Anm. 10.
[18] Vgl. Dokument Nr. 17, Anm. 5.

A. erläuterte, es gebe kleinere westeuropäische Staaten, die sich außen vor gelassen fühlten. Einige hätten vorgeschlagen, schon jetzt in Wien, dem einzigen augenblicklich operierenden Forum der 35,[19] über den Prozess in Bezug auf Deutschland zu reden. Dies sei aber kein offizieller sowjetischer Vorschlag. Es gehe ihm nur um lautes Nachdenken.

Man müsse auch berücksichtigen, dass es den beiden deutschen Staaten vielleicht bei Problemen nutzen könne, wenn dies im Rahmen der 35 verlaufe. Man müsse auch sehen, dass die deutsche Frage nur der erste Teil des gesamteuropäischen Prozesses sei und man ihn auch für andere Fragen brauche. In jedem Falle wäre es gut, er sage dies ohne Weisung, wenn es von uns <u>Antworten auf die Fragen Schewardnadses</u> geben würde. Dies wäre sicher nützlich.

Ich erwiderte, öffentliche Antworten wären sicher nicht hilfreich. Auch seien einige Fragen z. Zt. nur unter Annahme von bestimmten Hypothesen überhaupt beantwortbar.

A. antwortete, er denke an vertrauliche Gespräche, eventuell auch auf Experten-Ebene. Er glaube, dass die westdeutsche Position heute im Vergleich zu den 10 Punkten vernünftiger sei und nicht mehr auf die schnelle Einverleibung der DDR gerichtet sei. Er wolle aber nicht über die 10 Punkte streiten.[20]

Ganz wichtig sei aber, dass die Entwicklung auf innenpolitische Probleme in der [SU stoßen][21] könne, wenn der Prozess in Deutschland chaotisch werde. Er wolle mit voller Offenheit feststellen, dass es insofern eine ernsthafte Gefahr gebe. Sie nehme auch nicht ab, eher nehme sie zu. Es sei eine Gefahr „für die Partei der Perestroika", die auch zur Gefahr für uns werden könne. Dies müssten wir berücksichtigen.

Wir hätten Mittel der Einwirkung auf die Lage in der DDR. Sie seien nicht ausgeschöpft, um Leidenschaft, Hetze und Überhitzung zu dämpfen. Verhandlungen über die Vertragsgemeinschaft seien ein Hebel zur Stabilisierung. Man brauche nicht Modrow zu lieben, aber er sei die beste Chance für Stabilität. Wir sollten diesen Hebel nutzen. Die SU sei bereit, mit uns darüber zu sprechen. Die Übereinstimmung mit uns sei größer als die Unterschiede.

Die Minister hätten jetzt ein Treffen in Ottawa vereinbart.[22] Die Signale des BK zu einem Treffen seien aufgenommen worden. Man dürfe aber nicht zu sehr an Wahlen denken.

Ich erwiderte, unsere erklärte Gesprächsbereitschaft entspreche unserer Verantwortung. Was die innenpolitischen Rückwirkungen in der SU angehe, so seien sie in Bonn wohl bekannt.

A. warf ein, u. U. könne schon ein Funke genügen. Deshalb müsse der Prozess geordnet werden. Auch Gespräche über Waffen, Rüstungen und Truppen müssten geführt werden.

Ich erläuterte, dass wir selbst größtes Interesse an einem geordneten Verlauf hätten. Auch für uns sei ein Zusammenwachsen viel besser. Die SED habe aber in den letzten Wochen schwere Fehler gemacht, die die Stimmung in der DDR – und auf diese komme es entscheidend an – angeheizt [hätten].[23]

Bei einem nächsten Treffen würde ich mit ihm gern Fragen der juristischen Probleme, der politischen Aspekte, auch der wirtschaftlichen diskutieren. (A. selbst hatte Einzelaspekte als Gegenstand eines folgenden Gesprächs genannt.) Die SU wolle unter diesem

---

[19] Zu den Wiener Abrüstungsverhandlungen vgl. Dokument Nr. 1, Anm. 8.
[20] Vgl. Dokument Nr. 10, Anm. 29 sowie Dokumente Nr. 12-14.
[21] Im Dokument: SUstossen.
[22] Vgl. Dokument Nr. 17, Anm. 17.
[23] Im Dokument: habe.

Prozess ökonomisch nicht leiden. Dies sei verständlich. Man müsse fragen, was das hieße. Wir hätten auch von dem Gedanken etwa von <u>Gesprächen zu 6 gehört</u>.[24]

A. fragte, ob das ein französischer Gedanke sei. Jedenfalls sei die Verständigung zwischen uns und der SU der Schlüssel. Die SU wolle das vernünftig und „ohne Arbeit hinter dem Rücken" vorantreiben.

Blech

PA AA, B 130 13.523 E.

Nr. 20
Aufzeichnung des Dg 21, Höynck,[1] vom 11. Februar 1990 über das Gespräch von Bundesaußenminister Genscher mit dem sowjetischen Außenminister Ševardnadze am 10. Februar 1990 in Moskau [Auszug]

DRAHTERLASS[2]

VS-Vermerk (Stempel)[3]

11.02.1990

Dr. Kastrup, 2677
Ganter,[4] 2937

Gespräch BM mit AM Schewardnadse

~~D2-110-8~~[5]

VS-NfD[6]

~~Einzel~~ Plurez BM-Delegation / cti Moskau / cti[7]

1)] ~~zur Weiterleitung~~ an BM-Delegation [bitte nur 1 Exemplar an] <u>D2, Dr. Kastrup</u> [2) <u>Moskau</u> – nur für Botschafter persönl.][8]

---

[24] Die Formel der 2+4-Gespräche wurde in Ottawa vereinbart, vgl. Anm. 22. Zur innersowjetischen Diskussion hierüber vgl. das Gespräch Gorbačevs mit seinen Beratern am 26.1.1990, in: Galkin/Tschernjajew (Hrsg.), Michail Gorbatschow und die deutsche Frage, Dokument Nr. 66.
[1] Wilhelm Höynck (*1933), ab 1987 Dg 21.
[2] Handschr. auf der Seite oben rechts: „321.11". Am Fußende der Seite handschr.: „(213-321.11 SOW)", darunter: „zdA N[eu]b[ert] 5/3". Der Erlass in insges. 3 Einzelsendungen unter den Nummern 1373–1375. Die Fortsetzungs- und Anschlussvermerke wurden kommentarlos gestrichen.
[3] Darunter Sendevermerke.
[4] Bernd Ganter, Mitarbeiter im Referat 213.
[5] Streichung von Hand.
[6] Daneben handschr. abgehakt.
[7] Streichung von Hand, Korrektur und Ergänzungen handschr. und jeweils abgehakt.
[8] Streichung und Ergänzungen von Hand, beide Punkte einzeln von Hand abgehakt.

Az.: D2-110-8 111400

Betr.: Gespräch BM mit AM Schewardnadse am 10.02.1990 im Kreml (16.00 bis 18.30 Uhr)

– BM-Delegation, Herrn Dr. Kastrup vorzulegen –
(Vermerk von BM noch nicht gebilligt)
Beim Gespräch BM mit AM Schewardnadse waren anwesend: MD Kastrup, VAM Adamischin.

–Sch– begrüßt BM herzlich und erklärt, es tue i[h]m[9] leid, daß dieses Gespräch nicht früher habe zustande kommen können. Die Notwendigkeit für einen Gedankenaustausch bestehe auf beiden Seiten. Sch weist darauf hin, daß BM inzwischen in Washington gewesen sei und daß US-AM Baker gerade seinen Besuch in Moskau beendet habe.[10]
Die Gespräche von AM Baker in Moskau hätten zur rechten Zeit stattgefunden und seien sehr hilfreich gewesen. Man habe auf allen Gebieten Fortschritte erzielt. Als Ergebnis habe man gemeinsam den Satz geprägt: „Gegenseitiges Verständnis zum gegenseitigen Handeln". [...].[11]
[BM:] Wir machten uns [Gedanken],[12] wie wir zur Vertrauensbildung beitragen könnten, um eine unübersichtliche Lage zu vermeiden. Die Sowjetunion und die Bundesrepublik Deutschland seien am meisten daran interessiert, daß die Situation in der DDR stabil bleibe. Wir hätten ein Interesse, aus naheliegenden Gründen, das über die bloße Nachbarschaft hinausginge. Für die SU sei die DDR ein Land, in dem sich eine große Zahl sowjetischer Truppen und Bürger aufhalte. Die Lage habe sich dramatischer entwickelt, als vorhersehbar gewesen sei. Es gelte deshalb, nun gemeinsam darüber nachzudenken, wie man Stabilität und einen stabilen Rahmen schaffen könne. Angesichts der Entwicklung in der DDR verstärke sich der Drang nach Vereinigung. Dies sei eine Realität, der man sich stellen müsse. Die Bundesrepublik Deutschland könne vieles tun, was die Rechte anderer nicht berühre. Er denke dabei an die von ihm bereits erwähnten Hilfsmaßnahmen. Es gäbe aber auch Fragen, die die [Vier Mächte][13] berührten und die das ganze Europa beträfen. Alles müsse in Übereinstimmung miteinander gebracht werden. Die Entwicklung in Deutschland lasse sich von der in Europa nicht trennen. Unter den Staatsmännern der letzten 100 Jahre seien es Bismarck[14] und Strese-

---

[9] „h" handschr. eingefügt.
[10] Zum Gespräch Genschers mit Baker vgl. die Unterrichtung Teltschiks durch Botschafter Walters am 4.2.1990, in: Deutsche Einheit, S. 756f. Zum Aufenthalt Bakers in Moskau vgl. Dokument Nr. 71 in Galkin/Tschernjajew (Hrsg.), Michail Gorbatschow und die deutsche Frage.
[11] Es folgen Detailinformationen zu Abrüstungsfragen, chemischen Waffen, bilateralen Abkommen zwischen der UdSSR und den USA, zum KSZE-Gipfel und zu Regionalkonflikten allgemein. Genscher dankte für die Informationen und berichtete, dass sich die EU-Außenminister in Dublin für ein KSZE-Gipfeltreffen ausgesprochen hätten. Danach schilderte er die Lage in der DDR mit Fokus auf die Problematik der Übersiedler, die Funktionsfähigkeit der Verwaltung in der DDR, die Unsicherheit von Kernkraftwerken. Zu diesem Themenkatalog vgl. die Gespräche Kohls mit Gorbačev am 10.2.1990 in Moskau, in: Galkin/Tschernjajew (Hrsg.), Michail Gorbatschow und die deutsche Frage, Dokumente Nr. 72 und 73. Zum Treffen in Dublin vgl. die Beschlüsse vom 20.1.1990, unter http://aei.pitt.edu/1689/01/enlarg_foreign_mins_dublic_jan_90.pdf (letzter Zugriff am 11.4.2011).
[12] Im Dokument: gedanken.
[13] Im Dokument: Vier-Mächte.
[14] Otto von Bismarck (1815-1898), u.a. 1871-1890 Reichskanzler des deutschen Reichs.

mann[15] gewesen, die das am besten verstanden hätten. Sie hätten unter den Gesetzen ihrer Zeit gehandelt. Für uns gälten die Gesetze unserer Zeit. Dazwischen liege der Zweite Weltkrieg mit seinen schrecklichen Folgen. Inzwischen seien jedoch große Fortschritte erzielt worden. BM verweist auf die abgeschlossenen Verträge und insbesondere den KSZE-Prozess, der europ. Lösungen leichter mache.

Gefordert seien jetzt Staatskunst, Verantwortung und Vertrauen. Wir seien bereit, unser Vertrauenskapital mit einzubringen.

Nach den Wahlen in der DDR am 18.03. komme es darauf an, schnell zu sagen, was wir vereinigen wollten. Es gehe um eine an alle unsere Nachbarn gerichtete Grenzgarantie. In Wahrheit betreffe dies natürlich die deutsch-polnische Grenze. Er, BM, habe in diesem Sinne auch mit seinem polnischen Kollegen gesprochen.[16] Er hoffe, daß eine solche Erklärung über das deutsch-polnische Verhältnis hinaus Wirkung entfalte.

Die nächste Frage, die es zu beantworten gelte, sei, wie man die Sicherheitsinteressen aller berücksichtigen könne. In diesem Zusammenhang komme dem KSZE-Gipfeltreffen in diesem Jahr eine ganz besondere Bedeutung zu.[17] Er, BM, meine, daß mit den Vorbereitungen für dieses Treffen so bald wie möglich begonnen werden müsse, denn es sei viel Arbeit zu leisten. Für den Erfolg des Gipfels könnten beide deutsche Staaten einen wesentlichen Beitrag leisten. Sie könnten allen Teilnehmerstaaten präsentieren, wie sie sich ihre Vereinigung vorstellten. Insgesamt komme es jetzt darauf an, sich Gedanken darüber zu machen, wie man die Möglichkeiten des Jahres 1990 nutzen könne.

– Sch – erwidert, wir stünden in der Tat vor einer schwierigen Prüfung. Er erinnere sich an eine Feststellung, die er vor vier Jahren gegenüber einem „Germanisten", nämlich Kwizinskij, gemacht habe, daß die deutsche nationale Frage bald in den Mittelpunkt rücken werde. Sein Gesprächspartner habe dies damals bestritten. Sch schildert, daß die SU nach dem Kriege Verständnis für einen einheitlichen deutschen Staat gehabt habe, selbstverständlich unter bestimmten Bedingungen. Wenn man die jetzt entstandene Lage analysiere, müsse man sagen, daß es grobe Fehler und Vernachlässigungen der DDR gegeben habe. Wenn man dort vor zwei bis drei Jahren mit Reformen begonnen hätte, wäre die Entwicklung, unabhängig von der Frage der Einigung, anders verlaufen. Die Lage in der DDR sei schwer kontrollierbar. Es gebe dort viele Emotionen und Unsicherheit. Bei den bevorstehenden Wahlen stünde die Frage der Vereinigung im Zentrum. (BM wirft ein: Und die Wirtschaftsordnung). Dies zwinge offensichtlich die politischen Parteien in der Bundesrepublik Deutschland, die Frage der Vereinigung ebenfalls zum Mittelpunkt des Wahlkampfes zu machen. Hierbei gebe es Emotionen auch in der Bundesrepublik Deutschland. Das sei natürlich.

Es folgt ein Gedankenaustausch über die wirtschaftliche Lage in der DDR im Vergleich zur Bundesrepublik Deutschland.

– BM – betont, wenn AM Schewardnadse von Emotionen in der DDR gesprochen habe, so müsse er darauf hinweisen, daß es sich nicht um anti-sowjetische handele. Er habe dieses gerade beim Landesparteitag der LDPD erlebt, wo seine positiven Ausführungen über die sowjetische Führung den stärksten Beifall erhalten hätten. Natürlich habe die Entwicklung in der DDR emotionale Auswirkungen auch bei uns. Es gebe aber keine sich steigernden Emotionen, weil alle Parteien sich einig seien.

---

[15] Gustav Stresemann (1878–1929), u.a. 1923–1929 deutscher Außenminister.
[16] Am 6.2.1990, vgl. Gespräch Kohls mit Skubiszewski am 7.2.1990, in: Deutsche Einheit, S. 762–766, hier S. 765, Anm. 11.
[17] Vgl. Dokument Nr. 1, Anm. 19.

– Sch – erklärt, nach seinem Eindruck würden in der Bundesrepublik Deutschland die Emotionen geschürt. So heize beispielsweise die Frage der Direktwahl der Berliner Abgeordneten die Situation an.[18] Wenn in der Bundesrepublik Deutschland kein Wahlkampf stattfände, [könnte][19] der Prozeß in einem anderen Flussbett verlaufen und sich eine etappenweise Annäherung der beiden deutschen Staaten vollziehen. Beim Besuch des Bundeskanzlers in Dresden sei von unserer Seite die Vereinbarung einer Vertragsgemeinschaft zugesagt worden.[20] Diese Idee sei jetzt an den Nagel gehängt worden. Die Haltung der Bundesregierung trage so zur Destabilisierung der DDR bei. Die SU unterstütze die Vorstellungen Modrows, der ja den Gedanken der Vereinigung nicht ablehne.[21] Wichtig sei ein planmäßiges und stufenweises Vorgehen.

– BM – erklärt, das Tempo der Entwicklung werde in der DDR gemacht. Modrow selbst sehe die Lage heute anders als noch vor 6 Wochen. Wir wollten mit der SU darüber sprechen, wie man die Entwicklung in geordneten Bahnen halten und beherrschen könne.

– Sch – weist darauf hin, daß die katastrophale wirtschaftliche Lage in Polen der SU zusätzliche Sorge bereite. Auch die Situation in Rumänien sei labil. Die Deutsche Frage sei dadurch mit zusätzlichen Unklarheiten verbunden. Für die sowjet. Regierung sei bedeutsam, daß die Entwicklungen im Rahmen des europ. Prozesses verliefen. Es komme darauf an, eine richtige Formel zu finden. Bisher gebe es keinen Mechanismus, um Einfluß zu nehmen.

– BM – weist auf seine Ausführungen in der Rede von Potsdam über die Institutionalisierung des KSZE-Prozesses hin.[22] – Sch – stimmt zu. Notwendig sei in der Tat ein Instrumentarium. Man könne an einen Rat der europ. Außenminister denken, der jährlich zusammenkomme. Nützlich könnten auch Gipfeltreffen sein, die alle zwei Jahre stattfänden.

Sch betont, daß es viele Emotionen in der SU gebe. Auf der letzten Plenartagung des ZK habe es zum ersten Mal scharfe Kritik an der Außenpolitik gegeben. Ein Redner habe gefragt, was die Führung aus dem Staat gemacht habe, der einmal eine Großmacht gewesen sei. Hierfür habe er starken Applaus erhalten. Er, Sch, habe sich scharf gegen eine solche Auffassung gewandt.[23]

Es sei besonders wichtig, in diesem Jahr einen KSZE-Gipfel durchzuführen. Dafür sei gründliche Vorbereitung notwendig. BM habe in seiner Rede interessante Gedanken für eine Tagesordnung vorgetragen. Man müsse sich bald der Frage zuwenden, wann und auf

---

[18] Zur Problematik vgl. das Gespräch Kohls mit dem Regierenden Bürgermeister von Berlin, Momper, am 1.12.1989 sowie das Gespräch Kohls mit Walters am 24.1.1990, in: Deutsche Einheit, S. 578–586, hier S. 579, sowie S. 699–701. Zu weiteren Hintergründen vgl. Spiegel Nr. 5 vom 29.1.1990, S. 27–29, „Berlin regiert Bonn". Vgl. schließlich das Schreiben der Drei Mächte vom 8.6.1990 zur Aufhebung ihrer Vorbehalte hinsichtlich der Direktwahl, in: BGBl. 1990 I, S. 1068.
[19] Im Dokument: könne.
[20] Vgl. das Gespräch Kohls mit Modrow am 19.12.1989, das Gespräch Seiters mit Modrow am 25.1.1990 sowie das Gespräch Kohls mit Modrow am 3.2.1990, in: Deutsche Einheit, S. 668–673, S. 707–713 und S. 753–756.
[21] Vgl. Dokument Nr. 19, Anm. 10.
[22] Rede vom 9.2.1990 auf der SIPRI-Konferenz, in: Genscher, Unterwegs zur Einheit, S. 242–256. Genscher stellte zur Diskussion: „eine Institution zur Koordinierung der wirtschaftlichen West-Ost-Zusammenarbeit", eine Institution „für die Sicherung der Menschenrechte", ein „Zentrum für die Schaffung eines europäischen Rechtsraums", eine europäische Umweltagentur, die Ausdehnung der EUREKA-Zusammenarbeit auf ganz Europa, die Zusammenarbeit der ESA mit östlichen Einrichtungen, ein Zentrum für die Entwicklung einer Telekommunikationsstruktur, ein Zentrum für die Entwicklung einer Verkehrsinfrastruktur und -politik, ein Verifikationszentrum und ein Konfliktzentrum. Ebenda, S. 251 f.
[23] Dies ist zusammengefasst in Biermann, Kreml, S. 275 f.

welcher Ebene das Gipfeltreffen vorbereitet werden solle. Er frage sich, ob ein vorheriges Außenministertreffen sinnvoll sei.

Sch kommt aufgrund seiner handschriftlichen Notizen auf die Ausführungen des BM zurück und sagt, er begrüße, was BM zur Grenzfrage ausgeführt habe.

Die komplizierteste und schwierigste Frage sei die eines vereinten Deutschlands in der NATO. Was passiere mit den sowjetischen Truppen in der DDR? Wie solle das alles praktisch aussehen? Solle die SU alle ihre Truppen aus der DDR abziehen, während die US-Truppen in der Bundesrepublik Deutschland blieben?

Bei allen Überlegungen müsse berücksichtigt werden, wie in der SU auf die Entwicklung reagiert werde. Wenn sich die Lage in der SU destabilisiere, werde ein Diktator kommen. Schon jetzt gebe es Stimmen, daß unter der alten Führung Ordnung geherrscht habe. Sch betont, es sei wichtig, den Abrüstungsprozeß zu beschleunigen. Er wisse, daß wir die sowj. Ideen der Demilitarisierung und Neutralisierung nicht gerne hörten. Generell wolle er noch einmal sagen, wenn die Entwicklung ordnungsgemäß verlaufe, werde man in Moskau gelassen reagieren. Er fürchte allerdings die Emotionen. So stelle er fest, daß Willy Brandt den BM inzwischen rechts überholt habe.[24]

– BM – erwidert, er habe mit Willy Brandt darüber gesprochen, der ihm erklärt habe, er wolle nicht, daß die nationale Frage in die Hände der Rechten gerate. Zur Abrüstung verweist BM auf die Beschlüsse und Vorschläge der FDP, die er im einzelnen erläutert.

Ein Neutralismus Gesamtdeutschlands sei falsch. Wir dächten dabei auch an die Gefühle unserer Nachbarn. Für unsere Nachbarn sei es besser, wenn ein vereintes Deutschland fest in europ. Strukturen integriert sei. Uns sei bewußt, daß die Zugehörigkeit eines vereinten Deutschlands zur NATO komplizierte Fragen aufwerfe. Für uns stehe aber fest: Die NATO werde sich nicht nach Osten ausdehnen. Selbstverständlich habe auch die neuzuwählende Regierung der DDR hierbei mitzuentscheiden. Man müsse sich dann mit der SU verständigen. Vielleicht stelle sich dann heraus, daß eine Lösung gar nicht so kompliziert sei. Wenn sowjet. Truppen in der DDR zurückblieben, so sei dies nicht unser Problem. Wichtig sei, daß wir vertrauensvoll miteinander sprächen. Was im übrigen die Nichtausdehnung der NATO anbetreffe, so gelte dieses ganz generell.

– Sch – erklärt, man glaube allen Worten des BM. Es sei jedoch eine Lage vorstellbar, daß die Regierung eines vereinten Deutschlands an die SU herantrete und bitte, die sowjet. Truppen aus der DDR abzuziehen.

– BM – erwidert, ob er, Sch, glaube, daß wir vertragsbrüchig würden, wenn vorher eine entsprechende Vereinbarung getroffen worden sei. Es sei doch denkbar, daß vor der Vereinigung die SU Verträge mit beiden deutschen Staaten abschließe, der die gesamtdeutsche Regierung nach der Vereinigung dann zustimme.

– Sch – erklärt, [das][25] werde nicht so einfach sein. Er verweist auf die Rechtsprechung des Bundesverfassungsgerichtes, nach der Deutschland in den Grenzen von 1937 fortbestehe.[26]

– BM – betont, aus dem Urteil ergebe sich keine Verpflichtung, Deutschland in den Grenzen von 1937 wieder herzustellen. Er, BM, habe einen Weg aufgezeigt, wie eine Garantie zur Grenzfrage gegeben werden könne. Das Urteil des Bundesverfassungsgerichts stehe dem nicht im Wege.

---

[24] Vgl. bereits Dokument Nr. 17, Anm. 15.
[25] Im Dokument: daß.
[26] Vgl. Dokument Nr. 16, Anm. 10.

Er, BM, stelle sich vor, daß beide deutschen Staaten eine Vereinbarung darüber träfen, was vereinigt werde. Mit diesem Verhandlungsergebnis könnten sie dann auf den KSZE-Gipfel gehen, so daß die Teilnehmerstaaten zur Kenntnis nehmen könnten, was die Deutschen vereinbart hätten. Für uns sei die grundsätzliche Frage, wie wir Vertrauen bilden könnten.

Im Zuge der Vereinigung der beiden deutschen Staaten gebe es noch viele Fragen zu beantworten. Der bereits dichte Dialog mit der SU müsse deshalb noch enger gestaltet werden. Dies beträfe nicht nur die Ebene der Minister, sondern auch die [ihrer][27] engsten Mitarbeiter. Er schlage hierfür MD Kastrup vor. Ein Gedanke sei, daß wir uns nach den Wahlen zunächst mit der neugewählten Regierung der DDR zusammensetzen und uns dann mit den drei Mächten und der SU verständigen. Aber auch andere Europäer hätten Anspruch darauf, zu erfahren, was zwischen den beiden deutschen Staaten vereinbart werde. Hierfür sei der KSZE-Rahmen der richtige.

– Sch – fragt, warum wir das Konzept der Vertragsgemeinschaft aufgegeben hätten. Mit einem Vorgehen in Form eines Stufenplanes könne man die Lage in der DDR stabilisieren.

– BM – erklärt, in der zwischen BK Kohl und MP Modrow bei ihrer Begegnung im Dezember in Dresden verabschiedeten Gemeinsamen Erklärung sei als Kern der Vertragsgemeinschaft die Wirtschaft bezeichnet worden. Obwohl die Wahlen in der DDR vorverlegt worden seien, hätten wir der Regierung die Vereinbarung einer Wirtschafts- und Währungsunion angeboten.[28] Die Wirtschafts- und Währungsunion sei in dem Verständnis der Gemeinsamen Erklärung der Kern der Vertragsgemeinschaft. Vor unserem Vorschlag hätten auf unserer Seite gewaltige Bedenken überwunden werden müssen. Die Aufnahme in der DDR sei aber sehr kühl gewesen.

– Sch – erklärt, in Moskau habe man den Eindruck, daß die Bundesregierung mit der Regierung Modrow nichts mehr [zu tun][29] haben wolle.

– BM – wiederholt, wir hätten die Vereinbarung einer Wirtschafts- und Währungsunion angeboten, und zwar sofort.

– Sch – kommt zurück auf das Thema des KSZE-Gipfeltreffens.

– BM – verweist auf die Möglichkeit, in Ottawa diese Fragen zu diskutieren.[30]

– Sch – erklärt, er sei mit den von BM vorgeschlagenen Gesprächen auf Beamtenebene einverstanden und auf sowjet. Seite werde dies VAM Adamischin sein.

– BM – schlägt vor, Kontaktmöglichkeiten auch auf der Ebene der Leiter der Ministerbüros zu schaffen. Mit seinen westlichen Kollegen funktioniere dieses Verfahren gut.

– Sch – lenkt das Gespräch erneut auf die Abrüstung und erklärt, er sei mit den Vorstellungen des BM, wie er sie in seinen jüngsten Reden dargelegt habe, weitgehend einverstanden. In einem Punkt allerdings teile er die Auffassung des BM nicht: Ein neutrales Deutschland wäre ein Faktor der Stabilität.

Sein Gedanke, in den europ. Staaten ein Referendum über die Vereinigung Deutschlands abzuhalten, habe negative Reaktionen ausgelöst, auch in der DDR. Natürlich sei er nicht naiv. Die Einigung Deutschlands sei allein eine Sache des deutschen Volkes. Es sei aber nicht unwichtig zu wissen, wie die einfachen Menschen, etwa in Frankreich oder

---

[27] Im Dokument: seiner.
[28] Vgl. Beschlussvorlage für das Kabinett vom 7.2., Vermerk vom 6.2.1990 sowie das Angebot vom 9.2.1990 zur Schaffung eines gemeinsamen Wirtschafts- und Währungsgebiets, in: Deutsche Einheit, S. 759, 761, 782f.
[29] Im Dokument: zutun.
[30] Vgl. Dokument Nr. 17, Anm. 17.

anderen Ländern, darüber dächten. Viele Sorgen der Menschen würden [beseitigt]³¹ werden, wenn es bald gelänge, bei der Abrüstung einen qualitativen Durchbruch zu erzielen.

Sch fragt, wie BM sich die Konsultationen mit den vier Mächten vorstelle. Er habe diese Frage auch mit AM Baker erörtert und die sowjet. Regierung stehe deswegen in Kontakt auch mit den Franzosen und Engländern.

– BM – erwidert, wir könnten keiner Konferenz zustimmen, bei der die Vier über uns zu Gericht säßen. Jedes Volk habe seine Würde. Wir möchten – mit – den Vier sprechen. Es gebe keine zwei verschiedenen Qualitäten des Selbstbestimmungsrechts. Über das Treffen der vier Botschafter in Berlin und die Tatsache, wie diese Zusammenkunft in den Medien behandelt worden sei, seien wir nicht erfreut gewesen.³² Die Bundesrepublik Deutschland habe sich als eine verläßliche Demokratie erwiesen. Die Lage 1949 sei anders als die des Jahres 1989. Es komme darauf an, ein Verfahren zu finden, wie die beiden deutschen Staaten mit den vier Mächten sprächen. BM erinnert an die Genfer Außenministerkonferenz und die Lösung mit den „Katzentischen".³³ Er würde als deutscher Außenminister bei einer solchen Konferenz nicht erscheinen. Er, BM, halte es für gut, daß zunächst die beiden deutschen Staaten miteinander sprächen und wir würden dann an die drei Mächte herantreten, so wie die DDR mit der SU Kontakt aufnehme, und parallel dazu würden wir das Gespräch mit der SU führen. Es sei nicht unsere Absicht, irgendetwas Geheimes zu machen. Denkbar wäre, daß die beiden deutschen Staaten die vier Mächte zu einer Konferenz einlüden. Wir müßten weiter darüber nachdenken, wie man [so etwas]³⁴ machen könne. Wir hätten uns unsere Meinung noch nicht abschließend dazu gebildet.

– Sch – erklärt, auch die sowjet. Seite werde sich gründliche Gedanken machen. Er könne verstehen, daß den Deutschen der Mechanismus des Kontrollrats nicht gefalle. Man werde sich bemühen, alle Fragen im Geiste der Partnerschaft zu lösen.

– BM – stellt klar, man müsse die Substanz und die Prozedur unterscheiden. Die vier Mächte hätten bestimmte Rechte, die wir nicht in Zweifel zögen. Beide deutschen Staaten müßten deshalb mit den vier Mächten reden. Was die Prozedur anbetreffe, so halte er die Formel 2 plus 4 für denkbar.³⁵ Die beiden deutschen Staaten wollten nichts hinter dem Rücken der vier Mächte machen. Wir seien für volle Offenheit.

– Sch – bezeichnet diese Gedanken als interessant.

– BM – fährt fort, er betrachte das heutige Gespräch als den Beginn weiterer Unterredungen. Er wolle in Ottawa auch mit seinen drei westlichen Kollegen darüber sprechen. Vielleicht finde sich eine Gelegenheit, in Ottawa den Gedankenaustausch auch mit AM Schewardnadse fortzusetzen.³⁶

– Sch – bejaht.

Auf Frage von – BM –, ob Kastrup und Adamischin schon vor den Wahlen am 18. 03. ein erstes Gespräch führen sollten, erklärt Sch, er halte dies für eine gute Idee.

Höynck

---

³¹ Im Dokument: beseitig.
³² Vgl. Dokument Nr. 15, Anm. 8.
³³ Vgl. Dokument Nr. 15, Anm. 14.
³⁴ Im Dokument: soetwas.
³⁵ Vgl. Dokument Nr. 17, Anm. 17.
³⁶ Ebenda.

Vermerk für ~~Herrn Kastrup~~ [Botschafter Blech]:
~~Bitte unterrichten Sie mich, wenn d~~Dieser Vermerk hat D2 noch – nicht – vorgelegen. ~~so oder mit Änderungen an Botschaft Moskau – nur für Botschafter – weitergeleitet werden soll.~~[37] [38]

PA AA, ZA 178.928 E.

Nr. 21
Fernschreiben der Botschaft Moskau vom 6. März 1990 über ein Gespräch der vier westlichen Vertreter in Moskau am 6. März 1990 zur sowjetischen Deutschlandpolitik

Aus: Moskau
Nr 932 vom 05.03.1990, 1931 OZ
An: Bonn AA
Citissime nachts

Fernschreiben (verschlüsselt) an 210[1]
Eingegangen: 06.03.1990, 0658 OZ
VS – Vertraulich – Amtlich geheimgehalten[2]

– Sonderverteiler Deutschlandpolitik –
Az.: Pol – VS-Vertraulich
Verfasser: Botschafter
Betr.: Konsultationen 2 + 4
Hier: Schreiben des sowjetischen Außenministers an die fünf anderen Außenminister vom 2. bzw. 3.3. ds. Js.
– Zur Unterrichtung –

Auf Wunsch des amerikanischen Botschafters[3] fand heute im üblichen Viererkreis ein Gedankenaustausch über den Brief Schewardnadses an seine fünf Amtskollegen im Kreis 2 + 4 statt. Von amerikanischer Seite war vorher der Brief an Baker zirkuliert worden. Ich gehe davon aus, dass er dort bekannt und sein Wortlaut mit dem Schreiben an BM identisch ist.[4]

---

[37] Streichungen und Neuformulierungen von Hand.
[38] Am Seitenende unleserl. Paraphe vom 12.2. zu Verteiler Dg 21. Darunter handschr.: „N[ach] Abg[ang]: RL 213".

[1] Daneben Eingangsstempel des AA vom 6.3.1990, Az. 210.330.00, Tgb.-Nr. 323/90 VS-V. Darüber Stempel: „Arbeitsexemplar". Unter dem Eingangsstempel handschr.: „1) Ex 2 bei mir 2) Ex 1 Pauls z. Ktns 3) zdA L[ambach] 6.3.".
[2] Geheimhaltungsstufe auf allen 4 Seiten zusätzlich maschinenschr. eingetragen. Gem. Stempel vom 16.3.2010 Geheimhaltungsgrad gelöscht.
[3] Jack F. Matlock (*1929), 1987–1991 US-Botschafter in Moskau.
[4] Brief Ševardnadzes an Genscher, o. D., in Vorlage Hartmanns für Kohl am 5.3.1990, in: Deutsche Einheit, S. 908f. Es sei nicht auszuschließen, schrieb Ševardnadze, dass im Kontext der DDR-Wahlen „unvorhergesehene Umstände zutage treten" könnten. Es sei „außerordentlich wichtig, daß keiner

1) Bei der Übergabe in Washington und London sind von den sowjetischen Botschaftern keine Erläuterungen gegeben worden. Samjatin[5] äußerte lediglich als persönliche Meinung, dass die „gewissen unvorhergesehenen Umstände" etwas mit den sowjetischen Truppen in der DDR zu tun haben könnten. Der französische Kollege[6] wusste nichts über das, was in Paris gesagt oder nicht gesagt worden ist.

Der amerikanische Botschafter hatte bisher als einziger Gelegenheit, die sowjetische Seite auf den Brief anzusprechen, und zwar Vizeaußenminister Kowaljow bei einer Begegnung aus anderem Anlass am späten Abend des 3.3. Auf die Frage, auf was für Ereignisse im Zusammenhang mit den DDR-Wahlen Schewardnadse abziele, blieb Kowaljow gänzlich unbestimmt. Wenn sich diese Ereignisse bestimmen ließen, wären sie im Brief nicht als „unvorhergesehen unvorhersehbar" [sic!] bezeichnet worden. Es <u>handle sich um Ereignisse, die zur Instabilität und zu einer Verschiebung des Kräftegleichgewichts in Europa führen könnten</u>.[7] Möglicherweise würden sie Konsultationen der im Brief genannten Art schon – vor – den DDR-Wahlen nötig machen (dies die einzig neue und interessante Aussage Kowaljows).

Auch die gemeinsame allgemeine Analyse der Botschafter führte zu keiner auch nur einigermaßen sicheren Schlussfolgerung, was Schewardnadse konkret gemeint haben könnte:[8]
– baldiger Beschluss der neugewählten Volkskammer im Sinne von Artikel 23 Grundgesetz?[9]
– Forderung der neuen Volkskammer nach schnellem Abzug der sowjetischen Truppen aus der DDR?
– allgemeine Unfähigkeit der DDR-Regierung, Unruhen und Ausschreitungen, etwa an der Grenze, unmittelbar nach den Wahlen zu verhindern (dies die prononcierte Befürchtung von Koptelzew[10] in einem heutigen Gespräch mit Gesandten Heyken, über das noch gesondert berichtet wird).[11]

---

von uns ‚Sechs' unter diesen Bedingungen im Alleingang handelt". Ševardnadze schlug vor, dass die „Seite, die von diesen eventuellen unvorhergesehenen Umständen berührt wird, um ein dringendes Zusammentreffen der Botschafter der ‚Sechs' in ihrer Hauptstadt bitten" würde; erhalte sie innerhalb von 12 Stunden keine Zusage zum Treffen, „hat sie freie Hand in ihren Handlungen als Antwort auf die zustande gekommene Situation".
[5] Leonid Mitrofanovič Zamjatin (*1922), 1986–1991 sowjetischer Botschafter in Großbritannien. Sir Rodric Quentin Braithwaite (*1932), 1988–1992 britischer Botschafter in Moskau.
[6] Jean-Marie Mérillon (*1912), 1989–1991 französischer Botschafter in Moskau.
[7] Alle Unterstreichungen im Dokument von Hand.
[8] Die folgende Aufzählung am li. Rand von Hand angestrichen.
[9] Art. 23 (in der Fassung bis September 1990) betraf den Geltungsbereich des GG: Es galt zunächst in den westdeutschen Ländern, in „anderen Teilen Deutschlands ist es nach deren Beitritt in Kraft zu setzen". Zu deutschen Debatten vgl. Winkler, Der lange Weg, S. 553–555 sowie Zelikow/Rice, Sternstunde, S. 321f. mit Einzelbelegen.
[10] Valentin A. Koptel'cev, Arbeitsgruppenleiter DDR/Polen in der Internationalen Abteilung des ZK der KPdSU.
[11] Fernschreiben Nr. 943 der Botschaft Moskau vom 7.3.1990 an Referat 210 (+ Sonderverteiler Deutschlandpolitische Frage), PA AA, ZA 198.443 E. Koptel'cev argumentierte gegen einen Beitritt nach Art. 23 GG sowie gegen die Mitgliedschaft eines zukünftigen Gesamtdeutschlands in der NATO. Koptel'cev nannte die Grenzfrage, Sicherheitspolitik, Rüstungsfragen und die „Regelung bestehender völkerrechtlicher Verpflichtungen" als Kernelemente internationaler Vereinbarungen über Deutschland; „Reparationen werde die Sowjetunion nicht fordern". Koptel'cev „ließ deutliche Zweifel daran erkennen, ob die neue Regierung handlungsfähig sein" werde. „Die Mauer sei oder werde zwar durch einen Zaun ersetzt, aber dieser Zaun könne gewaltsam entfernt werden, es könne zu Angriffen auf

– Involvierung sowjetischer Truppen in Zwischenfälle schon während des DDR-Wahlkampfes und danach, einschließlich Gewaltanwendung?

Klar schien nur ein hoher Grad sowjetischer Nervosität, vielleicht – so die britische Seite – auf der Grundlage nachrichtendienstlicher Erkenntnisse. Die naheliegende Frage, ob der allem Anschein nach recht kurzfristig angesetzte Besuch Modrows auch damit zu tun haben könnte, war nach Lage der Dinge natürlich nicht zu beantworten.[12]

2) Der sowjetische Verfahrensvorschlag wurde – so insbesondere von US und F – als etwas bizarr empfunden, da es eine Selbstverständlichkeit sei, dass ein Außenminister jederzeit die Botschafter am Ort einberufen könne, es hierzu also keiner vorherigen grundsätzlichen Übereinstimmung bedürfe. Als ebenso außergewöhnlich betrachtete man nicht nur den Vorbehalt freier Hand nach zwölf Stunden an sich, sondern die Tatsache, dass dieser Vorbehalt von Schewardnadse nicht etwa auf irgendeine Einigung in der Sache, sondern auf die – ja selbstverständliche – Verfügbarkeit der Botschafter innerhalb von zwölf Stunden bezogen wird.

Vor diesem Hintergrund wurde nicht ausgeschlossen, dass die sowjetische Seite sich mit ihrem Prozedurvorschlag ein Instrument verschaffen will, jederzeit aus einem Anlass ihrer Wahl den Sechserkreis auf Beamtenebene zu aktivieren, und zwar eben möglicherweise vor den DDR-Wahlen. Dafür spricht, dass in den letzten Tagen bei verschiedenen [Gelegenheiten][13] das sowjetische Interesse an einer solch baldigen Aktivierung deutlich gemacht worden ist. Der französische Botschafter vertrat hierzu die persönliche Auffassung, dass es in einem solchen Falle besser wäre, sofort auf den Kreis der sechs politischen Direktoren zu verweisen. Der von Schewardnadse vorgeschlagene Kreis könne in der Sache nichts bringen, da die jeweiligen fünf Botschafter grundsätzlich (d. h., wenn sie nicht von vornherein bestimmte Weisungen erhalten hätten) nur Auffassungen entgegennehmen könnten, während die sechste, einberufende Partei durch einen operativ Verantwortlichen vertreten wäre.

Es wurde deutlich, dass die drei anderen keine grundsätzlichen Bedenken gegen eine Konsultation zu Sechst haben, vielleicht mit der Maßgabe, dass zunächst einmal versucht werden sollte, von der sowjetischen Seite mehr über ihre Vorstellungen hinsichtlich des sachlichen Anlasses zu erfahren. Der amerikanische Botschafter vertrat allerdings die Auffassung (und wird dementsprechend eine Empfehlung gegenüber Washington aussprechen), dass in jedem Falle ein caveat[14] hinsichtlich der Fristsetzung ausgesprochen werde.

– Ich machte auf unseren Standpunkt bezüglich Sechser-Konsultationen vor den DDR-Wahlen aufmerksam.[15]

Grenzposten kommen. (Es klang, als gebe er nachrichtendienstliche Erkenntnisse wieder.)". Koptel'cev sah Angriffe auf sowjetische Truppen aber als wenig wahrscheinlich an und „betonte in dem Zusammenhang, dass man nicht von einer allgemeinen antisowjetischen Stimmung in der DDR sprechen könne". Vgl. Dokument Nr. 22.
[12] Zum Treffen Gorbačevs mit Modrow am 6. 3. 1990 vgl. Galkin/Tschernjajew (Hrsg.), Michail Gorbatschow und die deutsche Frage, Dokument Nr. 80.
[13] Im Dokument: Gelegenheit.
[14] Vorbehalt.
[15] Vgl. hierzu das deutsch-deutsche Gespräch vom 9. 3. 1990, in: Deutsche Einheit, S. 924–926. Der bundesdeutsche Fokus auf den Vorrang deutsch-deutscher Verhandlungen sowie die Abstimmung mit den westlichen Partnern wird deutlich u. a. im Gespräch Seiters' mit den westlichen Botschaftern am 14. 2. 1990 und den Gesprächen Kohls mit Bush und Baker vom 24./25. 2. 1990, in: Ebenda, S. 831 f., 860–877. Das erste 2+4-Gespräch auf Beamtenebene fand am 14. 3. 1990 statt, vgl. ebenda, S. 950–952.

3) <u>Der amerikanische Botschafter betonte die Notwendigkeit einer baldigen Antwort</u>, vor allem in Hinblick auf die anscheinend bedeutende sowjetische Nervosität in Verbindung mit den innenpolitischen sowjetischen Aspekten der deutschen Frage.

[4])[16] Amerikanischer Botschafter informierte, dass seine Seite die Angelegenheit alsbald in Vierer-Gruppe behandeln möchte.

Zusatzbemerkung: In einem soeben abgeschlossenen Gespräch mit Arbatow[17] versuchte ich ohne jegliche Bezugnahme auf den konkreten Sachverhalt zu erfahren, ob es etwa Gründe für eine besondere [sowjetische][18] Nervosität angesichts der deutschen Entwicklungen gebe und diese etwas mit dem Modrow-Besuch zu tun haben könnte. Arbatow sah eine aktuelle Empfindlichkeit, hier allerdings eine große, nur unter sowjetischen – innenpolitischen – Gesichtspunkten im Hinblick auf die bevorstehende Sitzung des Plenums des ZK und auf die außerordentliche Sitzung des Kongresses der Volksdeputierten (Präsidentschaftsfrage!).[19] Gorbatschow werde sich mit Sicherheit durchsetzen, aber möglicherweise werde dies nicht ganz leicht gehen. Er und Schewardnadse könnten sich – wie seitens Ligatschows schon im letzten Plenum – verstärkter Kritik ausgesetzt sehen, die Kontrolle über die deutschen Entwicklungen verloren zu haben.[20] (Gorbatschow hat in seinem Gespräch vor dem Fernsehen beim Wahlgang auch – indirekt – sich auf die deutsche Frage bezogen. S. bes. Berichterstattung. Ligatschow wiederum soll sich nach einer Agenturmeldung bei entsprechender Gelegenheit kritisch zur Deutschlandpolitik der Führung geäußert haben). <u>Wenn man Gorbatschow helfen wolle, dann müsse dies in dieser Woche geschehen [sic!]</u>. – Ob Schewardnadses Vorschlag gerade in diesem Kontext einen Ansatz dafür schaffen soll, dass man zu einem innenpolitisch wichtigen Zeitpunkt durch Sechser-Konsultationen in Moskau einen Tätigkeitsnachweis erbringen kann, kann danach nicht ausgeschlossen werden. Ob eine solche Absicht wirklich hinter dem Vorschlag steckt, lässt sich aber auch nicht nur annähernd verifizieren, solange wir nicht Gelegenheit hatten, Näheres von den Sowjets selbst zu erfahren.[21]

Blech

PA AA, B 130 13.523 E.

---

[16] Im Dokument: 5).
[17] Wahrscheinlich Georgij Arkad'evič Arbatov (1923–2010), 1965–1995 Direktor des Instituts der Akademie der Wissenschaften für USA- und Kanada-Studien.
[18] Im Dokument: sowjetischv.
[19] Nach dem vorbereitenden März-Plenum (am 11.3.1990) fand der Außerordentliche Dritte Kongress der Volksdeputierten zur Vorbereitung des 28. Parteitags der KPdSU (2.–13.7.1990) vom 12. bis 15.3.1990 statt. Gorbačev wurde am 15.3.1990 zum Präsidenten der UdSSR gewählt. Vgl. Vneočerednoj tretij s-ezd; XXVIII s-ezd KPSS; V Politbjuro, S. 495f. Zusammenfassend zu verfassungs- und machtpolitischen Implikationen vgl. Biermann, Kreml, S. 455–468; Altrichter, Russland, S. 392–395.
[20] Vgl. Dokument Nr. 20, Anm. 23.
[21] Am 14.3.1990 schrieb Ševardnadze an Genscher einen zweiten Brief, auf den Genscher am 16.3. persönlich antwortete. Er, Genscher, habe bereits bei der Übergabe des ersten Schreibens am 2.3.1990 erneut deutlich gemacht, dass „unabhängig von dem staatsrechtlichen Weg zur deutschen Vereinigung die äußeren Aspekte der Vereinigung mit den Vier für Deutschland als Ganzes verantwortlichen Mächten besprochen werden müssten, das heißt, der staatsrechtliche Weg könne diese Fragen weder beantworten noch präjudizieren. Es bleibe dabei, wir wollten die deutsche Einheit nicht hinter dem Rücken der Vier, und auch nicht hinter dem Rücken unserer europäischen Partner und Nachbarn vollziehen." „Dass wir uns einem Wunsch eines der sechs Länder zu einer Tagung, wenn dieses sie für

Nr. 22
Vermerk des Leiters des Ministerbüros, Elbe, vom 26. März 1990 über das Gespräch von Bundesaußenminister Genscher mit US-Außenminister Baker am 21. März 1990 in Windhoek[1] [Auszug]

– Leiter Ministerbüro –
Bonn, den 26.03.1990

Von BM noch nicht gebilligt

Vermerk[2]

Betr.: Gespräch BM mit AM Baker am 21. März 1990 in Windhuk [sic!]

Baker begrüßte den klaren Ausgang der Wahlen in der DDR. Dies würde die Frage der Mitgliedschaft des vereinigten Deutschlands in der NATO erleichtern.
BM erwiderte, daß er in dieser Frage Gespräche mit de Maizière[3] geführt habe. Dieser habe eine klare Haltung hierzu, wenngleich er in der Öffentlichkeit sehr vorsichtig sei. Die [Liberalen][4] der DDR [unterstützten][5] die Außenpolitik der Bundesrepublik in dieser Frage.
Baker bezeichnete das 2 + 4 Treffen auf Direktorenebene als einen guten Anfang.[6] Ihm schwebe das Außenministertreffen in der zweiten Hälfte April vor. Hurd sei hiermit einverstanden. Schewardnadse wolle ohnehin einen frühen Termin. Er mache sich Sorgen, daß Frankreich nicht zur Unterrichtung der USA über die Gespräche mit dem sowjetischen Außenminister Anfang April nach Brüssel kommen wolle. Er halte diese Unterrichtung für wichtig, da sie zur Beruhigung von Ängsten bei den verbündeten Freunden notwendig sei, die diese immer noch wegen der deutschen Vereinigung hätten.
BM stimmte dem zu. Er selbst reise viel, um auf die Verbündeten beruhigend einzuwirken. Deshalb sei es wichtig, daß Frankreich nach Brüssel komme.
Baker bat BM in diesem Sinne auf Dumas einzuwirken.

---

notwendig hält, nicht entziehen werden, ist eine Selbstverständlichkeit." Mit Blick auf unvorhergesehene Umstände fuhr Genscher fort: „Wir werden alles tun, dass keine Umstände eintreten, die Anlass zur Sorge für irgend jemanden geben." PA AA, ZA 257.752 E. Zur Übergabe vgl. das Fernschreiben der Botschaft Moskau Nr. 1113 vom 19.3.1990 an Referat 210, PA AA, B 130 13.523 E. Ein Vermerk des Referats 213, Neubert, vom 19.3.1990 stellte die Schreiben ganz in den Kontext der heftigen innersowjetischen Diskussionen um Außen- und Innenpolitik: „Schewardnadse ist von der konservativen Kritik ausdrücklich aufs Korn genommen worden, zusammen mit Gorbatschow". Es sei nicht auszuschließen, dass das Schreiben an die Außenminister ein Störmanöver der konservativen Kräfte darstelle, PA AA, ZA 151.641 E.

[1] Die Außenminister trafen sich aus Anlass der Feierlichkeiten zur Unabhängigkeit Namibias.
[2] Daneben handschr.: „G[enscher] 27.3."
[3] Lothar de Maizière (*1940), 1989–1990 Vorsitzender der CDU (Ost), 1990 Ministerpräsident der DDR, danach Bundesminister für besondere Aufgaben.
[4] Handschr. korrigiert aus: FDP.
[5] Handschr. korrigiert aus: unterstütze.
[6] Vgl. Dokument Nr. 21, Anm. 15.

BM sagte dies zu. Er werde [es][7] mit Dumas in Lissabon besprechen.[8] Er erkundigte sich nach dem Gespräch, [das][9] AM Baker mit Schewardnadse geführt hatte.

Baker sagte, er hätte insgesamt dreieinhalb Stunden mit Schewardnadse gesprochen. Er habe ihn in einem hohen Maße an den afrikanischen Problemen interessiert gefunden. Schewardnadse habe nicht den Eindruck gemacht, als ob er mit den inneren Problemen der Sowjetunion sehr beschäftigt gewesen sei. In Bezug auf Litauen habe er ausgeführt, dass es zu keiner Gewaltanwendung kommen werde.[10] Litauen wisse offensichtlich nach Auffassung von Schewardnadse nicht, auf was es sich eingelassen habe. Es könne aus eigener Kraft nicht überleben. Die Sowjetunion sei zu Konsultationen mit Litauen bereit. Augenscheinlich habe Schewardnadse die Implikationen – insbesondere die wirtschaftlichen – noch nicht voll durchdacht, aber die Sowjetunion sei zu Gesprächen entschlossen.

Die USA bereiteten sich auf eine Gipfelbegegnung mit der Sowjetunion im Juni vor.[11] Vorher werde noch eine Begegnung der Außenminister in Moskau stattfinden.[12] Merkwürdigerweise habe Schewardnadse in der Abrüstung weniger Flexibilität als bei früheren Begegnungen gezeigt. Offensichtlich stehe er unter dem Druck konservativer Kreise und der Armee.

BM erwiderte, daß die Außenpolitik [Schewardnadses][13] zunehmend Kritik erfahre. Dies gelte insbesondere auch für die Entwicklung der deutschen Frage.

Baker sagte, daß Schewardnadse über die Geschwindigkeit der deutschen Vereinigung nervös sei. Er müsse zu Hause die Entwicklung erklären. Er habe ein schwieriges innenpolitisches Problem. Insbesondere falle es ihm nicht leicht, die Mitgliedschaft eines vereinten Deutschlands in der NATO zu erklären. Er persönlich ziehe wohl die Neutralität vor. Allerdings habe er noch keine [klaren][14] Vorstellungen entwickelt. Wahrscheinlich werde es letztlich darauf hinauslaufen, daß die Sowjetunion dem Verbleib des vereinten Deutschlands in der NATO zustimmen werde.

BM wies darauf hin, daß [es][15] bei dem Außenministertreffen des Warschauer Paktes in dieser Frage Widerstände von Seiten der ČSSR, Ungarns und auch Polens gegeben habe, die sich gegen die Neutralität eines vereinigten Deutschlands ausgesprochen [haben].[16] Dies sei für die Sowjetunion schwierig zu präsentieren. Es dürfe nicht zu einer Art „cordon

---

[7] Handschr. eingefügt.
[8] Gem. Vermerk Genschers vom 27.3.1990 über sein Gespräch am 23.3. in Lissabon mit Dumas wurde das Thema nicht angeschnitten, PA AA, ZA 178.927 E. Elbe schlug Genscher am 2.4.1990 für sein Gespräch mit Dumas am 2.4.1990 vor, die Teilnahme Dumas an der „Unterrichtung des NATO-Rates durch AM Baker über die Begegnung Baker/Schewardnadse" anzusprechen, PA AA, Z 178.927 E.
[9] Im Dokument: dass.
[10] Der Oberste Sowjet Litauens hatte am 11.3.1990 die litauische Unabhängigkeit erklärt, Moskau mit einer Wirtschaftsblockade reagiert. Nach Vermittlung u.a. von Kohl und Mitterrand setzte Litauen am 29.6.1990 die Unabhängigkeit aus; vgl. deutsch-französische Konsultationen vom 26.4.1990, in: Deutsche Einheit, S.1056.
[11] Und zwar im Zeitraum vom 30.5. bis 4.6.1990 in den USA, vgl. Dokumente Nr.96 und 97 in Galkin/Tschernjajew (Hrsg.), Michail Gorbatschow und die deutsche Frage.
[12] Vgl. Gespräch Bakers mit Gorbačev und Ševardnadse am 18.5.1990, in: Galkin/Tschernjajew (Hrsg.), Michail Gorbatschow und die deutsche Frage, Dokument Nr.91.
[13] Im Dokument: Schewardnadse.
[14] Im Dokument: klare.
[15] Wort fehlt im Dokument.
[16] Im Dokument: habe. Zum Sondertreffen der Außenminister des Warschauer Pakts am 17.3.1990 mit Offenlegung der unterschiedlichen Positionen vgl. Vorlage Teltschiks vom 23.3.1990 für Kohl, in: Deutsche Einheit, S.970–975, hier v.a. S.972, auch Anm.5 und 7, ferner mit weiteren Belegen Weidenfeld, Außenpolitik, S.308f.; Umbach, Das rote Bündnis, S.504f.; Biermann, Kreml, S.453–455.

sanitaire" zwischen der NATO und der Sowjetunion kommen. Es gehe in Wirklichkeit darum, die neuen Entwicklungen in europäische Strukturen einzubinden. Daher sei der KSZE-Gipfel so wichtig. Ein neuer Rahmen und neue Strukturen seien erforderlich, da der Warschauer Pakt auseinanderzufallen drohe. Ebenso die [sic!] RGW. Aus unserer Sicht sei eine Balkanisierung Europas nicht wünschenswert.

Baker warnte vor der Gefahr der Synchronisierung der deutschen Frage und der europäischen Einheit. Sie sei unvereinbar mit der Rolle der NATO.

BM zitierte den tschechoslowakischen Staatspräsidenten Havel, der die deutsche Vereinigung als Motor der europäischen Einigung ansehe. Es sei jetzt kein Anlaß, ~~staatliche~~ [bestehende][17] Organisationen in Europa [– wie die NATO –][18] aufzugeben. Die USA müßten Teil einer gesamteuropäischen Struktur werden. Dies sei wegen der geographischen Disparitäten und im Hinblick auf die Anwesenheit [amerikanischer][19] Truppen erforderlich. Er spreche sich dafür aus, daß die Außenminister der KSZE zu regelmäßigen Treffen zusammenkommen. Er befürworte außerdem die Schaffung eines Konfliktzentrums. Es sei zu fragen, was in der zweiten Phase von Wien zu geschehen habe.[20] Die Deutschland angehenden militärischen Aspekte müßten in Wien geregelt werden. Deutschland wolle keinen besonderen Status. Wenn versucht werde, diese Fragen in den 2 + 4 Gesprächen aufkommen zu lassen, sei auf Wien zu verweisen. Die Bundeswehr habe gegenwärtig 500 000 Mann. Die USA und die Sowjetunion würden nach Wien I je 195 000 Mann in der zentralen Zone haben. Das bedeute, daß in der zweiten Phase von Wien die Bundeswehr reduzieren müsse. Dies sei aber kein Gegenstand von 2 + 4, sondern ausschließlich ein Gegenstand von Wien II.

Baker hielt dies für logisch.

[...].[21]

Baker erzählte, daß der tschechoslowakische Staatspräsident Havel sich für die Abschaffung der Bündnisse ausgesprochen habe. Er habe ihm dann erläutert, daß die NATO die „raison d'être" für die amerikanische Präsenz in Europa sei. Daraufhin habe Havel wenige Tage später in einer öffentlichen Rede in Washington festgestellt, daß die Bündnisse noch notwendig seien, und daß man vielleicht in 100 Jahren an ihre Abschaffung denken könne.

BM erläuterte den Zeitplan der nächsten Schritte auf dem Wege der Vereinigung. Er habe eine Präferenz für das Verfahren nach Art. 23. Wenn es dazu komme, sei es erforderlich, Art. 23, Art. 146 sowie den einschlägigen Teil der Präambel zu ~~verändern~~ [eliminieren].[22] [23] Die Vereinigung sei dann vollzogen. Gegenwärtig werde die Währungsunion dis-

---

[17] Korrektur von Hand.
[18] Einschub handschr.
[19] Im Dokument: aumerikanischer.
[20] Zu „Wien 2" vgl. das Wiener Dokument 1992 zu den Verhandlungen über vertrauens- und sicherheitsbildende Maßnahmen vom 4.3.1992, das Helsinki-Dokument 1992, Herausforderung des Wandels, vom 10.7.1992 und die Abschließende Akte der Verhandlungen über Personalstärke der konventionellen Streitkräfte in Europa vom 10.7.1992, in: Schweisfurth/Oellers-Frahm (Hrsg.), Dokumente, S. 572–608, 609–670 und 671–684.
[21] Austausch über die polnische Haltung in der Grenzfrage.
[22] Korrektur von Hand.
[23] Art. 23 fiel schließlich mit dem Einigungsvertragsgesetz vom 23.9.1990 weg, die Neufassung seit 1992 betrifft die Europäische Union. Art. 146 GG sah vor, dass das GG „seine Gültigkeit an dem Tage, an dem eine Verfassung in Kraft tritt, die von dem deutschen Volke in freier Entscheidung beschlossen worden ist", verliert; der Art. wurde mit demselben Gesetz geändert zu: „Dieses Grundgesetz, das nach Vollendung der Einheit und Freiheit Deutschlands für das gesamte deutsche Volk gilt, verliert seine Gültigkeit

kutiert. Die Einführung der DM berühre die externen Aspekte der Vereinigung nicht. Ebenso wenig die Einführung der sozialen Marktwirtschaft. Wir ~~würden~~ [müssten wohl][24] die vertraglichen Verpflichtungen der DDR gegenüber der Sowjetunion übernehmen, ~~aber – wie die Chinesen es auszudrücken pflegten – die „unequal treaties" verändern~~.[25] Die Bevölkerung wolle die Wiedervereinigung schnell. Deshalb sei es erforderlich, die Einigung 2 + 4 vor dem KSZE-Gipfel herbeizuführen.[26] Die Wirtschafts- und Währungsunion sowie die Sozialunion müßten [unbedingt][27] vor dem 1. Juli erledigt werden.[28] Die anderen Fragen könne man später erledigen. Die Einigung über die äußeren Aspekte der Vereinigung müßte vor dem KSZE-Gipfel erzielt werden. Erst dann könne Art. 23 umgesetzt werden. Das bedeutet, daß wir vorher die Erledigung der äußeren Aspekte bräuchten.

Baker sagte, dass er keine Schwierigkeiten sehe. Dies sei eine logische Folge. Wann würden wir die polnische Frage erledigen?

[BM meinte, bald nach Aufnahme der 2+4-Gespräche auf Ministerebene.][29] ~~BM erläutert den Mazowiecki-Plan. Dieser sehe vor, daß die beiden deutschen Staaten und die Republik Polen einen Vertrag ausarbeiten und paraphieren. Die Unterzeichnung und Ratifizierung solle dann nach der Vereinigung Deutschlands erfolgen.~~ Die Polen beabsichtigten, zusätzlich noch Sicherheitsfragen zu erörtern. Das komme aus unserer Sicht nicht in Frage, weil sich dann auch noch andere melden würden.

Baker verwies in diesem Zusammenhang auf Italien.

BM sagte, dieses Thema sei wohl nach seinem Besuch in Rom erledigt.

Baker meinte, daß er diesen Eindruck in Washington nicht gehabt habe. Bestimmte Sicherheitsfragen müßten allerdings mit der NATO konsultiert werden, z. B. die Mitgliedschaft eines künftigen Deutschlands und die Ausdehnung von Art. 5 und 6 des NATO-Vertrages auf das Gebiet der DDR.[30]

BM stimmte dem zu. Baker führte aus, daß er keine Bedenken gegen zusätzliche Institutionen im Rahmen der KSZE habe. [Man][31] wolle allerdings auf amerikanischer Seite mehr dazu wissen. Das ständige Treffen von Außenministern finde seine Zustimmung. Den Korb II halte man noch nicht für ausgeschöpft.[32] Die Erörterung von Sicherheitsfragen in der KSZE sei aus amerikanischer Sicht schwierig. Ein Verifikationsamt sei in der NATO besser aufgehoben.

---

an dem Tage, an dem eine Verfassung in Kraft tritt, die von dem deutschen Volke in freier Entscheidung beschlossen worden ist." Die Präambel in der Fassung vom 29.9.1990 stellt fest, dass die Deutschen „in freier Selbstbestimmung die Einheit und Freiheit Deutschlands vollendet" haben. „Damit gilt dieses Grundgesetz für das gesamte Deutsche Volk". Die frühere Fassung lautete: „Das gesamte Deutsche Volk bleibt aufgefordert, in freier Selbstbestimmung die Einheit und Freiheit Deutschlands zu vollenden."

[24] Korrektur von Hand.
[25] Streichung von Hand.
[26] Vgl. Dokument Nr. 1, Anm. 19.
[27] Einschub von Hand.
[28] Vgl. Vertrag über die Schaffung einer Währungs-, Wirtschafts- und Sozialunion zwischen der Bundesrepublik Deutschland und der Deutschen Demokratischen Republik vom 18.5.1990, in: Bundesministerium für innerdeutsche Beziehungen (Hrsg.), Texte zur Deutschlandpolitik, Reihe III, Bd. 8a, S. 215–287.
[29] Satz von Hand eingefügt, die nachfolgende Streichung von Hand.
[30] Art. 5+6 des Vertrags vom 4.4.1949 regeln die Beistandspflicht im Falle eines Angriffes auf das Territorium eines Mitgliedslandes, vgl. deutsche Fassung unter http://www.nato.int/docu/other/de/treaty-de.htm (letzter Zugriff am 11.4.2011).
[31] Im Dokument: Mann.
[32] Korb II der Schlussakte von Helsinki, vgl. Dokument Nr. 9, Anm. 5.

BM führte aus, daß es in der Zukunft zwei Aufgaben gebe: die Rolle in der NATO und die Verbesserung der transatlantischen Beziehungen USA-EG.

Baker [wiederholte][33] noch einmal, daß er die Treffen der Außenminister KSZE im Hinblick auf die Vertrauensbildung für eine sinnvolle [Angelegenheit][34] halte. Das dürfe jedoch nicht zu einer Diskriminierung der NATO kommen [sic!]. Es sehe im übrigen so aus, als wollten sich zentraleuropäische Staaten der NATO anschließen.

BM sagte, dies sei eine Frage, an der wir gegenwärtig nicht rühren dürften [sollten].[35]

Baker stimmte dem zu. Er verwies noch darauf, daß bei den Gesprächen mit den Sowjets klar geworden sei, daß sich im strategischen Verhältnis nichts zwischen der SU und den USA ändere. Daher habe die Sowjetunion auch keinerlei Beunruhigung, was die Veränderungen in Europa angehe. Die Schwierigkeiten, die sie habe, beträfen vielmehr die Art und Weise, wie sie diese Entwicklung ihrer eigenen Bevölkerung klarmachen könne.

(Elbe)[36]

PA AA, ZA 178.928 E.

Nr. 23
Vermerk des Leiters des Ministerbüros, Elbe, vom 28. März 1990 über das Gespräch von Bundesaußenminister Genscher mit dem sowjetischen Außenminister Ševardnadze am 22. März 1990 in Windhoek

– Leiter Ministerbüro –

Bonn, den 28.03.1990

Von BM noch nicht gebilligt

Vermerk

VS-Vertraulich[1]

---

[33] Im Dokument: widerholte.
[34] Im Dokument: Angelegenheite.
[35] Handschr. Korrektur. Zur Diskussion um die NATO-Osterweiterung vgl. bereits das Gespräch Bakers mit Gorbačev am 9.2.1990, in: Galkin/Tschernjajew (Hrsg.), Michail Gorbatschow und die deutsche Frage, Dokument Nr. 71. Vgl. ferner den Vermerk Neuberts, Referat 213, vom 28.10.1991 über das Delegationsgespräch Genschers mit dem sowjetischen Außenminister Pankin am 26.10.1991 über die Baker-Genscher-Initiative zur Zusammenarbeit ehemaliger Warschauer Pakt-Staaten mit der NATO, PA AA, ZA 140.698 E. Vgl. hierzu auch die Rede Bakers vor dem Aspen-Institut am 18.6.1991, in: Europa-Archiv 46 (1991), S. D 337–D 344.
[36] Darüber eigenhändige Unterschrift.
[1] Dazu Verteiler auf der letzten Seite: „ausschließlich" an die Staatssekretäre, D 2 und D 2 A. Eine erste Fassung des Vermerks vom 26.3.1990 wurde von Genscher durchkorrigiert, PA AA, ZA 178.928 E. Die entsprechenden Korrekturen vom 26.3. werden im Folgenden ausgewiesen.

Betr.: Gespräch BM mit AM Schewardnadse am 22. März 1990 in Windhuk [sic!]

[...].²

BM stellte fest, daß in der letzten Zeit viel passiert sei. Die Sowjetunion habe einen Präsidenten gewählt.³ Die DDR habe ihre Wahlen abgehalten und zwar in ruhigen und geordneten Formen. Schewardnadse bestätigte, daß die Wahlen sehr ruhig verlaufen seien. BM [fuhr]⁴ fort, daß die Politiker in der DDR bisher wenig bekannt seien. Er habe jedoch den Eindruck, daß sie eine verantwortungsvolle Politik machen werden. Der Verlauf der Wahlen und die Tage danach ließen uns Vertrauen schöpfen.

Schewardnadse stellte fest, daß die sowjetische Regierung die Wahlentscheidung des Volkes respektiere. Sie werde mit der neuen Regierung zusammenarbeiten. Was die Zukunft angehe, sei noch gründliches Nachdenken erforderlich. Die Gespräche der 2 + 4 auf Direktorenebene seien ein guter Beginn.⁵ Einige wichtige Dinge seien bereits erörtert worden. Die Tatsache des Zusammentreffens der 2 + 4 selbst sei positiv zu bewerten. In der nächsten Begegnung sollten sich die 2 + 4 auf die Tagesordnung konzentrieren und sie zu einem Ende bringen. Dies dürfte kein Punkt mehr für die Erörterung der Minister sein.

BM fragte AM Schewardnadse, welche Vorstellungen er von der Tagesordnung des Ministertreffens und vom Verlauf der Begegnung habe. Schewardnadse erwiderte, das sei noch schwer zu sagen. Eine Hauptfrage der Tagesordnung sei, ob wir über einen Friedensvertrag sprechen wollen oder nicht. Wenn wir nicht über einen Friedensvertrag sprechen wollten, müßten wir sagen warum. Er denke viel über die Frage eines Friedensvertrages nach. Nach seiner Auffassung verlaufe die deutsche Vereinigung als gesetzmäßiger Prozeß. Daher gelte es, endgültig das Pünktchen auf das „I" zu setzen. Alle Fragen müßten abschließend geregelt werden, nichts dürfe für kommende Generationen offen bleiben.

BM bezeichnete den Friedensvertrag als einen Begriff der Vergangenheit. Nach dem Zweiten Weltkrieg habe die Geschichte einen anderen Verlauf genommen. Es seien zwei deutsche Staaten entstanden, aber es sei ein Volk geblieben. Beide deutsche Staaten seien Bestandteile einer stabilen Ordnung in Europa geworden. Die Bundesrepublik Deutschland sei Mitglied der NATO und der Europäischen Gemeinschaft. Sie habe Verträge mit der Sowjetunion, Polen, der CSSR und der DDR abgeschlossen.⁶ Wir hätten die zukunftsorientierte deutsch-sowjetische Erklärung von 1989.⁷ Diese Vertragspolitik sei die Voraussetzung für die Schlußakte von Helsinki geworden.⁸ Was jetzt passiere, stehe voll in Übereinstimmung mit der Schlußakte von Helsinki. In 45 Jahren habe sich die Lage grundlegend geändert. Wir bauten jetzt ein neues Europa. Ein Friedensvertrag wäre⁹ in dieser Situation ein Schritt rückwärts. Er könne [ihm]¹⁰ – AM Schewardnadse – jedoch in einem Punkt beipflichten: Es gebe Fragen, die definitiv beantwortet werden müßten. Wir wollten nichts vertagen. Wir wollten mit dem KSZE-Gipfel ein neues Kapitel in der Geschichte

---

² Zunächst kurzer Austausch der beiden Minister über die Situation im südlichen Afrika (Namibia, Mosambik und Angola).
³ Vgl. Dokument Nr. 21, Anm. 19.
⁴ Im Dokument: führte.
⁵ Vgl. Dokument Nr. 21, Anm. 15.
⁶ Vgl. Dokumente Nr. 3, Anm. 10, Nr. 6, Anm. 8 und Nr. 7, Anm. 4.
⁷ Vgl. Dokument Nr. 1, Anm. 6. Der Satz ist in der von Genscher durchgesehenen und korrigierten Fassung Elbes vom 26. 3. 1990 (s. Anm. 1) nachträglich von Hand eingefügt.
⁸ Vgl. Dokument Nr. 9, Anm. 5.
⁹ In der Fassung vom 26. 3. (s. Anm. 1) handschr. aus „sei" korrigiert.

Europas aufschlagen.[11] Er rege an, sich auf die Definition von Fragen zu konzentrieren, die beantwortet werden müßten. Eine wichtige prozedurale Frage sei dabei die polnische Westgrenze. Es sei vernünftig, daß Polen an den Gesprächen teilnehme, soweit seine Grenzen betroffen seien. Wir würden beantworten, wie die deutsche Vereinigung zur Stabilität in Europa beitrage. Dies sei ein wichtiger Punkt unserer Gespräche.

Er wolle feststellen, daß die Gespräche der 2 + 4 nicht in einem luftleeren Raum stattfänden. Sie würden von drei gesamteuropäischen Entwicklungen begleitet. Erstens befasse sich die z. Zt. in Bonn stattfindende Wirtschaftskonferenz der KSZE mit der Gestaltung der wirtschaftlichen Zusammenarbeit in der Zukunft.[12] Zweitens werde in Wien über die Abrüstung verhandelt. Sie sei eine Kernfrage für die Sicherheit in Europa und habe Bedeutung für die deutsche Vereinigung. Er spreche sich dafür aus, sich parallel zu Wien I Gedanken zu machen, was im Rahmen von Wien II geschehen soll.[13] Wien I sei der Anfang eines Prozesses. Drittens gehe es jetzt um die Vorbereitung der KSZE-Gipfelkonferenz. Nach seiner Meinung sollten die Experten recht bald die Vorbereitungen aufnehmen. Dem KSZE-Prozeß müsse eine neue Qualität gegeben werden. In seiner Anfangsphase habe der KSZE-Prozeß die Grundlage für die Zusammenarbeit unter den Gesetzen der Konfrontation und des Antagonismus geschaffen. Der Ausgangspunkt sei gewesen, daß die[14] zwei Europa besser miteinander[15] leben wollten. Jetzt gehe es aber um das eine Europa. Die Gipfelkonferenz könne den KSZE-Prozeß auf eine höhere Ebene heben, nämlich die Gestaltung des einen Europas in Angriff nehmen. Diese drei genannten Entwicklungen seien die äußeren Bedingungen, unter denen über die deutsche Vereinigung gesprochen werde. Wenn wir so an die Dinge herangingen, würden Ergebnisse herauskommen, die für alle gut seien.

Schewardnadse sah keine Meinungsunterschiede. Die Sowjetunion habe vitale Interessen an der Fortentwicklung des KSZE-Prozesses.

BM warf ein, daß dies auch die Schaffung von Institutionen betreffe. Schewardnadse bejahte dies, wies aber darauf hin, daß es sich um reale Institutionen handeln müsse. BM erinnerte daran, daß er neulich in seiner Rede in Tutzing den Begriff eines „europäischen Konfliktzentrums" und eines Verifikationszentrums[16] eingeführt habe.[17]

Schewardnadse erwiderte, daß man sich darüber Gedanken machen müsse. Die Sowjetunion habe schon früher den Gedanken einer Institution in die Debatte eingeführt, die die Reduzierung von Truppen und die Bewegung von Streitkräften beobachten [sollte][18]. Es gebe sehr vernünftige Ideen für gemeinsame Strukturen. Man müsse sich auch Gedanken über einen gemeinsamen Rechts- und Wirtschaftsraum machen und zu diesem Zweck Wege und Phasen festlegen.

Schewardnadse kam dann wieder auf den Friedensvertrag zurück. Ein Friedensvertrag würde dem gesamteuropäischen Prozeß nicht entgegenstehen. Die Frage sei, ob wir die

---

[10] Im Dokument: ihn.
[11] Vgl. Dokument Nr. 1, Anm. 19.
[12] Vgl. Dokument der KSZE-Konferenz über wirtschaftliche Zusammenarbeit in Europa vom 19. 3. bis 11. 4. 1990, in: Schweisfurth/Oellers-Frahm (Hrsg.), Dokumente, S. 220–232.
[13] Zu Wien I vgl. Dokument Nr. 1, Anm. 8; zu Wien II Dokument Nr. 22, Anm. 20.
[14] Wort in der Fassung vom 26. 3. (s. Anm. 1) handschr. eingefügt.
[15] In der Fassung vom 26. 3. (s. Anm. 1) handschr. korrigiert aus: miteinander und nebeneinander.
[16] In der Fassung vom 26. 3. (s. Anm. 1) „und eines Verifikationszentrums" handschr. nachgetragen.
[17] Die Rede vom 31. 1. 1990 ist auszugsweise abgedruckt in: Lehmann, Die Außenpolitik, S. 453f., mit weiteren Belegen diskutiert in Weidenfeld, Außenpolitik, S. 217f. Vgl. ferner Dokumente Nr. 1, Anm. 20 und Nr. 20, Anm. 22.
[18] Im Dokument: sollten.

Idee eines Friedensvertrages weiter verfolgen oder überhaupt fallenlassen wollten. Er empfehle das Potsdamer Abkommen mit dem Bleistift durchzugehen.[19] Vielleicht werde man einiges streichen und vielleicht werde einiges bleiben. Das Potsdamer Abkommen bedeute viel für das sowjetische Volk. Die bisherigen Vorschläge seien nicht annehmbar. Er verstehe, daß Deutschland nicht aus der NATO gehen könne. Auf der anderen Seite könne die Sowjetunion es nicht hinnehmen, daß sich der Warschauer Pakt auflöse und sich die Balance ändere. Vieles werde z. Zt. im Westen diskutiert und geprüft. Die Stimmungslage des sowjetischen Volkes bleibe dabei jedoch unberücksichtigt. Es gehe darum, akzeptable Lösungen zu finden. Die deutsche Vereinigung sei selbst kein Problem mehr. Sie sei ein gesetzmäßiger Prozeß. Jede Lösung der deutschen Vereinigung müsse jedoch für das sowjetische Volk verständlich sein. Die sowjetische Führung schaue auf eine Weise auf das Wahlergebnis in der DDR. Andere aber betrachteten die Entwicklung mit anderen Augen. Sie sagten, daß mit der Politik der Perestroika Positionen aufgegeben wurden. Frühere Sicherheitsgarantien bestünden schon nicht mehr. Es gehe darum, eine maximal vernünftige Position bei der Herstellung der deutschen Vereinigung zu finden. Er schlage vor, daß man alle denkbaren Varianten in Betracht ziehe und gründlich studiere. Dies habe er auch AM Baker gesagt.[20] Er sei der Meinung, daß wir uns hinsetzen müssen, um diese Fragen zu diskutieren.

BM fragte, wer sind wir. Schewardnadse erwiderte: „Sie und ich, natürlich auch die 2 + 4, aber am besten wir beide."

Es gebe zwei Varianten: erstens der Verbleib des vereinigten Deutschlands in der NATO und zweitens die Neutralität des vereinigten Deutschlands. Die Sowjetunion kenne die Bedenken, die einer Neutralität des vereinigten Deutschlands entgegenstünden. Schließlich habe das Potsdamer Abkommen auch noch andere Varianten, die man genau studieren müsse. Dann gebe es noch die Idee des BM, daß die NATO ihr Gebiet nicht ausdehne.[21] Er halte diesen Gedanken gegenwärtig nicht für eine aussichtsreiche Überlegung. Unter Umständen sei es vielleicht auch angezeigt, völlig neue, unkonventionelle Lösungen in Erwägung zu ziehen. Überall in Europa befänden sich amerikanische Truppen. Auf dem Gebiet der DDR gebe es sowjetische Truppen. Dies sei auf lange Sicht kein Zustand. Er befürchte, daß es Demonstrationen gegen die Anwesenheit sowjetischer Truppen in der DDR und Gewalttätigkeiten geben könnte. Was könnte die sowjetische Seite in einer solchen Situation machen? Etwa das Feuer eröffnen? Ungarn und die CSSR hätten darauf bestanden, daß die Sowjetunion ihre Truppen zurückzieht.[22] Auch Polen werde dies u.U. tun. Er habe AM Baker gesagt, daß kein Volk die Anwesenheit ausländischer Truppen auf Dauer auf seinem Gebiet begrüßen könne. Es wäre ideal, wenn neue europäische Strukturen der Sicherheit auf der Grundlage ausschließlich defensiver Streitkräfte herausgebildet werden könnten. Die Bündnisse seien noch auf längere Zeit zu erhalten, würden aber eine andere Rolle wahrnehmen. Er möchte darauf hinweisen, daß sich auch in der Sowjetunion etwas ändern könne; z.B. könne die Perestroika dort versagen. BM warf ein, daß er, AM Schewardnadse, jetzt wie ein westlicher Falke rede.

[19] Vgl. Dokument Nr. 15, Anm. 10.
[20] Dokument Nr. 22, Anm. 10.
[21] Vgl. Dokument Nr. 22, Anm. 35 sowie in diesem Dokument Anm. 17.
[22] Zum tschechisch-sowjetischen Abkommen über den Truppenabzug vom 26. 2. 1990 und zum Abzug der Südgruppe aus Ungarn in der ersten Hälfte 1990 vgl. New York Times vom 25. 2. 1990 bzw. vom 4. 7. 1990, jeweils S. 1, sowie Abkommen über den sowjetischen Truppenabzug aus Ungarn vom 11. 3. 1990, in: Freedman (Hrsg.), Europe, S. 510–513, ferner Kramer, The Myth, S. 39–61.

Schewardnadse erwiderte, daß er diese Möglichkeit selbst vor dem sowjetischen Parlament dargelegt habe. Wenn die Perestroika versage, bestehe die Gefahr einer Diktatur. Auch in Polen könne sich etwas ändern. Die neuen Leute hätten die neue Situation politisch gut im Griff. Aber die wirtschaftliche Lage sei nach wie vor schlecht. Auch hier sei nicht auszuschließen, daß ein Diktator die Macht ergreifen könne. Er müsse sich auch fragen, was in einem vereinigten Deutschland alles passieren könne. Deshalb müsse man alle Eventualitäten studieren. Der Friedensvertrag wecke bestimmte Assoziationen im sowjetischen Volk. Es gehe jetzt darum zu bestimmen, was noch gelte und was nicht mehr gelte.

BM fragte, ob es denn ein Fortschritt sei, wenn alle Kriegsgegner am Friedensvertrag teilnehmen würden. Solle etwa Namibia an diesem Prozeß teilnehmen; obwohl erst einen Tag alt, gehört es auch zu den Kriegsgegnern.[23] Es gehe doch im Kern um die Ablösung der Rechte und Verantwortlichkeiten der vier Mächte. Dies sei nur möglich, wenn es befriedigende Regelungen gebe, die sowohl für die Vier wie auch für die KSZE-Staaten akzeptabel seien. Wir müßten uns fragen, wo wir am Ende hin wollten. Das sei das eine Europa. Dorthin führe ein stufenweiser Prozeß.[24] Dieser Prozeß dürfe nicht auf die lange Bank geschoben werden. Daher habe er die sowjetische Idee eines KSZE-Gipfels sofort unterstützt. Wir wollten das eine Europa und das eine Deutschland. Es sei unrealistisch, daß das eine Deutschland warten müsse, bis das eine Europa entstehe. Es gehe vielmehr darum, für das eine Deutschland Regeln zu schaffen, die zu dem hinführten, was wir für Europa insgesamt wollten. Die zu erörternden Alternativen müßten für den Weg von der deutschen zur europäischen Einigung gelten. Er könne verstehen, was die Menschen in der Sowjetunion denken. Er beschäftige sich viel[25] damit. Vor einem Jahr sei die deutsch-sowjetische Erklärung unterzeichnet worden. Es sei unvorstellbar, daß das vereinigte Deutschland etwas anderes wolle, als in der Erklärung für die Zukunft niedergelegt worden sei. Er, AM Schewardnadse, habe von den sowjetischen Truppen in der DDR gesprochen. Es sei unwahrscheinlich, daß die von ihm beschriebene Situation eintrete. Er habe andere Erfahrungen im Wahlkampf gesammelt.[26]

Schewardnadse fragte, wozu wir die Truppen brauchten. BM erwiderte, daß er nicht erzwingen wollte, daß sie dort seien.

Schewardnadse fuhr fort, daß es notwendig sei, alle Varianten zu durchdenken. Teilfaktoren könnten plötzlich für die Entwicklung bestimmend werden. Die Entwicklung zu Diktaturen sei unwahrscheinlich, aber theoretisch möglich. Das sei auch nicht für Deutschland auszuschließen. Gegenwärtig gebe es keinen Nährboden dafür. Aber könne es auch in der Zukunft noch so sein? Es gebe in Deutschland hinter den Kulissen immer noch extreme Kräfte.

BM bestritt dies. Es gebe nur eine Gefahr, wenn nämlich die Vereinigung dem deutschen Volk[27] vorenthalten werde. Wir seien heute in einem Europa der Demokratien. Das habe es noch nie zuvor gegeben. Dieses sei die beste Garantie gegen falsche Entwicklun-

---

[23] In der Fassung vom 26.3. (s. Anm. 1) handschr. korrigiert aus: „obwohl es erst einen Tag alt, sei es schon Kriegsgegner".
[24] In der Fassung vom 26.3. (s. Anm. 1) folgen noch zwei Sätze, die von Hand gestrichen wurden: „Dies gelte gerade auch für die Bündnisse. Sie könnten u. U. am Ende in neuen Strukturen aufgehen."
[25] In der Fassung vom 26.3. (s. Anm. 1) handschr. korrigiert aus: häufig.
[26] In der Fassung vom 26.3. (s. Anm. 1) folgt ein Abschnitt, der von Hand gestrichen wurde: „Was die Präsenz ausländischer Truppen angehe, so habe er, AM Schewardnadse, den Gedanken von unkonventionellen Lösungen eingeführt. Könne eine solch unkonventionelle Lösung nicht auch darin bestehen, daß unterschiedliche Staaten in unterschiedlichen Ländern Truppen unterhielten, vielleicht nicht gerade in Portugal, wohl aber in Mitteleuropa."
[27] In der Fassung vom 26.3. (s. Anm. 1) folgt anschließend das Wort: „endgültig", von Hand gestrichen.

gen. Man müsse sich fragen, was ein vereinigtes Deutschland für die Sowjetunion an Gutem bedeuten könne. Es habe trotz schrecklicher Kriege zwischen den deutschen und den Völkern der SU[28] nie eine Erbfeindschaft gegeben. Es[29] sei ein wichtiges Fundament für die weitere Entwicklung. Er wolle mit ihm in aller Ruhe die verschiedenen Varianten besprechen. Er halte ein baldiges bilaterales Treffen für dringend erforderlich. Adamischin und Kastrup sollten schnell zusammentreffen, um ein solches Gespräch vorzubereiten. Er habe neulich, trotz großer terminlicher Schwierigkeiten, Botschafter Kwizinskij noch abends bei sich zu Hause empfangen. Er habe dem Botschafter als Antwort auf seinen – AM [Schewardnadses][30] – Brief mitgeteilt, daß nichts hinter dem Rücken der Sowjetunion geschehen werde.[31] Er habe auch Recht behalten in seiner Einschätzung der inneren Lage in der DDR. Der Wahlprozeß selbst und die Tage danach hätten dies bestätigt. Er möchte ihm in Erwiderung auf seinen Brief noch einmal klar sagen, daß er ihm – AM Schewardnadse – zur Verfügung stehe – allein oder im Rahmen der 2 + 4 – wenn er es wünsche. Dieses habe er auch Vizeaußenminister Adamischin erklärt. Jetzt müsse man die Regierungsbildung in der DDR abwarten. Nach seiner Auffassung sollte sich die SPD beteiligen. Er sei im allgemeinen gegen große Koalitionen, aber in der DDR bestehe eine besondere Lage. Willy Brandts Auffassung [decke][32] sich mit der seinigen. Letztlich müsse jedoch die SPD in der DDR selbst entscheiden.[33] Es gehe darum, über die Wirtschafts-, Währungs- und Sozialunion[34] alsbald zu entscheiden, da diese für die Stabilität in der DDR wichtig sei. Nur so könne der Flüchtlingsstrom aus der DDR gestoppt werden. Dieser bereite weniger uns Schwierigkeiten als der DDR. Die Menschen fehlten der DDR. Dies um so mehr, als es sich um qualifizierte junge Leute handele.

Die Verhandlungen mit der DDR würden nichts von dem vorwegnehmen, was im Rahmen der 2 + 4 zu besprechen sei. Er habe sofort gespürt, welche Unruhe die innerdeutsche Diskussion über den Art. 23 auslösen würde.[35] Er habe sich[36] mit Sorge die sowjetische Reaktion vorgestellt. Er habe mit seinen Mitarbeitern besprochen, daß hier rechtzeitig Klarheit geschaffen werden müsse, was zu dem Artikel in der Nordsee-Zeitung geführt habe,[37] den er Botschafter Kwizinskij übergeben und später Vizeaußenminister Adamischin noch einmal deutlich erläutert habe. Er wolle klarstellen: Die Bundesregierung wolle die äußeren Aspekte mit den anderen erörtern. Erst dann könne der Prozeß nach Art. 23 beginnen. Dann sei auch kein Platz mehr im Grundgesetz für Art. 23, Art. 146 und den betreffenden Teil der Präambel.[38] Die Vereinigung werde sich auf die DDR und die

---

[28] In der Fassung vom 26.3. (s. Anm.1) handschr. korrigiert aus: sowjetischen Völkern.
[29] In der Fassung vom 26.3. (s. Anm.1) handschr. korrigiert aus: Die.
[30] Im Dokument: Schewardnadse.
[31] Vgl. Dokument Nr.21, Anm.4 und 21.
[32] Im Dokument: deckten.
[33] In der Fassung vom 26.3. (s. Anm.1) handschr. korrigiert aus: einzuführen.
[34] Der Teilsatz in der Fassung vom 26.3. (s. Anm.1) handschr. korrigiert aus: „Es gehe darum, die Währungs- und Sozialfragen alsbald zu entscheiden."
[35] Vgl. Dokumente Nr.21, Anm.9 und Nr.22, Anm.23. In der Fassung vom 26.3. (s. Anm.1) folgt noch ein Satz, der von Hand gestrichen wurde: „Dies sei nicht seine Diskussion gewesen."
[36] In der Fassung vom 26.3. (s. Anm.1) von Hand gestrichen: „jedoch".
[37] Ggf. in der Nordsee-Zeitung vom 3.3.1990, Die deutsche Vereinigung als Beitrag zur europäischen Stabilität, zitiert nach Weidenfeld, Außenpolitik, S.287-289, Anm.61. Vgl. bereits den Artikel vom 6.1.1990, Vereintes Deutschland im Vereinten Europa, neu abgedruckt in: Genscher, Politik, S.96.
[38] Die letzten beiden Sätze in der Fassung vom 26.3. (s. Anm.1) als ein Satz, der von Hand korrigiert wurde: „Wenn es dann zur Einigung komme, sei kein Platz mehr im Grundgesetz für Art. 23, Art. 146 und den betreffenden Teil der Präambel."

Bundesrepublik Deutschland und das ganze Berlin erstrecken. Mehr solle nicht vereinigt werden. Er wolle in der verbindlichsten und feierlichsten Form sagen: Nichts werde geschehen, was die sowjetische Seite oder andere vor vollendete Tatsachen stelle. An der in Ottawa erarbeiteten Vertrauensgrundlage werde nicht gerüttelt werden.

Schewardnadse dankte für den Brief. Die Sowjetunion sei an Garantien gegen den Ausbruch von Konflikten interessiert. Er halte es für erforderlich, daß sie sich häufiger sähen. Dabei müsse auch mehr über die Zukunft der deutsch-sowjetischen Beziehungen unter dem Blickwinkel der Annäherung und schließlich der Vereinigung gesprochen werden. Es solle nichts geschehen, was mit unseren Verpflichtungen unvereinbar sei, aber die Entwicklungen zwischen beiden Staaten müßten auch in der historischen [Korrelation][39] gesehen werden. Das gelte insbesondere im Hinblick auf die Weiterentwicklung der wirtschaftlichen Beziehungen unter der Perspektive des vereinten Deutschlands. Darüber solle man jetzt noch nicht groß sprechen. Sehr bald sollten aber zwei bis drei Experten auf jeder Seite diese Fragen erörtern.

BM stellte fest, daß die Menschen in der Sowjetunion wissen sollten, was das vereinte Deutschland für sie bedeute. Dies sei in einem umfassenden Sinn gemeint. Die deutsche Vereinigung werde [keinen][40] Nachteil für die Sowjetunion darstellen. Die Interessen beider Staaten seien parallel. Das wirtschaftliche Potential für die künftige Zusammenarbeit zwischen beiden Staaten sei praktisch unbegrenzt. Es sollte zum Vorteil für beide Seiten entwickelt werden. Dabei seien die Verpflichtungen der DDR gegenüber der Sowjetunion nur eine Frage. Die deutsche Vereinigung könne diese Verpflichtungen nicht negieren. Zu diesen Verpflichtungen hätten wir uns schon in Moskau bekannt.[41] Dies sei aber nur ein Segment der künftigen Beziehungen. Es gehe in Wahrheit darum, die Wirtschaftsbeziehungen allgemein in der Perspektive der Vereinigung Deutschlands zu gestalten. Hierbei handele es sich um eine Frage, die in der Tat nur unsere beiden Staaten betreffe. Sie müsse Gegenstand von gründlichen Besprechungen wirklicher Fachleute sein. Dabei müsse es sich um Menschen mit Ideen handeln. Diese Gespräche dürften nicht an die große Glocke gehängt werden. Sie eigneten sich nicht für die Behandlung durch die Sensationspresse.[42]

Schewardnadse kam auf den Gedanken zurück, daß die künftige Sicherheit auf der Grundlage einer strikt defensiven Doktrin gestaltet werden müsse. Daher halte er ein Konfliktzentrum für wichtig. Eine solche Institution sei eine wesentliche Bereicherung des KSZE-Prozesses. Man habe sich in der Sowjetunion Gedanken über ein Zentrum zur Gewährleistung der Sicherheit gemacht. Dies könne zum Ausgangspunkt für künftige Strukturen des Warschauer Paktes und der NATO werden.

BM erwiderte, daß er in seiner Rede in Potsdam von zwei Zentren gesprochen habe, nämlich dem Verifikationszentrum und dem Konfliktzentrum.[43] Die Schaffung dieser Institutionen sei nicht mehr nur als eine Ost-West-Angelegenheit anzusehen, sondern als eine Angelegenheit des gesamten Europas.

Schewardnadse bat nochmals, die sowjetischen Überlegungen zu einem Friedensvertrag sehr ernst zu nehmen.

---

[39] Im Dokument: Korelation.
[40] Im Dokument: kein.
[41] Zum Gipfel im Februar 1990 vgl. Dokument Nr. 20, auch Anm. 11.
[42] Vgl. Dokument Nr. 27, Anm. 32.
[43] Vgl. Dokument Nr. 20, Anm. 22.

BM erwiderte, daß ein Friedensvertrag unangenehme Erinnerungen wecke. Könne man nicht den künftigen Status des vereinigten Deutschlands definieren?

Schewardnadse sagte, daß man zum Potsdamer Abkommen zurückkommen müsse. Es gehe darum, einen Schlußstrich zu ziehen.

BM erwiderte, daß das vereinigte Deutschland zu einem Beitrag für ein besseres Europa werden solle.[44]

Schewardnadse sagte, daß er nicht an der Aufrichtigkeit dieser Worte zweifele. Ihn beschäftigte die Sorge vor dem „nächsten Tag". Daher müsse alles besprochen werden.

BM sagte, daß er Anfang April in Washington zu Gesprächen sei.[45] Dies sei ein seit langem geplanter Termin gewesen. Er sehe sich mit Dumas fast wöchentlich. Auch mit Hurd treffe er jetzt häufiger zusammen. Er wolle auch mit dem sowjetischen Außenminister engen Kontakt halten.[46] Dies sei wichtig auch[47] für das Bild nach außen, gerade auch für die Menschen in der Sowjetunion. Es sei jedoch vor allen Dingen für die Substanz von Bedeutung. Er schlage vor, daß man sich Mitte April zu einer erneuten Begegnung treffe.

(Elbe)[48]

PA AA, ZA 178.928 E.

Nr. 24

Fernschreiben der Botschaft Moskau vom 23. März 1990 über ein Gespräch mit dem Gruppenleiter für die DDR und Polen der Internationalen Abteilung des ZK der KPdSU, Koptel'cev, am 22. März 1990 über die sowjetische Deutschlandpolitik

Aus: Moskau
Nr 1195 vom 23.03.1990, 1346 OZ
An: Bonn AA
Citissime

Fernschreiben (verschlüsselt) an 210
Eingegangen: 23.03.90, 1311 OZ[1]
VS – Nur für den Dienstgebrauch[2]
Auch für Ständige Vertr.

---

[44] In der Fassung vom 26.3. (s. Anm. 1) handschr. korrigiert aus: wolle.
[45] Vgl. Vermerk vom 4.4.1990 über das Gespräch Genschers mit US-Präsident Bush am 4.4.1990, PA AA, ZA 178.928 E.
[46] Dieser Satz in der Fassung vom 26.3. (s. Anm. 1) handschr. korrigiert aus: „Er wolle mit dem sowjetischen Außenminister bilateral genauso verkehren wie mit den westlichen Verbündeten."
[47] Wort in der Fassung vom 26.3. (s. Anm. 1) handschr. ergänzt.
[48] Darüber eigenhändige Unterschrift.

[1] Daneben Eingangsstempel des AA, 22.3.1990, ohne weitere Eintragungen hinsichtlich Referat/Tgb.-Nr.; daneben Sichtvermerke.
[2] Geheimhaltungsstufe auf allen 5 Seiten eingetragen.

– Sonderverteiler Deutschlandpolitische Fragen[3] –
Az.: Pol. 330 000 VS-NfD
Verfasser: Dr. Heyken
Betr.: Gespräch mit <u>Koptelzew</u>,[4] ZK-Apparat, zur Deutschlandpolitik
Bezug: DB Nr. 943 vom 6. 3. 1990
– Zur Unterrichtung –

1. Gesandter suchte am 22. 3. 1990 den Gruppenleiter für DDR[,] Polen in der Internationalen ZK-Abteilung, W.A. Koptelzew, erneut auf. Koptelzew war gerade aus Berlin zurückgekommen, wo er die DDR-Wahlen beobachtet hatte. Zusammenfassend lässt sich sagen, dass K. den Wahlausgang pragmatisch bewertet und die Ausgangslage für die Bildung einer handlungsfähigen Regierung in der DDR sowie für die nächsten Schritte auf dem Wege zur Vereinigung als gegeben ansieht. Er scheint vor der Wahl geäußerte Sorgen, dass die Aufrechterhaltung der Ordnung in der DDR, einschließlich der Sicherheitslage gefährdet sein könnten, zumindest nicht als bedrohlich einzuschätzen [sic!]. Die Ausführungen K.'s waren ohne dramatische Akzente, realistisch und ohne jede Polemik.

2. Zum Wahlausgang meinte K., es stecke eine gewisse Logik darin, dass die Parteien rechts von der Mitte, die Konservativen also[,] die Mehrheit bekommen hätten.[5] Dies sei in gewisser Hinsicht eine natürliche Reaktion. Er stimmte zu, dass sich in der DDR als Ergebnis der Wahl ein ähnliches Parteiengefüge herausgebildet habe, wie in der Bundesrepublik Deutschland. Er pflichtete der Auffassung bei, die Tatsache, dass eine Koalitionsregierung in Ost-Berlin wahrscheinlich sei, die in ihrer parteipolitischen Zusammensetzung stark hin auf die Koalitionsregierung in Bonn orientiert sei, erleichtere vieles. Er schien darin die Gewährleistung dafür zu sehen, dass die Zusammenarbeit zwischen Bonn und Ost-Berlin ohne große Reibungen vonstatten gehen werde und die notwendigen Schritte zur Vereinigung zügig getan werden könnten. Er schien mit dieser Perspektive einverstanden zu sein. Er erklärte ausdrücklich, es spiele für ihn keine so große Rolle, ob die CDU oder die SPD nun die stärkste Partei in der DDR darstelle. K. ging davon aus, dass die Parteien eng mit ihren Schwesterparteien in Bonn zusammenarbeiten würden. Dagegen sei nichts einzuwenden, da die neuen Politiker in der DDR noch viel zu wenig Erfahrung hätten. Sie müssten die Regierungspraxis erst lernen. Hier gebe es Grund für eine gewisse Sorge. Allerdings würde der „Import" von Politikern aus der Bundesrepublik Deutschland in die DDR doch eine bedenkliche Sache sein (er erwähnte in diesem Zusammenhang Pieroth).[6] Das würde weder in der DDR noch international einen guten Eindruck machen. Die Bemerkung, dass die Mehrheit der DDR-Wähler die häufigen Wahlauftritte westdeutscher Politiker anscheinend nicht verübelt hätten, ließ K. gelten. Der Bundeskanzler habe in der Tat darauf verweisen können, dass er Wahlauftritte in der DDR hätte bestreiten müssen, weil die SPD damit angefangen habe. Wenn Bahr[7] nach der Wahl erklärt habe, dies sei der schmutzigste Wahlkampf gewesen, so müsse er diesen Punkt in

---

[3] Der Sonderverteiler umfasste gem. Briefkopf folgende Stellen im AA: 210, D 2, Dg 20, Dg 21, 201, 212, 02, D 2 A, 010, 011, 013, 014, D 1, Dg 11, D 3, D 4, Dg 41, 412, D 5, Dg 50, 500, 2-Z1.
[4] Alle Unterstreichungen im Dokument von Hand.
[5] Die CDU erreichte – gerundet – 41%, die SPD 22%, die PDS 16% und die DSU 6%.
[6] Elmar Pieroth (*1934), CDU, u. a. 1985–1989 Senator für Wirtschaft und Arbeit (West-Berlin), 1990 Stadtrat für Wirtschaft (Ost-Berlin).
[7] Egon Bahr (*1922), u. a. 1972–1990 Mitglied des Deutschen Bundestages.

Rechnung stellen. In Zukunft stehe dem Bundeskanzler allerdings dieses „Alibi" nicht mehr zur Verfügung.

Über das Wahlergebnis der PDS schien K. erleichtert zu sein, wobei er Modrow ein großes Verdienst zuerkannte. Die PDS sei im übrigen keine kommunistische Partei alten Stils mehr, sondern habe es vermocht, sich recht schnell zu transformieren. Ihr Wahlprogramm unterscheide sich im Grunde nicht von dem der SPD. Er glaube, dass in spätestens 10 Jahren beide Parteien in eine einzige verschmolzen sein würden. Heute gehe die SPD der PDS noch aus dem Wege, aber das werde sich in spätestens ein bis zwei Jahren ändern. K. wies darauf hin, nach und nach werde klar, wie groß die Probleme der Vereinigung der beiden Staaten in wirtschaftlicher, sozialer und rechtlicher Hinsicht seien. Selbst wenn man die Vereinigung nicht hinauszögern wolle – und die Sowjetunion wolle das nicht – werde faktisch zunächst doch eine Konföderation zwischen beiden Staaten bestehen, wahrscheinlich für ein, zwei oder drei Jahre. Gesandter verwies auf die Wirtschafts- und Währungsunion. In den drei bisherigen Sitzungen habe es schon erhebliche Fortschritte gegeben, es würden bereits Termine genannt.

3. Angesprochen auf Sorgen vor der Wahl wegen der Handlungsfähigkeit der Regierung ließ K. ein beträchtliches Maß an Zuversicht erkennen, dass die neue Regierung zum Handeln in der Lage sein werde. Die Gefahr von Problemen mit den sowjetischen Truppen schätzte er schon wie beim letzten Gespräch ziemlich gering ein. Die sowjetischen Truppen hätten neue Anweisungen für ihr Verhalten bekommen. Darauf habe Modrow schon vor einigen Monaten gedrungen. Deshalb seien Beschränkungen, die die Bevölkerung wegen der Truppenstationierung zu ertragen [hätte],[8] akzeptabler geworden.[9] Auch glaubt K. nicht an einen sofortigen Ruf nach Abzug der sowjetischen Truppen aus der DDR.

4. K. wies von sich aus darauf hin, dass es heute nicht mehr so wichtig sei, ob die Vereinigung über Artikel 23 oder Artikel 146 erfolge, nachdem in der letzten Zeit Klarstellungen erfolgt seien. Er spezifizierte diese Klarstellungen nicht, drückte aber Beruhigung darüber aus, dass auch bei Anwendung von Artikel 23 kein „Anschluss" erfolgen solle, sondern Raum für Verfassungsmodifikationen und über [sic!] Fristen gegeben sei, dass die Deutschen die Nachbarn nicht vor vollendete Tatsachen stellen wollten usw. Er bezog sich dabei auch auf die Rede des Bundeskanzlers vom 19. März anlässlich der Eröffnung der KSZE-Wirtschaftskonferenz in Bonn.[10] Er äußerte sich zuversichtlich, dass die anstehenden Fragen in einem geordneten Verfahren geregelt werden könnten. Zur Eigentumsfrage in der DDR meinte er, sie sei natürlich eine innere Angelegenheit der Deutschen. Er bat jedoch, sich nicht auf den Standpunkt zu stellen, dass die Enteignungen deshalb rechtswidrig seien, weil sie mit Hilfe der Sowjetunion erfolgt seien. Vielmehr solle man sich auf den Standpunkt stellen, Geschichte sei Geschichte.

[11]5. Zum NATO-Thema arbeitete K. den innenpolitischen Zwang, unter dem die sowjetische Führung stehe, noch einmal heraus. Eine NATO-Mitgliedschaft des vereinigten Deutschlands würde in den Augen der breiten sowjetischen Öffentlichkeit so verstanden werden, dass dann die USA, obwohl sie ihr Feindbild nicht verändert habe, einen Sieg davon getragen hätten. Gorbatschow – so werde es heißen – gebe die DDR nicht nur ge-

---

[8] Im Dokument: hätten.
[9] Passage am re. Rand per Hand angekreuzt.
[10] Rede in: Europa-Archiv 45 (1990), S. D 213–D 218. Vgl. Dokument Nr. 23, Anm. 12.
[11] Die ersten beiden Sätze des Absatzes am re. Rand doppelt per Hand angestrichen, daneben zusätzlich angekreuzt.

sellschaftspolitisch auf, was ja wirklich der Fall sei, sondern lasse auch eine sicherheitspolitische Aufgabe der DDR zu. Zwar würden die Intellektuellen verstehen, dass die Feindbilder an Schärfe verloren hätten, die Öffentlichkeit sei aber noch nicht so weit. Man müsse zeigen, dass sich auch auf westlicher Seite etwas ändere. Gesandter merkte an, dass auf der Prager WP-Konferenz am 17.3. unterschiedliche Auffassungen zur NATO-Zugehörigkeit Deutschlands zu Tage getreten seien.[12]

Sicherlich hätten die meisten mitteleuropäischen und osteuropäischen Länder, abgesehen von anderen Gründen, nicht diesen innenpolitischen Rechtfertigungsgrund wie die Sowjetunion. K. pflichtete bei, meinte aber, in Prag habe trotz der Meinungsverschiedenheiten Konsens darüber bestanden, dass der Warschauer Pakt fortbestehen müsse.[13] Man könne sich mehrere Lösungen vorstellen: Entweder eine solche Variante, wie sie dem sogenannten Genscher-Plan zugrunde liege, d.h., [14]keine Ausdehnung des NATO-Territoriums nach Osten und einstweilen weitere Stationierung von sowjetischen Truppen auf DDR-Territorium. Dieser Plan habe übrigens Beifall auf Seiten des sowjetischen Militärs gefunden, weil er die angenehme Wirkung habe, dass sich für sie einstweilen nichts ändere, sondern sie vorerst bleiben könnten. Eine andere Variante wäre, dass in einem Vertrag zwischen dem Warschauer Pakt und der NATO das Recht über [sic!] die Stationierung sowjetischer Truppen auf dem Territorium vereinbart werde.[15] Er kam auf den früheren Gedanken zurück, dass unter Umständen alle WP-Mitglieder das Recht haben müssten, NATO-Mitglied zu werden. Er deutete an, dass das Problem der Stationierungskosten der Sowjetunion zu schaffen mache.

Er frage sich, was aus der NVA werden solle. Sie sei zwar schon recht reduziert, aber immerhin bleibe ein [16]Kern von rund 80000 Mann, darunter [viele Berufsoffiziere].[17] Man könne diese Gruppe nicht ins Abseits stellen, wie die bisherigen Stasi-Mitarbeiter. Vielleicht sei eine Konstruktion denkbar, dass sie den sowjetischen Truppen attachiert würden.[18] Gesandter meinte, er könne es sich persönlich nicht gut vorstellen, dass schon in absehbarer Zeit NVA-Angehörige in die Bundeswehr aufgenommen würden, da bei uns und in der Bundeswehr psychologische Hemmnisse existierten, aber mit der Zeit könnte sich die Einstellung wandeln.

K. unterstrich, es sei für die Sowjetunion sehr wichtig, dass die NATO ein klares Signal gebe, dass sie nicht eine Verletzung der bisherigen Symmetrie zulasse,[19] sondern politisch auf den Osten zugehe. Auch die NATO sollte einen Schritt machen. Im Grunde genommen – fuhr K. fort – herrsche zwischen Moskau und Bonn Übereinstimmung über die Notwendigkeit einer neuen Sicherheitsstruktur in Europa. Das Problem sei, wie man den Übergang vollziehe. Da die Entwicklungen in Deutschland einerseits und in Europa andererseits mit ungleicher Geschwindigkeit verliefen, brauche man eine Lösung für die Zwischenperiode. Vielleicht bestehe eine Lösung darin, dass man sich verpflichte, das Ziel eines kollektiven Sicherheitssystems in Europa zu erreichen, bestimmte Prinzipien ausarbeite und diese dann in einem Dokument festhalte.

---

[12] Vgl. Dokument Nr. 22, Anm. 16. Passage am li. Rand per Hand angestrichen.
[13] Satz am li. Rand per Hand angestrichen.
[14] Text ab hier bis einschließlich der Haltung des Militärs am li. Rand per Hand angestrichen.
[15] Der Satz am li. Rand per Hand mit Wellenlinie versehen.
[16] Passage bis Absatzende am li. Rand per Hand angestrichen.
[17] Im Dokument: vielen Berufsoffizieren.
[18] Am li. Rand neben der Anstreichung zusätzlich angestrichen, und von Hand eingefügt: „?!"
[19] Satz bis hierher am li. Rand per Hand angekreuzt.

6. Gegen Ende des Gesprächs wurde deutlich, dass auf sowjetischer Seite die Sorge besteht, die Sowjetunion könne in diesem Vereinigungsprozess auf eine Nebenrolle abgedrängt werden. Er betonte, dass die Veränderungen in der DDR zwar von der Bevölkerung ausgegangen seien, aber man dürfe nicht vergessen, dass es letztlich der Politik Gorbatschows zuzuschreiben gewesen sei, dass dieser Prozess in Gang gekommen sei. Gesandter erwiderte, dass die Deutschen in West und Ost sich dieses Zusammenhangs voll und ganz bewusst seien. So habe BM Genscher in seinen Wahlauftritten in der DDR immer dann besonderen Applaus bekommen, wenn er auf die Rolle Gorbatschows hingewiesen habe.

Zum Schluss äußerte K. eine angesichts der Umstände erstaunliche Bitte. Er wies darauf hin, dass der wahrscheinlich neue Regierungschef de Mazière gut beraten wäre, wenn er mit Botschafter Kotschemasow[20] – vielleicht auch mit Kwizinski – Kontakt aufnähme, um ihn über die Entwicklungen auf dem Laufenden zu halten. Selbst wenn dies nur eine Sache der Form wäre, so wäre dies dennoch eine wichtige Geste, umso mehr, als Kotschemasow besonders viel Erfahrung habe. Es wäre nicht gut, den Eindruck zu erwecken, als sei die Sowjetunion an den Rand abgeschoben.[21] Auf diese Weise werde außerdem Kotschemasow in den Stand versetzt, aus erster Hand zu berichten, was für die Meinungsbildung in der SU nicht zu unterschätzen sei.

Blech

PA AA, ZA 198.443 E.

Nr. 25

Fernschreiben der Botschaft Moskau vom 27. März 1990 über ein Gespräch mit dem Leiter des Planungsstabs des MID, Tarasenko,[1] am 27. März 1990 über die deutsch-sowjetischen Beziehungen

Aus: Moskau[2]
Nr 1246 vom 27.03.1990, 1815 OZ
An: Bonn AA

Fernschreiben (verschlüsselt) an 213
Eingegangen: 27.03.90, 1644 OZ
V S – Nur für den Dienstgebrauch
Auch für Washington, London Diplo, Paris Diplo, Ständige Vertr., Brüssel NATO

---

[20] Vjačeslav Ivanovič Kočemasov (1918–1998), 1983–1990 sowjetischer Botschafter in der DDR und Mitglied des ZK der KPdSU.
[21] Passage am re. Rand per Hand doppelt angestrichen.

[1] S. P. Tarasenko. Zu seiner Stellung vgl. das Folgende.
[2] Darüber Eingangsstempel des AA vom 28.3.1990 sowie Stempel über Verteilung der Arbeitsexemplare (Umlauf 213, Stu, 210, 010, 212) mit entsprechenden Sichtvermerken. Darunter handschr.: „zdA N[eu]b]ert 28/3".

Az.: Pol 321.00 VS-NFD[3]
Verfasser: v. Arnim
Betr.: Deutsch-sowjetische Beziehungen
Hier: Gespräch mit Tarasenko
– zur Unterrichtung –

Am 27.03. hatten Mitarbeiter ein Gespräch aus anderem Anlass mit dem neuen Leiter des Planungsstabes des SAM, Botschafter Tarasenko (T.).
    T. war bis zu seiner kürzlichen Ernennung der Leiter des „Allgemeinen Sekretariats des SAM", dessen Funktion in [etwa][4] mit [der][5] einer Kombination unseres Ministerbüros mit dem Büro Staatssekretäre zu vergleichen ist. T. ist [seit][6] 1962 im auswärtigen Dienst (62 – 67 Kairo, 68 – 72 SAM, Mittelost-Abteilung, 72 – 78 Washington). 1983 wechselte er als „Berater" zu Schewardnadse nach Georgien und kehrte als dessen persönlicher Referent nach Moskau zurück, als Schewardnadse 1985 AM wurde. (Was ein Indiz dafür sein könnte, dass die damals überraschende Ernennung des 1. Sekretärs der Georgischen Partei zum AM eine gewisse Vorbereitung hatte.) Vom persönlichen Referenten stieg er 1987 zum Leiter des „Allgemeinen Sekretariats" auf. Er ist Schewardnadse nach wie vor eng verbunden. Dies wurde dadurch kenntlich, dass er während des Gesprächs herausgerufen wurde. Bei der Rückkehr teilte er mit, Schewardnadse habe mit ihm noch sprechen wollen, bevor er sich [zur][7] konstituierenden Sitzung des Präsidentschaftsrates bei Gorbatschow begeben habe.
    T. legte dar, der Leitgedanke der SU in den mit Deutschland verbundenen Fragen sei der der <u>Synchronisation</u>.[8] Man wolle sie aber <u>nicht durch eine Abbremsung</u> der Entwicklung in Deutschland, sondern durch eine Beschleunigung des gesamteuropäischen Prozesses erreichen.[9]
    Befürchtungen, die SU suche für Deutschland Regelungen nach dem Modell der 50er oder 40er Jahre, seien unbegründet. Es sei richtig, dass die sowjetischen Vorstellungen über das zukünftige gesamteuropäische System der Weiterentwicklung bedürften. Daran werde z. Zt. angestrengt gearbeitet, insbesondere im Zusammenhang mit der Ausarbeitung einer Rede, die Schewardnadse, wohl am 6. April, in Washington halten werde.[10] Allerdings werde Schewardnadse nicht versuchen, dort schon die Punkte auf alle i in der deutschen Frage und den damit verbundenen Problemen zu setzen. Dazu sei noch vieles nicht genügend geklärt. Wir würden jedoch in dieser Rede sehen, dass die SU keineswegs nach Regelungen strebe, die uns diskriminierten.
    Für die SU stehe die Sicherheitsfrage nicht nur aus außenpolitischen Gründen im Zentrum der Überlegungen. Wir müssten sehen, dass es in der derzeitigen sehr harten Auseinandersetzung in der sowjetischen Führung ganz besonders um die Außenpolitik gehe.[11] Das Verhältnis des SAM zum Verteidigungsministerium sei äußerst gespannt. Die Stim-

---

[3] Geheimhaltungsstufe auf jeder der 3 Seiten zusätzlich eingetragen.
[4] Im Dokument: etwas.
[5] Im Dokument: dem.
[6] Im Dokument: sei.
[7] Im Dokument: zu.
[8] Alle Unterstreichungen im Dokument von Hand.
[9] Der Absatz am li. Rand von Hand angestrichen und mit Pfeil markiert.
[10] Ševardnadze war vom 4. bis 6.4.1990 in Washington, vgl. Adomeit, Imperial Overstretch, S. 505f.
[11] Der Satz am li. Rand von Hand angestrichen, zusätzlich abgehakt.

mung des Militärs sei vor allem eine Folge der sozialen Konsequenzen der Außenpolitik auf die Streitkräfte. In den gegen die Politik Schewardnadses eingenommenen Kreisen Moskaus zirkuliere z. B. z. Zt. eine dicke Sammlung mit Zitaten aus Schewardnadse-Reden während der Breshnew-Zeit. Mit solchen Methoden werde die gesamte Außenpolitik des neuen Denkens unterminiert. Die deutsche Frage sei in diesem Kampf geradezu das ideale Instrument. Die Erinnerung an den Krieg sei einfach sehr lebendig.[12] Die Gegner der neuen Außenpolitik machten sich diese Stimmung der Bevölkerung zunutze. (T. zeigte an dieser Stelle einen Brief eines alten Parteimitglieds an die sowjetische Führung, in dem es u. a. hieß, weder Schewardnadse noch Gorbatschow hätten das Recht, der deutschen Einheit zuzustimmen, da niemand wisse, ob es nicht doch einmal einen neuen „Führer" geben werde. Diesem Brief war ein Vorblatt mit Verteiler angeheftet, aus dem sich ergab, dass er neben Gorbatschow und Schewardnadse auch an Lukjanow[13] gegangen war.) Wenn man jetzt rasch aus der DDR abziehen müsste, dann könnten die Folgen innenpolitisch untragbar sein. Es sei nicht möglich, z. B. eine Division einfach in ein Zeltlager etwa im Ural zu stecken. Wir müssten berücksichtigen, dass Gorbatschow z. Zt. zu viele schwierige Probleme auf einmal bewältigen müsse.

Er glaube zwar, dass sich in einigen Jahren die eine oder andere Republik aus der SU lösen werde. In der gegenwärtigen Lage könne aber nicht alles zugleich entschieden werden. Der wichtigste politische Faktor in den nächsten Jahren werde die <u>russische</u> Entwicklung.[14] Hier bilde sich das neue Kraftzentrum der zukünftigen Föderation. Die emotionale Entwicklung der russischen Bevölkerung sei insofern von enormer politischer Bedeutung. Auf sie wirke die deutsche Entwicklung direkt ein, wie wir in den Angriffen mancher der prononciert russischen Zeitungen auf die Außenpolitik der Perestrojka erkennen könnten.[15]

Blech

PA AA, ZA 151.629 E.

Nr. 26
Aide-Mémoire des sowjetischen Außenministeriums vom 28. April 1990 über die Wirtschafts-, Währungs- und Sozialunion zwischen der Bundesrepublik Deutschland und der DDR[1]

Aide-Mémoire

---

[12] Zu dieser Passage am li. Rand handschr.: „M".
[13] Anatolij Ivanovič Luk'janov (*1930), 1988–1990 Politbürokandidat, 1989–1990 Erster Stellv. Vorsitzender des Obersten Sowjets, 1990–1991 Vorsitzender des Obersten Sowjets.
[14] Passage am li. Rand von Hand abgehakt.
[15] Letzter Satz am re. Rand von Hand doppelt angestrichen.

[1] Arbeitsübersetzung der bundesdeutschen Botschaft in Moskau, übermittelt mit Fernschreiben Nr. 1721 vom 28.4.1990 an Referat 210, Zusatzexemplare an Referat 210, Dg 2, StS Lautenschlager, Tiedtmeier, BMF und BMW u. a. Das Aide-Mémoire wurde Botschafter Blech am 28.4.1990 vom Stellv. Außenminister, Kovalev, übergeben. Die entsprechende Einleitung des Fernschreibens ist hier nicht

Im Zusammenhang mit dem der Botschaft der UdSSR in der BRD übergebenen „Arbeitspapier für die Gespräche mit der DDR über den Vertrag zur Schaffung einer Währungsunion und einer Wirtschafts- und Sozialgemeinschaft zwischen der BRD und der DDR"[2] erachtet es das Außenministerium der UdSSR für notwendig, einige Überlegungen zu Fragen, die unmittelbar die Interessen der Sowjetunion berühren, darzulegen.

1. Vor allem wäre festzustellen, dass das „Arbeitspapier" leider nicht den grundlegenden Umstand berücksichtigt, dass die Rechte und die Verantwortlichkeiten der Vier Mächte bezüglich Deutschlands als Ganzem und Berlin bis zur Erlangung einer deutschen Friedensregelung weiterbestehen. Auch muss berücksichtigt werden, dass die BRD und die DDR durch diese Rechtslage gebunden sind und in vollem Masse die Verantwortung auch für die Einhaltung der Verpflichtungen aus internationalen bilateralen und multilateralen Verträgen tragen, die sie zu einem früheren Zeitpunkt abgeschlossen haben. Ein selektives Herangehen an diese Verpflichtungen, insbesondere die Betonung der Verträge der Europäischen Gemeinschaften allein als maßgeblich für die Währungs-, Wirtschafts- und Zollordnung und andere Ordnungen auf dem Hoheitsgebiet der Gemeinschaft der zwei deutschen Staaten würde eine Diskriminierung der Rechte der Nichtmitgliedstaaten der EG bedeuten.

Daher erscheint es erforderlich, in einen eventuellen Vertrag zwischen der BRD und der DDR über die Schaffung einer Währungsunion und einer Wirtschafts- und Sozialgemeinschaft eine allgemeine Klausel darüber einzufügen, dass dieser Vertrag die internationalen Verpflichtungen der BRD und der DDR aus früher geschlossenen Verträgen nicht berührt, sowie konkrete Bestimmungen des Vertragsentwurfes, die dieser prinzipiellen Bestimmung widersprechen könnten, damit in Übereinstimmung zu bringen.

2. Die Verhandlungen über die äußeren Aspekte der Vereinigung der BRD und der DDR im Rahmen des in Ottawa am 13. Februar 1990 geschaffenen 2+4-Mechanismus befinden sich bekanntlich erst in einem Anfangsstadium.

Dementsprechend darf keine Bestimmung des Vertragsentwurfes zwischen der BRD und der DDR über die Schaffung einer Währungsunion und Wirtschafts- und Sozialgemeinschaft die Lösung von Fragen bezüglich des internationalen Status eines zukünftigen vereinten Deutschlands, seiner politischen, militärischen und anderer Verpflichtungen sowie der allgemeinen Ausrichtung seiner Politik vorwegnehmen. Die Aufnahme derartiger Verfügungen in einen Vertrag zwischen der BRD und der DDR vor Abschluss der 2+4-Verhandlungen würde eine Überschreitung der Kompetenzen der BRD und der DDR darstellen und darf nicht erfolgen. Dies gilt insbesondere für die Bestimmungen des Vertragsentwurfes zur „Schaffung der staatlichen Einheit in Übereinstimmung mit Artikel 23 des

---

abgedruckt. Das Aide-Mémoire wurde in der 3. Europäischen Abteilung des MID erarbeitet, vgl. Vermerk von VLR I Rosengarten über die Gespräche von Lautenschlager mit Obminskij am 7./8. 5. 1990, PA AA, ZA 151.629 E (hierzu auch Dokument Nr. 27, Anm. 32). Vgl. auch sowjetische non-paper vom 18./19. 4. 1990, in: Bundesministerium für innerdeutsche Beziehungen (Hrsg.), Texte zur Deutschlandpolitik, Reihe III, Bd. 8a, S. 161ff.; Deutsche Einheit, S. 1023f.; hierzu auch Analyse Duisberg sowie das Gespräch Kohls mit Kvicinskij am 23. 4. 1990, in: Ebenda, S. 1024–1030. Hans Tiedtmeier (*1931), ab 1990 Mitglied des Direktoriums der Deutschen Bundesbank. Hans Werner Lautenschlager (*1927), 1987–1992 Staatssekretär im AA. Ėrnest Evgen'evič Obminskij (*1931), 1986–1990 Leiter der Verwaltung des Außenministeriums für Internationale Wirtschaftsbeziehungen, 1989 bis 1991 Stellv. Außenminister.
[2] Parallel zu dem offiziellen Beginn der deutsch-deutschen Gespräche über die Wirtschafts-, Währungs- und Sozialunion wurde der sowjetischen Botschaft in Bonn am 26. 4. 1990 das Arbeitspapier übergeben, „von dem die Regierung der Bundesrepublik Deutschland bei diesen Gesprächen ausgeht", vgl. Brief Genschers an Ševardnadze vom 25. 4. 1990 (per Drahterlass an die Botschaft Moskau am 26. 4. 1990), PA AA, ZA 151.641 E. Zur WWSU vgl. Dokument Nr. 22, Anm. 28.

Grundgesetzes der BRD", die in der Präambel und in einer Reihe von Vertragsparagraphen enthalten sind, und für die Verpflichtung der DDR, ihre Politik am „Recht und an den Zielen der Europäischen Gemeinschaften" auszurichten (Art. 10, Paragraph 3), die jedoch einen nicht nur wirtschaftlichen, sondern auch politischen Charakter tragen.

3. Nichts im Vertragsentwurf zwischen der BRD und der DDR darf dazu berechtigen, die Gesetzlichkeit der Maßnahmen und Verordnungen in Frage zu stellen, die die Vier Mächte in Fragen der Entnazifizierung, der Demilitarisierung und der Demokratisierung gemeinsam oder jede in ihrer ehemaligen Besatzungszone ergriffen haben.[3] Die Rechtmäßigkeit dieser Beschlüsse, vor allem in Besitz- und Bodenfragen, unterliegt keiner neuerlichen Überprüfung oder Revision durch deutsche Gerichte oder andere deutsche Staatsorgane. Dies gilt auch für diejenigen Verpflichtungen, die die DDR zur Abänderung ihrer Verfassung und ihrer Gesetze über das sozialistische Eigentum in der Stadt und auf dem Lande eingehen soll.

4. Aus dem Text des Vertragsentwurfes geht hervor, dass eine ganze Reihe von Institutionen der BRD das Recht erhalten soll, ihre Kompetenzen in Fragen, die durch den Vertrag geregelt werden (Bundesministerien, Bundesbank u. a.) unmittelbar auf dem Hoheitsgebiet der DDR auszuüben. Diese Kompetenzen können jedoch nur in dem Masse wahrgenommen werden, in dem die Organe der BRD in ihrem Vorgehen nicht nur durch Gesetze der BRD gebunden wären, sondern auch durch die auf dem Hoheitsgebiet der DDR geltende Ordnung, die sich aus von der DDR eingegangenen internationalen Verpflichtungen ergibt.

5. Das Verfahren für den Umtausch der Währung des einen deutschen Staates in die Währung des anderen deutschen Staates kann nicht nur durch Kriterien der Erhaltung der Währungsstabilität und der Abwendung von Inflation und Defiziten (Art. 9 und andere) bestimmt werden. Gegenüber den finanziellen Interessen des sowjetischen Staates sowie von sowjetischen juristischen und natürlichen Personen muss ein nicht diskriminierender Ansatz gewährleistet sein. Dies sollte auch für die Interessen anderer Staaten und ihrer juristischen und natürlichen Personen gelten, wenn ein zukünftiges geeinigtes Deutschland nicht von Anfang an mit diesen in Widerspruch geraten will. Es wäre zu hoffen, dass die BRD und die DDR untereinander keine Verträge zu Lasten der Interessen von dritten Staaten abschließen.

6. Die sowjetische Seite erkennt die Bedeutung von Art. 12, Paragraph 2 des Vertragsentwurfes über das Weiterbestehen des Vertrauens in die Verpflichtungen der DDR gegenüber den RGW-Ländern an, erachtet jedoch diesen Artikel als unzureichend. Hier ist offensichtlich eine genauere Formulierung erforderlich.

7. Im Zusammenhang mit dem Vertragsentwurf bedürfen die Fragen der Gewährleistung der Präsenz der sowjetischen Truppen auf dem Hoheitsgebiet der DDR einer Klärung.[4] Dies betrifft sowohl Fragen des Devisenumtausches als auch den Wegfall von Preissubventionen bei Lebensmitteln, Konsumgütern, Wohnungen usw. Hierzu gehören auch

---

[3] Vgl. hierzu auch die Erklärung der sowjetischen Regierung vom 28. 3. 1990 über die Gültigkeit besatzungspolitischer Maßnahmen, in: Galkin/Tschernjajew (Hrsg.), Michail Gorbatschow und die deutsche Frage, Dokument Nr. 83. Dort auch Angaben zu den entsprechenden Einzelmaßnahmen.

[4] Vgl. hierzu schließlich das deutsch-sowjetische Abkommen über einige überleitende Maßnahmen vom 9. 10. 1990 sowie den Vertrag zwischen der Bundesrepublik Deutschland und der Sowjetunion vom 12. 10. 1990 über die Bedingungen des befristeten Aufenthalts und die Modalitäten des planmäßigen Abzugs der sowjetischen Truppen aus dem Gebiet der Bundesrepublik Deutschland (mit Anlagen), in: BGBl. 1990 II, S. 1655–1659 und BGBl. 1991 II, S. 258–290.

Fragen der Kosten für den Unterhalt der sowjetischen Einrichtungen in der DDR, für Dienstreisen von sowjetischen Vertretern und Spezialisten im Rahmen der bilateralen Beziehungen zur DDR, für Reisen von sowjetischen Touristen und auch für Privatreisen von sowjetischen Staatsangehörigen. Der Abschluss eines Vertrages zwischen der BRD und der DDR darf nicht zu einer Verschlechterung der in dieser Hinsicht bestehenden Bedingungen führen, die durch ein System vertraglicher Verpflichtungen zwischen der UdSSR und der DDR gewährleistet werden.

8. Die sowjetische Seite würde gerne eine Garantie dafür erhalten, dass keine der Bestimmungen des von der BRD vorgeschlagenen Vertragsentwurfes mit der DDR einen negativen Einfluss auf die Stellung und die Bedingungen für die Tätigkeit der sowjetisch-deutschen Aktiengesellschaft „Wismut" haben wird.[5]

9. Bei dem Teil, der die sozialen Regelungen betrifft, geht die sowjetische Seite davon aus, dass Maßnahmen zur Beibehaltung des Renten- und Beihilfesystems, das mit dem Vertrag über die Zusammenarbeit im Bereich der Sozialfürsorge zwischen der UdSSR und der DDR vom 24. Mai 1960 geschaffen wurde, ergriffen werden und dass es zu keinerlei Diskriminierung der Bürger der UdSSR in diesen Fragen kommen wird.

10. Die oben aufgeführten Fragen betreffen die äußeren Aspekte der Vereinigung. Eine nicht zufriedenstellende Lösung dieser Fragen würde eine Erörterung im Rahmen des 2+4-Mechanismus erforderlich machen und könnte die Lösung anderer Fragen im Zusammenhang mit der Abstimmung der äußeren Bedingungen der Vereinigung verzögern.

Die sowjetische Seite erwartet, dass die oben aufgeführten Überlegungen im Geiste des gegenseitigen Verständnisses zwischen unseren Ländern und in Übereinstimmung mit der mehrfach von der Regierung der BRD geäußerten Bereitschaft, den berechtigten Interessen der Sowjetunion bei der Durchführung von praktischen Maßnahmen zum Aufbau der deutschen Einheit gebührend Rechnung zu tragen, geprüft werden.

Selbstverständlich behält sich die sowjetische Seite das Recht vor, darüber hinaus im Rahmen von bilateralen und trilateralen Konsultationen (UdSSR – BRD – DDR) und, falls erforderlich, im Rahmen der „Sechs" ihre Meinung zu den angeschnittenen Fragen zu äußern.

28. April 1990

PA AA, ZA 198.444 E.

Nr. 27
Vermerk des Dg 21, Höynck, vom 7. Mai 1990 über das Gespräch von Bundesaußenminister Genscher mit dem sowjetischen Außenminister Ševardnadze am 4. Mai 1990 in Bonn

Dg 21

Bonn, den 7. Mai 1990[1]

---

[5] Die SDAG Wismut mit Sitz in Karl-Marx-Stadt (Chemnitz) (1953–1991), Nachfolgerin der SAG Wismut (1947–1953), betrieb Uranerzbergbau.

[1] Darüber Stempel: „VS – Nur für den Dienstgebrauch", Geheimhaltungsstufe auf jeder der 10 Seiten gestempelt.

Von BM noch nicht genehmigt

VERMERK[2]

Betr.: Gespräch Bundesminister mit Außenminister Schewardnadse beim Abendessen am 04.05.1990 im Gästehaus (Kiefernweg)

Außenminister Schewardnadse (Sch.): Für die Tagesordnung der Gespräche insgesamt sei gute Arbeit geleistet worden.[3] Irgendwo müsse aber der Punkt „Synchronisierung" erscheinen. Die deutsche Einheit müsse mit der Entwicklung der Sicherheitsstrukturen in Europa verbunden werden. So habe er dies auch Außenminister Baker heute gesagt. Auf der einen Seite gebe es die Gespräche der 6; auf der anderen Seite die Entwicklung der Sicherheitsstrukturen und die Wiener Verhandlung.[4] Diese beiden Komplexe dürfe man aber nicht gegeneinander stellen, sondern es sei im Grunde ein Komplex. Deswegen wäre es nicht schlecht, wenn man „Synchronisierung" als einen besonderen, 5. Tagesordnungspunkt verzeichnen würde. Vielleicht könne man dies aber auch verbinden mit dem Tagesordnungspunkt „politisch[-]militärische Fragen".

Auf Frage BM, was mit „Synchronisierung" gemeint sei, fuhr Sch. fort: Es gehe darum, den Prozeßcharakter der Lösungen der äußeren Aspekte der deutschen Einheit und der Entwicklung von Sicherheitsstrukturen zu unterstreichen. Gorbatschow habe gegenüber der DDR-Delegation unter Führung von Ministerpräsident de Maizière nochmals klipp und klar gegen einen Beitritt des vereinigten Deutschlands zur NATO Stellung genommen.[5] Man kenne die Auffassung der Bundesregierung und die der anderen NATO-Mitglieder. Für die SU handelt es sich um ein prinzipielles Problem. Es sei nicht einfach, für beide Seiten annehmbare Lösungen zu finden. Die Sowjetunion brauche Garantien dafür, daß sich die Entwicklung der Sicherheitsstrukturen parallel vollziehe. Im Herbst werde der KSZE-Gipfel stattfinden, bei dem es um die Strukturen sowie die nächsten Schritte der Abrüstung gehe.[6] Wenn man hier gute Antworten finde, dann werde manche andere Frage lösbar. Er betrachte unsere Gespräche (gemeint 2 + 4) als Antriebsmaschine für andere Verhandlungen. Im Juli soll ein NATO-Gipfel stattfinden, von dem gesagt werde, daß er der Anpassung der NATO-Politik und NATO-Strategie an die Veränderungen in Europa diene.[7] Die USA wollten mit ihren Ankündigungen zu den Nuklearwaffen zeigen, daß sie bereit seien, Konsequenzen zu ziehen. Wenn die NATO-Mitglieder entsprechende Entscheidungen tatsächlich treffen würden und die NATO nicht mehr militärisch sei, dann könne man auch anderes in anderem Lichte sehen. Die Frage der Bündniszugehörigkeit könne dann von der Tagesordnung gestrichen werden. Wichtig sei, daß man den Gesamtprozeß im Auge behalte.

BM.: Man müsse beachten, was die Menschen in beiden Teilen Deutschlands wollten. Ein wichtiger Faktor sei die innere Stabilität der DDR. Die Erwartung der Menschen sei,

---

[2] Daneben handschr.: „zdA E[lbe] 18/5[?]".
[3] Gemeint ist die erste Sitzung der 2+4-Außenminister am 5.5.1990 in Bonn, vgl. Dokument Nr. 28.
[4] Vgl. Dokument Nr. 1, Anm. 8.
[5] Gespräch Gorbačevs mit de Maizière am 29.4.1990, in: Galkin/Tschernjajew (Hrsg.), Michail Gorbatschow und die deutsche Frage, Dokument Nr. 88.
[6] Vgl. Dokument Nr. 1, Anm. 8 und 19, ferner Dokument Nr. 22, Anm. 20.
[7] Vgl. Dokument Nr. 10, Anm. 37.

daß 1991 die Vereinigung stattfinden könne. Die äußeren Aspekte sollten geklärt werden bis zum KSZE-Gipfel, das sei wichtig, damit keine Enttäuschung in der DDR und bei uns entstehe. Er wolle die positive Wirkung der 2 + 4-Gespräche für Gesamt-Europa unterstreichen. Deshalb sei er auch für eine dichte Folge der Ministertreffen im Rahmen der 2 + 4-Gespräche, um das Momentum zu bewahren.

Im Gespräch mit Außenminister Meckel habe er drei Bereiche hervorgehoben:[8]
– Im Hinblick auf den KSZE-Prozeß müsse man sich fragen, was durch das Gipfeltreffen verändert, was verbessert werden könne.
– Was seien die Perspektiven und die Ziele für die nächste Runde der konventionellen Verhandlungen;
– wie wollten die beiden deutschen Staaten und die Sowjetunion gemeinsam ihr Verhältnis für die Zeit gestalten, in der Deutschland vereinigt sei?

Wenn diese drei Ziele erreicht werden könnten, dann wäre Europa zum Jahresende grundlegend verändert.

Sch.: Für uns sähe das wohl so aus, daß die deutsche Vereinigung ein Komplex für sich sei. Die Vereinigung sei dynamisch, vollziehe sich mit hohem Tempo, das vielleicht noch forciert werde. Der Europäische Prozeß hingegen vollziehe sich langsam. Wo seien die Sicherheitsgarantien für die Sowjetunion?

BM.: Könne er so mißverstanden worden sein? Vielleicht seien unsere Ansprüche an den Gipfel höher als die der Sowjetunion. Er habe bisher geglaubt, daß beide Seiten in dieser Frage einer Meinung seien.

Sch.: Wir müssen sicher sein, daß das vereinigte Deutschland kein NATO-Mitglied sein werde.

BM.: Die Sowjetunion könne sicher sein, daß das vereinigte Deutschland als Mitglied der NATO ein Faktor der Sicherheit für Europa sei. Die Rolle der NATO hänge ab von den Veränderungen in ihrem Umfeld. Die Rolle der NATO werde sich bewähren bei der Abrüstung und bei der Entwicklung des KSZE-Prozesses.

Sch.: Aber wo und wann genau finde die Abrüstung statt? Bleibe das vereinigte Deutschland dabei Mitglied der NATO?

BM: [Ja,][9] Sobald Wien I abgeschlossen sei, müsse man sich verständigen über die Elemente für Wien II.[10] Die Beteiligten sollten ihre Absichten dazu darlegen; auch die Deutschen. Dies treffe ein hohes Maß an Sicherheit und Gewißheit der Absichten. Der Ausbau der Institutionen der KSZE verändere das Verhältnis zwischen West und Ost. Wir wollten eine Lage, in der man politisch nicht mehr von West und Ost rede, auch wenn es geographisch natürlich fortbestehe.

Sch.: Wann werde das eintreten?

BM:[11] Schnell!

Sch.: Wir verstehen Sie! Wir wollen nicht den Prozeß der Vereinigung bremsen. Dabei wolle die Sowjetunion nicht an die Geschichte erinnern. Die Sowjetunion sei bereit, aktiv an den Ministergesprächen teilzunehmen. Man könne sich sechsmal treffen, man könne sich vielleicht auch zehnmal treffen, aber es sei eine Synchronisierung erforderlich, damit

---

[8] Vgl. Vermerk von Dg 21, Höynck, vom 7.5.1990 über das Gespräch Genschers mit Meckel am 4.5.1990, PA AA, ZA 178.927 E.
[9] Handschr. eingefügt, ohne Änderung der folgenden Rechtschreibung.
[10] Vgl. Dokument Nr. 1, Anm. 8 und 19, ferner Dokument Nr. 22, Anm. 20.
[11] Wechsel der Schreibweise – „BM" bzw. „BM." – gem. Vorlage.

auch die Russen diesen Prozeß verstehen. In der Sowjetunion verstehe man nicht die Logik dieses ganzen Vorganges. Man verstehe, daß das vereinigte Deutschland ein Stabilitätsfaktor in Europa sein solle. Die Bündnisse garantierten jedoch das Gleichgewicht zwischen Ost und West. Warum müsse das vereinigte Deutschland unbedingt Mitglied eines Bündnisses sein? Wir haben keine Angst und glauben Ihnen! Die Sowjetunion wolle keine Enttäuschung der Wünsche der DDR-Bevölkerung; es sei ein natürlicher Wunsch der Bevölkerung, sich zu vereinigen. Aber er müsse unterstreichen: Wenn das vereinigte Deutschland der NATO angehören werde, dann werde es in der Sowjetunion eine andere Regierung geben. Er habe auch gerade dem Bundeskanzler in dem Gespräch heute deutlich vor Augen geführt, daß viel auf dem Spiel stehe.[12] Für die sowjetische Führung sei dies eine psychologisch schwierige Frage.

BM: Wir verstünden, was dies für die Sowjetunion bedeute. Auch im Blick auf die Geschichte. Was könne die Sowjetunion durch die Vereinigung gewinnen? Heute habe die Sowjetunion ein größeres Gewicht als vor zehn Jahren. Dieses Gewicht beruhe nicht auf der Stärke der Roten Armee [sic!][13] oder darauf, wo die Rote Armee stationiert sei. Das Ansehen beruhe auf der sowjetischen Politik. Auch wir stellten uns die Frage, wie das deutsch-sowjetische Verhältnis nach der Vereinigung sein werde. Werde es sich lediglich um eine Addition der Bundesrepublik Deutschland und der Deutschen Demokratischen Republik handeln oder werde eine neue Qualität entstehen, die das zum Tragen bringe, was in der gemeinsamen Erklärung von 1989 vereinbart sei?[14] Er sei überzeugt, daß es sich um mehr als eine Addition handeln werde. Werde Europa insgesamt stabiler sein? Wenn man einen umfassenden Stabilitätsbegriff zu Grunde lege, dann könne man diese Frage nur bejahen. Dazu gehörten neue Elemente der Sicherheit, der wirtschaftlichen Zusammenarbeit und im Menschenrechtsbereich. Nach dem KSZE-Gipfel würden die Verhältnisse in ganz Europa in einem anderen Licht erscheinen. Dies löse zwar nicht die psychologischen Probleme in der Sowjetunion, aber dies schaffe Fakten. Ganz Europa werde am Ende dieses Jahres besser dastehen. Wenn sich dann im kommenden Jahr Deutschland vereinige, so werde dies ein weiterer Stabilitätsgewinn sein. Die KSZE-Experten würden bald mit der Vorbereitung des Gipfeltreffens beginnen;[15] im September könne man ein Treffen der Außenminister der 35 in New York vorsehen. Insgesamt sei in diesem Jahr sehr viel zu erreichen, parallel und im engen Zusammenhang mit den 2 + 4-Gesprächen.

Sch.: Man müsse die Lage real betrachten. Die internen Aspekte des Vereinigungsprozesses seien eine Angelegenheit der beiden deutschen Staaten. Wenn sich der Prozeß schneller vollziehe, würde die Sowjetunion dies begrüßen. Ein schneller Prozeß sei auch wirtschaftlich vorteilhaft.

Was die äußeren Aspekte [anbelange],[16] so zweifle er, daß dafür binnen weniger Monate eine Lösung gefunden werden könne. Vielleicht habe die Sowjetunion nun eine andere Vorstellung von der Bedeutung der äußeren Aspekte; aber dazu gehörten so wichtige Dinge wie der militärisch-politische Status eines vereinigten Deutschlands und die Rechte der vier Mächte. Es sei nicht real, anzunehmen, daß die Sowjetunion bereit sei, dies alles binnen weniger Monate aufzugeben („wegzuwerfen").

---

[12] Gesprächsprotokoll in Deutsche Einheit, S. 1084–1090.
[13] 1946 war die Rote Arbeiter- und Bauernarmee in Sowjetische Armee umbenannt worden.
[14] Vgl. Dokument Nr. 1, Anm. 6.
[15] Vgl. Dokument Nr. 1, Anm. 19.
[16] Im Dokument: anlage.

Eine andere Frage sei die weitere Entwicklung der Sicherheit in Europa. Hier bestehe eine enge Beziehung zu den äußeren Aspekten, der man durch eine Übergangsperiode Rechnung tragen müsse. Wieviele Jahre eine solche Übergangsperiode dauern werde, ob eins, zwei oder fünf Jahre, das sei jetzt schwer zu sagen. Aber diese Übergangsperiode werde sich nur beziehen auf die Lösung der äußeren Aspekte. Die Wahl eines gesamtdeutschen Parlaments, die Bildung einer Regierung, das seien interne Angelegenheiten. Niemand wolle diese Dinge stören. Aber das für die Lösung der äußeren Aspekte angeschlagene Tempo könne man nicht durchhalten.

Auf die Zwischenfrage von BM, ob nach sowjetischer Vorstellung ein gesamtdeutsches Parlament und eine gesamtdeutsche Regierung möglich seien, ohne daß die äußeren Aspekte gelöst seien, ergab sich eine Diskussion auf der sowjetischen Seite, an der sich Kwizinski und Bondarenko beteiligten. Bondarenko meinte, in der Übergangsperiode könne das [vereinigte][17] Deutschland seinen Platz einnehmen, wenn und soweit die äußeren Aspekte nicht berührt seien.

BM: Wenn er einmal annehme, daß im Frühjahr 1991 ein deutsches Parlament und eine deutsche Regierung zustande kämen, ohne daß die äußeren Aspekte berührt würden, was bedeute das praktisch?

Kwizinski: Dies bedeute, daß Deutschland bei einer Vereinigung gemäß Artikel 23 GG nicht automatisch zur NATO gehöre.

Zwischenfrage BM: Heiße das, daß dann das gesamte Deutschland nicht einfach zur NATO gehöre?

Kwizinski: Ja!

Sch.: Uns sei bekannt, daß die Sowjetunion gegen eine Mitgliedschaft des gesamten Deutschland in der NATO sei. Auf der anderen [Seite][18] wünschten wir, daß die vier Mächte-Rechte im Zusammenhang mit dem KSZE-Gipfel abgelöst würden. Wie könne die Sowjetunion auf Rechte verzichten, wenn der Status Deutschlands ungeklärt sei?

BM: Über diesen Status müsse man eine Verständigung finden bis zu dem Zeitpunkt, an dem die vier Mächte ihre Rechte aufgeben. Er wolle noch mal auf die Bemerkung von Sch. zurückkommen, daß eine Vereinigung gemäß Artikel 23 GG möglich sei, wenn Sicherheitsfragen nicht berührt würden.[19]

Sch.: Nein! Die beiden deutschen Staaten hätten ja bereits begonnen, Artikel 23 anzuwenden.

BM: In dem Vertrag über die WWSU handle es sich um eine Absichtserklärung, bei der außerdem noch Bezug genommen werde auf die Gespräche im 2 + 4-Mechanismus über die äußeren Aspekte.[20]

Sch.: Die Sowjetunion habe nichts dagegen, daß das Tempo der Vereinigung beschleunigt werde, wenn der militärische Status nicht verändert werde. Wenn die Sowjetunion hinsichtlich des militärischen Status nicht zufrieden gestellt werde, dann gelte etwas anderes. Dazu müsse man das Institut der Übergangslösung schaffen. Wichtig sei es, eine präzise Grenze zu ziehen zwischen den äußeren und den inneren Aspekten. Die sechs seien zuständig für die äußeren Aspekte. Jetzt würden von [unserer][21] Seite aber die äußeren und die inneren Aspekte forciert ohne Rücksicht auf die Interessen der Sowjetunion.

---

17 Im Dokument: vereingte.
18 Im Dokument: Seiten.
19 Vgl. Dokumente Nr. 21, Anm. 9 und Nr. 22, Anm. 23.
20 Vgl. Dokument Nr. 22, Anm. 28.
21 Im Dokument: unseren.

BM: Bei uns werde nichts geschehen, was die Interessen der Sowjetunion berühre. Der Bundeskanzler habe in Moskau gesagt,[22] er – Genscher – habe in Windhuk [sic!] wiederholt,[23] und der Bundeskanzler habe es heute noch einmal unterstrichen, wir wollten nicht, daß durch die jetzigen Vorgänge in Deutschland Nachteile für die Sowjetunion entstünden, sondern wir wollten eine Perspektive für die Zukunft.

Sch.: Das seien alles schöne Worte. [Er][24] wisse, daß er – Genscher – und der Bundeskanzler Befürworter der Perestroika seien. Daran bestehe kein Zweifel. Aber während man es auf der einen Seite mit Worten zu tun habe (was die Interessen der Sowjetunion angehe), vollzögen sich bei der Vereinigung auf der anderen Seite praktische Schritte. Die Sowjetunion wolle dagegen nicht protestieren. Das solle laufen. Aber die Frage der militärischen Potentiale werfe ernste Fragen auf. Es gehe um die Autorität von Präsident Gorbatschow. Keine ausländische Unterstützung werde helfen, wenn das eigene Volk nicht überzeugt sei. Es handle sich bei den kritischen Stimmen nicht um Einzelpersonen. Ein Botschafter der Sowjetunion (es handelte sich um den sowjetischen Botschafter in Warschau) habe auf dem ZK-Plenum eine flammende Rede gegen die gegenwärtige Außenpolitik gehalten.[25] Er habe diese Kritik beendet mit dem Satz, auf keinen Fall dürfe man zulassen, daß das vereinigte Deutschland der NATO angehöre.

Er sei überzeugt, daß Präsident Bush, Außenminister Baker und auch er – Genscher – bereit seien, die Interessen der Sowjetunion zu berücksichtigen, aber bisher gebe es nur Worte. Wenn das vereinigte Deutschland der NATO angehöre, dann werde die Situation unkontrollierbar. Die Entwicklung in der Sowjetunion sei sehr kritisch. Gestern habe er mit Gorbatschow gesprochen. Der habe unterstrichen, daß man ihn – Genscher –, den Bundeskanzler, den Präsidenten der Vereinigten Staaten, Präsident [Mitterrand][26] und [PM][27] Thatcher sehr gut kenne, und wisse, daß sie gute Beziehungen mit der Sowjetunion wünschen. Aber alle genannten seien für die NATO-Mitgliedschaft eines vereinigten Deutschland. Für eine solche Lösung gebe es keine Unterstützung beim Volk in der Sowjetunion. Man habe gerade eine Meinungsumfrage in allen Regionen der Sowjetunion und bei allen Schichten durchgeführt. Zwischen 97% und 98% der Bevölkerung seien gegen eine Mitgliedschaft Deutschlands in der NATO. Er verweise auf die Vorgänge auf dem Roten Platz in Moskau am 1. Mai 1990. Die sowjetische Führung sei mit dem Ruf „Nieder!" bedacht worden. Die dahinter stehenden Kräfte müsse man ernst nehmen. Wenn es jetzt einen politischen Anlaß gebe, dann werde die sowjetische Führung zurücktreten müssen. Das sei das Ende der Perestroika. Dann gebe es nur noch Anarchie oder Diktatur. Es gebe sogar Leute, die monarchistische Strömungen verfolgten. Genau deshalb verlangten einige jetzt eine eiserne Faust. Wir verstehen Sie, wir wollen, daß auch Sie uns verstehen!

BM: Für jede demokratische Regierung entstünden Situationen, in denen es schwer sei, das eigene Volk zu überzeugen. Er wolle nicht den Eindruck erwecken, daß die Deutschen nur auf die Vereinigung abzielten und alles andere ihnen gleichgültig sei. Wir möchten zu einer Lage kommen, bei der jeder sagen könne, heute stehe er besser da als vorher.

---

[22] Vgl. Dokument Nr. 20, Anm. 11.
[23] Dokument Nr. 23.
[24] Im Dokument: Es.
[25] Vladimir Ignat'evič Brovikov (1931–1992), 1985–1990 sowjetischer Botschafter in Polen. Zum Februar-Plenum vgl. Dokument Nr. 20, Anm. 23. Vgl. ferner Brovikovs Kritik an der Führungsmannschaft auf dem ZK-Plenum am 11.3.1990, in: V Politbjuro, S. 495f.
[26] Im Dokument: Mitterand.
[27] Im Dokument: BM.

Sch.: Er wolle noch mal auf den Begriff der Synchronisation zurückkommen. Dies sei ein anderer Ausdruck für eine Übergangsperiode. Die Sowjetunion brauche Zeit, um das Volk zu überzeugen. Bis jetzt zeichne sich keine Kompromißbereitschaft ab.

BM: Was bedeutet das, eine Übergangsperiode? Welches Ereignis [bezeichne]²⁸ den Beginn einer solchen Übergangsperiode und welches Ereignis werde das Ende der Übergangsperiode ausmachen?

Sch.: Entscheidend sei die Bildung einer gesamtdeutschen Regierung. Dann bedürfe es einer Übergangsperiode, um die äußeren Aspekte zu lösen. Vielleicht brauche man dafür 18 oder 20 Monate. Die Regierung habe während dieser Zeit jedoch die Möglichkeit, ihre vertraglichen Beziehungen mit allen anderen Staaten zu erneuern. Das sei ein wesentlicher Bestandteil der Übergangslösung.

BM: Wie solle man den Status dieser Übergangsperiode verstehen?

Sch.: Die Frage, was er damit im einzelnen anbieten wolle, sei eine spezifische Frage, die bilateraler Behandlung bedürfe. Die 6 müßten sich treffen. Das sei richtig. Aber es müsse auch andere Begegnungen geben. Er wolle noch einmal wiederholen, die wesentliche Aufgabe der Übergangsperiode sei, daß die vertraglichen Grundlagen nach Bildung der neuen Regierung eneuert werden müssen. Aber man müsse all das gründlich besprechen. In sehr allgemein gehaltenen Konsultationen sei das schwierig. Man brauche das bilaterale Gespräch so, wie es BM oft vorgeschlagen habe. Vielleicht nehme man sich ein Wochenende. Er sei sicher, wenn man sich treffe und diese Fragen behandele, werde man auch Fortschritte machen. Die Situation sei sehr schwierig. Er wolle nicht von einer Katastrophen-Stimmung sprechen. Aber es gebe auch noch das Nationalitätenproblem mit Litauen und nicht nur mit Litauen.²⁹ Ohne eine vernünftige Lösung würden diese Fragen zur Destabilisierung der Sowjetunion insgesamt führen. Eine Destabilisierung in der Sowjetunion habe auch unmittelbare Bedeutung für Europa.

BM: Er wolle Sch. den Eindruck vermitteln, daß wir das, was er ~~tue~~ [sage,]³⁰ verstünden[, aber er müsse auch unsere Haltung zur Bündnisfrage verstehen].³¹

Sch.: Das akzeptiere er sowohl für den Bundeskanzler als auch für BM, aber das Volk verlange praktische Handlungen. Bisher habe es keine Angriffe gegen die Außenpolitik gegeben. Aber jetzt sei die Lage sehr ernst. Man erhebe den Vorwurf, die Gemeinschaft der sozialistischen Länder sei zerstört worden. Solche Vorwürfe würden in großer Zahl erhoben. Auch von solchen, die wichtige Funktionen innehätten. Die Sowjetunion sei für die Einheit der Deutschen. Deshalb sei er für eine präzise Trennung zwischen den äußeren und den inneren Aspekten.

BM: Man solle sich innerhalb der nächsten Wochen ein Wochenende vornehmen. Er sei dazu bereit.

Anschließend wurde noch kurz über die Terminierung des Treffens von Staatssekretär Lautenschlager mit stellvertretendem Außenminister Obminski gesprochen.³² Außerdem

---

²⁸ Im Dokument: bezeiche.
²⁹ Vgl. Dokument Nr. 22, Anm. 10.
³⁰ Streichung und neues Wort handschr.
³¹ Ergänzung handschr.
³² Vgl. Gesprächsvermerk des VLR I Rosengarten vom 8.5.1990 über die Gespräche am 7./8.5.1990, PA AA, ZA 151.629 E. Neben Lautenschlager und Obminskij nahmen auch Vertreter des Bundeskanzleramtes, des Wirtschafts- und des Finanzministeriums teil. Die Gespräche drehten sich um die Auswirkungen der Wirtschafts-, Währungs- und Sozialunion auf die deutsch-sowjetischen Wirtschafts-

ergab die Diskussion einiger prozeduraler Fragen des 2 + 4-Treffens Übereinstimmung dahingehend, daß man eine konstruktive Atmosphäre schaffen wolle und dies auch bei der abschließenden Pressekonferenz zum Ausdruck gebracht werden solle.

Höynck[33]

PA AA, ZA 178.928 E.

Nr. 28
Rede des sowjetischen Außenministers Ševardnadze auf dem ersten „2+4"-Außenminister-Treffen am 5. Mai 1990 in Bonn

Übersetzung aus dem Russischen

Rede des Außenministers der UdSSR[1]

Verehrte Kollegen!

Auf dem ersten Treffen mit einem solchen historischen Stellenwert und mit einer solchen Verantwortlichkeit wie dem unsrigen kann man meines Erachtens nicht umhin, den eigenen Standpunkt zu dem Problem darzulegen, das wir erörtern und worüber wir werden übereinkommen müssen.

Lassen Sie mich damit beginnen, was unseres Erachtens allem zugrunde liegt, nämlich mit der Logik, der Philosophie und der Psychologie des Herangehens an die deutschen Angelegenheiten. Wenn wir einander auf diesen Ebenen verstehen, wird es uns helfen, eine Verständigung zu den konkreten Fragen, zu den politischen Positionen zu finden.

Vor allem möchte ich unterstreichen, daß die Beziehungen zu Deutschland für die Sowjetunion eine zentrale und besondere Frage ihrer Geschichte sind. So geschah es, daß im nationalen Gedächtnis des sowjetischen Volkes, in seiner Wahrnehmung der Umwelt und in seinen Vorstellungen über die Herausforderungen der Zeit sowie in seiner Psychologie der deutsche Aspekt schon lange und sehr bedeutsam präsent ist.

---

beziehungen und um den Ausbau dieser Beziehungen nach der Vereinigung, schließlich um die im sowjetischen Aide-Mémoire vom 28. 4. 1990 (s. Dokument Nr. 26) aufgeworfenen Einzelfragen. Ein Protokoll über die Lieferung von Nahrungsmitteln aus der DDR in die UdSSR wurde am 7. 9. 1990 unterzeichnet. Das Protokoll, so der Staatssekretär im Bundesministerium für Ernährung, Landwirtschaft und Forsten, Kittel, „deckt unsere auf allen Ebenen vertretenen Wünsche auf einen raschen Abschluß von Vereinbarungen zum Abfluß der im Agrarbereich auf den EG-Markt drückenden DDR-Überschüsse". PA AA, ZA 178.918 E. Walter Kittel (1931-2008), 1987-1993 Staatssekretär im Bundesministerium für Ernährung, Landwirtschaft und Forsten.

[33] Eigenhändige Unterschrift. Darunter maschinenschr.: „2) RL 010, m.d. Bitte, Zustimmung des Herrn BM herbeizuführen. Vermerk ist von D 2 durchgesehen worden. 3) Vorschlag zur Verteilung: 014, D 2, D 5, D 2 A".

[1] UdSSR zusätzlich von Hand unterstrichen. Daneben handschr.: „Schewardnadse 5. 5. 90 in Bonn".

Wir hatten früher keine Allergie² gegen das Streben des deutschen Volkes nach Einheit und haben eine solche zum Glück auch nicht erworben. Wir sind für das Recht der Deutschen auf Selbstbestimmung. Wir glauben, daß ein einheitliches Deutschland in die Familie der europäischen Völker als ein demokratischer, friedliebender Staat, der sich seiner Verantwortung und seiner Pflichten zur Erhaltung des Weltfriedens und der internationalen Sicherheit bewußt ist, eintreten wird.

Diese unsere Überzeugung wird erhärtet durch unser Wissen um die Weltanschauungen der neuen Generationen der Deutschen, ihre Bestrebungen und Lebensziele.

Wir haben keine Veranlassung und keine Gründe, ihre Friedensliebe und ihr Engagement für die allgemeinmenschlichen, humanistischen Werte in Frage zu stellen. Das Schlechteste, was wir tun könnten, wäre, uns auf überlebte Klischees und Vorstellungen zu stützen. Heute kann nach unserer Meinung nicht die Frage irgendeiner Diskriminierung der Deutschen, sei es in rechtlicher oder psychologischer Hinsicht, aufgeworfen werden.

Aus der Nachkriegszusammenarbeit sind sowohl gegenseitige Achtung als auch gegenseitiges Vertrauen erwachsen. Heute haben wir sowohl zu unserem Verbündeten, zur DDR, als auch zum Mitglied eines anderen Bündnisses, zur BRD, gute, sachliche und in vielerlei Hinsicht [freundschaftliche]³ Beziehungen. Es gibt allen Grund anzunehmen, daß wir eine Sprache werden sprechen können, wenn wir die Lösung der großen vor uns stehenden Aufgaben in Angriff nehmen.

Wir stehen vor der Aufgabe, gemeinsam ein politisches, rechtliches und materielles Modell zu erarbeiten, das unter keinen Umständen in der Zukunft versagen würde. Wir müssen nicht nur die Möglichkeit einer Wiederholung der Vergangenheit ausschließen, sondern alles tun, damit nicht einmal der Schatten der alten Ängste aufersteht.

Eine solche Aufgabe – und wir können sie nur so stellen – setzt voraus, daß die von uns zu erarbeitenden Varianten den schwersten Prüfungen standhalten müssen, wenn es, der Vernunft zum Trotz, zu solchen kommen sollte. Und das setzt voraus, dass sie die volle Unterstützung unserer Völker, der europäischen und der Weltöffentlichkeit erhalten und zu einem neuen wichtigen Faktor der Festigung des internationalen Vertrauens werden müssen.

Es geht hier nicht allein um Befürchtungen um irgendeine unvorhergesehene und ungünstige Entwicklung der Situation in Deutschland selbst. In den Nachkriegsjahren wurde mit Deutschland als geographischem Begriff die gesamte Struktur der militärischen und politischen Konfrontation, alles, was wir mit der Periode des „kalten Krieges" verbinden, verknüpft.

Mithin sprechen wir nicht nur über Deutschland, lösen wir nicht nur deutsche Probleme.⁴

Die Realität ist heute außerdem dergestalt, daß an allzu viel Orten Europas das „Band der Zeiten zerrissen" ist, um diesen Begriff einmal von Shakespeare zu entlehnen.

Daher geht es darum, der deutschen Regelung sehr wichtige Elemente der gesamteuropäischen Regelung zugrunde zu legen, die Spaltung Europas endgültig zu überwinden und zuverlässige Garantien auszuarbeiten, die Stabilität und Sicherheit für Jahrzehnte gewährleisten würden. Darauf kann man nicht zählen, wenn die deutsche Frage nicht organisch in einen breiteren europäischen Rahmen eingeordnet und ihre Lösung nicht auf

---

² Alle Unterstreichungen im Dokument von Hand. Der Satz am li. Rand zusätzlich per Hand angestrichen.
³ Im Dokument: freundschafltiche.
⁴ Der Satz am li. Rand von Hand angestrichen.

Garantien materiellen Charakters in Ergänzung zu völkerrechtlichen Bestimmungen gegründet wird. Ein solches Herangehen, eine solche Sicht des Problems ist das notwendige Minimum dessen, was es uns gestatten kann, eine annehmbare Lösung zu finden.

Wir verstehen natürlich, daß die Lösung nur das Ergebnis einer gemeinsamen Übereinkunft aller sechs Staaten sein kann. Es muß jedoch beachtet werden, daß wir bei der Regelung der äußeren Aspekte der Vereinigung Deutschlands <u>auch nicht von den inneren Umständen in unserem eigenen Land abstrahieren</u> können. Hier haben wir es mit einer Frage besonderer Wichtigkeit für die Sowjetmenschen, für unsere gesamte Gesellschaft zu tun. Wenn man versucht, uns in Angelegenheiten in Bedrängnis zu bringen, die unsere <u>Sicherheit</u> berühren, wird dies, offen gesagt, zu einer Situation führen, wo der Grad unserer politischen Flexibilität stark eingeschränkt sein wird, <u>da die Emotionen innerhalb des Landes hohe Wellen schlagen</u>,[5] die Gespenster der Vergangenheit in den Vordergrund rücken und die nationalen Komplexe wiedererstehen werden, die in den tragischen Seiten unserer Geschichte ihren Ursprung haben.

Das ist eine Tatsache unseres realen Lebens, und ihr muß man Rechnung tragen. Ich möchte noch mehr sagen: Weder die jetzige noch irgendeine andere sowjetische Führung wird umhinkönnen, die öffentliche Meinung zu berücksichtigen. Das sowjetische Volk muß sehen, daß der Strich unter die Vergangenheit würdig und gerecht gezogen wird.

Ich spreche äußerst ehrlich und offen, ich kennzeichne die Situation so, wie sie ist, wie wir sie sehen und empfinden.

Wenn wir bedenken, daß es in unserer <u>Tagesordnung</u>,[6] und ich möchte sagen, in unserem Leben, um ein komplexes Konglomerat <u>komplizierter</u> und <u>sensibler</u> Probleme geht, meinen wir, daß an ihre Lösung nur <u>komplex</u> herangegangen werden kann, daß sie nur als <u>einheitliches, miteinander verknüpftes Ganzes</u> betrachtet werden können.[7]

Nach unserer Überzeugung kann es hier keine andere Lösung als eine <u>Paketlösung</u> geben. Wir schlagen vor, daß wir uns von dem <u>Prinzip</u> leiten lassen: Abgestimmt ist nichts, solange nicht alle Aspekte der Regelung abgestimmt sind, solange nicht ein völliger Interessenausgleich gefunden ist,[8] der in einer Unternehmung dieses Ausmaßes, wie es die deutsche Regelung eine ist, so notwendig ist.

Ich möchte den Kollegen mitteilen, daß wir bereit sein werden, von einer abschließenden völkerrechtlichen Regelung als unserem Ziel zu sprechen, obgleich wir weiterhin der Meinung sind, daß es richtiger wäre, die Frage des Abschlusses eines <u>Friedensvertrages</u> zu stellen. Hier <u>kommen wir unseren Partnern entgegen</u>.

Hierbei gehen wir davon aus, daß das Ergebnis der Arbeit der [9]„Sechs" die Ausarbeitung eines einheitlichen, ganzheitlichen <u>Dokuments</u> sein muß, <u>das alle Aspekte der Regelung umfaßt</u>.

Darin[10] müssen Bestimmungen über die <u>Grenzen</u> Deutschlands, über seine <u>Streitkräfte</u>, den <u>militärisch-politischen Status</u> des neuen Staates, über die <u>Kontinuität der Verpflichtungen</u>, über die <u>Übergangsperiode</u> und die Maßnahmen dieser Periode, über den <u>Aufenthalt von Militärkontingenten</u> der verbündeten Mächte auf dem Territorium Deutschlands enthalten sein.

---

[5] Dieser Satzteil und der vorangegangene Satz am li. Rand von Hand angestrichen.
[6] Unterschiedliche Unterstreichungen (per Hand) gem. Vorlage.
[7] Der Absatz am li. Rand per Hand angestrichen.
[8] Die Ausformulierung des Prinzips am li. Rand per Hand dick angestrichen.
[9] Satz ab hier am li. Rand per Hand angestrichen.
[10] Wort per Hand durch Kasten hervorgehoben.

In diesem Dokument müssen die jetzigen Verpflichtungen der DDR und der BRD bekräftigt werden, keine atomaren, chemischen[11] oder sonstigen Massenvernichtungswaffen zu besitzen. Darin ist auch Platz für die Erklärung, daß das vereinte Deutschland seine Politik so gestalten wird, daß von seinem Territorium nur Frieden ausgeht. Es ist notwendig, auch Aussagen über die Nichtzulassung des Wiedererstehens der nazistischen politischen Ideologie und über das Verbot der Tätigkeit nationalsozialistischer Parteien [12]und Bewegungen aufzunehmen. Deutschland darf natürlich die Rechtmäßigkeit der Maßnahmen und Beschlüsse, die von den vier Mächten in den Besatzungszonen angenommen wurden, nicht revidieren oder in Frage stellen.

Ich möchte auf die Frage des militärisch-politischen Status zurückkommen und unsere negative Haltung zur Mitgliedschaft eines geeinten Deutschlands in der NATO bekräftigen, da eine solche Lösung die Interessen unserer Sicherheit ganz wesentlich berühren, eine jähe Störung des Kräftegleichgewichts in Europa bedeuten und für uns eine gefährliche militärstrategische Situation schaffen würde.

Für uns bleibt die NATO das, was sie immer war, nämlich ein uns gegenüberstehender Militärblock mit einer in bestimmter Weise ausgerichteten Doktrin, mit der ins Kalkül gezogenen Möglichkeit, einen Kernwaffenerstschlag zu führen.[13]

Ja, sowohl wir als auch Sie sprechen von der Perspektive einer Transformation der Blöcke. Doch wann wird das geschehen und wird das überhaupt geschehen? Bisher sind diesbezüglich keinerlei Garantien ausgearbeitet worden.

Jedoch haben wir Gründe anzunehmen, daß man mit der Einbeziehung des neuen deutschen Staates in die NATO die Existenz dieses Militärblocks in rechtlicher Hinsicht verewigen möchte.[14]

Oder liegt es an Mißtrauen gegenüber den Deutschen? An der Furcht, sie außerhalb eines Blockes zu stellen und die Kontrolle über Deutschland zu verlieren?[15]

Dann sollten wir diese prinzipielle Frage lösen, und zwar so weit, wie sich unser Vertrauen erstreckt. Meines Erachtens müssen wir, wenn wir den Deutschen vertrauen, ihnen auch bis zum Ende vertrauen.[16]

Anderenfalls würden wir von Anfang an der deutschen Regelung einen Riß beibringen und zu einer neuen Spaltung Europas, zur Wiedergeburt der Konfrontation gelangen. Ginge man von einem anderen Ziel aus, so müsste man sich nicht auf die Blöcke stützen, sondern auf gesamteuropäische Sicherheitsstrukturen, die ohne Zeitverzug geschaffen werden müssen.

Es gibt Übereinstimmung darin, daß man zum Bau eines „gemeinsamen Hauses Europa" übergehen muß. Hierbei geht es nicht um Begriffe. Die Idee des gemeinsamen Hauses Europa kommt auch in Formulierungen der europäischen Konföderation und in anderen diesbezüglichen Vorschlägen vor.

Gerade das kann zu einer Garantie für Stabilität und Sicherheit in Europa werden und den Weg für den Aufbau eines neuen, nicht geteilten, sondern zusammenwirkenden Europas bahnen.[17]

---

[11] Darüber per Hand: „ABC-Verzicht".
[12] Abschnitt ab hier am li. Rand von Hand einmal fett, einmal mit Schlangenlinien angestrichen.
[13] Abschnitt am li. Rand von Hand dick angestrichen.
[14] Der Satz am li. Rand per Hand dick angestrichen.
[15] Absatz am li. Rand per Hand mit Schlangenlinie versehen.
[16] Am li. Rand handschr.: „W zu [1 Wort unleserl.]".
[17] Absatz am li. Rand per Hand angestrichen.

Neben der rein militärischen Seite ist diese Variante auch aus Gründen innenpolitischer Natur für uns nicht akzeptabel. Die Bevölkerung unseres Landes, die im letzten Krieg solch furchtbare Verluste erlitten hat, hat eine unversöhnliche Einstellung zu dem Gedanken der Einbeziehung eines vereinten Deutschlands in die NATO.[18] Dies hat erneut eine Meinungsumfrage gezeigt, die kürzlich überall in unserem Land durchgeführt wurde. Die gleiche Einstellung gibt es auch in unserem Obersten Sowjet. Wir können dies nicht unberücksichtigt lassen.

Ich möchte die Kollegen darum bitten zu verstehen, daß wir hier nichts vormachen und auch nicht bluffen.[19]

Ich rufe deshalb dazu auf, gemeinsam nach anderen Varianten zu suchen, die nicht nur unsere Interessen, sondern auch die breiten Interessen an einem europäischen Frieden und globaler Sicherheit berücksichtigen.

Während der Kontakte, die ich mit einigen Partnern der Sechser-Gruppe hatte, gewann ich den Eindruck, daß es ein Kalkül, eine Absicht gibt, das ganze Problem der abschließenden Friedensregelung so oder so auf die Ablösung der 4-Mächte-Rechte und -Verantwortlichkeiten in bezug auf Deutschland und Berlin zu reduzieren.[20]

Auch hier muß es von Anfang an Klarheit geben. Nach unserer Ansicht darf die Ablösung der 4-Mächte-Rechte und -Verantwortlichkeiten Bestandteil und Ergebnis einer endgültigen Regelung sein, aber nur einer der Bestandteile, und die Lösung dazu kann nur im Komplex mit allen anderen Bestandteilen gefunden werden.

Nach unserer Vorstellung muß die Lösung der inneren und äußeren Aspekte der deutschen Einheit nicht unbedingt zeitlich zusammenfallen, also innerhalb derselben Übergangsperiode beendet werden.

Auch nach der Schaffung eines einheitlichen Parlaments und einer einheitlichen Regierung in Deutschland werden offensichtlich für eine Reihe von Jahren bestimmte Maßnahmen im Zusammenhang mit der Lösung der äußeren Aspekte der Regelung gelten.[21]

Ich denke, unsere Experten werden sich vorrangig mit der Erarbeitung einer Konzeption für die Übergangsperiode, ihrer Dauer und ihrem Inhalt befassen müssen.[22]

Wir meinen, daß die Beibehaltung der 4-Mächte-Rechte und -Verantwortlichkeiten und der Präsenz von Truppen der alliierten Mächte in Deutschland während der Übergangsperiode einen stabilisierenden Einfluß auf den gesamten Prozeß der Gestaltung der deutschen Einheit haben und dafür eine ruhige und wohlwollende äußere Sphäre schaffen wird.[23]

Wir denken, daß man im Interesse Deutschlands selbst so verfahren muß, daß die Ablösung der 4-Mächte-Rechte der abschließende Schritt der deutschen Regelung sein wird. So wird es weniger Befürchtungen und Ängste und mehr Vertrauen und guten Willen von allen Seiten geben.[24]

Ich möchte nun Ihre Aufmerksamkeit auf das Problem der Synchronisierung der Lösung der deutschen Frage mit der Entwicklung neuer Strukturen der gesamteuropäischen Sicherheit lenken.

---

[18] Der Satz am li. Rand per Hand mit Schlangenlinie angestrichen.
[19] Absatz am li. und re. Rand per Hand angestrichen.
[20] Abschnitt am li. Rand per Hand mit Schlangenlinie versehen, daneben handschr. Wort durchgestrichen.
[21] Absatz am li. Rand per Hand doppelt angestrichen.
[22] Absatz am li. Rand per Hand dick angestrichen.
[23] Dto.
[24] Absatz am li. Rand per Hand mit Schlangenlinie versehen.

In prinzipieller Hinsicht wurde es bereits mehrmals in den Reden des Präsidenten der UdSSR, M. S. Gorbatschow, benannt.

Wir freuen uns, daß sich diesbezüglich ein Konsens herausbildet. Mit Interesse habe ich mich mit den Gedanken des Secretary of State vertraut gemacht, die er freundlicherweise in seinem Brief an mich dargelegt hat. Ich finde in unseren Positionen viele übereinstimmende Elemente, Ich weiß, daß sich auch die anderen hier anwesenden Kollegen für den Zusammenhang zwischen der deutschen Regelung und der <u>Schaffung neuer Strukturen der gesamteuropäischen Sicherheit</u> ausgesprochen haben.

Wir lenken die Aufmerksamkeit auch auf die Überlegungen zu dieser Frage, die auf der soeben beendeten Tagung des <u>Europarates</u> geäußert wurden.[25]

Es muß unserer Ansicht nach in erster Linie um den eventuellen <u>Ersatz der Blockstrukturen durch blockfreie Strukturen</u>, um die bestimmtere Formalisierung des Prozesses der nachfolgenden Verringerung des Niveaus der Konfrontation und der nachfolgenden Reduzierung der konventionellen Streitkräfte, um die <u>Beseitigung</u> der nuklearen und chemischen Waffen und anderer Arten von <u>Massenvernichtungswaffen</u> auf der Grundlage der Nichtdiskriminierung, auf der Grundlage gleicher Rechte aller Teilnehmer des <u>KSZE-Prozesses</u> gehen.

Praktisch geht es um die Schaffung effektiver Mechanismen des gesamteuropäischen Zusammenwirkens, die es insgesamt ermöglichen würden, die Sicherheit aller Völker Europas zuverlässig aufrechtzuerhalten.

Wir meinen, daß man auf eine <u>Institutionalisierung der Treffen der höchsten Repräsentanten „Großeuropas"</u> hinwirken und <u>diesen Rat mindestens einmal in zwei Monaten durchführen</u> sollte.[26]

Praktisch gehen wir bereits zu einem solchen Regime von Gipfeltreffen über.

Offenbar wird es erforderlich sein, <u>Beratungen der Außenminister der 35 Staaten regelmäßig – mindestens einmal jährlich</u> – durchzuführen.

Wir schlagen vor, an die Schaffung eines „<u>Koordinierungsbüros</u>", bestehend aus den Ministern, und an die Bildung eines <u>technischen Sekretariats</u> zu denken, das die Arbeit der neuen gesamteuropäischen Institute[27] gewährleisten würde.[28]

<u>Besondere Bedeutung</u> messen wir der <u>Schaffung eines gesamteuropäischen Zentrums zur Verhütung einer militärischen Gefahr, das seine Basis in Deutschland hat</u>, bei.

Ich spreche jetzt nur von den Sicherheitsstrukturen, da gerade sie in erster Linie für das Voranbringen der deutschen Regelung wichtig und mit ihr direkt verbunden sind.

Natürlich steht uns die Aufgabe bevor, die Fragen im Zusammenhang mit der Schaffung sogenannter einheitlicher Räume in Europa – eines <u>Rechtsraumes</u>, eines <u>Wirtschaftsraumes</u>, eines <u>ökologischen</u> und <u>humanitären</u> Raumes – neu zu betrachten.[29]

<u>In den nächsten Tagen beabsichtige ich, an alle Außenminister der Teilnehmerstaaten des Helsinkiprozesses spezielle Schreiben zu richten</u>, in denen unsere Ansichten zur Notwendigkeit der weiteren <u>Institutionalisierung</u> des gesamteuropäischen Prozesses dargelegt werden. Wir beabsichtigen, die Idee zu unterbreiten, daß sich Vertreter der 35 Länder für

---

[25] Zur Sondertagung des Europäischen Rats in Dublin am 28. 4. 1990 vgl. Schlussfolgerungen des Rats der Staats- und Regierungschefs, in: Europa-Archiv 45 (1990), S. D 284–D 288.
[26] Absatz am li. Rand per Hand angestrichen.
[27] Nach Institute per Hand eingefügt: „?".
[28] Absatz am li. Rand per Hand mit Schlangenlinie versehen.
[29] Dto.

ein bis zwei Tage an einem vereinbarten Ort treffen und festlegen, wie in dieser Richtung weiter zu verfahren ist.[30]

Wir halten es für außerordentlich wichtig zu erreichen, daß parallel zu den „Sechs" eine Gruppe von Experten aus den 35 Staaten zu Problemen der Schaffung neuer gesamteuropäischer Strukturen der Sicherheit und Zusammenarbeit arbeitet.

Ich denke, daß wir als „Sechs" uns gemeinsam an die anderen KSZE-Teilnehmer mit einem diesbezüglichen Vorschlag wenden könnten.[31]

Das deutsche Problem hat nicht nur einen europäischen Aspekt. Am Kampf gegen den Faschismus haben viele nichteuropäische Staaten, die der Antihitlerkoalition angehörten, teilgenommen.

Wir sollten ernsthaft überlegen, wie man es einrichten könnte, damit sie nicht völlig abseits von der deutschen Regelung bleiben. Das würde ihrerseits berechtigte Beleidigungen auslösen.[32]

Mir scheint, daß wir unsere Experten speziell beauftragen müssen, einen diesbezüglichen Meinungsaustausch zu führen und den Ministern entsprechende Empfehlungen zu unterbreiten.

Wenn wir über den Prozeß der deutschen Einheit sprechen, kommen wir nicht umhin, Besorgnis über das Fehlen der erforderlichen Dynamik in den Verhandlungen über konventionelle Streitkräfte in Wien zu äußern.[33] Es ist nicht vorstellbar, daß wir in der Lage wären, die militärisch-politischen Aspekte der deutschen Regelung zu lösen, ohne eine Vereinbarung über die Reduzierung der Streitkräfte und Rüstungen in Europa zu haben.

Unserer Meinung nach sind die Verhandlungen in Wien ein sehr wichtiger Teil des Prozesses der Synchronisierung der deutschen Regelung und der gesamteuropäischen Interessen.[34]

Die Verhandlungen bedürfen dringender zusätzlicher Impulse, vor allem seitens der hier anwesenden Staaten. Ich denke, daß solche Impulse auf der Ebene der Minister folgen müssen, die, wie mir scheint, hier in der Rolle einer Art von Koordinatoren dessen, was in der deutschen und der gesamteuropäischen Richtung auf dem Gebiet der Sicherheit[,] der Reduzierung der Streitkräfte und der Ergreifung vertrauensbildender Maßnahmen getan wird, auftreten könnten.

---

[30] Absatz am li. Rand per Hand angestrichen. Zu dem Schreiben vgl. auch Zusammenfassung von VLR Möckelmann vom 11.5.1990 über Gespräche mit Tarasenko am 10.5.1990, PA AA, ZA 198.444 E. Tarasenko kündigte ein Schreiben „mit Überlegungen zur künftigen KSZE-Struktur an. Für Europa sei eine Art Mini-VN-System nötig. [...]. Beim Aufbau von KSZE-Institutionen könne man Schritt für Schritt vorgehen, wichtig sei jedoch eine Art Schaltzentrale (headquarter) für den gesamteuropäischen Prozeß." In weiteren Unterredungen vom 11. bis 13.5.1990 erläuterte Tarasenko, „warum die SU darauf bestehen müsse, dass beim KSZE-Gipfel Institutionen geschaffen werden, die deutlich zeigten, dass die SU nicht aus Europa herausgedrängt werde. Vor allem gehe es dabei um ein Konfliktzentrum – wie von Schewardnadze vorgeschlagen – u. a. als Clearing House für sicherheitsrelevante Informationen. Tarassenko machte deutlich, daß für die SU die Einsetzung eines solchen Konfliktzentrums die Voraussetzung für ein sowjetisches ‚Ja' zum Verbleib eines geeinten Deutschlands in der NATO sein könne."
[31] Absatz am li. Rand per Hand einmal dick angestrichen, einmal mit Schlangenlinie versehen.
[32] Die beiden Absätze am li. Rand von Hand angestrichen, daneben handschr.: „? auch noch?".
[33] Vgl. Dokument Nr. 1, Anm. 8.
[34] Absatz am li. Rand per Hand angestrichen.

Nun zu einer weiteren Frage, die nicht unter denjenigen ist, die in der Tagesordnung unseres Treffens enthalten sind, die jedoch die Teilnehmer der „Sechs" nicht umgehen können, da sie einen direkten Bezug zu dem hat, was wir heute erörtern.

[35]Der Aufbau eines einheitlichen Deutschland erfolgt notwendigerweise auf einem Territorium, das bis zum höchsten Grade mit Streitkräften und Rüstungen angefüllt ist.

Die Situation ist so, daß heute neben einigen Hunderttausend eigentlich deutscher Truppen in Deutschland Truppen sieben weiterer Staaten, darunter der vier Großmächte, stationiert sind.

Hier sind die modernsten Waffen stationiert, darunter mit nuklearen und chemischen Sprengköpfen bestückte.

Haben wir das Recht, unter diesen Bedingungen Seelenruhe zu bewahren, anzunehmen, daß bei einem so potentiell „knallenden Gemisch" in Deutschland nichts passiert, daß dort nicht irgendeine Havariesituation entsteht?

Das elementare Gefühl der politischen Verantwortung erfordert, einen solchen Mechanismus vorzusehen, der es ermöglichen würde, eine vollständige Information über die militärisch-strategische Lage <u>in Deutschland</u> und im gesamten Europa, über die Verschiebungen und Aktivitäten aller Streitkräfte zu haben, und der die <u>Rolle eines Zentrums</u>[36] <u>zur Verhütung einer militärischen Gefahr</u>, des Entstehens von Krisenerscheinungen spielen könnte.[37]

Deshalb meinen wir, daß die Schaffung eines solchen Zentrums und die Erarbeitung von Prozeduren, die sein Funktionieren mit der gebührenden Effektivität ermöglichen würden, eine dringliche Aufgabe ist.

Dabei verstehen wir die Sache so, daß dieses Institut von Anfang an mit dem Potential des Zentrums zur Verhütung einer militärischen Gefahr <u>für ganz Europa</u> in der Zukunft geschaffen würde.

Wie wir bereits vorgeschlagen haben, könnte man ein solches Zentrum auf der Basis der bestehenden alliierten Strukturen in Deutschland, darunter der Institute der Verbindungsmissionen und der Berliner Luftsicherungszentrale, einrichten.[38]

<u>Natürlich sollten die deutschen Vertreter an der Arbeit des Zentrums auf gleicher Basis</u> und <u>gleichberechtigt</u> mit den anderen <u>teilnehmen</u>.

Ich möchte unterstreichen, daß dieses Zentrum <u>Kontroll-, Inspektions- und Beobachtungsfunktionen in bezug auf alle militärischen Aktivitäten</u> auf dem Territorium Deutschlands – in gleichem Maße in bezug auf die sowjetischen, amerikanischen, [englischen],[39] französischen, deutschen und anderen Streitkräfte – ausüben würde.

Die Schaffung des Zentrums wäre ein wichtiger Schritt nicht nur vom Standpunkt der Aufrechterhaltung der bestehenden Stabilität und Sicherheit sowie der Regelung eventueller Streitfragen, sondern würde uns auch praktisch – ich betone das – auf den Weg der Schaffung einer neuen Generation, einer neuen Etage gesamteuropäischer Strukturen der Sicherheit und der Verwirklichung der Kontroll- und Inspektionstätigkeit im Rahmen

---

[35] Dieser und die nächsten 3 Absätze je am li. Rand per Hand angestrichen.
[36] Von hier per Hand Pfeil auf das Ende des übernächsten Absatzes, „für ganz Europa".
[37] Dieser und die nächsten beiden Absätze am li. Rand per Hand dick angestrichen, der Strich mit einem Pfeil nach unten versehen.
[38] Dieser und die nächsten 6 Absätze am li. Rand per Hand dick angestrichen, der nächste Absatz zusätzlich mit einer eckigen Klammer versehen.
[39] Im Dokument: englichen.

Gesamteuropas führen. Das Zentrum wäre der erste Block auf dem Fundament neuer Sicherheitsstrukturen im Rahmen des Helsinkiprozesses, wonach wir alle streben.

Es könnte auch der erste praktische Schritt bei der Synchronisierung der deutschen Vereinigung und des Helsinkiprozesses sein.

Wenn solche Strukturen zu wirken begännen, dann könnte man auch auf die gegenwärtig kompliziert erscheinenden militärisch-politischen Fragen auf neue Weise blicken.

Abschließend möchte ich den Gedanken zum Ausdruck bringen, daß uns die Geschichte die wahrhaft einzige Chance bietet, die neue europäische Friedensordnung so aufzubauen, daß sie zum Modell des Europas des XXI. Jahrhunderts wird. In diesem unseren gemeinsamen europäischen Haus müssen wir würdig, in Frieden und Zusammenarbeit, leben.

Vom Standpunkt der Zukunft stellt die Formel „2 plus 4" einen außerordentlich wichtigen Mechanismus der Bestimmung des weiteren Schicksals Europas dar. Ich sage es ganz offen: Wir alle sind sicher nicht daran interessiert, daß die Arbeit der „Sechs" die Bezeichnung „Periode der versäumten Möglichkeiten" erhält. So etwas war nach dem Krieg bereits der Fall. Es gab Zeiten, als sich historische Chancen eröffneten, wir sie jedoch nicht nutzten.

Unsere Arbeit gut erledigen können wir nur mit kristallener Sauberkeit der Absichten, mit einem höchsten Maß an Aufrichtigkeit und Verständnis für die historische Bedeutung unserer Aufgabe. Versuche, einseitige Vorteile zu erlangen, den Partner in die Isolierung zu bringen, seine Interessen zu ignorieren, den anderen zu überlisten, zu „überspielen", haben stets ein schlechtes Ende genommen. Um so unangebrachter sind sie in Fragen, die mit Deutschland, mit der europäischen Stabilität und Sicherheit verbunden sind.

Lassen Sie uns eine neue und letzte Partie in den deutschen Angelegenheiten auf sachliche Weise, in vollem Bewußtsein aller Gefahren, die Europa auf seinem Weg in das XXI. Jahrhundert belauern, spielen.[40]

Ich habe an vielen Verhandlungen und Begegnungen teilgenommen. Jedoch die Teilnahme an der Arbeit der „Sechs" halte ich für die wichtigste und entscheidenste Sache, die mir je übertragen wurde. Ich kann Sie versichern, daß ich mich zu ihr mit höchster Verantwortung verhalten werde.

Und gestatten Sie mir zum Abschluß, nicht der Form, sondern der Wahrheit halber, gute Worte an die Adresse unserer Gastgeber, und vor allem meines Freundes, Hans-Dietrich Genscher, zu richten für eine seltene Eigenschaft – für Takt, Wohlwollen, für die Fähigkeit, in kompliziertesten Situationen eine Atmosphäre zu schaffen, die ernsthafte, ruhige Arbeit und die Suche nach Lösungen und Kompromissen fördert.

Und schließlich möchte ich die tadellose Organisation dieses Treffens hervorheben und der Regierung der Bundesrepublik Deutschland dafür den Dank aussprechen.

Ich danke für die Aufmerksamkeit.

PA AA, MfAA, ZR 3266 194.

---

[40] Daneben per Hand: „!".

Nr. 29
Fernschreiben der Botschaft Moskau vom 19. Mai 1990 über ein Gespräch mit dem Gruppenleiter für die DDR und Polen der Internationalen Abteilung des ZK der KPdSU, Koptel'cev, am 18. Mai 1990 über die sowjetische Deutschlandpolitik

Aus: Moskau
Nr 2020 vom 19.05.1990, 1228 OZ
An: Bonn AA
Citissime

Fernschreiben (verschlüsselt) an 213[1]
Eingegangen: 19.05.90, 1045 OZ
VS – Nur für den Dienstgebrauch[2]
Auch für Ständige Vertr.

Beteiligung erbeten: 210, 500
Az.: Pol 330.00
Verfasser: Dr. Heyken[3]
Betr.: 2 + 4
– Zur Unterrichtung –

Am 18. Mai 1990, abends, machte Koptelzew, ZK, bei gesellschaftlichem Anlass einige Bemerkungen zur Vereinigung Deutschlands, die festhaltenswert sind:
  Es sei ein Missverständnis anzunehmen, dass Schewardnadse mit seinem Entkoppelungsvorschlag einen Souveränitätsverzicht Deutschlands im Sinn gehabt habe.[4]
  Die sowjetische Hauptsorge[5] sei, dass die Sowjetunion mit der Vereinigung aus Deutschland hinausgedrängt werde. Ob diese unerwünschte Konsequenz durch einen (zeitweiligen) Souveränitätsverzicht oder durch vertragliche Vereinbarungen verhindert werde, sei zweitrangig. Westliche Truppen stünden auf dem Territorium der Bundesrepublik Deutschland auf kontraktueller[6] Grundlage. Wenn die deutsche Regierung mit der sowjetischen ein Abkommen über den weiteren Verbleib sowjetischer Truppen abzuschließen bereit sei, werde dies ein Weg sein. In diesem Fall werde eine Einschränkung der Souveränität nicht eintreten.[7]
  Der Sinn der Betonung der Viermächte-Rechte und Vorbehalte durch die Sowjetunion sei die Forderung, dass ein Konsens hergestellt werde, z. B. über die Frage [des][8] politisch-militärischen Status Deutschlands. Den Hinweis auf die Ottawa-Formel und die Tagesordnung der „2 + 4"-Runde ließ Koptelzew gelten.[9]

---

[1] Daneben Eingangsstempel des AA, 213, vom 21.5.1990. Darüber Verteilerstempel für 213, Stüdemann, 210, 010, 201, 212, 221, D 2 A, 204, 500. Daneben Stempel des Beamten vom Dienst, „Gesehen".
[2] Geheimhaltungsstufe auf allen 3 Seiten eingetragen.
[3] Daneben handschr.: „[Paraphe unleserl.] – W – Sch – Hei, Fr – Be".
[4] Satz am re. Rand per Hand doppelt angestrichen.
[5] Alle Unterstreichungen im Dokument von Hand.
[6] Daneben am li. Rand handschr.: „M".
[7] Die letzten zwei Sätze am re. Rand per Hand angestrichen, daneben handschr.: „!".
[8] Wort fehlt in der Vorlage.
[9] Vgl. Dokument Nr. 17, Anm. 17.

Er könne sich vorstellen, dass man sich über die zu lösenden Probleme einige und bereits dann, also z. B. mit Bildung einer gesamtdeutschen Regierung, die Viermächte-Rechte ein Ende fänden, auch wenn die Implementierung der Beschlüsse nachfolge. Koptelzew betonte, dass weder Gorbatschow noch Schewardnadse eine Diskriminierung der Deutschen wünschten und sich – was zutrifft – entsprechend geäußert hätten. Jahrzehntelang habe sich die Bevölkerung wegen der deutschen Frage keine Sorge gemacht. Jetzt sei sie jedoch beunruhigt, was durch mangelndes politisches Urteilsvermögen und mangelnde Informiertheit noch gesteigert werde.[10] Deshalb <u>müsse die sowjetische Führung am Ende der Öffentlichkeit klar sagen können, dass die deutsche Vereinigung keine Gefahr darstelle und alles ordentlich geregelt sei</u>: Das sei für Gorbatschow eine sehr wichtige innenpolitische Angelegenheit.

Nach seiner – Koptelzews – Ansicht sei es <u>deshalb erforderlich, dass die sowjetischen Truppen solange auf deutschem Boden bleiben könnten, bis</u> entweder die <u>amerikanischen Truppen ebenfalls abzögen oder das kollektive Sicherheitssystem in Europa wirksam werde.</u> Der sowjetischen Öffentlichkeit[11] dürfe nicht zugemutet werden, dass ihre <u>Truppen nach 2-3 Jahren weggehen müssten, während die Amerikaner unbegrenzt blieben.</u> Dies wäre eine <u>Beeinträchtigung der von den Sowjets verlangten Symmetrie.</u>[12]

Koptelzew stellte die Frage, ob die Deutschen wirklich von sich aus, d. h. also ohne Beteiligung der Vier, einen Wahltermin für gesamtdeutsche Wahlen festlegen könnten. Es sei eine riskante Angelegenheit, die Wahlen auf den 2. Dezember anzuberaumen, wenn man nicht wisse, ob bis dahin die äußeren Aspekte geregelt seien. Er stellte die Frage, was geschehen würde, wenn die Sowjetunion der auf Grund dieser Wahlen gebildeten gesamtdeutschen Regierung die Anerkennung versage. Allerdings verschloss er sich dem Hinweis nicht, dass von der Zusammenarbeit des vereinigten Deutschlands und der Sowjetunion sowohl bilateral als auch im europäischen Maßstab Entscheidendes abhänge.

Koptelzew bat dringend darum, das Tempo der Vereinigung nicht deshalb zu beschleunigen, weil in der Sowjetunion sich die Lage verändern könne. Er spüre bereits [eine][13] solche Stimmung bei uns. Erstens wolle er sagen, dass es in der Außenpolitik, auch in der deutschen Frage, in der Führung Einigkeit gebe, trotz der Äußerung Ligatschows über ein zweites München und ähnlicher Bemerkungen.[14] Die deutsche Vereinigung sei im Prinzip akzeptiert. Zweitens würden derartige Zweifel an der politischen Stabilität der Sowjetunion die Lage nur noch schwieriger machen, als sie schon sei. Die sowjetische Öffentlichkeit würde sich dann noch mehr von der Außenpolitik ab- und der Innenpolitik zuwenden: Sie würde sich mehr und mehr in die eigenen, inneren Probleme verbeißen.

Koptelzew äußerte ferner – nicht ganz widerspruchsfrei, aber doch auch wieder verständlich – die Auffassung, die Vereinigung solle schnell vonstattengehen, damit man das Problem, das so viel Unruhe auslöse, bald hinter sich bringe und man einen Schlussstrich ziehen könne.[15]

Blech

PA AA, ZA 198.444 E.

---

[10] Die Passage am li. Rand per Hand angestrichen; am re. Rand per Hand doppelt angestrichen, daneben handschr.: „M.".
[11] Satzabschnitt am li. Rand per Hand mit Schlangenlinie versehen.
[12] Der Absatz am re. Rand per Hand doppelt angestrichen, daneben handschr.: „<u>201</u>[;] <u>212</u>[;] <u>221</u>[;] 204".
[13] Im Dokument: einen.
[14] Vgl. Dokumente Nr. 20, Anm. 23, Nr. 21, Anm. 21 und Nr. 27, Anm. 25.
[15] Neben dem Absatz am re. Rand handschr.: „!".

Nr. 30

Vermerk des Dg 21, Höynck, vom 25. Mai 1990 über das Gespräch von Bundesaußenminister Genscher mit dem sowjetischen Außenminister Ševardnadze am 23. Mai 1990 in Genf

Dg 21 VS-NfD

Bonn, 25. Mai 1990
Unter Verschluß

VERMERK

Betr.: Gespräch von BM Genscher mit Außenminister Schewardnadse am 23.05.1990 in der sowjetischen VN-Mission in Genf (11.25–14.25 Uhr)[1]

Schewardnadse (S.) schlug vor, mit allgemeinen Bemerkungen zu beginnen; er wolle dann sowjetische Überlegungen zu den Kernfragen vortragen und schließlich in einem gesonderten Teil des Gesprächs in allgemeiner Form über die Entwicklung neuer Sicherheitsstrukturen sprechen. Für alle Bereiche gelte, daß es sich um anfängliche sowjetische Ansichten handele.

Man stehe in einer verantwortungsreichen Etappe der Entwicklung in Europa, aber auch der Entwicklung zwischen unseren beiden Ländern. Es bestehe eine komplizierte Situation, in der man mit Würde Entscheidungen treffen müsse, die den deutschen Interessen, den Interessen der Sowjetunion und den Interessen aller anderen Beteiligten Rechnung trügen.

Das Bonner Treffen der Sechs oder der 2+4 (S. verwendete im folgenden regelmäßig diese doppelte Bezeichnung) sei fruchtbar gewesen.[2] Er wolle den persönlichen Beitrag von BM würdigen, der zu der sachlichen und konstruktiven Atmosphäre beigetragen habe. Der gute Verlauf dieses ersten Treffens sei wichtig für die weitere Behandlung aller Elemente einer Deutschlandregelung. Eine Reihe von Fragen sei nicht einfach zu lösen; man müsse aber ein gutes Tempo beibehalten. Die Arbeiten der Expertengruppen seien sehr wichtig; er wolle noch einmal auf die Möglichkeit hinweisen, hierbei zu einer praktisch ständigen Arbeit überzugehen.

Der Sowjetunion gehe es darum, daß die Entscheidungen schnell und sachlich ausgearbeitet werden können. Der Prozeß der Vereinigung entfalte seine eigene Dynamik. Die Sowjetunion betrachte das ganz nüchtern. Es sei wichtig, die Bindung, den Zusammenhang zwischen äußeren und inneren Aspekten, das, was die Sowjetunion als Synchronisierung bezeichne, zu beachten, damit keine Widersprüche auftreten. Die Regelung der äußeren Aspekte sollte schneller vorankommen können als die Regelung der inneren Aspekte. Er jedenfalls sehe eine solche Möglichkeit.

Es gebe allerdings auch eine andere Variante: Man könne sich auch auf den Standpunkt stellen, solange die äußeren Aspekte der Herstellung der deutschen Einheit nicht gelöst seien, gebe es keine Vereinigung. Er sei aber für die erstgenannte Lösung.

---

[1] Delegationsgespräch. Zu den Vier-Augen-Gesprächen vom selben Tag vgl. Anm. 8 sowie Dokument Nr. 31.
[2] Vgl. Dokument Nr. 28.

Wie solle man an diese Fragen herangehen? Er sei für schnelle Vereinbarung der Grundprinzipien, und zwar noch vor dem KSZE-Gipfeltreffen.[3] Dann müßten Fristen für die Realisierung der Vereinbarungen, für die Aufhebung der 4-Mächte-Rechte und Verantwortlichkeiten bestimmt werden. Dies alles lasse sich in einem Regelungspaket zusammenfassen.

Nach Annahme eines solchen Regelungspakets durch die Sechs folge die Realisierung durch zwei deutsche Staaten oder durch ein einheitliches Deutschland.

Sobald das Regelungspaket durch die DDR und durch die Bundesrepublik Deutschland angenommen sei, stehe der Realisierung des Rechts auf Schaffung eines einheitlichen deutschen Staates nichts mehr im Wege.

Er habe schon in Bonn gesagt und wolle es hier noch einmal wiederholen:[4] Die Sowjetunion habe nicht die Absicht, die Ablösung der Rechte und Verantwortlichkeiten der Vier Mächte zu verewigen und damit die Deutschen zu diskriminieren. Die Sowjetunion sei bereit, die Bildung gesamtdeutscher Organe zu fördern, wenn die Bundesrepublik Deutschland ihren Beitrag zur Lösung der äußeren Aspekte leiste.

Der Ablauf in der nächsten Zeit werde praktisch durch das bestimmt, was zwischen der Bundesrepublik Deutschland und der Sowjetunion abgesprochen werde. Deshalb sei es so wichtig, jetzt engen bilateralen Kontakt zu halten.

Damit würden die Gespräche der Sechs oder 2+4 nicht ignoriert. Alle diese Partner sollten sich aktiv an der Regelung der anstehenden Fragen beteiligen; aber historisch sei es so, daß zwei Staaten an einer Lösung besonders interessiert seien, nämlich die Bundesrepublik Deutschland und die Sowjetunion. Daraus ergebe sich die Bedeutung der bilateralen Begegnungen, sowohl auf Minister- als auch auf der höchsten Ebene.

Die Regelung der Probleme betreffend die Reduzierung von Truppen, die Regelung besatzungsrechtlicher Fragen, auch der Wirtschaftsfragen brauche Zeit. Einer Aufhebung der Rechte und Verantwortlichkeiten der Vier Mächte müsse eine Übergangsperiode vorangehen. Es sei unrealistisch anzunehmen, daß Ende des Jahres im Zusammenhang mit der Bildung einheitlicher deutscher Organe automatisch die Aufhebung der Rechte und Verantwortlichkeiten der Vier Mächte im Rahmen der 6er-Gespräche erfolge.

Bei der Vereinbarung der 2+4-Gespräche habe man das Mandat diskutiert. Die Sowjetunion sei davon ausgegangen, daß die Sechs alle äußeren Aspekte regeln sollten.[5] Bisweilen lese man, daß die Gruppe der Sechs nur eine „Zuweisungsfunktion" (an andere Foren) habe, aber nichts selber entscheiden solle.

Zweifellos müsse man die Wiener Verhandlungen beschleunigen und in diesen Verhandlungen eine Reduzierung der Streitkräfte in Europa anstreben.[6] Ein Teil dieser Aufgabe mit Bezug auf die Truppen in Deutschland müsse im Rahmen der Sechs gelöst werden. Er sehe in diesem Zusammenhang keinen Widerspruch. Wenn es aber einen Widerspruch gebe, dann müsse man ihn beseitigen.

BM dankte für die Darstellung des weiteren Vorgehens aus sowjetischer Sicht.

Auch er bewerte den Ausgang des Bonner Treffens positiv. Übereinstimmung bestehe auch insoweit, als er der Arbeit der Experten hohe Bedeutung beimesse. Er teile auch die Überlegungen zur Arbeitsweise der Experten, die auch bei Bedarf eine ganze Woche ta-

---

[3] Vgl. Dokument Nr. 1, Anm. 19.
[4] Dokument Nr. 27.
[5] Vgl. Dokument Nr. 17, Anm. 17.
[6] Vgl. Dokument Nr. 1, Anm. 8.

gen könnten; auch der Gedanke, die Treffen der Experten zu einer fast ständigen Einrichtung zu machen, treffe auf seine Sympathie.

Er habe den Eindruck, daß auch im Kreis der Experten ein gutes Arbeitsklima herrsche. Dies sei auch der Eindruck von Herrn Kastrup über das gestrige Treffen.[7]

BM wies dann darauf hin, daß er organisatorische Vorkehrungen getroffen habe, um eine sehr intensive Arbeitsweise der Experten zu ermöglichen. Er bedauerte sodann, daß es noch nicht möglich gewesen sei, einen Termin für das Ministertreffen in Berlin zu finden. Die Ministertreffen im Juni, Juli und September seien fest vereinbart, und die Termine müßten von allen Beteiligten auch eingehalten werden. Das habe nicht nur eine prozedurale, sondern auch eine hohe politische Bedeutung.

Er wolle noch einmal wiederholen, was er auch S. schon unter vier Augen gesagt habe:[8] Unsere Länder seien in der Geschichte schon immer schicksalhaft miteinander verbunden gewesen. Der Lauf der Geschichte habe jetzt dazu geführt, daß zur gleichen Zeit bedeutende Entwicklungen in der Sowjetunion und in unserem Lande stattfinden. In gewisser Weise stünden diese Entwicklungen auch miteinander in Verbindung. Die Bundesregierung habe für sich eine strategische Entscheidung getroffen: Die anstehenden Probleme sollten mit und nicht gegen die Sowjetunion gelöst werden. Das bedeute, daß wir mit der Sowjetunion die Zukunft des vereinigten Deutschlands gestalten wollten. Im Zustande der Teilung Deutschlands sei es trotz allem gelungen, ein sich immer mehr verbesserndes Verhältnis zu entwickeln. Unser Interesse sei, daß ein vereinigtes Deutschland durch den Wegfall der Probleme der Trennung um so bessere, um so umfangreichere Beziehungen mit der Sowjetunion entwickeln könne.

Es nehme den übrigen an den 2+4-Gesprächen Beteiligten nichts von ihren Rechten, wenn sich die Bundesrepublik Deutschland und die Sowjetunion als unmittelbar Betroffene um Fortschritte bemühten. Er werde keine Zeit scheuen, um den bilateralen Kontakt zu pflegen, auch mit noch weniger Aufwand als heute [sic!], wobei er auch gerne für ein Wochenende oder einen halben Tag nach Moskau oder an einen dritten Ort komme. Ihm gehe es nicht um protokollarische Fragen, sondern darum, wie man sich unter praktischen Aspekten am besten treffen könne. Er habe den Ausführungen von S. entnommen, daß S. dies genauso sehe. Er wolle hervorheben, daß dies den Interessen der ganzen Bundesregierung entspreche; dies habe ein langes Gespräch mit dem Bundeskanzler am Montag erneut bestätigt.

Er wolle eine realistische Darstellung der Lage vermitteln: Am 1. Juli werde die Währungs-, Wirtschafts- und Sozialunion zwischen beiden deutschen Staaten in Kraft treten.[9] Dies habe man nicht aufschieben können. Die offenen Grenzen vertrügen nicht eine Fortdauer des gegenwärtigen Zustandes. Der Verlust an qualifizierten Kräften aus der DDR, die dort dringend gebraucht würden, an die Bundesrepublik sei schon groß genug gewesen.

---

[7] Zur 3. Gesprächsrunde auf Beamtenebene am 22.5.1990 in Bonn vgl. die Vorlage Hartmanns vom 23.5.1990 über Chef des BK an den Bundeskanzler, in: Deutsche Einheit, S. 1137–1142.
[8] Vgl. hierzu die Dolmetscheraufzeichnung (H. Scheel) vom 28.5.1990 des ersten Vier-Augen-Gesprächs vom 23.5.1990, PA AA, ZA 178.928 E. Genscher sprach dort davon, dass „unsere beiden Länder bei den jetzigen Entwicklungen und anstehenden Entscheidungen am direktesten betroffen seien. Hierin liege auch etwas Verbindendes." Ševardnadze informierte über erwartete Ergebnisse des anstehenden Besuchs Gorbačevs in Washington. Beide Seiten sprachen sich zudem für einen Besuch Kohls in Moskau „ca. Mitte Juli" aus.
[9] Vgl. Dokument Nr. 22, Anm. 28.

Mit dem 01.07. seien keineswegs alle inneren Probleme gelöst, sondern es beginne eine Art Übergangsphase. Je länger sie dauere, um so komplizierter werde sie sein.

Die bei uns stattfindende Diskussion über den Zeitpunkt der Vereinigung und den Zeitpunkt gemeinsamer Wahlen, der Bildung gemeinsamer Organe, die S. angesprochen habe, sei nicht durch Hektik, sondern durch praktische und vernünftige Erwägungen diktiert.

BM erwähnte dann Eindrücke aus Gesprächen im Zusammenhang mit der Fernsehsendung „Das Klassenzimmer", an der er gestern teilgenommen habe.

Er habe gern die Bemerkung von S. gehört, es sei das Ziel, sich bis zum KSZE-Gipfel im Herbst, wohl Spätherbst, über die Prinzipien zu verständigen. Dieses Ziel sei nach seiner Meinung erreichbar; obwohl es kompliziert sei, sei es zu verwirklichen, wenn nur alle Beteiligten wollten.

Nicht alles könne bis zum KSZE-Gipfel vollzogen sein. Auch in seiner Regierungserklärung im Bundestag habe er von Übergangsregelungen gesprochen und als Beispiel die zeitlich befristete Anwesenheit sowjetischer Streitkräfte in der DDR erwähnt.[10] Er habe auch gesagt, daß das vereinigte Deutschland nicht mehr mit offenen Fragen belastet werden dürfe und habe dabei auch an das Wort von S. gedacht, daß man einen Schlußstrich ziehen müsse.

Eine besondere Verantwortung zur Klärung dieser Fragen ergebe sich auch daraus, daß nicht europäische Vorgänge behindert werden dürften, deren Verwirklichung wir auch wollten. Wir wollten die deutsche Vereinigung nicht als ein isoliertes Ziel, sondern wir betrieben sie als Teil und im Interesse der europäischen Einigung.

Es liege im Interesse der künftigen Struktur Europas, daß das vereinigte Deutschland gleiche Rechte wie andere Staaten habe – darauf wolle er später noch einmal zurückkommen. Im Zusammenhang mit dem historischen KSZE-Gipfel müsse Klarheit über die Zukunft geschaffen werden.

Die Experten hätten gestern über die Struktur eines Abschlußdokuments gesprochen. Dies sei ein guter Ansatz, weil damit definiert werde, was beschrieben und was gelöst werden müsse.

Mit Polen versuchten wir, zu einer Einigung in der Grenzfrage zu kommen. Er habe den Wunsch, schon in Paris sagen zu können, wie diese Einigung aussehen werde. Dabei handle es sich nicht um die Einigung über eine Substanzfrage; denn die bestehende Grenze stehe nicht zur Diskussion und werde nicht in Frage gestellt. Im Hinblick auf Polen handle es sich um Formfragen.

Er sei der Meinung, für Ende 1990 bestünden außergewöhnlich bedeutsame, große Chancen, die wir jetzt nutzen müßten. In verschiedenen Bereichen seien Entscheidungen fällig, die dazu führen könnten, daß man es am Ende dieses Jahres mit einem anderen Europa zu tun haben werde.

Man könne sich auch verzetteln; dann werde die Entwicklung ihre Dynamik verlieren und auch die Unterstützung der Menschen. Deshalb müsse man jetzt große Anstrengungen machen, damit Klarheit über die äußeren Aspekte bis zum KSZE-Gipfel geschaffen werde und damit auch über das Ablösungsdokument.

---

[10] Regierungserklärung vom 10.5.1990 zum Treffen der NATO-Außenminister am 3.5.1990 und zu dem 2+4-Außenministertreffen am 5.5.1990, in: Verhandlungen des Deutschen Bundestages. Stenografische Berichte, Plenarprotokoll Nr. 11/210, Sp. 16474–16478.

Ob dieses Dokument von 2+4 oder von 1+4 verabschiedet werde, sei für uns nicht die zentrale Frage. Wir möchten nur gerne gleichberechtigt und in voller Verantwortung mitarbeiten können an der Zukunft Europas.

Er wolle jetzt auf die Überlegungen von S. zu der Frage eingehen, ob die 2+4-Gespräche noch über längere Zeit hinaus eine Funktion haben könnten. Er, BM, habe dazu eine andere Meinung; dies sei aber die Folge anderer noch ungeklärter Fragen. Deshalb wolle er dieses Problem nicht an den Anfang, sondern ans Ende seiner Überlegungen stellen.

Er würde gerne von S. erfahren, wo die Kernprobleme für die Sowjetunion lägen. Wenn man den Standpunkt der anderen Seite besser verstehe, sei es leichter, Antworten zu finden, die für die Sowjetunion und für uns tragbar seien. Wir wollten keine Antworten, die der Sowjetunion zum Nachteil gereichten.

S. habe gesagt, seine Erklärungen in Bonn seien mißverstanden worden. Er, BM, habe dazu im Parlament Ausführungen gemacht.[11]

(Einwurf S.: Das habe ich gelesen.)

Er halte nichts davon, hinter jeder Erklärung der Sowjetunion einen Trick oder eine Falle zu vermuten. Das heiße nicht, daß er mit allem einverstanden sei. Aber man habe gegenseitig die Erfahrung gemacht, daß man aufrichtig miteinander umgehe und sich darauf verlassen könne, was gegenseitig gesagt werde.

S. erwiderte, BM habe wichtige Gedanken vorgetragen. Er wolle die Übereinstimmung in der Einschätzung der gegenwärtigen Etappe, hinsichtlich der Bedeutung der Atmosphäre und des guten gegenseitigen Verständnisses (Einwurf BM: und Vertrauens) unterstreichen. Man brauche eine solche Atmosphäre und gegenseitiges Verständnis.

In der Sowjetunion riefen die Positionen westlicher Partner stürmische Reaktionen hervor. Man solle das alles aber nicht dramatisieren. Es gebe große und es gebe sekundäre Probleme. Man müsse berücksichtigen, daß der Prozeß weiter dynamisch verlaufe, und dafür sorgen, daß man mit den Ereignissen Schritt halte und nicht rückständig werde. Man müsse Entscheidungen treffen, die die Interessen und Besorgnisse aller berücksichtigen.

Er wolle offen sagen, daß die Sowjetunion einen Beitrag leisten wolle zum Aufbau der deutschen Einheit. Sie wolle nicht wie irgendein Verkehrspolizist handeln, der ohne Notwendigkeit die Ampel auf Rot schalte oder sonstige Barrieren aufbaue.

Jetzt rotes Licht zu geben, wäre auch nicht sehr klug. Man brauche ein konstruktives Herangehen an die Entscheidungen, die gemeinsamen Interessen Rechnung tragen sollten. Man verfüge über reiche Erfahrungen aus der Zeit des Nachkriegsaufbaus in Europa. Ungeachtet tiefgreifender Widersprüchlichkeiten und ungeachtet des Kalten Krieges habe man solide völkerrechtliche Grundlagen geschaffen. Diese Grundlagen müßten jetzt genutzt werden.

(Einwurf BM: Richtig!)

Zur Entwicklung der Beziehungen mit der Bundesrepublik Deutschland habe BM einen persönlichen Beitrag geleistet, der gewürdigt werde. Außerdem seien die Beziehungen mit der DDR entwickelt worden, die für die Sowjetunion keineswegs sekundär seien, sondern als ein Kapital betrachtet würden.

Für die wirtschaftlichen Beziehungen zwischen der Sowjetunion und der DDR müsse man jetzt, was auch schon geschehe, die günstigen Bedingungen in Europa nutzen, damit man von einer neuen Qualität dieser Beziehungen sprechen könne.

---

[11] Ebenda.

Die Sowjetunion und das vereinigte Deutschland würden zwei große Staaten sein, die zusammenarbeiten und ihre Beziehungen entwickeln müßten. Dies solle geschehen unter Berücksichtigung der großen Perspektiven, die sich jetzt böten.

Die Sowjetunion arbeite daran, einige Prinzipien für eine völkerrechtliche Regelung in einem Dokument über die deutsche Einheit zu entwickeln. Ein solches Schlußdokument wäre ein großes Ereignis: denn dadurch würde ein endgültiger Schlußstrich unter den 2. Weltkrieg gezogen.

Die erste Frage sei die der Grenzen. Hierzu brauche er nicht auf Einzelheiten einzugehen. Die Experten hätten darüber in Bonn gesprochen, und es zeichne sich ein weiter Bereich des Einvernehmens ab. Konsens bestehe darüber, daß das vereinigte Deutschland gebildet werde aus der DDR, der Bundesrepublik Deutschland und Großberlin. Auch die Frage der polnischen Grenze sei zu regeln; wie dies im einzelnen vertraglich gestaltet werde, sei eine andere Frage.

Er wolle wiederholen, Fragen, die das ganze Europa beträfen, hätten für das sowjetische Volk eine moralisch-psychologische Bedeutung. Deshalb müsse festgelegt werden, daß vom Territorium Deutschlands nur Frieden und keine militärischen Handlungen gegen andere ausgehen könnten,[12] auch keine militärischen Tätigkeiten von Drittstaaten mit solchen Zielen. Er sehe in einer solchen allgemeinen Aussage keine Schwierigkeiten.

BM warf ein, ob die von Schewardnadse angesprochenen Tätigkeiten etwa für andere Länder erlaubt sein sollten? Würden analoge Verpflichtungen, wie sie Deutschland übernehmen solle, auch für alle anderen Staaten gelten? In Europa müsse die Lage so sein, daß kein Land militärische Aktivitäten gegen andere Staaten in Gang setzen könne. Wir seien bereit, alle Regelungen zu unterschreiben, die diesem Ziele dienten und an denen alle Regierungen teilnähmen. Aber welcher Eindruck entstehe in Europa, wenn in einem solchen Zusammenhang zwar von deutschem Boden die Rede sei, aber nicht von anderen gesprochen werde? Natürlich bestehe bei uns keinerlei Absicht zu solchen Aktivitäten. Die Bundesrepublik habe auf ABC-Waffen verzichtet. Dieser Verzicht werde auch für einen einheitlichen deutschen Staat gelten. Auch der NV-Vertrag solle weitergelten.[13]

S. bemerkte, es handle sich um einen harmlosen Satz: Von deutschem Boden solle nur Frieden ausgehen. Oder bestünden die Schwierigkeiten auf unserer Seite im Hinblick auf militärische Aktivitäten von Drittländern?

BM erwiderte, es gehe darum, was gemeint sei. Die Bundesregierung habe wiederholt entsprechende Erklärungen abgegeben, sowohl einseitig als auch zweiseitig, z. B. in einer gemeinsamen Erklärung mit der DDR.[14] Außerdem bestehe eine besondere verfassungsrechtliche Pflicht, da Art. 26 GG ein ausdrückliches Verbot des Angriffskrieges ausspreche.[15] Ähnliches könne man auch nach außen zum Ausdruck bringen.

S. fuhr fort, da wir alle Mitglieder der Vereinten Nationen seien, könne man sich grundsätzlich leiten lassen von der VN-Charta. Aber es gebe Besonderheiten und psychologische

---

[12] Das greift eine Formulierung Kohls im Gespräch mit Gorbačev am 10.2.1990 auf, vgl. Galkin/Tschernjajew (Hrsg.), Michail Gorbatschow und die deutsche Frage, Dokument Nr. 72.
[13] Vertrag über die Nichtverbreitung von Kernwaffen vom 1.7.1968, u. a. unter http://www.iaea.org/Publications/Documents/Infcircs/Others/infcirc140.pdf (letzter Zugriff am 11.4.2011).
[14] Vgl. Gemeinsame Erklärung der Präsidien des Deutschen Bundestages und der Volkskammer vom 30.4.1990, in: Bulletin Nr. 50 vom 3.5.1990, S. 394f.
[15] Art. 26 Abs. 1 GG: „Handlungen, die geeignet sind und in der Absicht vorgenommen werden, das friedliche Zusammenleben der Völker zu stören, insbesondere die Führung eines Angriffskrieges vorzubereiten, sind verfassungswidrig."

Aspekte, denen man Rechnung tragen solle. (Zustimmung BM) Ein allgemeiner Satz in dieser Richtung wäre von Bedeutung für diese und kommende Generationen. Ähnliche Verpflichtungen sollten auch für die Vier Mächte gelten. Damit werde klargestellt, daß keinerlei Diskriminierung oder Einengung Deutschlands beabsichtigt sei.

Sehr viel komplizierter sei ein anderes Element: Man müsse eine Vereinbarung über die obere Grenze für Truppen eines einheitlichen Deutschlands und über strukturelle Veränderungen treffen. Eine Obergrenze brauche man auf jeden Fall. Auf sowjetischer Seite stelle man sich eine Zahl von 200 000–250 000 Mann vor; aber darüber sei zu reden.

Eine solche Obergrenze müsse binnen 3 Jahren nach Einrichtung eines gemeinsamen Parlaments und einer gemeinsamen Regierung erreicht werden.

Dies sei ein paralleler Prozeß zu den Wiener Verhandlungen, und es bestehe ein Gesamtzusammenhang mit der Frage von Streitkräften und Rüstungen in ganz Europa. Aber man müsse die Obergrenzen im Rahmen der Sechs vereinbaren. Die übrigen Verhandlungen und Prozesse verliefen im gesamteuropäischen Rahmen. Man werde dabei ohnehin zu Obergrenzen kommen. Aber man müsse dies auch festlegen, und zwar für Deutschland und andere Staaten.

Er begrüße die Bereitschaft zu einer Erklärung zum ABC-Waffenverzicht.

Ein weiteres Element des politischen Dokuments: Das einheitliche Deutschland müsse die Legitimität der Maßnahmen der Vier Mächte anerkennen. Dazu gehöre etwa die Vergesellschaftung von Eigentum und insbesondere Maßnahmen hinsichtlich von Grundbesitz.[16] Es müsse auch eine Bereitschaft bestehen zur Mitwirkung an Kompensationen für Personen, die Zwangsarbeit geleistet hätten.[17] Schließlich müsse sichergestellt werden, daß die Nazibewegung und Ideologie nicht wieder erstehe.

Eine empfindliche Frage sei die Gewährleistung der Unantastbarkeit von Gedenkstätten. Es handele sich insbesondere um Kriegsgräber und Denkmale.

Für die Realisierung der äußeren Aspekte sei eine Übergangsperiode erforderlich. Wie lange solle diese dauern? 5 Jahre, oder vielleicht weniger oder vielleicht mehr. Zu rechnen sei jedenfalls vom Zeitpunkt der Errichtung eines einheitlichen Parlaments und einer deutschen Regierung.

Erforderlich sei die Bestätigung, daß für das vereinigte Deutschland alle Verträge und Vereinbarungen der DDR und der Bundesrepublik Deutschland weitergelten. Es müsse vereinbart werden, daß während der Übergangsperiode die faktische Lage nicht verändert werden dürfe, d. h. die Zugehörigkeit der DDR zum Warschauer Pakt und die Zugehörigkeit der Bundesrepublik Deutschland zur NATO. Die Kompetenzen der NATO und des Warschauer Vertrages dürften nicht auf Territorien ausgedehnt werden, die nicht Mitglieder dieser Bündnisse seien.

Für die Lösung dieser komplizierten Sache gebe es andere Alternativen. Die Sowjetunion sei interessiert an der Meinung von BM.

Er wolle folgende Varianten aufzählen:
– Austritt sowohl aus WVO als auch aus NATO;
– Neutralität: Er wisse, daß es dafür bei uns keine Sympathie gebe;
– Die Verbindung eines Austritts aus den Bündnissen mit dem Beginn der Vorbereitung gesamteuropäischer Strukturen der Sicherheit;

---

[16] Vgl. Dokument Nr. 26, Anm. 3.
[17] Vgl. hierzu die Direktiven Gorbačevs vom 10.11.1990 nach seinem Deutschlandbesuch, in: Galkin/Tschernjajew (Hrsg.), Michail Gorbatschow und die deutsche Frage, Dokument Nr. 129.

- Die gleichzeitige Auflösung von WVO und NATO in Zusammenhang mit der Gestaltung gesamteuropäischer Strukturen der Sicherheit.[18]

Dies alles seien hypothetische Varianten. Die Sowjetunion suche nach einem Ausweg.

Man könne vielleicht auch an ein Abkommen zwischen der NATO und der WVO denken, mit dem eine Assoziierung, eine Zusammenarbeit oder ähnliches vereinbart werde.[19]

Dies seien wirklich sehr ernste Fragen.

Die Durchführung entsprechender Maßnahmen solle binnen 21 Monaten nach Bildung einer einheitlichen Regierung erfolgen oder könne auch mit anderen Fristen verbunden werden. Einwurf von Kwizinski: Zunächst müsse man bestätigen, daß die Bündnisverpflichtungen fortgelten, dann könne man darüber in Ruhe verhandeln.

S. unterstrich, für ihn und Gorbatschow sei es psychologisch und politisch nicht annehmbar, daß das einheitliche Deutschland in die NATO aufgenommen wird. Die Frage des politisch-militärischen Status sei das Hauptproblem, sie sei die Frage aller Fragen. Das sowjetische Volk werde Zugeständnisse in diesem Bereich nicht verstehen.

S. schilderte sodann Erkenntnisse aus einer Reise von Medwedjew[20] nach Weißrußland, die ergeben hätten, daß man dort eine Vereinigung der beiden deutschen Staaten als legitim und gesetzmäßig ansehe, aber mit großer Sorge die Frage nach dem „Wie" der Vereinigung stelle.

Man müsse nach Lösungen suchen, die die Interessen des Westens [berücksichtigen][21] und die sowjetischen Interessen nicht [ignorieren].[22]

Ein weiteres Element: Während der Übergangsperiode sollten Truppen der Vier Mächte im vereinigten Deutschland stationiert bleiben. Die Aufenthalts- und Bewegungsbedingungen usw. müßten die selben sein wie die, die vorher zwischen der Bundesrepublik Deutschland bzw. der DDR und den Vier Mächten im Hinblick auf deren Streitkräfte vereinbart worden seien. Parallel zur Reduzierung der deutschen Truppen sollten dann tiefgreifende Reduzierungen der Truppen der Vier Mächte stattfinden. Zunächst eine Reduzierung um 50%, zuletzt sollten alle Truppen der Vier Mächte aus Deutschland vollständig abgezogen werden. Vielleicht könne es allerdings eine symbolische Anwesenheit auch weiterhin geben.

Die Truppen der Vier Mächte dürften die Grenzen zwischen der Bundesrepublik und der DDR nicht überschreiten. Ähnliches gelte für die Truppen der DDR und der Bundesrepublik.

Diese Regelungen müssten gelten bis zur Auflösung von NATO und WP oder bis zum Austritt Deutschlands aus den Bündnissen.

Polizei, Grenzpolizei und Zoll sollten unverändert bleiben.

Binnen 6 Monaten nach Einrichtung eines Parlaments und einer Regierung in Gesamtdeutschland sollten die besonderen Regelungen in den Westsektoren Berlins abgelöst und alle fremden Truppen aus Großberlin abgezogen werden. Gleichzeitig sollten die

---

[18] Die vier Varianten per Hand angestrichen.
[19] Absatz am re. Rand per Hand angestrichen.
[20] Es handelt sich hier wahrscheinlich um Vadim Andreevič Medvedev (*1929), 1988–1990 Vorsitzender der Ideologischen Kommission des ZK und Mitglied des Politbüros des ZK der KPdSU, 1990–1991 Mitglied des Präsidialrats der UdSSR.
[21] Im Dokument: berücksichtige.
[22] Im Dokument: ignoriere.

Regelungen über Luftkorridore und Transitrechte aufgehoben werden und für alle diese Fragen brauche man wohl ein besonderes Protokoll.

In diesem Zusammenhang solle ein Außerkrafttreten des Vier-Mächte-Abkommens erfolgen. Die endgültige Aufhebung des Vier-Mächte-Abkommens solle dann zusammen mit der Ablösung der Vier-Mächte-Rechte und Verantwortlichkeiten für Deutschland als Ganzes vorgenommen werden.

Die Synchronisation zwischen der Vereinigung Deutschlands und dem gesamtdeutschen Prozess [sic!] solle dadurch erleichtert werden, daß alle zum gesamtdeutschen Prozess aktiv beitrügen und neue Strukturen vor allem im Sicherheitsbereich entwickelt würden. Die von den sechs Staaten vereinbarten Grundprinzipien sollten dem KSZE-Gipfel vorgelegt werden.

Die Aufhebung der Vier-Mächte-Rechte und Verantwortlichkeiten sei der letzte Schritt der Gesamtregelung. Er könne erst erfolgen, nachdem die Grundprinzipien in Kraft gesetzt und wirksam erfüllt seien. 21 Monate nach Schaffung eines deutschen Parlaments und einer deutschen Regierung solle eine Konferenz der Außenminister der 5 Staaten stattfinden. Auf dieser Konferenz solle die Unterzeichnung des Protokolls über die Aufhebung der Vier-Mächte-Rechte und Verantwortlichkeiten stattfinden, und es sollten Schritte vereinbart werden, um die Vorbehalte zu widerrufen, die beim UNO-Beitritt der beiden deutschen Staaten gemacht worden [seien].[23]

Bisher habe er noch mit niemandem in so detaillierter Weise über die sowjetische Sicht des Vereinigungsprozesses gesprochen. Auch nicht gegenüber anderen Partnern der 2 + 4 Gespräche. Gorbatschow habe mit Baker 5 Stunden gesprochen; er, S., habe mehre Tage mit Baker gesprochen.[24] Die deutsche Frage sei dabei jedoch nur sehr allgemein behandelt worden, indem er zwei oder drei Punkte herausgestellt habe. Er wolle einen Dialog auf solider Grundlage mit BM führen. Gemeinsam müsse man nach Kompromissen suchen.

Er wolle besonders betonen, daß man nach solchen Entscheidungen suchen und solche Entscheidungen finden müsse, die nicht dem Aufbau der deutschen Einheit im Wege stünden, aber gleichzeitig auch die Interessen und Probleme der Sowjetunion berücksichtigen.

Wenn einiges von dem, was er gesagt habe, vielleicht zu hart erscheine, so sei das darauf zurückzuführen, daß er die sowjetischen Probleme berücksichtigen müsse. Die Sowjetunion sei mit weitreichenden Fragen und Widersprüchen konfrontiert.

<u>Es sei richtig, daß die beiden deutschen Staaten die Grundlage für eine einheitliche Währung gelegt hätten.</u>[25] Es habe keinen anderen Ausweg gegeben. Die Sowjetunion verstehe die ernsten Probleme und sehe auch die großen Aufwendungen, die mit diesem Vertrag (Wirtschafts-, Währungs- und Sozialunion) verbunden seien. Auch auf unserer Seite bestünden sicherlich viele Sorgen.

Wenn die Sowjetunion das Volk hinsichtlich der Frage der deutschen Einheit und deren Richtigkeit nicht überzeugen könne, dann werde die Perestroika in die Luft gesprengt.

Man solle jetzt in sachlichem und konstruktivem Geiste alle Aspekte besprechen. Vieles könne auf der Ebene der Außenminister geklärt werden. Einiges bedürfe vielleicht der höchsten Ebene.

---

[23] Im Dokument: sein. Der gesamte Absatz am li. und re. Rand von Hand angestrichen. Vgl. Dokumente Nr. 6, Anm. 8 und Nr. 7, Anm. 4.
[24] Vgl. Gespräch Gorbačevs mit Baker am 18.5.1990, in: Galkin/Tschernjajew (Hrsg.), Michail Gorbatschow und die deutsche Frage, Dokument Nr. 91.
[25] Unterstreichung per Hand.

Die Experten dürfe man nicht ausschalten, sie müßten Punkt für Punkt die einzelnen Probleme durchgehen.

Er wolle nochmals hervorheben, wenn zwischen ihm und BM eine gemeinsame Sprache gefunden werde, dann würden auch die anderen Partner diese Sprache verstehen.

BM dankte für die Ausführlichkeit und Konkretheit der Ausführungen von S. Er wolle mit gleicher Offenheit unsere Position darlegen.

S. habe von den materiellen Grundlagen der Beziehungen zwischen der Bundesrepublik Deutschland und der Sowjetunion sowie zwischen der DDR und der Sowjetunion gesprochen. Dies sei wichtig, es gehöre mit in die Bilanz der deutschen Vereinigung. Was die Überleitungen angehe, so sei in den Gesprächen zwischen Staatssekretär Lautenschlager und Vizeaußenminister Obminski schon gesagt worden, daß die materiellen Auswirkungen des Übergangs zu einem vereinigten Deutschland nicht zum Nachteil der Sowjetunion gereichen sollten.[26]

Man müsse weitergehen und jetzt in die Zukunft blicken. Es sei jetzt möglich, eine neue Qualität der deutsch-sowjetischen Beziehungen zu schaffen.

BM führt dann im einzelnen aus, daß die Zusammenführung der bilateralen Beziehungen zwischen der DDR auf der einen Seite und der Bundesrepublik auf der anderen Seite in der Summe mehr sein werde als die Addition der Einzelposten.

Man müsse die Ausgangslage realistisch einschätzen: Die Teilung Deutschlands habe in der Vergangenheit zwischen der Bundesrepublik und der Sowjetunion gestanden. Im Bewußtsein geschichtlicher Verantwortung hätten wir uns bemüht, das sich aus dieser Situation ergebende Störpotential gering zu halten. Dies sei mehr als Realpolitik gewesen; es habe auch eine moralische, ethische Begründung. Es sei gut, daß jetzt eine Generation die künftigen Beziehungen gestalte, die den Krieg, die den Faschismus und seine Folgen selbst miterlebt habe. Für ihn, BM, sei die deutsche Vereinigung mehr als die Befriedigung eines nationalen Wunsches. Für ihn gehe es um die Rückkehr der Deutschen in die Gemeinschaft der europäischen Völker, und zwar mit einem Beitrag für ein besseres Europa.

Er wolle jetzt auf die einzelnen Punkte eingehen, die S. gemacht habe.

Zu den Grenzen: Es gebe keinen Zweifel darüber, was wir vereinigen wollten. Die Bundesrepublik Deutschland, die DDR und ganz Berlin. Er verstehe die emotionale und psychologische Bedeutung dieser Frage, nicht nur für die Sowjetunion, sondern auch für andere Völker. Aber auch bei uns fordere eine Lösung dieser Frage Einsichten, die schwerfielen, aber mitgetragen würden. Die Stabilität unserer Demokratie werde darunter nicht leiden.

Unsere Verfassung befasse sich in drei Bestimmungen mit der Einigung: Im ersten Satz der Präambel, in Art. 23 Satz 2, in Art. 146. Wir wollten diese Bestimmungen mit der Vereinigung [eliminieren][27], um damit ein deutlich sichtbares Zeichen dafür zu setzen, daß die Vereinigung beendet sei und wir keine territorialen Ansprüche haben.[28]

Über den Verlauf der Grenze zwischen Polen und dem vereinigten Deutschland gebe es keine Meinungsverschiedenheiten. Die bestehende Grenze werde völkerrechtlich anerkannt. Diese Absicht würden sich die beiden deutschen Parlamente und Regierungen zu

---

[26] Vgl. neben Dokument Nr. 27, Anm. 32 das Fernschreiben der Botschaft Moskau vom 22.5.1990 zu Beratungen von StA Lautenschlager, Vertretern von BMW und BMF mit Obminskij, PA AA, ZA 140.713 E.
[27] Im Dokument: eliminieren.
[28] Vgl. Dokument Nr. 22, Anm. 23.

eigen machen und der polnischen Regierung notifizieren. Die polnische Regierung könne darauf reagieren, wenn sie das wolle.

S.:[29] Was sei die Funktion eines vereinigten deutschen Parlaments dabei?

BM: Ratifizierung der Grenzregelung.

Als nächsten Punkt habe S. eine Regelung verlangt, daß vom Territorium eines vereinigten Deutschlands keine militärischen und aggressiven Aktionen ausgehen dürften. Darüber habe man schon gesprochen. Er bestätige, es gelte, was wir hierzu gesagt hätten, sowohl einseitig als auch in zweiseitigen Erklärungen. Wir könnten wiederholen, daß von deutschem Boden Frieden ausgehen solle.

Zur Frage einer Obergrenze für die Stärke unserer Truppen und die Festlegung von Strukturen: Die Deutschen hätten keinen militärischen Ehrgeiz. Er sei der Meinung, es sei wichtig für die Stabilität Europas im konventionellen Bereich, daß durchgreifende Abrüstungsschritte gemacht würden. Es sei aber ein Fehler, wenn man dies nur mit Bezug auf Deutschland sage und nicht mit Beziehung [30]auf andere. Wir hätten keineswegs die Absicht, diese Frage auf die lange Bank zu schieben. Die Verhandlungen in Wien stagnierten, und wir bedauerten dies. Wenn die Sowjetunion ein Interesse daran habe, daß in Wien Verbindliches gesagt werde zur Stärke der Streitkräfte mit Bezug auf bestimmte Zonen Europas, dann müsse man darüber reden.

Wir wollten zur Abrüstung in Europa beitragen. Wir seien der Ansicht, daß der Prozeß der deutschen Vereinigung vieles Positive in Europa beschleunige. Wir wollten mehr Stabilität für Europa. Eine Singularisierung der Deutschen wäre ein Fehler. Als Teil einer Regelung, die auch andere betreffe, seien wir bereit, über eine Reduzierung unserer Streitkräfte zu sprechen, auch über Zahlen in Abhängigkeit von Zahlen, die für andere gelten.

Am Vollzug entsprechender Vereinbarungen werde es bei uns nicht mangeln, wenn andere auch so schnell handeln würden.

S. habe von einer Regelung gesprochen, die dem Rechtsradikalismus in Deutschland die Grundlage entziehe. S. habe sich vor einiger Zeit besorgt gezeigt über die Entwicklung einer rechtsradikalen Partei. Er, BM, habe gesagt, die Sorge sei unbegründet. Die Wahlen hätten gezeigt, daß dies richtig sei.[31]

Vereinbarungen über Reduzierungen sollten nicht als Ausdruck von Mißtrauen gegenüber Deutschland erscheinen, sondern Deutschland solle wie andere auch an Abrüstungen teilnehmen. Wenn S. wünsche, in Wien eine Verständigung zu erzielen, werde dies Rückwirkungen auf die 2+4-Gespräche haben.[32]

Was die auf die Vier-Mächte-Rechte gestützten Maßnahmen nach dem 2. Weltkrieg angehe, so handle es sich um Maßnahmen sehr unterschiedlicher Art. Man müsse sich im einzelnen ansehen, was gemeint sei. Er habe wohl eine Vorstellung von dem, was S. meine im Hinblick auf Maßnahmen in der damaligen sowjetischen Besatzungszone. Er denke, daß es insoweit Wege zur Verständigung gebe. Aber es habe auch Fälle mit einem hohen Maß von Ungerechtigkeit gegeben. BM schilderte sodann einen entsprechenden Fall aus seinem engeren Bekanntenkreis. Er verwies dann abschließend darauf, daß im Rahmen

---

[29] Wechsel der Unterstreichungen im Einleitungsvermerk S./BM gem. Vorlage.
[30] Der Absatz ab hier am li. und re. Rand per Hand angestrichen.
[31] Genscher bezog sich hier auf die Wahlergebnisse in der DDR, vgl. Dokumente Nr. 12, Anm. 37 und Nr. 24, Anm. 5.
[32] Absatz am li. und re. Rand per Hand angestrichen.

der Verhandlungen über den Staatsvertrag bereits Einigkeit darüber erzielt worden sei, daß Maßnahmen vor 1949 grundsätzlich nicht in Frage gestellt werden sollten.[33]

Was die Denkmale und Monumente anlange, so sei dies kein Thema, über das man verhandeln müsse. Die Frage werde von uns nicht gestellt werden. Wir hätten Respekt vor den Toten aller Völker und würden auch respektieren, was in Erinnerung an den schrecklichsten aller Kriege errichtet worden sei. Wir wollten nichts verdrängen und nicht beseitigen, was an die Geschichte und insbesondere an die Nachkriegsgeschichte erinnere.

Was die völkerrechtlichen Verträge der beiden deutschen Staaten anlange, so gebe es Verträge verschiedener Art. Darüber werde zwischen Staatssekretär Lautenschlager und VAM Obminski gesprochen.[34]

Den Sicherheitsstatus und die Bündnisfrage dürfe man nicht statisch oder gar mit Blick zurück auf den Kalten Krieg entscheiden. Er wolle einzelne Elemente darlegen, die man berücksichtigen müsse, wenn man diese Frage beantworten wolle.

Die erste Frage sei, solle das vereinigte Deutschland gleichberechtigt sein oder nicht? Wenn Deutschland gleichberechtigt sein solle, so bedeute dies nach der Helsinki[-]Schlußakte auch das verbriefte Recht, einem Bündnis anzugehören oder nicht anzugehören.[35]

Zweite Frage: Solle das vereinigte Deutschland zu mehr oder weniger Stabilität beitragen? Wir wollten, daß Deutschland zu mehr Stabilität in Europa beitrage. Dies bedeute, keine Verschiebung des Kräfteverhältnisses. Dabei müsse man aber fragen: Kräfteverhältnis zwischen wem? Könne man heute noch sagen Kräfteverhältnis zwischen West und Ost?[36]

Dritte Frage: Könne man die Erfahrungen der Vergangenheit verdrängen? Könne man erwarten, daß die Gefühle der Menschen in der Sowjetunion unbeeinflußt seien von den Erfahrungen des 2. Weltkrieges? Wir verstünden die Gefühle, die Haltung der Bürger, und wir verstünden auch, daß dies die Führung mit beeinflusse. Deshalb müsse man einen Weg finden, um das Recht Deutschlands aus der Helsinki[-]Schlußakte vereinbar zu machen mit den Sicherheitsinteressen der Sowjetunion; zur Lösung dieses Problems gehöre ein Datenkranz faktischer Entwicklungen:
– die Absichten des vereinigten Deutschlands; darüber habe man schon gesprochen;
– Grenzfragen: Auch darüber habe man gesprochen;
– keine Ausdehnung der NATO auf das Territorium der DDR; darüber habe man früher bereits Gedanken ausgetauscht;[37]
– Anwesenheit sowjetischer Streitkräfte in der DDR für eine festzulegende Übergangszeit; auch darüber sei gesprochen worden;
– Verzicht auf ABC-Waffen, Fortgeltung des VN-Vertrages; insoweit bestehe Einigkeit.

Noch nicht gesprochen habe man über die künftige Entwicklung im gesamten Europa. S. kenne unsere Haltung zur Vertiefung, zum Ausbau und zur Institutionalisierung des KSZE-Prozesses. Wir wollten eine grundlegende Veränderung der Lage in Europa. Im Hinblick auf ständige Konferenzen, im Hinblick auch auf ein mögliches Sekretariat bestünden

---

[33] Vgl. Gemeinsame Erklärung der Regierungen der Bundesrepublik Deutschland und der DDR über die Regelung offener Vermögensfragen vom 15.6.1990, in: Galkin/Tschernjajew (Hrsg.), Michail Gorbatschow und die deutsche Frage, Dokument Nr. 100.
[34] Vgl. Anm. 26.
[35] Vgl. Dokument Nr. 9, Anm. 5.
[36] Die Absätze mit den ersten beiden Fragen je am li. und re. Rand per Hand angestrichen.
[37] Vgl. u.a. Dokument Nr. 23.

bei uns keine Probleme. Ein Konfliktverhütungszentrum und ein Verifikationszentrum betrachteten wir als zwei wichtige Einrichtungen, die sehr bedeutsam seien.

Weder die Bundesrepublik Deutschland noch das vereinigte Deutschland würden erklären, daß sie sich nicht entsprechenden Zentren stellen würden – nur müsse ganz klar sein, daß diese Zentren nicht nur die Bundesrepublik oder das vereinigte Deutschland erfaßten, andere aber nicht.[38]

Er, BM, habe von Anfang an mitgearbeitet an der Helsinki[-]Schlußakte. Die größte Weisheit liege in dem Prinzip, für alle gelte das Gleiche!

Der KSZE-Prozeß werde die Lage in Europa grundlegend verändern, und zwar nicht irgendwann, sondern, wenn dies alle wollten, mit einem Gipfeltreffen in diesem Jahr. Er habe den Eindruck, in dieser Einschätzung seien wir uns mit der Sowjetunion einig.

Die NATO sei dabei, ihre Strategie, ihr Selbstverständnis, ihre Ziele zu überprüfen. Die Gipfelkonferenz im Juli eröffne positive Perspektiven, über die zu reden sei, wenn man sich im Juli treffe.[39]

Ein vorbereitendes Außenministertreffen im Rahmen der KSZE noch im September solle ebenfalls Gegenstand bilateraler Gespräche sein.[40]

BM erläuterte sodann, daß sich die Schnelligkeit der Lageentwicklung in Europa auch an der Entwicklung der SNF-Frage ablesen lasse.[41]

Die Sowjetunion entwickle ein neues Verhältnis zur NATO. Der Besuch von S. bei der NATO habe hierzu ein wichtiges Signal gesetzt.[42]

Er kenne nicht die Vorstellungen der Sowjetunion im Hinblick auf die Zukunft des Warschauer Paktes; aber jedenfalls werde sich ein anderes Verhältnis ergeben als in der Vergangenheit. Die Entwicklung gehe dahin, daß sich aus der Zusammenarbeit im Bereich der Abrüstung und dem KSZE-Prozeß kooperative Strukturen der Sicherheit entwickelten, aus denen sich eine kooperative Rolle beider Bündnisse ergebe.

In diesen Gesamtzusammenhängen sehe er die Frage des Status eines vereinigten Deutschlands.

Während auf der einen Seite Hypotheken abgetragen würden, ergeben sich auf der anderen Seite im Bereich der Wirtschaft, der Ökologie, der wissenschaftlich-technischen Zusammenarbeit neue Zukunftsperspektiven.

Das Jahr 1990 verlange eine historische Weichenstellung. Diese Weichenstellung sei auch wichtig für die Menschen in der Sowjetunion, deren Gefühle er gut verstehen könne. Er versuche immer, sich auch in die Position der anderen Seite zu versetzen. Die Reaktion der Bürger in der Sowjetunion sei ein Element, das er ernst nehme.

Wir wollten den sowjetischen Interessen und unseren Interessen Rechnung tragen. Wir wollten nicht einen Zustand perpetuieren, der sich aus den Folgen des Krieges ergeben habe. Wir wollten eine bessere Zukunft schaffen, dazu sei es notwendig, die einzelnen Elemente auszubuchstabieren.

Er sei sehr damit einverstanden, daß zunächst die Experten arbeiten sollten. Auf der Grundlage der dabei erzielten Ergebnisse sollten sich dann sehr bald erneut die Minister treffen. Ihm gehe es dabei nicht um die Treffen als solche, sondern um die Sache. Man

---

[38] Satzbau gem. Vorlage; der Absatz am li. und re. Rand per Hand angestrichen.
[39] Vgl. Dokument Nr. 10, Anm. 37.
[40] Das KSZE-Außenministertreffen fand schließlich am 1./2.10.1990 statt.
[41] Vgl. Dokument Nr. 1, Anm. 11.
[42] Vgl. Dokument Nr. 17, Anm. 3 und 21.

müsse das Eisen schmieden, solange es heiß sei. Er wolle [abschließend]⁴³ noch einmal das große Vertrauen unterstreichen, das er der Person S. entgegenbringe.

Auf die Frage von S., was BM von der Idee einer Übergangsperiode halte, erwiderte BM: Man müsse genau definieren, was damit gemeint sei. Entscheidend sei, daß Klarheit geschaffen werde über die definitive Regelung. Er habe im Bundestag als Beispiel die Stationierung sowjetischer Streitkräfte erwähnt. Dies sei ein Fall, in dem eine Übergangslösung möglich sei. Es könne auch andere Bereiche geben, in denen eine Übergangslösung denkbar sei, wenn dies in dem Schlußdokument vereinbart werde. Er habe gesagt, man solle einen Zustand nicht in die Zukunft verlängern, der sich aus Kriegs- und Nachkriegszeit ergeben habe, das heiße keine Perpetuierung der Vier-Mächte-Rechte. (S. stimmt zu.)

Er sehe zwei Möglichkeiten für das weitere Verfahren: Entweder werde man heute noch viele Stunden miteinander sprechen, wozu er bereit sei. Wichtig sei, daß nichts unklar bleibe, daß man das Notwendige ausbuchstabiere, man dürfe insbesondere jetzt kein Mißverständnis entstehen lassen. Man könne auch einen anderen Weg wählen: Die Experten sollten miteinander sprechen und feststellen, wo Verständigung möglich sei, und wo offene Fragen blieben, die dann definiert werden müssen.

S.: Er sei für die zweite Variante.

BM: Einverstanden.

S.: Es blieben in der Sache erhebliche Differenzen. Er wolle aber noch einmal unterstreichen, daß man dies nicht dramatisieren solle.

BM: Man dürfe aber auch nicht unterschlagen, daß es wichtige Fragen gebe, in denen wir übereinstimmten. Dies seien auch Bereiche, die für uns nicht einfach seien, bei denen wir aber aus Einsicht in die Notwendigkeit zu einer Einigung kämen.

S.: Man habe bei [Vereinbarung]⁴⁴ des 2+4 Mechanismus einen Fehler gemacht.⁴⁵ Das Mandat dieser Gespräche sei nicht präzise festgelegt worden. Man habe nicht die Probleme identifiziert, die in diesem Rahmen entschieden werden sollten. Die Frage der Militärpotentiale sei eine zentrale Frage der deutschen Einheit. Sei dies nun ein innerer oder ein äußerer Aspekt? Die Frage einer Begrenzung der Bundeswehr sei für die Sowjetunion von zentraler Bedeutung. Es wäre ideal, wenn man hierzu in den Wiener Verhandlungen eine Lösung finden könne.⁴⁶

BM: Der Kalender in Wien lasse kein sehr schnelles Vorgehen zu. Aber der Wiener Kalender sei auch keine Bibel.

S.: Mit Recht habe BM davon gesprochen, daß das Kräfteverhältnis nicht verschoben werden dürfe. Aber wenn Deutschland vereinigt werde, werde die Lage verändert; die Stärke der deutschen Truppen könne sogar noch erhöht werden. Das vereinigte Deutschland verändere die Bündnisse, unter Berücksichtigung der übrigen Veränderungen in Osteuropa könne man sogar von einer radikalen Veränderung sprechen.

BM: Die Bundeswehr habe jetzt ungefähr 495 000 Soldaten. Höre man nicht viele Stimmen, daß das vereinigte Deutschland diese Zahl drastisch reduzieren solle?

S.: Aber einstweilig sei dies Wunschdenken!

BM: Das könne aber schnell Realität werden.

---

⁴³ Im Dokument: abschießend.
⁴⁴ Im Dokument: Vereinbarungen.
⁴⁵ Vgl. Dokument Nr. 17, Anm. 17.
⁴⁶ Vgl. Dokument Nr. 1, Anm. 8.

S.: Es gebe keine Vereinbarungen; die Truppenstärken seien in Wien nicht zur Erörterung in dieser Runde vorgesehen.

BM: Solle man in Wien jetzt darüber reden?

S.: In Mitteleuropa gebe es verschiedene Probleme. Hinsichtlich der Truppenstärken habe man zur Zeit mehr Fragen als Antworten. All das habe aber Bedeutung für den Status eines vereinigten Deutschlands. Jetzt in Wien über Truppenstärken und Rüstungen zu sprechen wäre ideal. Aber die Vereinigung sei eine Realität. Die Sowjetunion wolle den Vorgang der Vereinigung auch nicht stören.

BM: Er könne doch nicht so verstanden worden sein, daß er die Frage der Stärke der Bundeswehr nicht als legitim betrachte. Aber es sei auch legitim, nach der Stärke anderer zu fragen. Man müsse versuchen, in Wien Fragen zu stellen und Antworten zu geben. Heute führe man ein bilaterales Gespräch. Keiner könne für sein Bündnis sprechen. Aber er sehe grundsätzlich kein Problem darin, über diese Fragen jetzt zu reden.

[47]S.: Wie könne man Wien beschleunigen? Darüber solle man sprechen, vielleicht biete sich da ein Ausweg.

BM habe von einer Übergangsperiode für die sowjetischen Truppen in der DDR gesprochen. Gelte das nicht für die Truppen der USA und die Truppen von sieben anderen Ländern auf dem Territorium der Bundesrepublik? Das Kräfteverhältnis sei ein sehr ernstes Problem. Die Sowjetunion sei dabei, die ČSFR zu verlassen, ebenso Ungarn. Polen werde man vielleicht morgen oder übermorgen ebenfalls verlassen.[48] In einiger Zeit werde es auch auf deutschem Boden keine sowjetischen Truppen mehr geben. Die WVO sei schon heute eine andere Organisation als gestern. Es sei ein anderes Bündnis.

Es gebe das Problem der taktischen Atomwaffen. Diese taktischen Atomwaffen würden in Zukunft noch nicht einmal auf sowjetische Truppen gerichtet sein. Aber es gebe jetzt die Idee, sie mit Flugzeugen zu transportieren. (Einwurf von Kwizinski: Abstandswaffen!) Dies alles könne man werten als das Streben nach Beibehaltung der Überlegenheit. Die sowjetische Führung habe Verantwortung für das Volk. Was werde morgen, was übermorgen oder in 10 Jahren?

Man müsse die Probleme Punkt für Punkt durchgehen. Das sei Aufgabe der Experten. Manches werde sich bilateral lösen lassen. Es könne dann in dem 6er-Rahmen eingebracht werden.

BM: Die Sowjetunion und wir seien Mitglieder eines Bündnisses. Wir seien auch beide Teilnehmer an den 2+4 Gesprächen. Wir müssen aufrichtig sein gegenüber unseren Partnern. Nichts dürfe hinter deren Rücken geschehen. Er sehe allerdings kein Problem für die bilateralen Gespräche. Wir seien am meisten betroffen. Deshalb sei es für uns am leichtesten herauszufinden, wo man sich auf welche Weise verständigen könne. Dies sei die Legitimation für das bilaterale Gespräch.

Er wolle sehr gerne mit S. ganz intensiv die Suche nach Möglichkeiten fortsetzen.

Die Frage der Truppenstärke berühre die Bündnisse. Über Obergrenzen müsse in Wien gesprochen werden.

Zum weiteren Vorgehen halte auch er die [zweite][49] Alternative für die bessere. Die Experten sollten schnell und intensiv mit den Arbeiten beginnen.

---

[47] Im Dokument Anschluss ohne Absatz.
[48] Vgl. Dokument Nr. 23, Anm. 22.
[49] Im Dokument: erste.

S.: Die Hauptfrage sei die des militärischen Status. Er habe dafür fünf Varianten vorgeschlagen. Es gebe einen Zusammenhang zwischen der sowjetischen Präsenz in Deutschland und der Präsenz von Truppen unserer Verbündeten.

Was die Wiener Verhandlungen anlange, so sei es schwer, sich jetzt endgültig festzulegen. Solle man die Experten schon jetzt auf ständiger Grundlage zusammenkommen lassen? Man müsse auch den Besuch des Bundeskanzlers vorbereiten, was die Gelegenheit gebe, dabei zentrale Fragen zu entscheiden.

BM: Die Experten sollten sich unverzüglich treffen. Außerdem solle man in nicht zu ferner Zeit ein weiteres Ministertreffen haben.

Es ergab sich Übereinstimmung, daß sich die beiden Minister noch vor dem nächsten 2+4 Treffen (Berlin) treffen sollten. Ort und Zeit sollen telefonisch vereinbart werden.[50]

Höynck[51]

PA AA, ZA 178.928 E.

Nr. 31

Aufzeichnung des Dolmetschers Scheel vom 24. Mai 1990 über das zweite Vier-Augen-Gespräch von Bundesaußenminister Genscher mit dem sowjetischen Außenminister Ševardnadze am 23. Mai 1990 in Genf[1]

Dolmetscheraufzeichnung[2]

des zweiten Vier-Augen-Gesprächs vom 23.05.1990 in Genf zwischen dem Bundesminister des Auswärtigen, Herrn Hans-Dietrich Genscher (im weiteren abgekürzt als BM), und dem Außenminister der UdSSR, Herrn E. A. Schewardnadse (im weiteren abgekürzt als Sch.)

BM: Er wolle sich zu dem anstehenden finanziellen Problem äußern. Herr Sch. wisse aus seinem Gespräch mit dem Bundeskanzler, daß wir an einem Erfolg der Wirtschaftsreformen in der SU interessiert seien.[3] Es gehe nicht allein um den ökonomischen Aspekt; vielmehr habe ein Erfolg der Wirtschaftsreformen auch seine politische Bedeutung. Für Europa sei er aber auch wirtschaftlich wichtig, denn das eine Europa könne entweder nur als Ganzes gedeihen oder gar nicht. Dies sei ein Fall, bei dessen Lösung sich deutsch-sowjetische Freundschaft und Zusammenarbeit bewähren müßten.

Was den als erstes erwähnten Kreditbetrag in Höhe von 5 Mrd. DM betreffe, seien die Dinge auf einem guten Weg. Zwar sei es notwendig, den Haushaltsausschuß mit der Angelegenheit zu befassen, weil Bürgschaften von staatlicher Seite erforderlich seien. Der Bun-

---

[50] Vgl. Dokumente Nr. 32, 34 und 35.
[51] Eigenhändige Unterschrift.

[1] Zum ersten Einzelgespräch vgl. Dokument Nr. 30, Anm. 8.
[2] Daneben handschr.: „G[enscher] 2[9?].5.".
[3] Gespräch Kohls mit Ševardnadze am 4.5.1990, in: Deutsche Einheit, S. 1084–1090; ferner Vorlage Teltschiks für Kohl vom 8.5.1990 über Deutsch-sowjetische Wirtschaftsfragen auf dem Weg zur deutschen Einheit, in: Ebenda, S. 1096–1098; Gespräch Teltschiks mit Gorbačev am 14.5.1990, in: Galkin/Tschernjajew (Hrsg.), Michail Gorbatschow und die deutsche Frage, Dokument Nr. 90.

deskanzler und er selber würden dies jedoch so vorbereiten, daß keine erheblichen Probleme entstehen würden, selbst wenn die Regelung dieser Frage zeitlich zufälligerweise mit finanziell weitreichenden Entscheidungen im Zusammenhang mit der Währungs-, Wirtschafts- und Sozialunion beider deutscher Staaten zusammentreffe.

Hinsichtlich der nicht ganz so aktuellen Frage weiterer Kreditgewährung stünden wir mit anderen Partnerländern gegenwärtig in Kontakt, aber auch hier werde unser Anteil angemessen bedeutend sein. Man könne mit gutem Gewissen sagen, daß die SU damit rechnen könne zu erhalten, was in Aussicht gestellt worden sei.

Während der heutigen Gespräche habe Herr Sch. vielleicht den Eindruck bekommen, daß er (der BM) „aufs Tempo drücke". Dies liege auch daran[,] daß ein gutes Vorankommen im Bereich der „2+4"-Gespräche die für den augenblicklich diskutierten Bereich nötige Überzeugungsarbeit erleichtern würde.

Auch abgesehen von den jetzt aktuellen Bezügen liege uns daran, gegenüber der sowjetischen Seite unsere Überzeugung zu betonen, daß die Zusammenarbeit des geeinten Deutschlands mit der SU auf allen Gebieten weitaus umfassender und ertragreicher sein werde, als die bisherige Zusammenarbeit der SU mit den beiden getrennten deutschen Staaten zusammengenommen. Die Geschichte füge es so, daß das Wohlergehen Europas in großem Maße von einem immer enger werdenden Zusammenwirken Deutschlands und der SU, das wirklich gegen niemand anderen gerichtet sei, abhänge. Er beobachte mit Befriedigung, daß auch in anderen Ländern des Westens zunehmend so empfunden werde; der Rapallo-Komplex scheine heute endlich überwunden zu sein. Wir seien mit der SU einig in dem Verständnis, daß die Zeit des Ost-West-Gegensatzes vorüber sei. In dem nun einsetzenden Prozeß auf das eine Europa hin können und müssen die Amerikaner ebenfalls ihre Rolle spielen.

Wolle Herr Sch. etwas zum ersten Thema sagen?

<u>Sch.</u>: Er sei dem BM und dem Bundeskanzler aufrichtig dankbar für die Unterstützungsbereitschaft und sei beauftragt, auch den Dank von Präsident Gorbatschow, der herzlich grüßen lasse, und MP Ryshkow[4] auszurichten. Der SU sei klar, daß die Bundesrepublik durch die Schaffung der WWSU auch durchaus eigene Probleme zu bewältigen habe; wenn die Bundesregierung mit Rücksicht auf die sowjetischen Schwierigkeiten (Einwurf des BM: nicht <u>nur</u> mit Rücksicht darauf!) zu helfen bereit sei, betrachte er dies als sehr wichtigen Schritt, der sich dort, wo noch nach Lösungen gesucht werden müsse, erleichternd auswirken könne. Er sei ebenfalls der Meinung, daß alles, woran wir heute arbeiteten, darunter vor allem die Gestaltung der künftigen bilateralen Beziehungen, der europäischen Perspektive zugute komme. Es zeichneten sich bereits die Konturen der allseitigen Zusammenarbeit, darunter besonders der wirtschaftlichen Beziehungen, nach der deutschen Vereinigung ab. Er sei überzeugt, daß die Möglichkeiten für die Entfaltung der wirtschaftlichen Zusammenarbeit geradezu unbegrenzt seien, was den Gesamtbeziehungen eine verläßliche Grundlage geben werde. Wenn von den bilateralen Beziehungen und ihren guten Perspektiven die Rede sei, enthalte dies in der Tat keine egoistischen Elemente. Natürlich sorgten die Regierungen in erster Linie für ihre eigenen Länder, aber gerade die deutsch-sowjetische Zusammenarbeit gereiche ganz Europa zum Wohl. Wenn die Beziehungen zwischen der SU und dem geeinten Deutschland von Anfang an auf den richtigen Weg gebracht würden, werde dies ein entscheidend wichtiger Beitrag zur gesamteuropäischen Stabilität sein.

---

[4] Nikolaj Ivanovič Ryžkov (*1929), 1985–1990 Mitglied des Politbüros des ZK der KPdSU, 1985–1991 Vorsitzender des Ministerrats, 1990–1991 Mitglied des Präsidialrats der UdSSR.

Was die im „2+4"-Rahmen zu verhandelnden Probleme betreffe, könne der BM auf sowjetisches Verständnis bauen. Wenn er, Sch., von den Gefühlen der sowjetischen Menschen gesprochen habe angesichts der deutschen Vereinigung, so ändere dies doch nichts daran, daß die SU für eine positive Lösung sei; sie wolle den Vereinigungsprozeß weder abbremsen noch behindern, er sei etwas Natürliches und Zwangsläufiges.

Seitens der SU werde durchaus verstanden, daß es einen großen Unterschied ausmache, ob man mit einem geeinten Deutschland oder mit zwei getrennten deutschen Staaten zusammenarbeite.

<u>BM:</u> Die Teilung Deutschlands habe uns alle schließlich viel Geld und Nerven gekostet.

<u>Sch.</u> stimmt lebhaft zu und fährt fort: Die Konfrontation überhaupt habe der SU Kosten in geradezu astronomischer Höhe verursacht. Kürzlich sei im sowjetischen Präsidialrat dargelegt worden, daß allein die Konfrontation mit China zwischen 200 und 300 Mrd. Rubel verschlungen habe. Rechne man noch Afghanistan und die anderen konfrontationsbedingten Konfliktherde hinzu, ergäben sich horrende Beträge, für die man komplette moderne Städte hätte errichten können.

Nunmehr stehe der historische Schritt bevor, die Qualität der künftigen Beziehungen zwischen dem geeinten Deutschland und der UdSSR zu einer Sicherheitsgarantie für alle Europäer und darüber hinaus zu machen. Er sei sicher, daß die deutsche Seite diese Bewertung teile.

(Wiederholung der Dankesworte)

Der BM solle versichert sein, daß die Unte[r]stützungsbereitschaft[5] für die deutsche Seite kein Risiko darstelle, dafür verbürge er sich. Der russische Markt sei seit jeher zuverlässig gewesen, schon zu Zeiten der Kaiser und Zaren, wie auch unter Stalin und nach Stalin.

<u>BM:</u> Wir wissen dies.

Hiermit Herrn Bundesminister Genscher vorgelegt.

Bonn, den 24.05.1990

Hermann Scheel[6]

PA AA, ZA 178.928 E.

Nr. 32
Ungezeichneter Vermerk des Dg 21, [Höynck], vom 7. Juni 1990 über das Gespräch von Bundesaußenminister Genscher mit dem sowjetischen Außenminister Ševardnadze am 7. Juni 1990 in Kopenhagen

Dg 21 VS-NfD[1]

Bonn, 7. Juni 1990

---

[5] Buchstabe von Hand eingefügt.
[6] Eigenhändige Unterschrift.

[1] Geheimhaltungsgrad zusätzlich auf jeder der 6 Seiten gestempelt.

– Unter Verschluß –

Vermerk[2]

Betr.: Gespräch von Bundesminister Genscher mit dem sowjetischen Außenminister Schewardnadse in Kopenhagen, Bella Center, etwa 1 Stunde[3]

Außenminister Schewardnadse (Sch.): Der Gipfel in Washington habe zu einer neuen Qualität der amerikanisch-sowjetischen Beziehungen geführt.[4] Die Vereinbarungen hätten große Bedeutung. Er habe keinen Zweifel, daß man bis Ende ds. Js. zu einer Vereinbarung über strategische Rüstungen kommen werde.[5] Diesmal habe es auch einen eindrucksvollen Strauß bilateraler Vereinbarungen gegeben. Dazu gehöre auch das Handelsabkommen. Die Sowjetunion wisse, daß dies für die USA nicht einfach gewesen sei. Bei dem Meinungsaustausch über Deutschland seien sowohl die USA als auch die Sowjetunion bestrebt gewesen, nichts festzulegen. Man habe sich ausgetauscht über das gegenseitige Verständnis der verschiedenen Problembereiche. Prinzipielle Entscheidungen müßten den Sechs und den übrigen europäischen Staaten vorbehalten bleiben. Man habe in Washington auch überlegt, ob man das erzielte Einvernehmen auch veröffentlichen solle. Schließlich sei davon abgesehen worden, weil auch Differenzen geblieben seien. Er wolle noch mal unterstreichen, daß den beiden beteiligten Regierungen bewußt gewesen sei, daß sie nicht allein zu entscheiden hätten.
BM: In welchen Bereichen habe Einvernehmen bestanden?
Sch.:[6] Wichtig sei die Richtung, die man jetzt eingeschlagen habe. Vielleicht stehe man dabei erst am Anfang. Es handele sich um die Transformation der Bündnisse. Zur Regelung der Beziehungen zwischen den beiden Bündnissen könne man Vereinbarungen treffen, sich über Grundprinzipien einigen und Abkommen schließen. Er betrachte dies als die aussichtsreichste Richtung. Viel werde davon abhängen, in welchem Ausmaß die Bündnisse bereit seien, sich tatsächlich zu transformieren. Wenn dafür eine gemeinsame völkerrechtliche Grundlage geschaffen werde, dann handele es sich um ein neues europäisches Ereignis. Zu diesem Herangehen an die Frage des Verhältnisses der Bündnisse hätten weder der Präsident noch Secretary Baker Einwendungen erhoben.
BM: Gehe es darum, das Verhältnis der Bündnisse zueinander zu definieren und eine entsprechende Vereinbarung zu schließen?
Sch: Ja![7]
BM: Ein solches Herangehen entspreche der veränderten Lage. Es sei wichtig, daß man heute das zukünftige Verhältnis der Bündnisse anspreche; eigentlich könne man schon von dem veränderten heutigen Verhältnis sprechen.

---

[2] In der Vorlage zusätzlich Sperrdruck.
[3] In Kopenhagen fand vom 5. bis 29.6.1990 die 14. Konferenz über die Menschliche Dimension der KSZE statt, vgl. das Abschlussdokument in Schweisfurth/Oellers-Frahm (Hrsg.), Dokumente, S. 233–253.
[4] Vgl. das Gespräch Gorbačevs mit Bush am 31.5.1990 und die gemeinsame Pressekonferenz am 3.6.1990, in: Galkin/Tschernjajew (Hrsg.), Michail Gorbatschow und die deutsche Frage, Dokumente Nr. 96 und 97.
[5] Vgl. Dokumente Nr. 1, Anm. 8 und Nr. 6, Anm. 9.
[6] Wechsel der Schreibweise („Sch."/„Sch") gem. Vorlage.
[7] Vgl. schließlich die Gemeinsame Erklärung von 22 Staaten vom 19.11.1990, in: Schweisfurth/Oellers-Frahm (Hrsg.), Dokumente, S. 304–306.

Sch: Der Frage des heutigen Status sei man ausgewichen. Es handele sich um eine sehr schwierige Frage. Aber er sehe deutlich eine Perspektive. Wenn die Beziehungen zwischen den beiden Bündnissen sich veränderten, dann habe man es mit einer völlig veränderten Situation zu tun. Man müsse jetzt die Gestaltung der Sicherheitsstrukturen in Europa forcieren. Die Experten müßten in dieser Frage aktiver arbeiten. Eine Lösung der äußeren Aspekte der deutschen Einheit werde dann nicht sonderlich schwierig sein.

Kompliziert sei die Frage der Übergangsperiode. Das bedürfe detaillierter Prüfung. Solle man hier mit bestimmten Terminen, Fristen arbeiten? Die Dauer der Übergangsperiode müsse man wohl festlegen.

BM: Die sowjetische Erklärung in der Pressekonferenz in Washington, daß es Sache der Deutschen selbst sei, ob sie einem Bündnis angehören sollten oder nicht angehören sollten, habe bei uns einiges Aufsehen erregt. Er, BM, habe sich in diesem Sinne ja bereits in Genf geäußert.[8] Inwieweit habe dieser Aspekt bei den Gesprächen in Washington oder Camp David eine Rolle gespielt?

Sch: Das Recht der Deutschen, einem Bündnis anzugehören, ergebe sich aus der Schlußakte von Helsinki.[9] (**Einwurf BM:** Ob sie einem Bündnis angehören wollten und welchem Bündnis sie angehören wollten!) Es gebe aber auch völkerrechtliche Vereinbarungen, z. B. das Potsdamer Abkommen, das bisher von niemandem aufgehoben worden sei.[10] Im Potsdamer Abkommen sei festgelegt, daß die Vier Mächte über das weitere Schicksal Deutschlands bestimmen sollten. Es sei wichtig, daß man jetzt nicht die schwierigsten Probleme in den Vordergrund rücke. Man solle mehr an den Hintergrund denken! In diesem Sinne wolle er noch mal betonen, welch große Bedeutung neue Beziehungen zwischen den Bündnissen und ein Einvernehmen über eine Übergangsphase haben. Danach könne man dann ruhiger in die Zukunft blicken.

BM: Man müsse dafür Sorge tragen, daß der Gesamtzusammenhang in der Öffentlichkeit gesehen werde. Die öffentliche Meinung konzentriere sich häufig auf einen bestimmten Problemausschnitt und würdige nicht den Gesamtrahmen. Dazu gehören nach unserer Meinung sowohl die Vorbereitung für den KSZE-Gipfel in Paris[,][11] aber auch ein neues Verhältnis zwischen den Bündnissen sowie das Recht des vereinigten Deutschland, sich für ein Bündnis zu entscheiden entsprechend der Helsinki-Schlußakte.

Wichtig sei, daß eine Lösung gefunden werde, die einem Ausgleich der Interessen diene und nicht zu einem verminderten Rechtsstatus des vereinigten Deutschland führe. Das sei auch zu berücksichtigen, wenn es um die Frage von Übergangslösungen gehe. Er habe bereits bei dem Gespräch in Genf auf seine Bundestagsrede verwiesen, in der er ausgeführt habe, daß man keine Frage offenlassen dürfe; aber z. B. für die Frage der Präsenz sowjetischer Truppen eine Übergangslösung denkbar sei. Wir sollten unsere Anstrengungen jetzt darauf konzentrieren, daß die richtigen Rahmenbedingungen geschaffen würden und sich das deutsch-sowjetische Verhältnis langfristig positiv entwickeln könne.

Präsident Gorbatschow habe nach Meldungen in der Presse davon gesprochen, daß innere und äußere Aspekte zu synchronisieren seien. Wie sei dies gemeint?

Sch: So habe der Präsident das nicht gesagt! Gorbatschow habe darauf hingewiesen, daß eine gewisse Synchronisation wünschenswert sei.

---

[8] Dokumente Nr. 30 und 31.
[9] Vgl. Dokument Nr. 9, Anm. 5.
[10] Vgl. Dokument Nr. 15, Anm. 10.
[11] Vgl. Dokument Nr. 1, Anm. 19.

BM: Er habe in Kommentierung des Washington Gipfels gesagt, daß sich die Rahmenbedingungen für die Vereinigung verbessert hätten und man zuversichtlich sein könne. Werde diese Einschätzung von Sch. geteilt?

Sch: Absolut richtig! Die Annäherung der Standpunkte zu einer Transformation der Bündnisse sei ein sehr großer Fortschritt. Hier liege ein sehr großes Potential. Alles hänge davon ab, wie in Wirklichkeit die NATO transformiert werde.

BM habe davon gesprochen, daß für die sowjetischen Truppen eine Übergangsperiode vereinbart werden solle. Wenn man nur von sowjetischen Truppen spreche und sowjetische Truppen dadurch besonders hervorhebe, dann ergebe sich daraus eine spezifische Diskriminierung der Sowjetunion – dann werde man nicht weiterkommen. Warum müsse man die sowjetische Truppenpräsenz in den Vordergrund rücken? Dies sei eine sehr delikate Frage.

BM: In Washington sei auch davon die Rede gewesen, daß man über Fragen der konventionellen Abrüstung Einvernehmen herstellen [konnte],[12] solle dies in dem bisherigen Rahmen oder außerhalb dieses Rahmen geschehen?[13]

Sch: Es sei vorgesehen, daß die Verhandlungen im Rahmen des bestehenden Mandats bis zum Gipfel abgeschlossen würden.[14] Bei dem Gipfel wäre dann die nächste Etappe festzulegen. Zu diesem Thema müsse man aber die Gespräche noch fortsetzen. Könnten nicht in einer bestimmten Etappe BM oder der Bundeskanzler eine Erklärung abgeben über die Höchststärke („die Zahl") der Bundeswehr? Die Erklärung müsse vor Abschluß der Verhandlungen vorliegen. Es wäre nicht gut, wenn die Sowjetunion oder die Vier oder auch die Sechs ihre Vorstellungen vom Potential der Bundeswehr festlegten, sondern dies sollten wir selbst erklären, es solle sich um unsere Vorstellungen handeln.[15]

BM: Er habe immer die Absicht vertreten, der Rahmen für Fragen konventioneller Abrüstung sei Wien. Wir brauchten einen Rahmen, der uns nicht allein betreffe.

Sch: Die Höchststärke der Bundeswehr solle nicht Gegenstand der Diskussion sein!

BM: Wir hätten nicht den Ehrgeiz, einseitig ein großes Rüstungspotential zu besitzen, wenn andere abrüsteten. Aber wir wollten auch nicht in anderer Weise singularisiert werden. Man müsse einen richtigen Weg finden.

BM und Sch. erörterten dann die Modalitäten des nächsten Treffens. Es ergab sich Einigkeit über ein Treffen in Brest, am 11. Juni 1990, Ankunft 10.00 Uhr bis 10.30 Uhr Ortszeit, Gespräche während des Tages.[16]

BM nahm die Bemerkung von Sch. auf, daß der Bruder von Sch. 1941 in den ersten Kriegstagen in Brest gefallen sei und fragte Sch., ob er ihn zu einem Besuch am Grab seines Bruders begleiten dürfe.[17] Sch. brachte in bewegten Worten seinen Dank für die Bereitschaft zu einer solchen Geste zum Ausdruck. Das Treffen in Brest werde dadurch eine symbolische Bedeutung erlangen und sichtbar machen, daß eine schwere Etappe unserer Beziehungen überwunden sei.

---

[12] Im Dokument: können.
[13] Zu den Wiener Verhandlungen vgl. Dokument Nr. 1, Anm. 8.
[14] Vgl. Dokument Nr. 1, Anm. 19.
[15] Vgl. hierzu schließlich die Erklärung der Bundesregierung in Absprache mit der DDR vom 30.8.1990 vor dem Plenum der VKSE, in: Bulletin Nr. 106 vom 7.9.1990, S. 1129–1131, ferner Vorlage des Kapitäns zur See Lange für Teltschik vom 24.8.1990, in: Deutsche Einheit, S. 1494–1496.
[16] Dokument Nr. 34.
[17] Akakij Amvrosievič Ševardnadze.

Auf die abschließende Bemerkung von BM, daß 1990 viele Möglichkeiten biete, erwiderte Sch., 1990 biete sich eine einzigartige Chance, wenn man vernünftig bleibe. Die Amerikaner hätten früher Regelungen in Europa immer sehr reserviert gegenüber gestanden. Jetzt sei dies bei dem Gipfeltreffen ganz anders gewesen. Das Interesse und die Bereitschaft der Amerikaner[,] neuen Entwicklungen in Europa keine Hindernisse entgegenzustellen, sondern sie zu fördern, sei ganz deutlich gewesen. Er habe sich sehr bewußt für das Außenminister-Treffen der 35 KSZE-Staaten in New York ausgesprochen. Die USA wollten und müßten gelobt werden![18]

2.[19] Herrn RL 010[20] m.d. Bitte Zustimmung BM herbeizuführen

3. <u>Vorschlag für Verteiler:</u> 014, D 2, 213[21]

PA AA, ZA 178.928 E.

Nr. 33
Fernschreiben der Botschaft Moskau vom 7. Juni 1990 über Gespräche des Verteidigungspolitischen Arbeitskreises der CDU-CSU-Fraktion mit dem Berater Gorbačevs, Zagladin, in Moskau

Aus: Moskau
Nr 2266 vom 07.06.1990, 1308 OZ
An: Bonn AA
Citissime

Fernschreiben (verschlüsselt) an 210[1]
Eingegangen: 07.06.1990, 1209 OZ
Auch für Washington, London Diplo, Paris Diplo, Brüssel NATO, Ständige Vertr.

Az.: Pol 330.00
Verfasser: Adam[2]
Betr.: Deutscher Vereinigungsprozess
Hier: NATO-Mitgliedschaft
Bezug: DB Nr. 2171 vom 30.05.90 – Pol 330.00
– Zur Unterrichtung –

---

[18] Vgl. Dokument Nr. 30, Anm. 40.
[19] Zählung gem. Vorlage.
[20] Ministerbüro unter Leitung von Elbe.
[21] Darunter handschr.: „ZdA Mütz[elburg] 25/6".

[1] Rechts darüber Verteilerstempel des AA, für Referate 210, 201, 213 und „2+4". Darunter Eingangsstempel des AA, Referat 210. Am re. Rand Sichtvermerke einzelner Bearbeiter, dabei handschr.: „WV Grö" sowie „zdA".
[2] Rudolf Adam (*1948), 1990 Botschaftsrat an der deutschen Botschaft in Moskau.

Aus zweistündigem Gespräch des Verteidigungspolitischen Arbeitskreises der CDU-CSU-Fraktion des deutschen Bundestages mit Sagladin,[3] an dem Mitarbeiter teilnahm, ist hinsichtlich des 2+4-Prozesses festzuhalten:[4]

Sagladin äußerte sich betont konziliant und optimistisch.

Er stimmte zu, dass ein künftiges Gesamtdeutschland souverän und deshalb in der Wahl seiner Bündniszugehörigkeit frei sein müsse.[5] Es gehe hier vornehmlich um eine Übergangsregelung, während der die SU Sicherheitsgarantien brauche. Der Vorschlag, Deutschland in die NATO einzubeziehen, sei ein Extrem, seine glatte Verneinung ein anderes. Jetzt müsse irgendwo in dem Spektrum, das zwischen diesen Extremen liege, ein tragfähiger Kompromiss gefunden werden. Die SU sei nicht auf Konfrontation aus. Es sei Kennzeichen des Neuen Denkens, dass man die Interessenlage der anderen Partner mit einbeziehe. Das müsse jedoch auch umgekehrt gegenüber der SU gelten.

Sagladin betonte mehrfach das – dynamische – Element der Entwicklung: die sowjetischen Vorbehalte richteten sich gegen die NATO – in ihrer jetzigen Form –. Falls die NATO sich ändere, werde sich auch die sowjetische Haltung ändern. Die 9 Punkte Bakers, die ihm bereits vorlagen, bezeichnete er als gute Gesprächsgrundlage und als Schritt in die richtige Richtung.[6]

Nicht überhörbar war ein Anflug von ironischer Kritik gegenüber den eigenen Diplomaten, als Sagladin wiederholt darauf zu sprechen kam, wie schwer es für die Diplomaten sei, in der jetzigen Entwicklung noch den Überblick zu bewahren. Die 2+4 Gespräche könnten langsamer, aber auch schneller als die Regelung der internen Aspekte abgeschlossen werden. Alles hinge davon ab, dass die Mitarbeiter im SAM „konstruktivere Ansätze" entwickelten. Sagladin betonte, dass die SU ein geeintes Deutschland weder militärisch noch politisch fürchte, sondern im Gegenteil als Wirtschaftspartner dringend brauche. Wenn man von einer defensiven Strategie ausgehe und auf eine strukturelle Nichtangriffsfähigkeit zusteuere, bestünden auf sowjetischer Seite keine Gründe, Deutschland irgendwelchen singularisierenden Auflagen zu unterwerfen. Wichtig sei, dass es während der jetzt bevorstehenden Zeit des Übergangs gelinge, die politischen Entwicklungen kontrolliert und in gegenseitig akzeptablen Bahnen ablaufen zu lassen.

Gespräch verlief im Übrigen in aufgeschlossener und offener Atmosphäre. Sagladin wich keiner Frage aus und verglich die gegenwärtigen innenpolitischen Probleme der SU mit dem Übergang Spaniens bzw. Italiens und Deutschlands von einem faschistisch-totalitären Herrschaftssystem zu einem demokratischen Rechtsstaat. Seine jüngsten Auslandsreisen

---

[3] Alle Unterstreichungen im Dokument von Hand.
[4] Zu weiteren Gesprächen des Ausschusses u. a. mit Achromeev und Falin vgl. die Fernschreiben vom 8. und 9. 6. 1990, PA AA, ZA 198.445 E.
[5] Satz am li. Rand von Hand angestrichen.
[6] Der Absatz am li. Rand per Hand mit Schlangenlinie versehen. Die 9 Punkte ausformuliert im Gespräch Bakers mit Gorbačev am 18. 5. 1990, in: Galkin/Tschernjajew (Hrsg.), Michail Gorbatschow und die deutsche Frage, Dokument Nr. 91. Baker stellte eine Reduzierung der Bundeswehr, beschleunigte Verhandlungen über taktische Nuklearwaffen, den weiteren Verzicht Deutschlands auf ABC-Waffen sowie die Fixierung der Grenzen Gesamtdeutschlands auf die Gebiete der BRD, der DDR und Berlins in Aussicht. Für eine Übergangszeit sollten sich keine NATO-Streitkräfte auf dem Gebiet der ehemaligen DDR befinden, die sowjetische Armee könne für eine Übergangszeit auf dem Gebiet der ehemaligen DDR verbleiben. Baker sprach von einem Wandel der NATO zu einer „mehr politischen Organisation" mit einer „umfassend" revidierten Strategie. Schließlich sprach sich Baker für eine Institutionalisierung der KSZE und eine „gebührende" Berücksichtigung der wirtschaftlichen Interessen der UdSSR aus.

nach Spanien und Italien hätten vor allem dazu gedient, die Erfahrung dieser Staaten aus derartigen Umbruchphasen für die SU nutzbar zu machen.

Blech

PA AA, ZA 198.445 E.

Nr. 34
Aufzeichnung des Dolmetschers Scheel vom 12. Juni 1990 über das erste Vier-Augen-Gespräch von Bundesaußenminister Genscher mit dem sowjetischen Außenminister Ševardnadze am 11. Juni 1990 in Brest[1]

Referat 105
105 – A90/4
H. Scheel

Bonn, den 12.06.1990

<u>Betr.</u>: Erstes Vier-Augen-Gespräch vom 11.06.1990 in Brest zwischen dem Bundesminister des Auswärtigen, Herrn Hans-Dietrich Genscher (im weiteren als BM abgekürzt), und dem Außenminister der UdSSR, Herrn E. A. Schewardnadse (im weiteren abgekürzt als Sch.);
<u>hier:</u> Dolmetscheraufzeichnung

<u>Sch.:</u> Wie soll jetzt bei der bevorstehenden Besprechung vorgegangen werden?[2] Er schlage vor, sich zum Gesamtkomplex aller anstehenden Fragen auszutauschen.
<u>BM:</u> Er stimme zu. Er meine, nach den vorangegangenen bilateralen Gesprächen in Genf und Kopenhagen und den Konferenzen der Mitgliedstaaten beider Bündnisse in Schottland und Moskau ließen sich mehrere Probleme benennen, deren Behandlung man jetzt vertiefen könne.[3] Es sei wichtig, die Eingebundenheit der hier zu diskutierenden Fragen in die allgemeine europäische Politik im Auge zu behalten. Beide Gebiete ergänzten einander, und es sei gut, wenn man zu dieser gemeinsamen Absicht der Einbettung des deutschen Einigungsprozesses in die Europapolitik eine gemeinsame Feststellung treffen könne.
Bezüglich des KSZE-Prozesses und der Vorbereitung des KSZE-Gipfels sollte es nicht sehr schwer sein, zu einer gemeinsamen Aussage zu kommen.[4] Er, der BM, wolle noch

---

[1] Am 12.6.1990 Elbe übersandt. Der Sprachendienst behandelte die Dolmetscheraufzeichnungen im Übrigen „grundsätzlich wie Verschlusssachen des Geheimhaltungsgrades GEHEIM". Für die Verteilung war der Empfänger der Übersetzungen zuständig, beim Sprachendienst verblieben keine Kopien, ebenda.
[2] Dokument Nr. 35.
[3] Dokumente Nr. 30–32. Zu den NATO-Treffen vgl. Dokument Nr. 10, Anm. 37; zum XXIV. Treffen des PBA des Warschauer Pakts in Moskau am 6./7.6.1990 die Sammlung von Reden und Deklarationen des PHP, http://www.php.isn.ethz.ch/collections/colltopic.cfm?lng=en&id=17115&navinfo=14465 (letzter Zugriff am 12.4.2011); ferner Gespräche und Materialien in Lehmann, Die Außenpolitik, S. 691–698.
[4] Vgl. Dokument Nr. 1, Anm. 19.

gern einige Gedanken entwickeln bezüglich unserer Vorstellungen über die künftigen Streitkräfte in einem vereinigten Deutschland. Besonders nützlich sei es, nach den Konferenzen in Moskau und Turnberry auch die Beziehungen der Mitgliedstaaten der Bündnisse untereinander zu behandeln. Er stelle Herrn Sch. anheim, dies auch auf bilateraler Basis zu erörtern.

Sch.: Er meine, es gebe einige schwierige Probleme, zu denen es nicht leicht sein werde, sich bald festzulegen. Man solle sich aber trotzdem ihrer Erörterung nicht entziehen. Andererseits gebe es auch ein paar Probleme, zu denen sich ein Einvernehmen abzeichne. Die Lösung der letztgenannten Fragen könnten das Finden von Kompromissen in den schwerer lösbaren Problemen erleichtern. Er begrüße, was der BM zur Dynamik des Entwicklungsprozesses in Europa und zur Notwendigkeit ihrer Aufrechterhaltung gesagt habe. Er, Sch., sei jedenfalls der Meinung, die Herausbildung europäischer Strukturen könne beschleunigt werden. Von ganz grundsätzlicher Bedeutung seien die Beziehungen der Bündnisse untereinander. Er versuche, mit Herrn Baker fortzuführen, was hierzu auf der sowjetisch-amerikanischen Gipfelebene schon erörtert worden sei. Wenn man sich einig würde, dann würden vielleicht auch schwierige Probleme zu anderen Aspekten leichter lösbar.

Er wolle nun zu der delikaten Frage übergehen, die damals im Briefwechsel zwischen Präsident Gorbatschow und dem Bundeskanzler angesprochen worden sei. Sowjetische Seite sei natürlich dankbar für die Reaktion des Bundeskanzlers, und morgen werde die Antwort Gorbatschows an den Kanzler übermittelt.[5] Er sei gebeten worden, auch den BM zu informieren. Was die erste Abwicklungsphase bei der Gewährung eines ungebundenen Kredits betreffe, so könnten aus sowjetischer Sicht hierzu sofort Gespräche aufgenommen werden; sowjetische Seite könne sofort Experten zu Gesprächen entsenden, dies gehe praktisch schon ab morgen oder in einem Zeitraum bis zu einer Woche. Vielleicht könne dies auch auf der AM-Ebene oder einer anderen bzw. auf Führungsebene weiterverfolgt werden.

BM: Er habe schon gesagt, wir hätten die Vorbereitungen so getroffen, daß Gespräche hierzu jederzeit aufgenommen werden könnten. Für die Weiterentwicklung unserer Beziehungen gebe es einen ganzen Fundus von Möglichkeiten; auf unserer Seite bestünden schon gewisse Vorstellungen dazu. Er wolle Herrn Sch. versichern, daß wir diese Beziehung wirklich zu beiderseitigem Vorteil entwickeln wollten. Er habe sich in den letzten Tagen mehrmals öffentlich zu Wort gemeldet, weil in der Presse ziemlich viel vom Kreditthema geschrieben worden sei. Dies habe er getan, um einen Eindruck zur Seite zu schieben, als solle hier politischer Gewinn mit Geld erreicht werden. Er meine, eine solche Deutung sei unwürdig, sie verletze die Würde unserer bilateralen Beziehungen. Hier gehe es um die tatsächlichen Interessen aller Staaten in Europa, denn es sei besonders wichtig, daß nach dem Abbau der so langjährigen politischen Spannungen nicht neue wirtschaftliche Spannungen den europäischen Horizont verdunkeln dürften. Er sei überzeugt, daß auch eine finanzielle und wirtschaftliche Zusammenarbeit dem Interesse aller entspreche.

Sch.: In der Tat habe es in der SU im Zusammenhang mit einigen Veröffentlichungen eine gewisse Beunruhigung gegeben, da diese den Eindruck vermittelt hätten, als werde die SU gegen einen großen Kredit Ja zur Mitgliedschaft des vereinigten Deutschland in der NATO sagen.

---

[5] Vgl. Schreiben Kohls an Gorbačev vom 22.5. und 12.6.1990 sowie Schreiben Gorbačevs vom 9. und 14.6.1990, in: Deutsche Einheit, S. 1136f., 1207, 1199f. und 1224f.

BM: Dies sei unglaublich und unerhört. Es gebe eben unverantwortliche Schwätzer, denen der Mund gestopft gehöre. Er hoffe, daß ihm dies mit seinen öffentlichen Äußerungen gelungen sei.

Sch.: Es gehe ja um unsere Zusammenarbeit insgesamt in großem Maßstab; der Einzelheiten sollten sich Wirtschaftsexperten in vielen Begegnungen annehmen.

BM: Wir seien sehr interessiert daran, denn das vorhandene Potential sei wirklich enorm.

Sch. stimmt zu und fährt fort: Es blieben jedoch Fragen, die wirklich nicht einfach lösbar seien und sehr aufmerksamer Prüfung bedürften. Wichtig sei, wenn jetzt bald mit Hilfsmaßnahmen begonnen werden könne, was weiterhin notwendig würde, könne dann später noch einmal in einer weiteren Etappe behandelt werden; sehr wichtig sei, daß jetzt keine Störungen dagegen aufträten.

BM zum Verlauf der bevorstehenden Gespräche: Wenn Herr Sch. die Erörterung mit der Darlegung seiner Standpunkte eröffne, werde er daran seine Stellungnahme anschließen. (Sch. stimmt zu.) Er, der BM, sei froh über diese Begegnung.

Sch.: In dem Geiste aller bisherigen bilateralen Begegnungen solle so weitergearbeitet werden!

Hermann Scheel[6]

PA AA, ZA 178.928 E.

Nr. 35
Vermerk des Dg 21, Höynck, vom 12. Juni 1990 über das Gespräch von Bundesaußenminister Genscher mit dem sowjetischen Außenminister Ševardnadze am 11. Juni 1990 in Brest

D 2 V VS-NfD[1]

Bonn, 12. Juni 1990

– UNTER VERSCHLUSS –

Vermerk[2]

Betr.: Gespräch von Bundesminister Genscher mit Außenminister Schewardnadse in Brest (UdSSR) am 11. Juni 1990 im Gästehaus von Brest; Gesprächsdauer: 5 Stunden

Außenminister Schewardnadse (Sch.): Nach freundlicher Begrüßung wurde die gute Praxis regelmäßiger Treffen hervorgehoben. Man habe einen intensiven Meinungsaustausch

---

[6] Eigenhändige Unterschrift.

[1] Geheimhaltungsstufe auf jeder der 29 Seiten gestempelt.
[2] Im Dokument zusätzlich Sperrdruck. Darüber Eingangsstempel des AA, Ministerbüro I, vom 13.6.1990.

über die akutesten Probleme der Gegenwart. An einem weltgeschichtlichen Wendepunkt sei dies sehr wichtig.

Bei dem sehr nützlichen Gespräch in Genf habe man Probleme der äußeren Aspekte der Herstellung der deutschen Einheit behandelt und die Gestaltung gesamteuropäischer Strukturen.[3]

Auch in Kopenhagen sei ein nützliches Gespräch geführt worden, bei dem einige wichtige Probleme erörtert worden seien.[4]

Er sei dankbar, daß BM Brest als Ort dieses Treffen akzeptiert habe. Wie er, Sch., schon in Kopenhagen ausgeführt habe, habe Brest eine tiefe symbolische Bedeutung. Einerseits sei es ein Symbol für schwere Zeiten der gemeinsamen Geschichte; andererseits bringe das Treffen an diesem Orte den Willen zu gegenseitigem Verständnis zum Ausdruck. Ein neues Kapitel der Geschichte gutnachbarlicher Beziehungen sei aufgeschlagen. Man ziehe einen Strich unter den vergangenen Krieg. In einem Verhältnis guter Nachbarschaft wolle man ohne Ängste und Befürchtungen leben und zum gegenseitigen Vorteil zusammenarbeiten. Das Interesse an der heutigen Begegnung sei groß; es finde die Aufmerksamkeit nicht nur der beiden Völker sondern der Welt.

Von großer Bedeutung sei, daß sich zwischen dem Bundeskanzler und dem Präsidenten der Sowjetunion gute Beziehungen entwickelt hätten. Dies sei sehr wichtig für den Dialog. Dies werde sicher vertieft werden bei der Begegnung, die in Aussicht genommen sei.[5]

Dieses Jahr 1990 sei von großer Bedeutung. Die offenen Fragen seien mit gemeinsamen Bemühungen zu lösen.

Die Treffen der Beamten/Experten seien sehr nützlich und würden helfen, Lösungen der Probleme zu finden. Das Gespräch zwischen Kwizinskij/Bondarenko und Kastrup/Elbe sei sehr produktiv gewesen.[6]

Es gehe um die Lösung historischer Aufgaben, die von sehr großer Bedeutung für die künftigen Generationen seien. Die Sowjetunion und die Völker der Sowjetunion seien an einer Lösung aller Fragen der deutschen Einheit und der deutschen Vereinigung interessiert und möchten all das berücksichtigt wissen, was im Interesse der europäischen Staaten liege.

Bei der heutigen Begegnung solle man sich konzentrieren auf Probleme, die sich lösen ließen. Gebiete konkreten gegenseitigen Einverständnisses solle man fixieren. Von da aus kann man dann weitergehen.

Er wolle nochmals die prinzipielle Haltung der sowjetischen Führung zum Ausdruck bringen: Sie sei für die Vereinigung und den Aufbau der deutschen Einheit. So habe es Präsident Gorbatschow mehrfach gesagt, so habe auch er es gesagt; in dieser Perspektive habe man die Zustimmung zum „2+4" Mechanismus gegeben, der die Möglichkeit biete, daß die Vertreter beider deutscher Staaten und die ganze deutsche Nation mitwirkten.

Jetzt sprächen alle davon, daß bei Lösung dieser Frage sowjetische Interessen berücksichtigt werden müssen. Dies sei im Prinzip richtig; aber auch Frankreich, Großbritannien, die USA seien nicht weniger an der Berücksichtigung ihrer Interessen interessiert, viel-

---

[3] Dokumente Nr. 30 und 31.
[4] Dokument Nr. 32.
[5] Zum Gipfel am 15./16. 7. 1990 vgl. Dokumente Nr. 102-105 in Galkin/Tschernjajew (Hrsg.), Michail Gorbatschow und die deutsche Frage.
[6] Es fand im Kontext des 2+4-Direktorentreffens am 9.6.1990 in Berlin statt, vgl. hierzu Sitzungsprotokoll sowie Fernschreiben der bundesdeutschen NATO-Vertretung in Brüssel vom 11.6.1990, PA AA, ZA 198.453 E.

leicht sogar mehr. Er wolle keine Gegensätze konstruieren. Lösungen, die zwischen uns gefunden werden könnten, seien geeignet, positive Prozesse in Europa auszulösen. Dies sei auch ein Grund, warum er zu einem Treffen in dieser Stadt eingeladen habe. Er sei überzeugt, die Vereinigung Deutschlands werde ein Faktor der Stabilität und des Friedens in Europa.

Konkret solle man über alles sprechen, was die äußeren Aspekte der Herstellung der deutschen Einheit betreffe. Es gehe auch um die zukünftige Entwicklung der Beziehungen zwischen dem Warschauer Vertrag und der NATO. Es gebe neue Bedingungen für Kontakte zwischen militär-politischen Bündnissen, und zwar auf einer neuen Grundlage. Man solle auch über die gesamteuropäischen Strukturen sprechen.

BM: Er wisse es zu schätzen, daß der Ort für die Begegnung mit besonderem Bedacht ausgewählt worden sei. Die symbolische Bedeutung dieses Treffens würden die Menschen verstehen, die diese Begegnung mit Anteilnahme verfolgten. Die damit verbundene persönliche Geste gehe über den persönlichen Bereich hinaus und werde Wirkungen haben, die über das Persönliche hinausgingen.

Auch er sei der Meinung, daß wir ein neues Kapitel aufschlügen. Man solle anknüpfen an die wirklich guten Zeiten der Beziehungen zwischen unseren Ländern und Völkern. Das Kapitel, das jetzt begonnen werde, habe historische Bedeutung, weil Endgültiges geschaffen werden solle, das nicht wieder durch schreckliche Entwicklungen unterbrochen werde. Es gehe um die Schaffung der Voraussetzungen für eine unumkehrbar positive Entwicklung unserer Beziehungen[,] aber auch um eine ebensolche Entwicklung der Beziehungen in ganz Europa.

Das Jahr 1990 biete Möglichkeiten, die wir nutzen müßten und nicht versäumen dürften.

Jetzt müsse man mit der großen Energie vorgehen, um die entstandene Dynamik ohne Zögern zu verstärken und zu nutzen.

Wir wüßten die prinzipielle Haltung Präsident Gorbatschows und Sch. zu würdigen und damit die Haltung der Führung der Sowjetunion zur Frage der deutschen Vereinigung. Wir seien uns der konstruktiven Mitwirkung von Sch. an der Lösung dieser Frage sehr wohl bewußt.

Er stelle mit Befriedigung fest, daß der Prozeß der deutschen Vereinigung die Entwicklungen in Europa beschleunige. Die Feststellung von Sch., daß die deutsche Vereinigung [ein][7] Faktor von Stabilität und Sicherheit in Europa sein werde, sei deshalb berechtigt.

Es zeige sich, daß die Lösung der deutschen Frage nicht ein Problem schaffe, sondern Probleme löse und die Lösung anderer Probleme erleichtere. Dadurch werde die Interdependenz zwischen der deutschen Frage und Lösungen in Europa besonders deutlich.

Niemandem in Europa werde etwas weggenommen, wenn man bilateral miteinander spräche, da die beiden Staaten besondere Verantwortung trügen, und deshalb auch Besonderes bewirken und Besonderes leisten könnten.

Es habe eine gewisse symbolische Bedeutung, daß während der letzten acht Tage das wichtige KSZE-Treffen in Kopenhagen stattgefunden habe, das sich nicht nur mit einem Teilbereich der KSZE befaßt habe, daß von diesem Treffen Wirkungen ausgegangen seien auf die Tagungen der beiden Bündnisse.[8]

---

[7] Im Dokument: eine.
[8] Vgl. Dokument Nr. 32, Anm. 3, zu den Bündnis-Tagungen Dokumente Nr. 10, Anm. 37 und Nr. 34, Anm. 3.

Er habe den Wunsch, daß man heute aufrichtig und konkret miteinander spreche und soviel wie möglich an gemeinsamen Überzeugungen festhalte.

Sch.: Konkret wolle er jetzt mit der kompliziertesten Frage beginnen, die allen Sorgen bereite, der Mitgliedschaft Deutschlands in militärischen Bündnissen. Es handele sich um eine für die Sowjetunion sehr prinzipielle Frage, das habe auch Gorbatschow betont, und zwar auch in seinen Gesprächen mit dem Präsidenten der Vereinigten Staaten.[9]

Er habe in Genf zur Lösung dieser Frage eine Reihe von Varianten vorgestellt, denen allen die Überzeugung zugrunde liege, daß man für das Vereinigte [sic!] Deutschland eine neue konstruktive Rolle auf dem Kontinent wolle. Hinsichtlich dieses Zieles gingen die deutschen und die sowjetischen Überlegungen nicht auseinander[,] sondern stimmten überein.

Eine Variante sei, daß die Vereinigung Deutschlands begleitet werde von einem Austritt aus dem Warschauer Vertrag und der NATO, mindestens jedoch von einem Austritt aus der militärischen Organisation beider Bündnisse. In diesem Zusammenhang sei auch von der Möglichkeit einer assoziierten Mitgliedschaft gesprochen worden. Er wolle [noch mal][10] unterstreichen, daß dies nicht eine deutsche Neutralität bedeute, obwohl auch eine solche Variante denkbar sei.

Eine weitere Variante sei die gleichzeitige Mitgliedschaft in beiden Bündnissen. Diese Variante ließe sich zuspitzen im Hinblick auf eine Auflösung beider Blöcke oder auch auf eine tiefe Transformation der Bündnisse.

Jedenfalls werde sich die Frage stellen, wie ein vereinigtes Deutschland seine Verpflichtungen gegenüber dem Warschauer Vertrag und gegenüber der NATO einhalten könne. Er wolle dabei betonen, daß der Warschauer Vertrag bereits einen prinzipiellen Schritt getan, eine prinzipielle Entscheidung getroffen habe: Seine Umwandlung in ein politisches Bündnis. Wenn entsprechende Schritte von [Seiten][11] der NATO getan würden, dann werde sich eine völlig neue Situation in Europa ergeben.

Einer der wichtigsten Schritte wäre [ein][12] Abkommen zwischen dem Warschauer Vertrag und der NATO schon in nächster Zeit.[13] Ein solches Abkommen über prinzipielle Beziehungen zwischen den beiden Bündnissen für eine Übergangsperiode habe unmittelbare Auswirkungen auf die Realisierung der Vereinbarungen über die äußeren Aspekte der Herstellung der deutschen Einheit. Über die Übergangsperiode werde man heute noch grundsätzlicher zu sprechen haben. Sie habe eine sehr große Bedeutung.

Wenn man ernst mache mit der Transformation der beiden Bündnisse, dann müsse man auch ernsthaft sprechen über die Beziehungen zwischen den beiden Blöcken. Dies sei jetzt möglich, da sich in prinzipieller Hinsicht die militärisch-politische Landschaft in ganz Europa ändere. Um das durchzuführen, was Warschauer Vertrag und NATO jetzt in Aussicht stellten, brauche man eine gewisse Zeit; vielleicht eine Reihe von Jahren; eine gewisse Zeit werde man aber jedenfalls brauchen. Mit AM Baker habe er schon einige Überlegungen hinsichtlich der Beziehungen zwischen zwei politisierten Bündnissen (Dolmetscher übersetzte in diesem Zusammenhang regelmäßig „Blöcke") angestellt. Inzwischen seien die Überlegungen weiterentwickelt worden, auch unter dem Eindruck des

---

[9] Vgl. Dokument Nr. 22, Anm. 11.
[10] Im Dokument: nochmal.
[11] Im Dokument: seiten.
[12] Im Dokument: eine.
[13] Vgl. Dokument Nr. 32, Anm. 7.

Treffens des Warschauer Vertrages in Moskau. Er wolle aber unterstreichen, daß es sich um vorläufige Überlegungen handele, mit denen kein Anspruch auf endgültige Wahrheit verbunden sei.

Zunächst sei wichtig, daß beide Seiten erklärten, daß sich Warschauer Vertrag und NATO nicht als Gegner betrachten; dazu gehöre die Bereitschaft zu umfangreicher Zusammenarbeit einschließlich der Bereitschaft zur Schaffung übergreifender Strukturen der Sicherheit und der Stabilität. Präsident Gorbatschow habe schon in Malta erklärt, daß er die USA nicht mehr als Gegner der Sowjetunion betrachte. Dies habe er in Washington öffentlich wiederholt;[14] von [Seiten][15] der US Administration habe niemand Einspruch erhoben. Wenn die Beziehungen zwischen der Sowjetunion und den USA sich prinzipiell veränderten, warum sollten sich dann nicht die Beziehungen zwischen zwei militärischen Blöcken ebenfalls verändern?

Weiterhin sei erforderlich, daß Warschauer Vertrag und NATO ihre Bereitschaft erklärten, wichtige Beiträge zur Entwicklung des Helsinki-Prozesses zu leisten[.]

Außerdem müßten Warschauer Vertrag und NATO den vollständigen Verzicht auf territoriale Ansprüche erklären, verbunden mit einer Erklärung zur Unantastbarkeit der bestehenden Grenzen.

Warschauer Vertrag und NATO müßten weiterhin erklären, daß sie weder Gewalt noch eine Drohung mit Gewalt einsetzen würden gegenüber einem Mitglied des anderen Bündnisses. Dazu gehöre auch der gegenseitige Verzicht auf den Ersteinsatz von Atomwaffen.

Im Falle von Konflikten oder bedrohlichen Situationen müßten Warschauer Vertrag und NATO unverzüglich zu Konsultationen zusammentreten, um den Konflikt zu schlichten und die vorher bestehende Lage wiederherzustellen.

Neue Beziehungen zwischen Warschauer Vertrag und NATO erforderten auch, daß beide Seiten sich verpflichteten, energische Maßnahmen zur Abrüstung zu ergreifen, und zwar nach dem Maßstab hinreichender militärischer Fähigkeiten. Dies müsse sich auch in den Verhandlungen über die Reduzierung konventioneller Rüstungen und Streitkräfte zeigen, die sich auf die Reduzierung aller in Europa stationierten Truppen auswirken müßten. Es wäre zu begrüßen, wenn an der Trennungslinie zwischen den beiden Bündnissen eine besondere Zone mit verdünnten Rüstungen geschaffen würde. Aus dieser Zone sollten alle Mittel zurückgezogen werden, die für Überraschungsangriffe oder für militärische Aktionen in großem Maßstab geeignet seien.

Weiterhin solle ein Mechanismus für politische Konsultationen zwischen den Bündnissen geschaffen werden. Dazu gehöre die Schaffung gemeinsamer Organe mit politischer und militärischer Struktur sowie die Schaffung assoziativer Verbindungen. Solche gemeinsamen Organe von Warschauer Vertrag und NATO sollten in Verbindung gebracht werden mit dem zu schaffenden Zentrum zur Reduzierung militärischer Gefahren und dem Zentrum für vereinbarte Abrüstung und vertrauensbildende Maßnahmen.

Beide Bündnisse müssten sich einsetzen für die Vereinbarung, Entwicklung und Vervollkommnung vertrauensbildender Maßnahmen. Man könne zurückgreifen auf das in Stockholm vereinbarte und das[,] was jetzt bereits Gegenstand von Verhandlungen sei.[16] Dazu

---

[14] Zu den sowjetisch-amerikanischen Gipfeln vgl. Dokumente Nr. 8, Anm. 8 und Nr. 22, Anm. 11.
[15] Im Dokument: seiten.
[16] Vgl. Dokument der Stockholmer Konferenz über Vertrauens- und Sicherheitsbildende Maßnahmen und Abrüstung in Europa vom 19.9.1986 sowie Fortschrittsbericht im Dokument des Wiener KSZE-Folgetreffens vom 15.1.1989, in: Schweisfurth/Oellers-Frahm (Hrsg.), Dokumente, S. 127–209.

gehörten: die Erhöhung der Berechenbarkeit militärischer Aktivitäten; die Veränderungen der Parameter bestimmter Maßnahmen auf die Grenze von 40 000 Mann; die Einbeziehung von Seestreitkräften in die vertrauensbildenden Maßnahmen; gegenseitige Unterrichtung über Verteidigungsausgaben und Rüstungsproduktion. Er frage sich auch, ob man nicht gemeinsame Übungen von Truppen der beiden Bündnisse vorsehen könne.

Zu erwägen sei auch der Austausch von Informationen über prinzipiell neue Rüstungen in Europa und weltweit und gegebenenfalls Konsultationen über solche prinzipiellen Programme.

Wichtig sei auch die Herstellung direkter Verbindungen zwischen den genannten Zentren und dem Warschauer Vertrag und der NATO.

Vorzusehen sei auch eine Zusammenarbeit auf dem Gebiet der militärischen Konversion.

Die Rolle der Parlamente der Mitgliedsstaaten solle verstärkt werden. Man könne an eine parlamentarische Versammlung beider Bündnisse denken, die die Erfüllung und Weiterentwicklung der getroffenen Vereinbarungen beobachte.

Wichtig sei schließlich, daß alle Vereinbarungen zwischen Warschauer Vertrag und NATO offen sein müßten für den Beitritt jedes KSZE-Teilnehmerstaates.

Abschließend unterstrich **Sch.** erneut, daß es sich um vorläufige Ideen, um eine vorläufige Skizze handele. Wenn man prinzipiell neue Beziehungen zwischen den Bündnissen schaffe, könne man die Spaltung Europas und die Konfrontation überwinden.

Parallel zu diesen Entwicklungen sollten die Verhandlungen in Wien in erster und zweiter Etappe fortgesetzt und damit die militärische Basis verändert werden.[17]

BM dankte für die Darstellung der sowjetischen Überlegungen zur Zukunft der Bündnisse und der Beziehungen der Mitgliedsstaaten der Bündnisse. Dies seien Fragen, die in erster Linie die 23 Mitgliedstaaten der Bündnisse beträfen. Die Bundesrepublik Deutschland gehöre dazu und deshalb könne sie auch darüber sprechen. Sch. habe sicher der Botschaft von Turnberry entnommen, daß die Moskauer Erklärung des Warschauer Vertrages sehr positiv aufgenommen worden sei.[18]

BM zitierte sodann aus der Botschaft von Turnberry, insbesondere die Passage zur europäischen Friedensordnung und zur Bereitschaft, der Sowjetunion mit allen anderen europäischen Ländern die Hand zu Freundschaft und Zusammenarbeit zu reichen.

Er unterstrich den von Sch. hergestellten Zusammenhang mit den Wiener Verhandlungen und fragte, ob er den langen Katalog konkreter Maßnahmen zwischen den Bündnissen richtig zusammenfasse in der Überschrift: „Breite Vertrauensbildung"[.] Vertrauensbildung meine er dabei nicht in dem engen Sinn vertrauensbildender Maßnahmen, sondern im Hinblick auf das Gesamtverhältnis der Bündnisstaaten untereinander. Diese Zielsetzung treffe sich mit unseren Gedanken. Dabei werde man eine Reihe von Fragen sofort in Angriff nehmen können, andere erst in weiteren Schritten. Wir wollten die einzelnen Vorschläge sehr genau überdenken und mit unseren Partnern besprechen.

Eine besonders aktuelle Aufgabe sei die Vertiefung des Helsinki-Prozesses im Hinblick auf die vereinbarten Gipfel. Es sei sehr wichtig, daß man sich nicht mehr als Gegner verstehe.

Sch. habe wiederholt von einem Verhältnis der Blöcke gesprochen; er habe den Eindruck, daß der Begriff „Blöcke" nicht mehr zutreffe (Einwurf von Sch.: gemeint sei „Bündnisse"; altes Denken schlage bisweilen in der Terminologie noch durch).

---

[17] Vgl. Dokumente Nr. 1, Anm. 8 und Nr. 22, Anm. 20.
[18] Vgl. Dokument Nr. 10, Anm. 37.

Die von Sch. angesprochene Unantastbarkeit der Grenzen, [ein][19] Prinzip der Helsinki-Schlußakte, sei in der gegenwärtigen Phase besonders wichtig. Er wolle in diesem Zusammenhang mit Genugtuung vermerken, daß die „2+4" Gespräche auf Beamtenebene zu diesem Komplex wohl gute Ergebnisse gebracht hätten.[20]

Für besonders bedeutungsvoll halte er den Gewaltverzicht. Die NATO habe dies bei ihrem Gipfeltreffen 1982 in Bonn besonders betont.[21] Der Gewaltverzicht, der Verzicht sowohl auf den Einsatz als auch die Drohung mit Gewalt seien elementare Grundlagen friedlichen Zusammenlebens.

In den Darlegungen von Sch. gebe es Elemente, die die Strategie berührten; andere Elemente, die die Verständigung in schwierigen Lagen beträfen; weitere Elemente, die Maß und Grundlage der Zusammenarbeit verbreitern sollten – z. B. die Begegnungen der Parlamentarier der Mitgliedstaaten.

Sch. habe betont, daß es sich um erste Gedanken handele. Wir würden dies alles intensiv prüfen. Dabei würden wir sicher feststellen, daß einige Fragen komplizierter seien als andere. Vieles werde leichter zu beantworten sein, wenn man auch das Verhältnis der Bündnisse untereinander als Prozeß betrachte. Es sei aber gut, daß jetzt konkrete sowjetische Überlegungen zur Gestaltung des Verhältnisses der Mitgliedstaaten[22] der Bündnisse untereinander vorliegen.

Es bestehe eine Wechselbeziehung zwischen den von Sch. vorgetragenen Überlegungen und den KSZE- und Abrüstungsverhandlungen. Diese Verhandlungen zielten ab auf die Einheit Europas. Es sei deshalb wichtig, daß man innerhalb Europas keine Zonen unterschiedlicher Sicherheit erlaube. (Einwurf von Sch.: dies sei nicht beabsichtigt.) Es müßten kooperative Strukturen der Sicherheit geschaffen werden, die niemand ausschlössen; deshalb sei die Wechselbeziehung zwischen dem Prozeß der Neugestaltung der Beziehungen zwischen den Bündnisstaaten und dem KSZE-Prozeß im Auge zu behalten.

Hier gebe es parallele Entwicklungen. Als Beispiel wolle er die Unverletzlichkeit der Grenzen und den Gewaltverzicht erwähnen. Darüber sei man sich im KSZE-Rahmen einig. Vielleicht könne man das in diesem Rahmen bekräftigen. Einen parallelen Ansatz gebe es wohl auch im Hinblick auf das Zentrum für Konfliktschlichtung, das die Aufgabe habe, schon im Vorfeld von Konflikten und bei der Beilegung von Konflikten Zusammenarbeit zu ermöglichen.

Es gebe aber auch Fragen, die von den Bündnisstaaten beantwortet werden müssen, damit das, was man im KSZE-Prozeß wolle, auch konkret verwirklicht werde. Als Beispiel wolle er erwähnen, daß die Verhandlungen im KSZE-Rahmen sehr erschwert werden könnten, wenn die Mitgliedstaaten der Bündnisse sich als Gegner betrachteten; es sei auch mit der im KSZE-Rahmen angestrebten Sicherheit Europas schwer zu vereinbaren, wenn Bündnisstaaten bei den Abrüstungsverhandlungen mauerten; es entspreche auch nicht dem Geist der KSZE, wenn Bündnisstaaten ihre Streitkräfte vor allem zur Offensive befähigen würden. Es gebe eine Wechselwirkung zwischen dem Verhältnis der Bündnisstaaten untereinander und der KSZE, und zwar in beiden Richtungen; so verstehe er die von Sch. unterbreiteten Vorschläge.

---

[19] Im Dokument: einem.
[20] Vgl. Anm. 6.
[21] Erklärung der NATO-Staats- und Regierungschefs vom 10. 6. 1982, unter http://www.nato.int/ docu/comm/49-95/c820610a.htm (letzter Zugriff am 12. 4. 2011).
[22] Wechselnde Schreibweise des Begriffs gem. Vorlage.

Sch. habe auch Fragen angesprochen, die die Strategie bzw. die Struktur der Bündnisse beträfen, z. B. die Frage gemeinsamer Organe. Der Sowjetunion sei sicher bekannt, daß solche Fragen innerhalb des westlichen Bündnisses unterschiedlich gesehen würden. Er verweise hierzu auf die Schwierigkeiten, die sich bei den KSE-Verhandlungen ergeben hätten im Hinblick auf die Frage, ob dies Verhandlungen zwischen den beiden Bündnissen oder Verhandlungen unter 23 Teilnehmerstaaten seien. Er wisse, daß es in dem [östlichen][23] Bündnis inzwischen ähnliche Probleme gebe. Er habe deshalb mit Bedacht bei seiner Antwort auf die Bemerkungen von Sch. vom Verhältnis der Bündnisstaaten zueinander gesprochen. Wichtig sei jedoch, und insoweit stimme man überein, daß das Verhältnis der Bündnisstaaten zueinander neu und in einem inhaltlich neuen Geist gestaltet werden solle. Der NATO-Gipfel im Juli werde die Anpassung des Bündnisses an die veränderte Lage deutlich zum Ausdruck bringen.[24] Man solle sich jetzt daran machen, das jetzt Mögliche in diesem Bereich zu tun. Der Wandel Europas mache es notwendig, das Verhältnis der Bündnisstaaten zueinander neu zu gestalten durch Vertrauensbildung, Dialog, Zusammenarbeit. Dies sehe er auch als die wichtigste Motivation für die von Sch. unterbreiteten Vorschläge.

Der Wille [zur][25] Gestaltung eines neuen Verhältnisses zwischen den Bündnisstaaten sei in der Botschaft von Turnberry deutlich zum Ausdruck gekommen. Dies sollte es auch erlauben, die Frage der Zugehörigkeit des vereinigten Deutschland zu einem Bündnis so zu gestalten, wie es die Schlußakte von Helsinki vorsehe.[26]

Hier bestehe auch ein Zusammenhang mit Fragen der Abrüstung. Wir verstünden, daß es für die Sowjetunion wichtig sei zu wissen, wie sich die Kräfteverhältnisse auch als Konsequenz der deutschen Vereinigung entwickeln würden. Dazu müsse man Vorstellungen entwickeln, die das vereinigte Deutschland weder singularisierten noch diskriminierten. Wenn wir berechtigte Sicherheitsinteressen der Sowjetunion anerkennten und betonten, so gehöre dazu auch, daß die Sowjetunion Gewißheit darüber erlange, wie es sich mit den Streitkräften eines vereinigten Deutschland verhalten werde.

Angesichts der sowjetischen Sorgen hinsichtlich der sich entwickelnden Kräfteverhältnisse könne man auch darüber nachdenken, in welcher Weise die Beamten/Experten sich mit dieser Frage beschäftigen könnten. Er habe auch öffentlich festgestellt, daß man die Arbeit im Rahmen der Wiener Verhandlungen jetzt konkret voranbringen solle, wobei sich diese nicht im Bezug auf die beiden Großmächte erschöpfen könne. Man könne in Wien sehr wohl weitergehende Fragen beantworten, auch solche, die andere Streitkräfte als die der Großmächte beträfen, einschließlich der Streitkräfte eines vereinigten Deutschlands.

Zusammenfassend wolle er hervorheben, daß man dabei sei, verschiedene wichtige Punkte für die Neugestaltung Europas zusammenzutragen. Es handele sich um
- Ergebnisse für den KSZE-Gipfel in Paris;[27]
- das Verhältnis der Bündnisse zueinander, wobei er noch keine endgültige und vollständige Antwort geben könne, aber auf die prinzipiell positive Grundhaltung verweise, wie sie sich aus der Botschaft von Turnberry ergebe;

---

[23] Im Dokument: östliche.
[24] Vgl. Dokument Nr. 10, Anm. 37.
[25] Im Dokument: zu.
[26] Vgl. Dokument Nr. 9, Anm. 5.
[27] Vgl. Dokument Nr. 1, Anm. 19.

- intensives Bemühen um Abrüstung und hierbei sei in größerem Zusammenhang auch die Frage künftiger deutscher Streitkräfte für die Sowjetunion befriedigend zu beantworten;
- die Frage der Grenzen; hierzu werde es nach der Vereinigung zu einem verbindlichen Rechtsakt zwischen Deutschland und Polen kommen.[28]

Zusammengenommen ergebe sich daraus eine grundlegende Veränderung der Lage Europas. Dies sei keine Veränderung, die einseitige Vorteile bringe, sondern davon gewönnen alle. Schließlich wolle er diesem Katalog noch hinzufügen den Hinweis auf die zentrale Bedeutung des deutsch-sowjetischen Verhältnisses jetzt und in Zukunft. Dies alles seien Elemente, die eine Hoffnung auf eine bessere Zukunft geben, auf Überwindung der Teilung des Kontinents und auf Überwindung der Konfrontation. Mit großer Befriedigung wolle er feststellen, daß der Prozeß der deutschen Vereinigung in allen diesen Fragen als Beschleuniger wirke.

Sch.: Er verstehe diese Ausführungen so, daß hinsichtlich neuer Beziehungen zwischen den beiden Bündnissen in prinzipieller Hinsicht gegenseitiges Einvernehmen bestehe.

Was die konkreten Bereiche des Einverständnisses und der Zusammenarbeit anlange, so brauchten wir zu entsprechenden Vereinbarungen Kontakt mit unseren Bündnispartnern ebenso wie die Sowjetunion mit ihren Bündnispartnern darüber sprechen müsse. Die Sowjetunion rede auch mit den USA über diese prinzipiellen Fragen, wenn auch bisher noch nicht so detailliert; aber auch das Gespräch mit den USA werde er jetzt ausführlicher führen.

Die Gestaltung eines neuen Europas, eines Gemeinsamen Europäischen Hauses, einer europäischen Friedensordnung oder einer Konföderation – das alles seien Begriffe, die nicht so wichtig seien – alles dies könne man jedoch nicht erreichen, ohne eine Transformation der Beziehungen zwischen den beiden Bündnissen. Er stimme zu, daß der europäische Prozeß in verschiedenen Bereichen, jedoch parallel verlaufe. Er müsse aber fordern, daß es sich wirklich um einen parallelen Verlauf handele. Das gelte z. B. für die Gestaltung neuer Strukturen. Wir sprächen von kooperativen Strukturen und bezögen das nur auf das Verhältnis der Bündnispartner zueinander; die Sowjetunion wünsche Verhandlungen über dieses Thema, dabei solle auch der 6er-Rahmen genutzt werden. Es gehe um Synchronisation. Er wolle nicht von einer absoluten Synchronisation sprechen, aber die Sowjetunion müsse darauf bestehen, daß die Prozesse dynamisch, entschlossen und parallel verliefen. „2+4" Gespräche, der 6er-Rahmen[29] seien auch Bestandteil des gesamteuropäischen Prozesses. Er spreche in diesem Zusammenhang nicht von den inneren Aspekten der Herstellung der deutschen Einheit; die hätten ihre eigenen Grundlagen und richteten sich nach den eigenen Gesetzen. Das gelte z. B. für die Wahlen; dies sei von uns festzulegen. Aber die Gespräche im 6er Rahmen, die Wiener Verhandlungen, vielleicht weitere Foren, die Einfluß auf die äußeren Aspekte hätten, die müßten mit den Prozessen verbunden werden, von denen BM gesprochen habe. Er wolle z. B. die Truppenstärken erwähnen. Sei dies eine innere Angelegenheit oder sei dies mit den äußeren Aspekten verbunden? Er jedenfalls sei der Ansicht, die militärischen Aspekte der Vereinigung Deutschlands sei eine der wichtigsten Fragen [sic!] der äußeren Aspekte.

---

[28] Deutsch-Polnischer Vertrag vom 14.11.1990 über die Bestätigung der zwischen ihnen bestehenden Grenze, in: BGBl. 1991 II, S. 1329f.
[29] Wechselnde Schreibweisen für 2+4-Gespräche und 6er-Rahmen im Dokument.

Er stimme zu, daß eine Lösung gefunden werden müsse, die die Deutschen nicht diskriminiere. Aber welche Lösung? Für die Truppenstärke würden von unserer Seite Zahlen genannt, von sowjetischer Seite würden andere Zahlen genannt. Hier sei ein Kompromiß sicher erreichbar. Richtig sei aber, daß auch die Deutschen sich selbst festlegen und Verpflichtungen hinsichtlich des Potentials der Bundeswehr eingehen müßten. Man müsse überlegen, wie das zu machen sei.

BM: Sch. habe von Synchronisation gesprochen. Er, BM, sei sicher, daß damit nicht das „Konvoi-Prinzip" gemeint sei, nachdem das Tempo des langsamsten Schiffes das Tempo des Verbandes bestimme. (Einwurf Sch.: So sei es nicht gemeint!) Parallele Prozesse würden Fortschritte von einem zum anderen Bereich erleichtern. In diesem Sinne bestehe in der Tat ein Zusammenhang.

Er wolle [noch mal][30] auf die Frage des Verhältnisses der Mitglieder der verschiedenen Bündnisse untereinander eingehen. Hierbei spiele im westlichen Bündnis auch eine Rolle, daß die Bündnismitglieder einen unterschiedlichen Status hätten. Auch im östlichen Bündnis zeichneten sich zunehmende Unterschiede zwischen den einzelnen Bündnispartnern ab. Die Verhandlungen in Wien mit 23 Bündnisstaaten liefen aber ganz gut. Aber auch wenn man von Beziehungen der Mitgliedstaaten der beiden Bündnisse untereinander spräche, änderte sich nichts am Inhalt des anstehenden Problems. Vielleicht würden bei einer solchen Sichtweise die Gespräche sogar erleichtert.

Im Hinblick auf das militärische Potential eines vereinigten Deutschlands sei es wichtig, daß auch die Sowjetunion eine nicht diskriminierende Lösung wolle. Dies betreffe das Ergebnis der Lösung; es müsse aber auch gelten für das Verfahren, das zu einer Lösung führe. Deshalb sei es richtig, die Verständigung über dieses Problem in Wien zu suchen. Das ändere nichts daran, daß man im Rahmen von „2+4" davon Kenntnis nehmen könnte. Es gehe dabei nicht um die Substanz, sondern um den Rahmen. Wir wünschten, daß damit gleichzeitig dem Abrüstungsprozeß in Europa ein Impuls gegeben werde. Jedenfalls brauche sich aus der Behandlung dieser Frage in Wien keine Verzögerung zu ergeben.

Man dürfe das vereinigte Deutschland nicht mit offenen Fragen belasten. Deshalb müsse man die Arbeit in den vor uns liegenden Monaten intensivieren und auch heute schon Fortschritte erzielen.

Nach einer Pause von etwa 15 Minuten fuhr BM fort, daß wir unsere Bündnispartner über die sowjetischen Vorstellungen zur Frage der Beziehungen der Bündnisse informieren und dann unseren Meinungsaustausch fortsetzen wollten. (Sch. stimmte zu.)

Über Abrüstungsfragen wolle er mit Sch. nochmals unter vier Augen sprechen.[31]

Zum KSZE-Komplex könne er weitgehende Übereinstimmung feststellen. Das ergebe sich auch aus den Reden, die sowohl Sch. als auch er in Kopenhagen gehalten hätten. Seine, des BM Rede, in Kopenhagen, sei auch in gewisser Weise eine mündliche Antwort auf den Brief von Sch. an die 34 Außenminister der KSZE-Staaten gewesen;[32] dies solle jedoch eine schriftliche Antwort nicht ersetzen.

Zu den „2+4" Gesprächen wolle er nochmals unser Interesse betonen, daß diese bis zum KSZE-Gipfel abgeschlossen sein sollten. Er habe Sch. in Kopenhagen so verstanden, daß

---

[30] Im Dokument: nochmal.
[31] Vgl. Dokumente Nr. 36–38.
[32] Vgl. Dokument Nr. 32, Anm. 3. Zu Inhalten des Briefes und der Rede Genschers vgl. Biermann, Kreml, S. 620–622.

dies auch das Ziel der Sowjetunion sei, und daß man so zu einem guten Ende des KSZE-Gipfels beitragen wolle. Wichtig sei, daß Europa eine stabile Entwicklung nehme und das vereinigte Deutschland nicht mit offenen Fragen belastet werde.

Sch.: Er wolle noch einige konkrete Fragen ansprechen, die konzeptionellen Charakter hätten. Es gebe parallel verlaufende Prozesse: die Botschaft von Turnberry, die Wiener Verhandlungen, die Diskussion neuer Strukturen in Europa, die 6er-Gespräche usw. Hierbei würden auch Fragen behandelt, die unmittelbar mit der Vereinigung Deutschlands zusammenhingen; die Fragen deutscher Truppen, die Fragen der Truppen auf deutschem Territorium; Fragen der Rechtsnachfolge in Verpflichtungen der DDR und auch der Bundesrepublik Deutschland.

Er meine, es sei naiv oder nicht realistisch anzunehmen, man werde bis zum KSZE-Gipfel im Stande sein, alle diese Fragen zu lösen. Eine Übergangsperiode sei notwendig. Man müsse bis zum KSZE-Gipfel im 6er-Rahmen sehr intensiv arbeiten und er halte es für wünschenswert, daß alle prinzipiellen Fragen, alle Fragen von grundlegender Bedeutung sowie die damit zusammenhängenden Dokumente geprüft und dem KSZE-Gipfel vorgelegt werden können. Dies bedeute jedoch nicht, daß damit die Übergangsperiode abgeschlossen sei. Es bedeute nicht, daß die Vier Mächte ihre Rechte mit Schluß des KSZE-Gipfels aufgeben würden. Die Vier-Mächte-Rechte würden aufgegeben im Zusammenhang mit dem Abschluß der Übergangsperiode. Wie lange diese dauern solle? Vielleicht fünf Jahre; vielleicht kürzer; darüber solle man jetzt nicht sprechen.

Vielleicht könne man eine Aufstellung machen aller Fragen, die mit den äußeren Aspekten der deutschen Einheit verbunden seien und dabei auch eine Übersicht erstellen über die Zeit, die erforderlich sei, um die Fragen zu lösen. Danach könne man dann die Dauer der Übergangsperiode bestimmen. Man müsse jedenfalls prinzipiell eine Übergangsperiode festlegen.

BM: Welche Fragen seien bis zum KSZE-Gipfel nicht zu beantworten?

Sch.: Viele Fragen! Zunächst sehe er nicht, wie man in kurzer Frist den Charakter der Beziehungen zwischen den beiden Bündnissen festlegen könne. Was werde mit den Truppen der Vier Mächte? Für alle Staaten mit Truppen in Deutschland müßten gleiche Bedingungen gelten. Welche Zeit sei für die Präsenz solcher Truppen vorgesehen? Hierzu müsse man Etappen festlegen.

Die Sowjetunion habe nichts gegen eine US-Präsenz; aber wenn die USA präsent sein würden, dann müsse auch die Sowjetunion präsent sein. Hierzu seien ernste Verhandlungen nötig.

Ob das vereinigte Deutschland für viele Jahre die Stationierung ausländischer Truppen wolle? Kein Volk werde eine ausländische Präsenz auf seinem Territorium auf Dauer begrüßen. Warum solle man dies für Jahrzehnte vorsehen? Dies alles seien keine einfachen Angelegenheiten.

Auch die Frage der Stärke deutscher Truppen sei nicht einfach. Bis jetzt gebe es darüber keine Vereinbarungen. Man könne auch noch nicht davon sprechen, daß es die Chance für eine solche Vereinbarung gebe.

Was werde mit den Verträgen der Bundesrepublik Deutschland und der DDR mit anderen Staaten? All dies brauche Zeit! Man müsse auch eine konkrete Vorstellung davon haben, wie sich die Strukturen europäischer Sicherheit entwickelten.

BM habe gesagt, es entstehe eine neue Dynamik. Dies sei richtig; aber man sei noch im Prozeß der Diskussion. Man befasse sich mit Vorbereitungen – aber Garantien gebe es noch nicht.

Schließlich wolle er nochmals auf die Frage der Zugehörigkeit eines vereinigten Deutschlands zu einem militärisch-politischen Bündnis zurückkommen; dies sei wirklich die komplizierteste Frage.

Man solle gemeinsam nach Lösungen suchen, die die Deutschen und die Sowjetunion zufriedenstellen würden.

BM: Wir suchten solche Lösungen! Das Denken in Übergangsperioden werde die Dynamik verlangsamen und einschlafen lassen. Er werde in einem solchen Falle sehr besorgt hinsichtlich der Möglichkeit von Fortschritten, die jetzt zum Greifen nahe seien. Als Beispiel wolle er die neuen Strukturen in Europa nennen, die Vorbereitung des KSZE-Gipfels, für die man sich auf einen Vorbereitungsausschuß in Wien und eine Außenministerkonferenz im September schon geeinigt habe. Die Außenministerkonferenz werde die Gelegenheit geben festzustellen, ob die Ziele erreichbar seien, die wir alle mit dem Gipfel verbinden.

Bei gutem Verlauf der Prozesse brauche man keine Übergangsperiode. Die äußeren Aspekte der Herstellung der deutschen Einheit dürften die Deutschen nicht zum Gefangenen der Entwicklungen in Europa machen. Wir wollten zum Motor dieser Entwicklungen werden.

Was die Frage der Verträge der DDR und der Bundesrepublik Deutschland angehe, so sei eine Verständigung über dieses Thema erreichbar. Intensive Beratungen hierzu hätten begonnen und man habe gute Fortschritte erzielt. Er könne sich vorstellen, daß[,] wenn eine grundsätzliche Lösung erreicht sei, dann für die Abwicklung im einzelnen durchaus Fristen vereinbart würden.

Was die Streitkräfte des vereinigten Deutschlands anlange, so sei eine Verständigung bis zum Gipfel in dem von ihm geschilderten Rahmen erreichbar. Sicher sei, daß die Streitkräftezahlen derzeit zu hoch seien und daß man dies nicht über Nacht verändern könne; aber man könne sich darüber verständigen, in welchem Zeitraum Reduzierungen vollzogen werden sollten.

Er wolle mit diesen Beispielen nur seine Sorge für den Fall unterstreichen, daß man Lösungen dieser Fragen über den Herbst ds. Js. hinauszuschieben versuche.

Was das Verhältnis der Partner der verschiedenen Bündnisse untereinander angehe, so werde man diesen Prozeß sicher schon in Gang setzen können. Man könne die Richtung vorbestimmen, die man nehmen wolle. Man könne wichtige Elemente klarstellen.

Man dürfe jetzt nicht in der Bemühung nachlassen, die Gunst dieses Jahres zu nutzen. Wenn man alle Ergebnisse zusammenfasse, einschließlich eines KSZE-Gipfels, warum wären dann die Vier Mächte nicht in der Lage, ihre Rechte und Verantwortlichkeiten im Rahmen eines entsprechenden Dokuments aufzuheben?

Sch. habe in Genf gesagt, daß es richtig sei, daß wir uns für eine Wirtschafts-, Währungs- und Sozialunion entschieden hätten. In der Tat sei dies ein richtiger Weg. Die volle Wirkung könne die Wirtschafts-, Währungs- und Sozialunion aber nur entfalten unter den Bedingungen von Stabilität. Dazu gehöre, daß sich die staatliche Vereinigung so vollziehe, daß das vereinigte Deutschland nicht mit offenen Fragen belastet werde. Für die zukünftige Rolle des vereinigten Deutschlands sei es von großer Bedeutung, daß man jetzt nicht in den Anstrengungen nachlasse, sondern beide Seiten sich ernsthaft das Ziel setzten, sich über die äußeren Aspekte der deutschen Einheit bis zum KSZE-Gipfel zu verständigen.

Sch.: Damit sei er einverstanden. Man solle die restliche Zeit maximal nutzen, um einen maximalen Wirkungsgrad zu erreichen. Er wolle sich nochmals dafür aussprechen, daß die Experten einen Katalog der anstehenden Fragen aufstellten. Man habe dies schon intern versucht, aber ein seriöses Ergebnis liege ihm noch nicht vor. Wann sollten z. B. die

Fragen gelöst werden, die zusammenhängen mit der Stationierung von Streitkräften auf dem Territorium des vereinigten Deutschlands. Solle die Sowjetunion das lösen? Für welche Zeit solle eine Stationierung vorgesehen werden? Welche Etappen seien für einen Rückzug vorgesehen? Welche Funktionen sollten solche Streitkräfte haben?

Unklarheiten bestünden auch im Hinblick auf die Transformation der Bündnisse. Vielleicht könne man dies bis zum KSZE-Gipfel verbindlich festlegen. Wenn das möglich sei, könne man die Übergangsphase verkürzen.

Der Punkt 2 der Tagesordnung der „2+4" Gespräche behandle den militär-politischen Status unter Berücksichtigung der Sicherheitsstrukturen. Von welchen Strukturen könne man dabei ausgehen?

BM: Von den Strukturen, die im Rahmen der Institutionalisierung des KSZE-Prozesses vorgesehen seien!

Sch.: Dies gelte, wenn die Zentren zur Abwendung von Kriegsgefahren usw. schon errichtet seien;[33] es gelte auch, wenn Fortschritte in Wien erzielt seien. Die Sowjetunion habe kein Interesse, die Übergangsphase künstlich hinauszuzögern. Aber die Sowjetunion müsse sicher sein, daß alle Fragen gelöst seien, damit die notwendige Stabilität in Europa geschaffen werde. Der Aufbau der deutschen Einheit sei der wichtigste Faktor der Stabilität für Europa. Es handele sich dabei um sehr schwierige Fragen, über die man in Ruhe nachdenken müsse. Die wichtigste Frage sei die der Bündniszugehörigkeit eines vereinigten Deutschlands.

BM: Die KSZE-Vereinbarungen erstreckten sich auf alle Länder, auch auf das vereinigte Deutschland. Dazu gehöre das Prinzip, das jedem Land das Recht einräume, sich einem Bündnis anzuschließen oder nicht anzuschließen. Dieses Prinzip sei nicht von Bedingungen abhängig; aber wir wollten die Lage grundlegend verändern, so daß alle KSZE-Staaten das vereinigte Deutschland als einen Gewinn für sich betrachten könnten. Was die Anwesenheit der Truppen verbündeter Staaten auf dem Gebiet des vereinigten Deutschland anbelange,[34] so handele es sich um eine Frage der Kräfteverhältnisse, die also zwischen den Bündnissen besprochen werden müsse. Dabei müsse man für eine Übergangsphase auch die Stationierung von Streitkräften in der DDR in Erwägung ziehen, und zwar aufgrund vorheriger Verständigung.

Beim KSZE-Gipfel sei eine Fülle von Vereinbarungen denkbar, die eine neue Lage schaffen und die deshalb die Lösung kompliziertester Fragen in einer Weise gestatten, die den Prinzipien der Schlußakte von Helsinki entspreche und auch dem Interesse der Sowjetunion, daß die Kräfteverhältnisse nicht verschoben würden.

Auch im bilateralen Bereich wollten wir eine neue Qualität der Beziehungen entwickeln, neues Vertrauen schaffen. Das vereinigte Deutschland könne ein hohes Maß von Kooperationsfähigkeit einbringen.

Unsere Bürger, und das gelte für die Regierung und die Opposition, seien davon überzeugt, daß man das Jahr 1990 zum Durchbruch in den West-Ost-Beziehungen entwickeln müsse. Aber in diesen Zusammenhang gehöre auch die Lösung der äußeren Aspekte der Herstellung der deutschen Einheit. Deshalb dürfe nach einem KSZE-Gipfel im Hinblick auf die äußeren Aspekte der Herstellung der deutschen Einheit keine Frage offen sein. Wir unternähmen äußerste Anstrengungen, um zu zeigen, wie eng wir mit der Sowjetunion zusammenarbeiten wollten.

---

[33] Vgl. Dokument Nr. 1, Anm. 20.
[34] Wechsel der Wortwahl zwischen anlange/anbelange gem. Vorlage.

Sch.: Was bedeute das praktisch? Es gehe um die Zugehörigkeit zur NATO und in diesem Zusammenhang um die Anwesenheit von Truppen westlicher Staaten im Rahmen des NATO-Bündnisses. Dabei handele es sich um Truppen der Vereinigten Staaten, Großbritanniens, Frankreichs und anderer Staaten.

Für die [sowjetischen][35] Truppen sollte eine Übergangsphase gelten – aber [in][36] welchem Bündnis sollte das verhandelt werden?

Im Laufe einer Übergangsphase könne über die Verpflichtungen Deutschlands gegenüber der NATO und dem Warschauer Vertrag (soweit das DDR-Territorium betroffen sei) verhandelt werden. Wenn reale Reduzierungen der Streitkräfte und Rüstungen stattgefunden hätten, wenn das Verhältnis zwischen den beiden Bündnissen transformiert sei, dann ergebe sich eine völlig neue Lage. Das werde man dann sehen nach Ablauf der Übergangsphase. Er bitte, daß wir dies nochmals überlegen.

Wenn man anders vorgehe, gerate die Sowjetunion in eine isolierte Stellung.

BM: Wieso?

Sch.: Weil sich die Balance ändere. Die DDR werde über das vereinigte Deutschland der NATO angehören. Außerdem gebe es die Veränderungen in Osteuropa. Die Sowjetunion habe einstweilen keinerlei Garantien für ihre Sicherheit. Man wisse nicht, was sich für die Sowjetunion ergebe.

Wir seien bereit, für die Stationierung sowjetischer Truppen eine Übergangsphase zu vereinbaren. Solle dies einen Monat dauern oder ein Jahr? Es gebe noch sehr viele unklare, auch unannehmbare Positionen.

Man müsse eine Entscheidung finden, die unseren Interessen und den Interessen der sowjetischen Sicherheit gerecht werde. Hinsichtlich der Wiener Verhandlungen, hinsichtlich der Entwicklung gesamteuropäischer Strukturen gebe es in den Positionen beider Seiten viel Gemeinsames. Es gebe auch eine prinzipielle Übereinstimmung hinsichtlich der neuen Beziehungen zwischen den Bündnissen. Auch im bilateralen Bereich bestünden sehr gute Perspektiven. Aber im Hinblick auf die Übergangsphase, im Hinblick auf die Zugehörigkeit zu den Bündnissen, im Hinblick auf die Präsenz ausländischer Truppen, in allen diesen Bereichen seien noch komplizierte und schwierige Fragen zu lösen.

BM: Welcher Zusammenhang bestehe zwischen der Anwesenheit sowjetischer Truppen und den Vier-Mächte-Rechten? Dies sei sicher eine Frage, die das Kräfteverhältnis zum Warschauer Pakt betreffe; aber seien Kräfteverschiebungen im Hinblick auf den Warschauer Pakt Gesichtspunkte für die Vier-Mächte-Rechte? Er wolle nochmals wiederholen, daß wir uns vorstellen könnten, daß für bestimmte Zeit sowjetische Streitkräfte auf dem Gebiet der DDR stationiert werden.

Sch.: Man berufe sich jetzt sehr oft auf den Helsinki-Prozeß. Aber man spreche nicht von dem Potsdamer Abkommen.[37] Auch dies sei ein völkerrechtlicher Akt. Solange die Vier-Mächte-Rechte bestünden, brauche die Sowjetunion keine Rechtfertigung für die Stationierung ihrer Truppen in der DDR. Wenn die Vier-Mächte-Rechte entfielen, dann sei eine andere Grundlage erforderlich.

Für die Dauer der Übergangsphase müßte man einen Kompromiß finden. Dies solle die internen Prozesse nicht verzögern. Man wolle auch eine Lösung, die die Interessen der NATO nicht störe. Eine solche Lösung solle das vereinigte Deutschland zu einem Binde-

---

[35] Im Dokument: sowjetische.
[36] Im Dokument: In.
[37] Vgl. Dokument Nr. 15, Anm. 10.

glied zwischen West und Ost machen. Vielleicht sei das so möglich, daß während der Übergangsphase die Verantwortung gegenüber dem Warschauer Pakt beibehalten werde. Bei dem Moskauer Treffen habe er festgestellt, daß bereits Bürger der Bundesrepublik Deutschland daran beteiligt gewesen seien.[38] Was jetzt noch unrealistisch erscheine, sei vielleicht morgen doch realistisch.

BM: Ob Sch. nicht den Eindruck habe, daß die ganze Bundesrepublik Deutschland dabei sei, ein Bindeglied zu werden? Man müsse im Zusammenhang mit der KSZE die neue Struktur Europas gestalten. Mitglieder der Bündnisse müßten miteinander ins Gespräch kommen. Man dürfe darauf vertrauen, daß beide Seiten Europas sich aufeinander zubewegten. Im Herbst würden die Grundlagen für ein vereinigtes Europa geschaffen. Dazu würde es im Widerspruch stehen, wenn für die Deutschen ein Sonderstatus gilt. Wir verstünden, daß die Sowjetunion Gewissheit haben wolle hinsichtlich der Streitkräfte eines vereinigten Deutschlands. Dies sei ein legitimes Interesse der Sowjetunion. Bei der Erörterung über Verschiebungen im Kräfteverhältnis müsse man sprechen über die sowjetischen Truppen in der DDR, über die Kräfteverhältnisse in der zentralen Zone und über die Streitkräfte eines vereinigten Deutschlands.

Sch.: Bitte, daß sich die deutsche Seite auch eine Variante mit einer Übergangsphase nochmals überlege. Aus sowjetischer Sicht sei es sehr zweifelhaft, daß man bis Herbst alle Fragen lösen könne.

Was die Transformation der Bündnisse angehe, so habe man zwar eine neue Doktrin entwickelt, aber es fehle noch die Praxis; man wisse, daß die NATO für die Entwicklung einer neuen Doktrin ein Minimum von drei Jahren brauche.

Wenn man von einer Stärke der Bundeswehr von 250 000 bis 300 000 Mann ausgehe, so seien mindestens drei Jahre erforderlich, um eine solche Stärke zu erreichen. Das bedeute praktisch die Notwendigkeit einer Übergangszeit.

BM: Wenn man eine Verständigung über das Ziel erreicht habe, dann vertraue man darauf, daß die andere Seite dies auch einhalte. Er sei eigentlich davon ausgegangen, daß man jetzt einen solchen Stand gegenseitigen Vertrauens erreicht habe.

Sch.: Wenn man einig sei über die Truppenstärke eines vereinigten Deutschlands, über die Bedingungen der Präsenz ausländischer Truppen auf deutschem Territorium, über die Frage der Rechtsnachfolge in Verträge, und wenn man all dies vor dem KSZE-Gipfel oder vor Abschluß der 6er-Gespräche erreiche, dann brauche man doch noch ein oder mehrere Jahre, um dies alles zu realisieren. Und nach Realisierung sei der Zeitpunkt gekommen, um die Vier-Mächte-Rechte aufzugeben.

BM: Die Behandlung der äußeren Aspekte der Herstellung der deutschen Einheit sei erledigt, wenn man sich über [39]diese Aspekte verständigt habe, selbst wenn man für die Realisierung noch Zeit braucht. Wenn man anders verfahre, dann vertraue der eine nicht dem anderen, daß er seine Verpflichtungen einhalte. Wie soll dann der andere vertrauen, daß der eine die Verpflichtungen einhalte? Er vertraue Sch., aber er möchte auch, daß Sch. uns vertraue.

Sch.: Die Sowjetunion vertraue Deutschland am meisten! Sie sei sogar bereit zu einem neutralen Deutschland, aus dem alle ausländischen Truppen entfernt seien. Probleme bestünden offenbar hinsichtlich des Vertrauens unserer Verbündeten.

---

[38] Zum Treffen des PBA vgl. Dokument Nr. 34, Anm. 3.
[39] Im Dokument zusätzlich: die

BM: Wir fühlten uns keineswegs durch unsere NATO-Partner gefesselt. Es gebe den Anspruch aus der Helsinki-Schlußakte auf die freie Wahl des Bündnisses. Das westliche Bündnis sei ein wichtiger Beitrag zur europäischen Stabilität. Es bestehe eine geographische Lage, die zu einer Disparität zwischen West und Ost führe. Die Bundesrepublik sei das östlichste Land im westlichen Bündnis.

Er wolle nachfragen, ob der Sowjetunion eine Absichtserklärung im Hinblick auf die Anwesenheit sowjetischer Streitkräfte in der DDR nicht ausreiche.

Es sei notwendig, die Chance dieses Jahres zu nutzen, auch was die Lösung der äußeren Aspekte für die Herstellung der deutschen Einheit angehe. Falls man in dem Gesamtprozeß die Dynamik verliere, so werde die Bevölkerung unruhig. Es ergebe sich ein Gefühl, der Gefangene des Verhaltens anderer zu werden. Für die bilateralen und die gesamteuropäischen Beziehungen ergebe sich in diesem Jahr die Chance einer Paketlösung, die einmalig sei. Wir wollten diese Chance verwirklichen.

Sch.: Wie soll sich die Transformation der militärisch-politischen Bündnisse vollziehen? Dazu gebe es bis jetzt nur Gespräche. Es gehe dabei nicht nur um die Verhältnisse der Truppenstärken. Diese Frage habe auch psychologische, politische Aspekte. Eine Entscheidung, die nicht den Interessen der Sowjetunion Rechnung trage, werde vom Volk nicht akzeptiert werden. Man könne in diesem Bereich nicht nur mit Worten aufwarten.

BM: Wir hätten unsere Worte mit Taten ausgefüllt. Im Vorgriff auf den NATO-Gipfel in London habe die Botschaft von Turnberry ein deutliches Signal für Freundschaft und Zusammenarbeit enthalten. Der NATO-Gipfel werde im Vorfeld des KSZE-Gipfels stattfinden. In Wien könne man einiges tun. Man könne im Rahmen der „2+4" Gespräche weiterarbeiten. Die bilateralen Beziehungen könnten weiter ausgebaut werden. Man könne ein Paket eines noch nie dagewesenen Umfangs schnüren. Er könne sich nicht vorstellen, daß man in einem solchen Rahmen nicht die notwendigen Antworten finden könne.

Viel werde davon abhängen, was sich aus der heutigen Besprechung ergeben werde. Wir müßten uns der Verantwortung bewußt sein. Man habe viel Übereinstimmendes festgestellt. Wir müßten jetzt Wege finden, um dies auszufüllen. Man dürfe nicht den Eindruck erwecken, daß wir nicht auf dem richtigen Weg seien. Dann würde manches sehr kompliziert. Der Bundeskanzler und auch er, BM, hätten ihre ganze Autorität mit diesem Prozeß verbunden.

Er verkenne nicht die sowjetischen Probleme und Schwierigkeiten. Wir seien uns bewußt, wie wichtig für die Sowjetunion der KSZE-Prozeß sei und konkrete Ergebnisse noch in diesem Jahr. Das sei auch für uns wichtig. Wir wollten ein Europa, in dem die Sowjetunion eine bedeutende Rolle spiele. Diese bedeutende Rolle werde sich in Zukunft auf andere Faktoren stützen als in der Vergangenheit. Diese neue Grundlage wollten wir zusammen mit der Sowjetunion schaffen. Dafür sei das vereinigte Deutschland ein entscheidender Faktor. Es gehe um ein vereinigtes Deutschland, das nicht durch die Last offener Fragen bewegungsunfähig werde.

Sch.: Man solle die jetzige Situation nicht vereinfachen. Es bestehe Übereinstimmung hinsichtlich allgemeiner Prinzipien und Feststellungen; aber da, wo die Interessen der Sowjetunion unmittelbar berührt seien, gingen die Meinungen auseinander.

BM: Wo gehe man in spezifischen Bereichen auseinander?

Sch.: Die Balance in Europa ändere sich zunehmend und gründlich. Wie könne man einen Ausweg finden? Man müsse eine Übergangsperiode festlegen, damit sich die Sowjetunion während eines bestimmten Zeitraums, in dem die bestehenden Verpflichtungen erhalten blieben, ein Bild verschaffen könne. Es gehe um die Verpflichtungen der DDR gegenüber dem Warschauer Vertrag und die Verpflichtungen der Bundesrepublik gegenüber der NATO. Man spreche jetzt von kollektiver Sicherheit im Verhältnis zur Sowjetunion und zu den Verbündeten der Sowjetunion. Die Sowjetunion brauche Zeit, um sich zu überlegen, was dies eigentlich sei. Geben Sie uns Zeit, damit wir unser Volk überzeugen können! Deutschland könne sich vereinigen, dies sei ein natürlicher Prozeß; aber die Balance müsse erhalten bleiben. Die Entwicklung europäischer Strukturen brauche Zeit. Die inneren Prozesse könnten ablaufen; dies sei doch für uns das Wichtigste.

BM: Dies treffe nicht zu! Innere und äußere Aspekte seien für uns gleich wichtig.

Sch.: Dann müsse die Sowjetunion sich Zeit lassen. Das Potsdamer Abkommen bestehe unverändert fort. Die Sowjetunion wolle, daß wir sie verstünden.

BM: Er hoffe, daß man die Unterhaltung nicht in dieser Sprache fortführe. Man habe sich zusammengesetzt, um Lösungen zu suchen. Das vereinigte Deutschland werde aus der Bundesrepublik Deutschland und der DDR bestehen. Für den Sicherheitsfaktor, der sich aus der Verbindung mit der DDR ergebe, müsse die Sowjetunion einen Ersatz erhalten. Deshalb könnten die sowjetischen Streitkräfte in der DDR verbleiben. Er habe das Gefühl, daß man sich in vielen Fragen aufeinander zubewege. Vielleicht täusche er sich. Vielleicht neigten wir Deutschen dazu, die KSZE, die Wiener Verhandlungen, das sich ergebende neue Verhältnis zwischen den Bündnissen überzubewerten. Aber er neige nicht zu Illusionen. Er schätze real ein, was dies alles bedeute. Wir sollten dies alles zusammen sehen und dann überlegen, was in den nächsten Monaten zu erreichen sei.

Der KSZE-Gipfel sei vor einigen Wochen noch ein ganz unsicheres Ziel gewesen. Jetzt sei man sich darüber einig. Man sei sich auch einig über ein Außenministertreffen im September und das Gipfeltreffen in Paris im Herbst, wobei gleichzeitig die Wien I Verhandlungen abgeschlossen werden sollten. Wir könnten einiges bewirken im Verhältnis der Bündnisse zueinander. Mit Sicherheit könnten wir uns mit Polen verständigen. Es gebe intensive Gespräche über die bilateralen Beziehungen. Er wolle auch darauf hinweisen, daß es da, wo sich die Bundesrepublik Deutschland alleine bewegen könne, große Fortschritte gebe. Dies alles sei sehr konkret. Die Grundlage unserer Beziehungen sei der Moskauer Vertrag.[40] Dann habe es die bedeutsame Erklärung von 1989 gegeben.[41] Heute bestehe ein anderes Verhältnis. Er bitte darum, daß man Vertrauen setze auch in die zukünftige Entwicklung. Auch für uns gebe es im Hinblick auf die zukünftige Entwicklung einen wichtigen Vertrauensfaktor.

Höynck[42]

2.[43] <u>Herrn RL 010</u>[44] m.d.B. Zustimmung BM herbeizuführen.

3. <u>Vorschlag zur Verteilung:</u> 014, D 2

PA AA, ZA 178.928 E.

---

[40] Vgl. Dokument Nr. 3, Anm. 10.
[41] Vgl. Dokument Nr. 1, Anm. 6.
[42] Eigenhändige Unterschrift.
[43] Zählung gem. Vorlage.
[44] Diese Unterstreichung von Hand.

Nr. 36
Aufzeichnung des Dolmetschers Scheel vom 13. Juni 1990 über das zweite Vier-Augen-Gespräch von Bundesaußenminister Genscher mit dem sowjetischen Außenminister Ševardnadze am 11. Juni 1990 in Brest

Referat 105
105 – A90/ 5
H. Scheel

Bonn, den 13.06.1990

Betr.: Zweites Vier-Augen-Gespräch vom 11.06.1990 in Brest zwischen dem Bundesminister des Auswärtigen, Herrn Hans-Dietrich Genscher (im weiteren abgekürzt als BM), und dem Außenminister der UdSSR, Herrn E. A. Schewardnadse (im weiteren abgekürzt als Sch.);
hier: Dolmetscheraufzeichnung

Der BM trägt anhand einer Notiz in drei Punkten gegliedert einen vorläufigen, persönlichen Vorschlag zur Lösung des Problems der Streitkräftestärke eines künftig vereinigten Deutschlands vor.
　Hierzu führte er aus: Er habe sich Gedanken gemacht, wie man sich eine Regelung der Frage der Streitkräftestärke eines vereinigten Deutschlands ohne Diskriminierung und Singularisierung der Deutschen vorstellen könne. Ihm gehe es darum, der SU die Sicherheit zu geben, daß sowjetische Sicherheitsinteressen nicht beeinträchtigt werden sollten. Er habe das Gefühl, daß in der Zahl der Grundsatzfragen das Problem der Zeitabfolge in der Regelung der äußeren Aspekte die hauptsächliche Meinungsverschiedenheit darstelle. Ihm liege daran, zu erklären, warum es für uns so wichtig sei, daß die Vereinigung Deutschlands nicht mit offenen Fragen belastet werden dürfe. Dies beziehe sich auch auf den sowjetischen Gedanken einer Übergangsperiode. Es müsse möglich sein, Regelungen zu finden, durch die die deutsche Vereinigung nicht durch offene Fragen belastet werde und die das Würdegefühl der Deutschen nicht beeinträchtigen. Letzteres müsse sich einstellen, wenn die Deutschen das Gefühl haben müßten, daß man ihnen immer noch mißtraue. Wir wollten uns nicht wichtiger machen, als wir seien. Wenn wir jedoch beiderseits von der zentralen Bedeutung der deutsch-sowjetischen Beziehungen mehrfach schon gesprochen hätten, so zeige dies, daß doch beide Seiten guten partnerschaftlichen Beziehungen zwischen unseren Ländern höchste Bedeutung beimäßen. Mit einer solchen Qualität der Beziehungen vertrüge sich einfach nicht der Gedanke daran, dem vereinigten Deutschland eine Statusminderung zuzumuten. Er bitte Herrn Sch., dies im Zusammenhang mit dem Problem der Zeitabfolge und der Übergangsperiode noch einmal genau zu erwägen. Auch die SU sollte nicht das Risiko eingehen, Leuten auf dem rechten Ende des politischen Spektrums, die bei uns Gott sei Dank zu Bedeutungslosigkeit herabgesunken seien, durch die Behandlung des vereinigten Deutschlands neue Argumente an die Hand zu geben. Gerade weil Präsident Gorbatschow, Herr Sch. persönlich und die ganze sowjetische Führung über ein großes Vertrauenskapital bei den Deutschen verfügten, wolle er noch einmal nachdrücklich bitten, die Frage der Zeitabfolge neu zu überdenken. Wir müßten Vertrauen ineinander haben, aber auch wagemutig genug sein, um auf den Gang der Ereignisse zu vertrauen. Er sage dies mitnichten aus taktischen Erwägungen, wie er ja wohl

nie bei Herrn Sch. den Eindruck erweckt habe, ein taktisches Spiel zu treiben. Er sei dafür, aufrichtig miteinander zu sprechen. Herr Sch. habe gesagt, die Experten sollten zu diesen schwierigen Fragen ihre Anstrengungen fortsetzen. Er selber sei damit einverstanden, und zwar müsse dafür soviel Zeit genommen werden, wie nötig sei. Er selber sei auch gern bereit, sich vor der nächsten „2 + 4"-Runde oder an deren Vortag noch einmal mit Herrn Sch. zu treffen, denn diese Dinge hätten für ihn jetzt die absolute Priorität.[1] Herr Sch. habe den Briefwechsel Bundeskanzler-Gorbatschow erwähnt und werde doch sicher zugeben, daß die Bundesregierung wirklich alles versuche, unsere bilateralen Beziehungen voranzubringen.[2]

Es sei äußerst wichtig, wie beide Beteiligte diese Begegnung bewerteten und wie sie sie der Öffentlichkeit vortragen würden. Er müsse sagen, daß auf jeden Fall Enttäuschungen in der deutschen und der internationalen Öffentlichkeit vermieden werden müßten. In einigen Punkten gebe es ja auch Übereinstimmung, wie beiderseits festgestellt worden sei, dann gebe es weitere Fragen, in denen eben weitergearbeitet werden müsse. Entscheidend sei, daß dort, wo Lösungen gefunden werden müßten, nichts falsch eingeschätzt werde. Er könne nur dafür werben, konstruktiv weiterzuarbeiten, um zum Erfolg zu kommen.

<u>Sch.:</u> Die präzisen Zahlenstärken der jeweiligen nationalen Truppenkontingente würden ja Gegenstand von Folgeverhandlungen, die dann alle KSZE-Teilnehmerstaaten beträfen.

(Nach einigen wechselseitigen Rückfragen zum informellen Vorschlag des BM bzw. dessen Verständnis durch Sch.)

<u>Sch.:</u> Nun sei ihm das Wesentliche in diesem Vorschlag klar. Er habe seine Logik in sich, müsse aber wahrscheinlich mit den betroffenen anderen Staaten beraten werden. Daher könne er jetzt keine formelle Antwort geben.

<u>BM:</u> Eine solche umgehende Antwort erwarte er auch nicht. Es handele sich erst einmal ausschließlich um eigene Vorüberlegungen, Wenn Herr Sch. bereit sei, diese näher zu prüfen, werde er gern eine ausführlichere und konkretisiertere Form vorlegen. Habe Herr Sch. dagegen grundsätzliche Bedenken, könne diese Richtung nicht weiterverfolgt werden. Ohne daß Verbündete der einen wie der anderen Seite in diesem sehr vorläufigen Stadium benachrichtigt werden sollten, müsse er sich dann etwas Neues ausdenken.

<u>Sch.:</u> Diese Erwägungen verdienten nach seiner Meinung die ernsthafteste Aufmerksamkeit. In nächster Zeit sollten die Experten auf Grundlage dieses Papiers eine genauere Prüfung anstellen und dann den Ministern von den Ergebnissen ihrer Bemühungen berichten. Er sei nicht dafür, daß die Frage der Truppenstärke im „2 + 4"-Rahmen erörtert werden solle.

(<u>BM</u> wirft ein, daß man in der „2 + 4"-Runde ja Kenntnis davon geben könne, zu welchen Ergebnissen die Experten gelangt seien; <u>Sch.</u> stimmt zu).

<u>Sch.:</u> Man könne also darauf warten, welchen Bericht die Experten vorlegten. Überhaupt sei er für eine erhebliche Intensivierung der Arbeit auf Expertenebene. In vielen grundsätzlichen Fragen sei ja bereits eine recht breite Konsensgrundlage vorhanden. Daß auch noch manches Schwierige verblieben sei, sei nicht verwunderlich. Als man diese bilateralen Treffen verabredet habe, sei man ja davon ausgegangen, Probleme zu besprechen, die über den Rahmen der „2 + 4" hinausgingen. Er, Sch., wolle nämlich Konfrontationen im Rahmen der „2 + 4"-Gespräche vermeiden. Wenn Meinungsverschiedenheiten aufträ-

---

[1] Vgl. Dokumente Nr. 37 und 38.
[2] Vgl. Dokument Nr. 34, Anm. 5.

ten, solle man vor den „2 + 4"-Treffen nach Möglichkeiten suchen, diese Gegensätze aufzulösen. Werde man nicht einig, so sollte diese Uneinigkeit bei den „2 + 4"-Gesprächen nicht besonders akzentuiert werden. (BM stimmt zu.) Wir seien uns also einig: Die Arbeit der Experten müsse erheblich intensiviert werden.

Es gebe noch ein Thema, dessen Behandlung keinen Aufschub dulde. Dieses Problem sei schon innerhalb einer gesonderten Arbeitsgruppe aufgetaucht. Es gehe nämlich um die Modalitäten der Präsenz sowjetischer Truppen in der DDR, hier insbesondere um die zu erwartenden Schwierigkeiten im Zusammenhang mit der Schaffung der Währungs-, Wirtschafts- und Sozialunion.³ Bereits heute sei die Atmosphäre bei den sowjetischen Truppen ziemlich belastet, und es könne zu Unannehmlichkeiten kommen. Vielleicht könne man dies auch in trilateralen Gesprächen, d. h. unter Einschluß der DDR, behandeln. Gewisse Probleme machten sich jedenfalls schon jetzt bemerkbar.

BM: Natürlich müsse mit der DDR gesprochen werden; dieses Problem sollte unter uns gelöst werden, soweit die Auswirkungen der WWSU betroffen seien. Sollte sich diese in der schon bestehenden Expertengruppe nicht lösen lassen, sei er sehr dafür, vielleicht Untergruppen zur Behandlung dieses Problems einzusetzen; es könnten hierzu ja auch weitere Fachleute hinzugezogen werden, jedoch sei er nicht für die Einsetzung eines neuen Gremiums. Es sei wichtig, daß an dieser Frage auch Leute arbeiteten, die mehr in politischen und nicht nur in fachlichen Kategorien dächten.

(In einem kurzen Wechsel von Fragen und Antworten wird festgehalten, daß die mit der sowjetischen Truppenpräsenz verbundenen Fragen innerhalb der schon arbeitenden Expertengruppe behandelt werden sollten.)

Sch.: Man werde dieses Thema heute nicht abschließen können. Er selber sei bereit, sich noch vor dem Berliner „2 + 4"-Treffen erneut mit dem BM zusammenzusetzen, um so mehr, weil ja im Juli die Begegnung zwischen Präsident Gorbatschow und dem Bundeskanzler bevorstehe.⁴ Diese müsse so vorbereitet werden, daß sie ein Ereignis von entscheidender Bedeutung werde.

Der BM möge bitte über den Begriff einer Übergangsperiode noch weiter nachdenken; dies sei sowjetischerseits keineswegs nur eine Caprice.

BM: Er verstehe, daß es sich um keine Caprice handele. Wenn er gesagt habe, die deutsche Vereinigung solle nicht von offengehaltenen Fragen belastet werden, so würde ja eine Beibehaltung der Vier-Mächte-Rechte und -Verantwortung für eine Übergangszeit eben eine solche Offenhaltung bedeuten.

Sch.: Sowjetische Seite werde sich ja bemühen, über so viel wie möglich Einigung zu erzielen. Dann brauche man aber auf jeden Fall eine Übergangsperiode für die Realisierung des Ausgehandelten. Hierher gehöre z. B. auch die Setzung einer Frist für die Beendigung der Vier-Mächte-Vollmachten.

BM: Warum könne dies nicht gleich nach einer Einigung im Herbst geschehen im Vertrauen darauf, daß die Festlegungen auch von allen Seiten erfüllt würden?

Sch.: Sowjetische Seite gehe von einer längeren Zeit aus, zwar werde es nicht Jahrzehnte dauern, die Realisierung könne jedoch einige Jahre brauchen.

---

³ Zu Finanzfragen bezüglich der Folgen der Währungseinheit für die sowjetische Westgruppe (u. a. Wechselkursfragen) vgl. Vorlagen Teltschiks für Kohl vom 19. und 27. 6. 1990, in: Deutsche Einheit, S. 1232–1234, 1275f.
⁴ Vgl. Dokument Nr. 35, Anm. 5.

BM: Angenommen, diese Übergangsperiode werde auf vier Jahre festgesetzt. Wenn man aber heute schon sage, wie lange diese Übergangsperiode dauern werde, wie könne man denn dann garantieren, daß dies von allen eingehalten werde? Wir setzten darauf, daß zum KSZE-Gipfel, der allen Partnern im KSZE-Prozeß neues Gewicht verleihen werde, alles Notwendige geregelt werden könne. Der „2 + 4"-Rahmen sei ja nicht das einzige Gremium, in dem die anstehenden Fragen zu lösen seien. Hierfür sei das Problem der künftigen Truppenstärken ein Beispiel. Es gelte, für den Pariser Gipfel ein umfassendes Dokument vorzubereiten. Herr Sch. wisse doch, wie die NATO-Mitgliedstaaten ihr Bündnis verstünden: Es werde jetzt ein neues Verhältnis nicht nur zwischen den Bündnissen, sondern auch den Bündnismitgliedstaaten untereinander entstehen. Es sei wichtig, daß sich in diesem Prozeß auch die Deutschen auf neues Vertrauen stützen könnten. Dem gegenüber könne jedoch eine Fortdauer der Rechte und Verantwortlichkeiten der Vier Mächte sich nur belastend auswirken. Hierfür möchte er, der BM, um Verständnis werben. Es müsse an allem intensiv gearbeitet werden, was jetzt schon umgesetzt werden könne.

Sch.: Er, Sch., wolle jetzt nicht mehr in eine längere Diskussion eintreten. Zugunsten seines Vorschlages, eine Übergangsperiode festzulegen, wolle er nur einige Beispiele nennen, warum eine solche notwendig sei. Er sei ja durchaus dafür, z.B. die Frage der Truppenstärke und der Verbleibs- bzw. Abzugsfristen schnell zu klären. Nach aller Wahrscheinlichkeit werde aber daraus so schnell nichts werden. Stelle sich also heraus, daß bestimmte Zeitvorstellungen nicht eingehalten werden könnten, dann werde es keinerlei Sicherheitsmechanismus geben. Liege statt der im BM-Vorschlag genannten Zahl X für die deutsche [Truppenstärke][5] erst einmal eine konkrete Obergrenze fest, dann brauche man auch keine Vier-Mächte-Rechte mehr. Sowjetische Seite meine, daß es möglich sein werde, innerhalb von sechs Monaten nach der Wahl eines gesamtdeutschen Parlaments unter Bildung einer Regierung das gesamte Berlinproblem zu lösen und alle Truppen aus Berlin abzuziehen. Diese Lösung müßten auch die Vier Mächte garantieren. Damit werde dann Westberlin frei, und hinsichtlich Westberlins würden dann die Vier-Mächte-Rechte entfallen. Für den Verbleib der sowjetischen Truppen im Gebiet der DDR brauche man jedoch die Festlegung genauer Fristen und Bedingungen, bevor man auf seine Vollmachten verzichten könne. Es bleibe die Frage, wie die Realisierung garantiert werden könne. Über all dies müsse man sich noch einig werden innerhalb der „2 + 4"-Gespräche und im Zuge der Vorbereitung zum KSZE-Gipfel.

BM: Er wolle sich noch einmal darauf beziehen, was er in Genf schon zum Problem der zeitlichen Abfolge gesagt habe.[6] Wenn es gelinge, einen Rahmen zu schaffen, werde es auch sehr wichtig sein, daß in diesem das Vertrauen darauf wirksam werden kann, daß wir Deutsche einlösen, was erklärt worden sei. Herr Sch. möge bitte nicht unterschätzen, wie wichtig für die Menschen und Völker diese Vertrauensgrundlage sei. Daher sei es absolut notwendig, zu all den Dingen, in denen noch Differenzen bestünden, weiterzuarbeiten.

Er schlage vor, noch über die auf der bevorstehenden Pressekonferenz wahrscheinlich zu erwartenden Fragen zu sprechen. Man könne sagen, beide Seiten seien sich einig, daß die deutsch-sowjetischen Beziehungen aktiviert werden müßten, um gemeinsam mit der Sowjetunion Fortschritte zu erzielen, die Experten sollten mit erhöhter Intensität weiterarbeiten.

---

[5] Im Dokument: Truppenstärker.
[6] Dokumente Nr. 30 und 31.

Sch.: Man könne auch sagen, beide Seiten hätten die Darlegung der Standpunkte des jeweils anderen angehört (dies sei auch schon gut), auch die Außenminister verfolgten aufmerksam den Fortgang der Arbeit der Experten und nähmen an dieser teil.

Er sei dafür, daß beide Minister über ihre Vertreter ständig Kontakt miteinander halten und meine, daß man sich in nächster Zukunft noch einmal sehen solle. (BM stimmt zu und fragt, ob hierzu vor dem Berliner Treffen, vielleicht direkt am Vortage, Zeit sein werde. Sch. antwortet, dies müsse noch vor Berlin geschehen. Das genaue Datum werde man jetzt noch offenlassen müssen.)

BM: Auf der Pressekonferenz werde er dann nach der einleitenden Erklärung von Herrn Sch. seine Bewertung dieses Treffens geben. Sei Herr Sch. einverstanden, daß man das Treffen als nützlich und konstruktiv beschreibe?

Sch.: Er meine, man solle die heutige Begegnung als notwendig bezeichnen.

BM: Das sei zu wenig. Es sollte gesagt werden, daß die heutige Begegnung auch Fortschritte gebracht habe.

Sch.: (Stimmt nach einigem Zögern zu.) Selbst wenn sich heute nichts anderes ergeben hätte, als die gemeinsame Überzeugung, [daß]⁷ nunmehr qualitativ neue Beziehungen zwischen den Mitgliedstaaten beider Bündnisse möglich und notwendig seien, so sei dies auch schon ein Fortschritt. Übrigens sei auch in den Gesprächen mit Herrn Baker und Frau Thatcher diese Meinung bekräftigt worden.⁸ Diese qualitativ neuen Beziehungen zwischen den Mitgliedstaaten der Bündnisse würden sich auch schon entwickeln, bevor ein neuer institutioneller Rahmen bestehe.

BM: Man werde also sagen, die „Transformation" der Bündnisse mache neue Beziehungen unter ihnen möglich und nötig.

Außerdem bestehe Einigkeit, was ja beim Essen wiederholt werden könne, zu einem großen Fragenkreis, der den KSZE-Prozeß, die Wiener Verhandlungen und die bilateralen Beziehungen betreffe.

Natürlich werde bei der Pressekonferenz, nachdem über die heutigen Beratungen berichtet worden sei, die Frage gestellt werden, wie es um NATO-[Zugehörigkeit]⁹ des vereinigten Deutschlands stehe. Halte Herr Sch. es für verantwortbar, zu sagen, daß Fortschritte bei der Lösung anderer Fragen auch die Klärung des Problems des künftigen Status eines vereinigten Deutschlands, einschließlich des bündnispolitischen Status, erleichtern werden?

Sch.: Dies könne man sagen; andererseits sei er dafür, ohne in Details zu gehen, zu erklären, daß beide Seiten daran interessiert seien, einen umfassenden politischen Gedankenaustausch über mehrere denkbare Varianten zu führen. Dies sei so vereinbart worden, weil es zum Teil um Dinge gehe, die nicht zur Thematik der „2 + 4"-Gespräche gehörten. Man solle sagen, daß es ein interessanter und notwendiger Meinungsaustausch gewesen sei und daß man Fortschritte gemacht habe.

BM: Man könne also formulieren, die Gespräche hätten in guter und vertrauensvoller Atmosphäre stattgefunden, seien nützlich und konstruktiv gewesen, und man sei vorangekommen. Gesprochen worden sei über die Vorbereitung des KSZE-Gipfels in konstruk-

---

⁷ Im Dokument: das.
⁸ Zu sowjetisch-amerikanischen Gesprächen vgl. Dokument Nr. 30, Anm. 24, zum Gespräch Gorbačevs mit Thatcher am 8.6.1990 vgl. das Dokument Nr. 98 in Galkin/Tschernjajew (Hrsg.), Michail Gorbatschow und die deutsche Frage.
⁹ Im Dokument: Zugerhörigkeit.

tivem Geist, was ja auch schon bei der Kopenhagener Begegnung Gesprächsgegenstand gewesen sei.[10] Beide Seiten hätten sich über die Ergebnisse der kürzlichen Tagungen ihrer jeweiligen Bündnisse in Schottland und Moskau unterrichtet.[11] Sie seien sehr interessiert an einem neuen Verhältnis der Bündnismitgliedstaaten zueinander, was sich aber auch jetzt schon abzeichne. Des weiteren habe man gemeinsam festgestellt, daß die Wiener VKSE in ihrer ersten Etappe bis zum KSZE-Gipfel abgeschlossen werden sollten. Ein weiteres Thema sei die Entwicklung der bilateralen Beziehungen nicht nur zwischen der Bundesrepublik und der SU, sondern auch zwischen dem vereinigten Deutschland und der SU gewesen. Beide Seiten seien für die intensive Fortsetzung sowohl auf der Experten- wie auch auf der Ministerebene. In Kürze werde eine weitere Begegnung stattfinden, wozu ein genaues Datum aber noch nicht mitgeteilt werden könne. (Folgt Wiederholung der Passage über erleichterte Klärung des Statusproblems durch Lösung anderer Probleme; hierzu werde Gedankenaustausch fortgesetzt.) Es wäre natürlich sehr gut, wenn Herr Sch. auf der Pressekonferenz auch die grundsätzlich positive Stellungnahme der Sowjetunion zur Vereinigung Deutschlands und damit zur Bereitschaft, ein wirklich neues Kapitel in den Beziehungen zwischen unseren Ländern zu eröffnen, wiederholen könne. An ihm, dem BM, sei es dann, den hohen Wert der in der Wahl des Begegnungsortes durch die sowjetische Seite zum Ausdruck kommenden symbolischen Geste gebührend zu würdigen.

Sch.: Man könne auch durchaus sagen, daß natürlich über Fragen gesprochen worden sei, die um des Erfolges willen vertraulich bleiben müßten, die Presse möge dies nicht übelnehmen.

BM: Wir wollten ja die Arbeit der „2 + 4" allseits fördern, daher dürften wir es nicht zulassen, daß gleichsam wie mit dem Zahnarztbohrer nach bilateral wunden Punkten gefahndet würde.

Sch.: Dies sei sehr wichtig. Er habe keinen Zweifel, daß die Journalisten dieses Argument respektieren würden. Wenn die Pressekonferenz wie soeben besprochen ablaufe, werde der Eindruck sehr positiv sein.

Hermann Scheel[12]

PA AA, ZA 178.928 E.

Nr. 37
Vermerk des Dg 21, Höynck, vom 19. Juni 1990 über das Gespräch von Bundesaußenminister Genscher mit dem sowjetischen Außenminister Ševardnadze am 18. Juni 1990 in Münster

D 2 V VS-NfD[1]

Bonn, 19. Juni 1990

---

[10] Dokument Nr. 32.
[11] Vgl. Dokumente Nr. 10, Anm. 37 und Nr. 34, Anm. 3.
[12] Eigenhändige Unterschrift.

[1] Geheimhaltungsstufe auf jeder der 32 Seiten zusätzlich gestempelt.

– UNTER VERSCHLUSS –

Vermerk[2]

<u>Betr.</u>: Gespräch von Bundesminister Genscher mit dem sowjetischen Außenminister Schewardnadse am 18. Juni 1990 in Münster; Gesprächsdauer insgesamt: etwa 5 Stunden

BM heißt AM Schewardnadse (Sch.) herzlich willkommen. Es sei ein gutes Zeichen, daß man sich nach der Begegnung in Brest so schnell wiedertreffe.[3] Die Begegnung in Brest habe bei uns ein überaus positives Echo gefunden. Das gelte für die Gespräche und deren Ergebnisse; aber es gelte auch für die Auswahl des Ortes und für die Umstände des Besuchs. Die Geste von Sch. sei verstanden worden. Er wolle nochmals dafür danken.

Obwohl seit dem Treffen nur eine Woche vergangen sei, habe sich viel ereignet. Mit großer Aufmerksamkeit sei bei uns die Erklärung Präsident Gorbatschows vor dem Obersten Sowjet vom 16.6. zur Kenntnis genommen worden.[4]

BM fragte dann, wie man die Arbeit heute organisieren solle. Man sei an einem Punkt angelangt, an dem es sich lohne festzustellen, welche gemeinsamen Auffassungen zu den Elementen einer künftigen Struktur Europas bestünden, in die sich die äußeren Aspekte der deutschen Vereinigung nahtlos einpassen sollten. Dies gelte im Hinblick auf die künftige Gestaltung des KSZE-Prozesses, aber auch im Hinblick auf das Verhältnis der Mitgliedstaaten beider Bündnisse zueinander. Dazu habe Sch. in Brest Vorschläge gemacht und ihn, BM, über das Schreiben an Baker unterrichtet. Hinzu kämen die Themen konventionelle Abrüstung und künftige bilaterale Beziehungen. Zu den bilateralen Beziehungen finde zwar in dieser Woche auch die Begegnung zwischen dem Stellvertretenden Außenminister Obminski und Staatssekretär Lautenschlager statt; trotzdem sei es lohnend, hier und heute konkret über die künftigen Möglichkeiten zu sprechen. Man solle auch einen Blick auf die bevorstehende Regelung im „2+4" Rahmen in Berlin werfen.

Sch.: Er wisse die Begegnung in dieser Stadt hoch zu schätzen. Bei dem aufgeschlossenen Verhalten der Bevölkerung gegenüber einem Vertreter der Sowjetunion habe man spüren können, daß es von Herzen kommt. Unsere Völker äußerten jetzt eindeutig den Wunsch zur Vertiefung der Beziehungen und zur Annäherung. Er wolle auch nochmals dafür danken, daß BM auf den Vorschlag eines Treffens in Brest eingegangen sei; dies sei in der Sowjetunion eindeutig positiv empfunden worden.

Es sei kein Zufall, daß man sich so oft treffe. Ungeachtet des dynamischen und systematischen Charakters der Begegnungen werde man vom Leben überholt. Man solle jedoch die einmal aufgenommene Praxis fortsetzen. Die Begegnungen seien sehr nützlich.

Mit den Überlegungen von BM zur Tagesordnung sei er einverstanden. Vielleicht könne man am Ende die Fragen hervorheben, zu denen es Einverständnis gebe. Man könne auch die schwierigen Probleme konkretisieren, an denen man weiter arbeiten müsse. Diese Themen solle man weder dramatisieren noch bagatellisieren. Darüber sei auch mit den

---

[2] In der Vorlage zusätzlich Sperrdruck.
[3] Dokumente Nr. 34–36.
[4] Gorbačev behandelte die Deutschlandfrage vor dem Obersten Sowjet ausführlicher am 12.6. in seinem Bericht über die USA-Reise, vgl. Biermann, Kreml, S. 611–613, 621; Auszüge der Rede unter http://www.2plus4.de/chronik.php3?date_value=12.06.90&sort=000-000 (letzter Zugriff am 11.4.2011).

Partnern zu sprechen; aber das Bemühen um eine Verständigung zwischen Bundesrepublik Deutschland und Sowjetunion spiele eine große Rolle.

Die Experten hätten gute Arbeit geleistet und sollten diese auch nach dem Treffen in Berlin fortsetzen.[5] Vielleicht müsse man hier zu einer Art ständiger Verhandlung übergehen.

Er habe bereits in Brest erwähnt, daß es unmöglich wäre, den Prozeß der deutschen Einigung zu Ende zu führen außerhalb der europäischen Prozesse. Man solle auch heute über konzeptionelle Vorstellungen sprechen. Man sei sich einig, daß eine Überwindung der blockgebundenen Strukturen unmöglich sei ohne eine radikale Perestrojka der Länder des Warschauer Vertrages und der NATO. Eine Überwindung der militärischen Konfrontation sei ohne Veränderung der alten Blockstrukturen nicht möglich. Die Blockstrukturen seien nach dem Kriege unter den Bedingungen des Kalten Krieges entstanden. Aus den Veränderungen in Europa ergebe sich, daß der Kalte Krieg zu Ende sei und daraus müßten sich Veränderungen im militärischen Bereich ergeben. Mit dem Abbau des Kalten Krieges müßten auch die Instrumente des Kalten Krieges verschwinden. Dies sei ein Prozeß, den man in Etappen zurücklegen müsse.

Er habe im Hinblick auf die Gestaltung der Beziehungen zwischen den Bündnissen einige Überlegungen vorgetragen. Schritt für Schritt müsse man die Grundlagen des Kalten Krieges auflösen. Er verfolge die Reden von BM, die Reden des Bundeskanzlers und anderer; er glaube, daß es in dieser Beziehung keine Differenzen gebe.

Die schwierigste Frage bleibe das Problem der Teilnahme Deutschlands an den Bündnissen. In Brest habe man darüber sehr viel gesagt. Vielleicht solle man diese Frage jetzt für eine Zeit zur Seite legen. Heute könne man das Modell einer Situation entwerfen, die uns und der Sowjetunion helfen könne, gegenseitig annehmbare Lösungen zu finden.

Es sei kein Zufall, daß jetzt die Frage der künftigen Beziehungen zwischen den militärisch-politischen Bündnissen entstehe. In Europa habe sich eine einzigartige Lage ergeben, die nicht mit routinemäßigen Entscheidungen beantwortet werden könne. Der Warschauer Vertrag habe festgestellt, daß jetzt praktische Schritte zu grundlegender Transformation unternommen werden sollten. Dabei handele es sich nicht um eine allgemeine Erklärung, sondern um einen Plan mit konkreten Maßnahmen und präzisen Terminen für deren Durchführung. Eine vorläufige Kommission von Regierungsbeauftragten solle am 15. Juli ihre Arbeit aufnehmen und solle ihre Ergebnisse über die künftigen Funktionen des Warschauer Vertrages bis Ende Oktober vorlegen. Dabei seien alle Aspekte des Warschauer Vertrages in diese Arbeit einzubeziehen, einschließlich des Abbaus militärischer Organe und – je nach Fortgang des Helsinki[-]Prozesses – auch unter Einbeziehung des Status der vereinigten Streitkräfte und des Stabes vereinigter Streitkräfte. Es gehe auch um den Charakter der Erfüllung der Bündnisverpflichtungen. Die militärisch-politischen Mechanismen des Warschauer Vertrages sollten vervollkommnet werden und zwar einschließlich einer Kommission zur Verstärkung der Abrüstungsbemühungen. Wenn dies alles gelinge, dann handele es sich um eine wirkliche Transformation und Modernisierung der Warschauer Vertragsorganisation.[6]

---

[5] Zum 2+4-Außenministertreffen am 22.6.1990 in Ostberlin vgl. Vermerk vom 27.6.1990, PA AA, ZA 198.453 E.
[6] Vgl. hierzu ausführlich Umbach, Das rote Bündnis, S. 532–547, ferner den Entwurf für Vorschläge zur Neubewertung aller Aspekte der Tätigkeit des Warschauer Vertrags und zu seiner grundlegenden Umgestaltung, o. D., in: Ebenda, S. 609–613.

Im Hinblick auf die bevorstehende NATO-Tagung werde man sehr aufmerksam verfolgen, wie der Beschluß von Schottland realisiert werde.[7] Es gehe darum, beide Bündnisse tiefgreifend zu transformieren.

Weiterhin gehe es darum, konkrete Ergebnisse bei den Verhandlungen über die wirtschaftlichen Probleme zu erzielen und Übereinstimmung im Hinblick auf den Prozeß zur Schaffung gesamteuropäischer Strukturen zu erzielen. Wenn man dies alles erreiche, so werde das dazu beitragen, daß die Statusfragen sich leichter lösen ließen.

Präsident Gorbatschow habe dieses prinzipielle Vorgehen bereits in den USA erläutert.[8] Er wolle nochmals betonen, daß eine Lösung dieser Fragen eine neue Situation schaffe.

Man könne die Frage der deutschen Einheit nicht trennen von dem gesamteuropäischen Prozeß und der Schaffung neuer Strukturen in Europa.

Die Vereinbarung von Prinzipien für die Beziehungen zwischen dem Warschauer Vertrag und der NATO sowie deren Mitgliedern führe in eine neue Phase der Entwicklung.[9] Wenn man über ein blockloses System für die Zukunft spreche, dürfe man nicht vergessen, daß einstweilen die Blöcke noch bestünden und funktionierten.

Man habe die neuen Ideen bereits mit den USA besprochen; er habe auch die zentralen sowjetischen Vorstellungen in Brest erläutert. Diese seien jetzt in einem Schreiben an Baker in eine endgültigere Form gebracht worden. Dabei sei man ausgegangen nicht nur von den Interessen der Sowjetunion[,] sondern auch von den Interessen der Verbündeten der Sowjetunion und auch von den Interessen der übrigen Partner. Er sei davon überzeugt, wenn die NATO-Länder die sowjetischen Vorstellungen analysierten, so würden sie keinen Punkt finden, der Interessen der westlichen Bündnispartner in Frage stelle oder auch den Interessen anderer Länder schade. Man habe sich ausgerichtet an den Prinzipien der Ausgewogenheit und Gegenseitigkeit.

Die ersten Reaktionen auf die sowjetischen Überlegungen seien gewesen, daß man prüfen wolle. Andere Reaktionen seien zurückhaltender gewesen. Es sei dabei nicht so wichtig, ob man von einem Vertrag, einem Abkommen oder einer Deklaration spreche; wichtig sei, welche Prinzipien einem entsprechenden Dokument zugrundegelegt würden.

Von der Lösung dieser Fragen sei vieles abhängig. Die Sowjetunion würde gerne wissen, wie weit ihre Partner sich auf solche Vorschläge einlassen wollten. Welche Richtung, welche Tiefe würden die Transformationen von Warschauer Vertrag und NATO erreichen? Dies werde zu einer wirklich schicksalsträchtigen Frage.

Viele Leute im Westen suchten nach vernünftigen Lösungen; es gebe aber auch andere Stimmen. Es gebe Leute, die der Ansicht seien, daß der Warschauer Vertrag verfalle, daß vielleicht auch die Sowjetunion angesichts vieler Schwierigkeiten zusammenbreche, jedenfalls aber nicht mehr die frühere Sowjetunion sei. Damit werde die Frage verbunden, ob es der Westen eilig haben solle oder nicht vielleicht abwarten solle. Die inneren Prozesse der Sowjetunion würden vielleicht das Land auf einen besonderen Weg zwingen. Solche Leute sprechen zwar davon, daß eine Transformation der NATO notwendig sei; aber militärisch handelten sie ganz anders. Solche Leute meinten dann auch, die Sowjetunion werde dann später jeder Lösung zustimmen, weil sie einfach keine Kraft mehr habe.

Dies sei nicht der Standpunkt von BM. Aber es sei der Standpunkt einflußreicher Menschen. Die sagten dann auch, wenn die Sowjetunion mit dem NATO-Vorschlag als Bestand-

---

[7] Vgl. Dokument Nr. 10, Anm. 37.
[8] Vgl. Dokument Nr. 22, Anm. 11.
[9] Vgl. Dokument Nr. 32, Anm. 7.

teil der äußeren Aspekte der deutschen Vereinigung nicht einverstanden sei, dann werde sich die Sowjetunion eben selbst in eine vollständige Isolation bringen.

Die Sowjetunion prüfe dies alles selbst und überlege, was morgen zu tun sei. Er wolle unterstreichen, die deutsche Frage bleibe ein sehr empfindliches Problem für alle Völker der Sowjetunion, obwohl man über viele Jahre jetzt in nicht schlechten Beziehungen miteinander gestanden habe. Wenn es unvernünftige, unberechtigte und ungerechte Lösungen gebe, dann werde das Volk dies nicht verzeihen. Immer häufiger werde in der Sowjetunion nach einer starken Hand verlangt. Von seinen „Kollegen" erhalte er Zuschriften, daß die Führung schwere Fehler mache. Sie werde direkt angeklagt. Man mache zu viele Zugeständnisse bei der Abrüstung. Es sei jetzt Zeit, eine Pause einzulegen und zu bewerten, was erreicht worden sei. Diese Leute glaubten, die Sowjetunion mache nur einseitige Zugeständnisse und auch in der deutschen Frage sollten ungerechtfertigte Zugeständnisse gemacht werden. All dies werde öffentlich gesagt und veröffentlicht. Man rate der jetzigen Führung dann, auf die alten Instrumente zurückzugreifen. Warum sei man mit der Vernichtung von 40 000 Panzern in Mitteleuropa einverstanden; warum sei man bereit, all die Panzer und gepanzerten Fahrzeuge wegzuschaffen; warum verzichte die Sowjetunion auf überlegene taktische Nuklearstreitkräfte?

Hinzu kämen Fragen hinsichtlich der Lage an der Ostsee. Die Sowjetunion habe hier wichtige militärische Stützpunkte, wichtige Stützpunkte der Seestreitkräfte. Warum wolle Präsident Gorbatschow dies alles nur durch Verhandlungen lösen? Im Innern der Sowjetunion spiele sich eine sehr starke Auseinandersetzung ab.

Die Partner der Sowjetunion müßten Verständnis dafür haben, damit der Prozeß der europäischen Erneuerung nicht unterminiert werde.

Die Überlegungen über die neuen Beziehungen zwischen den Bündnissen und über die Lösungen der äußeren Aspekte bei der Herstellung der deutschen Einheit müßten auch für das sowjetische Volk verständlich sein.

Wenn es eine grundlegende Veränderung der jetzigen politischen Führung gebe, dann sei dies das Ende des gesamteuropäischen Prozesses.

Zurückkehrend zu den Beziehungen zwischen den Bündnissen meinte Sch., vielleicht übertreibe er die Bedeutung dieses Themas. Er wolle auch noch einmal unterstreichen, daß die bisherigen Überlegungen der Sowjetunion zu diesem Thema nicht endgültig seien. Man habe aber ein Zeichen setzen wollen, um eine besonders aussichtsreiche Richtung der weiteren Entwicklung zu verdeutlichen.

BM dankte für die grundsätzlichen Ausführungen. Er verwies darauf, daß es auch bei uns Phasen gegeben habe, in denen es schwer gewesen sei, immer der richtigen Entwicklung zum Durchbruch zu verhelfen[,] z.B. im Zusammenhang mit den Ostverträgen, dem KSZE-Prozeß und hinsichtlich der richtigen Einschätzung der neuen sowjetischen Politik während der ersten Jahre.

Es sei wichtig, daß man sich einig sei über das Ziel einer grundlegenden Besserung in Europa. Man stimme auch darin überein, daß dafür bestimmte Elemente notwendig seien: der KSZE-Prozeß; die Entwicklung des Verhältnisses der Mitgliedstaaten beider Bündnisse zueinander; die konventionelle Abrüstung und die Unverletzlichkeit der Grenzen. Hinzu komme die Perspektive der langfristigen Gestaltung des deutsch-sowjetischen Verhältnisses.

Man sei in Brest schon einig gewesen, daß es nicht weiterführe, wenn man die Dinge auf die lange Bank schiebe, wenn man darauf wartet, daß sich Veränderungen auf der anderen Seite ergäben. Wir hätten uns jedoch entschieden, das in diesem Jahr Notwendige jetzt auch zu tun. In gewisser Weise sei dies ein Kontrastprogramm. Aber wir wollten uns darüber verständigen, was in diesem Jahr geschehen könne.

Zum Verhältnis der Bündnispartner der beiden Bündnisse zueinander wolle er folgendes ausführen:

Die innere Struktur und die Grundlagen beider Bündnisse seien von Anfang an unterschiedlich gewesen. Das westliche Bündnis sei auch Grundlage für die Anwesenheit der USA in Europa. Wir hätten zur Kenntnis genommen, was Präsident Gorbatschow dazu in seiner Rede vor dem Obersten Sowjet in der letzten Woche gesagt habe.[10] Die Befürwortung einer Anwesenheit der USA in Europa sei eine realistische Betrachtung.

Der Wegfall des ideologischen Gegensatzes habe Einfluß auf das Verhältnis der Bündnisse. In dieser Situation sei es vernünftig, nicht nur über die eigene, interne Entwicklung zu sprechen[,] sondern auch über das Verhältnis der Partner der verschiedenen Bündnisse untereinander.

Wir wollten die Überlegungen der Sowjetunion zum Verhältnis der Bündnisse mit unseren Partnern erörtern. Herr Kastrup habe darüber den NATO-Rat bereits unterrichtet und die Reaktion sei insgesamt aufgeschlossen gewesen. Jetzt müsse man weiter arbeiten, insbesondere den Brief von Sch. an Baker als Ausgangspunkt der Diskussionen nehmen.[11]

BM wolle jedoch schon jetzt einige unserer Bewertungen vorstellen, damit die sowjetische Seite die Richtung unseres Denkens erkenne.

Was die Form eines entsprechenden Dokuments anlange, so wäre es vernünftiger, eine Gemeinsame Erklärung und nicht ein Abkommen ins Auge zu fassen. (Sch. gibt Zustimmung zu erkennen.) Es komme auf den Inhalt und nicht auf die Form an. Man habe gute Erfahrungen mit der Helsinki-Schlußakte gemacht, die zeige, daß politische Erklärungen eine hohe Bindungswirkung haben könnten.[12]

Er habe schon in Brest darauf hingewiesen, daß wir eine Erklärung der Mitgliedstaaten einer Erklärung der Bündnisse vorziehen würden. Dies hänge auch zusammen mit dem unterschiedlichen Status der Partner des westlichen Bündnisses.

Er könne sich durchaus vorstellen, daß man eine Gemeinsame Erklärung noch in diesem Jahr erreichen könne. Dies sei auch erforderlich, damit durch ein ungeklärtes Verhältnis der Partner der beiden Bündnisse zueinander nicht geschmälert werde, was beim KSZE-Gipfel vereinbart werden solle.

Eine „Erklärung beider Bündnisse, sich nicht als Gegner zu betrachten, einschließlich der Erklärung der Bereitschaft zu umfangreicher Zusammenarbeit und zur Schaffung übergreifender Strukturen [der][13] Sicherheit und Stabilität" verweise zutreffend auf die große Bedeutung von Beiträgen der Mitgliedstaaten beider Bündnisse zur Entwicklung des KSZE-Prozesses. Mit den beiden Aspekten einer solchen Erklärung bestehe für uns in der Substanz kein Problem. Man könne allerdings die gleichen Gedanken auch in einer anderen Formulierung zum Ausdruck bringen. BM skizziert dann andere Formulierungsmöglichkeiten.

Die Erklärung eines vollständigen Verzichts territorialer Ansprüche sowie der Unantastbarkeit der bestehenden Grenzen sei für uns kein Problem. Es sei die Wiederholung eines Prinzips der Helsinki-Schlußakte.

---

[10] Vgl. Anm. 4.
[11] Vorschläge Ševardnadzes an Baker vom 15.6.1990, in: Lehmann, Die Außenpolitik, S. 714f.
[12] Vgl. Dokument Nr. 9, Anm. 5.
[13] Im Dokument: des.

Was eine Gewaltverzichtserklärung anlange[,] so würden wir eine Formulierung empfehlen, die sich an der Schlußakte von Helsinki sowie am Stockholmer Dokument orientiere.[14] Ein Verzicht müsse sich auf den Einsatz nuklearer und konventioneller Waffen gleichermaßen beziehen. Wir wollten keinesfalls eine Diskussion darüber, daß ein konventioneller Krieg in Europa wieder führbar werden könne. Dafür dürfe man keine neue Diskussionsgrundlage schaffen[.] (Sch.: Das könne er nur begrüßen.) Wir seien für eine sehr umfassende Formulierung des Gewaltverzichts. BM machte dann einen konkreten Formulierungsvorschlag.

Gegen die Schaffung eines Konsultationsmechanismus zwischen den Mitgliedern beider Bündnisse sei im Kern nichts einzuwenden. Über Treffen/Zusammenkünfte könne man sprechen. Wenn es jedoch um die Schaffung bestimmter Organe gehe, so sei zu überlegen, ob dann der KSZE-Rahmen nicht zu bevorzugen sei. Man müsse hierzu einfach überlegen, ob ein Rahmen von 23 der Sache dienlicher sei als ein Rahmen von 35. Die Idee der Schaffung von Konfliktverhütungs- und Verifikationszentren enthalte Berührungspunkte mit unseren Vorstellungen zu entsprechenden Institutionen im KSZE-Prozeß, über die man gesondert sprechen könne.[15] Solche Zentren gehörten wohl [eher][16] in den KSZE-Rahmen.

Was die Verpflichtung beider Bündnisse zu weiteren Abrüstungsmaßnahmen angehe, so stehe fest, daß auch wir weitere Abrüstung wollten. Wenn man von einem Maßstab hinreichender militärischer Verteidigung spreche, so solle vielleicht ergänzt werden, daß es sich um einen ausschließlich defensiven Maßstab handeln müsse. Wenn man von der Reduzierung aller in Europa [stationierten][17] Truppen spreche, so müsse klar werden, welche Truppen genau gemeint seien. Er habe bereits bei anderer Gelegenheit erwähnt, daß die Streitkräfte unserer Verbündeten in der Bundesrepublik Deutschland als Folge der geographischen Situation in Europa stationiert seien. Was die Abrüstung von Nuklearwaffen von kurzer Reichweite anlange, so habe das Bündnis am 8. Juni 1990 beschlossen, SNF-Verhandlungen kurz nach Unterzeichnung eines KSE-Abkommens aufzunehmen.[18] Dabei müsse nach unserer Auffassung auch die nukleare Artillerie in die Abrüstung einbezogen werden.

Auf den Einwurf von Sch., was sei mit Luft- und Seestreitkräften, erwiderte BM, eine Menge zusätzlicher Kategorien falle uns ein. Er wolle hier aber besonders hervorheben, daß der vorstehende NATO-Gipfel die Einrichtung einer Arbeitsgruppe beschließen werde, die eine Verhandlungsposition zu den Kurzstreckenwaffen erarbeiten solle.

Im Hinblick auf den Vorschlag, verdünnte Rüstungszonen an den Trennungslinien beider Bündnisse einzurichten, wolle er bemerken, daß wir keine Zonen unterschiedlicher Sicherheit und keine Singularisierung wollten. Dem stehe nicht entgegen, daß wir Rüstungskontrolle auch in subregionalen Räumen verfolgten, wie bereits jetzt bei den Verhandlungen über die konventionelle Abrüstung in Europa. Unser Konzept für den Sicherheitsstatus eines vereinigten Deutschlands sehe im übrigen vor, daß auf dem heutigen Gebiet der DDR keine NATO-Streitkräfte stationiert werden sollten.

Hinsichtlich des Vorschlags zur Zusammenarbeit beider Bündnisse bei der Vereinbarung, Entwicklung und Vervollkommnung von vertrauens- und sicherheitsbildenden Maß-

---

[14] Vgl. Dokumente Nr. 9, Anm. 5 und Nr. 35, Anm. 16.
[15] Vgl. Dokument Nr. 1, Anm. 20 und Nr. 20, Anm. 22.
[16] Im Dokument: ehe.
[17] Im Dokument: stationierter.
[18] Vgl. Dokument Nr. 1, Anm. 8 sowie Dokument Nr. 6, Anm. 9.

nahmen seien wir einverstanden mit Maßnahmen zur Erhöhung der Berechenbarkeit militärischer Aktivitäten. Wir können uns hierzu auch die Diskussion einer Reihe anderer Fragen vorstellen. Die Einbeziehung von Seestreitkräften kompliziere allerdings die Verhandlungen, weshalb man davon absehen solle.

Im Hinblick auf Maßnahmen mit ökonomischer Bedeutung sei die Ausgangslage unterschiedlich. Deshalb werde eine Erörterung zwischen den Partnern der Bündnisse schwierig.

Sehr interessant sei die Überlegung zu einer Verstärkung der Rolle der Parlamente. Allerdings sei dies in erster Linie eine Angelegenheit der Parlamente selbst.

Er wolle in diesem Zusammenhang hinweisen auf eine Initiative des Präsidenten der Nordatlantischen Versammlung,[19] die dem Bundestag und Bundesrat vorschlage, Gastgeber eines Symposiums unter Teilnahme von Partnern aus WP-Staaten zu sein. Der Bundestagspräsidentin[20] sei empfohlen worden, dieser Bitte zu entsprechen. Die Veranstaltung solle im Februar 1991 in Berlin stattfinden. Wir teilten den Grundgedanken dieser Initiative, wobei Überlegungen zum Zeitpunkt und zum Ort zurücktreten könnten.

Wir begrüßten die vorgesehene Möglichkeit, daß alle Vereinbarungen zwischen den Bündnis-Staaten offen sein sollten für alle KSZE-Teilnehmerstaaten. Generell sei für uns wichtig, daß eine Gemeinsame Erklärung immer hinführe auf den KSZE-Prozeß. Der Rahmen gesamteuropäischer Sicherheit führe immer auch über die Grenzen der Bündnisse hinaus.

Wichtig sei für uns auch eine Bekräftigung der Notwendigkeit einer unverzüglichen Fortsetzung der Wiener Verhandlungen mit dem Ziel eines weiteren KSE-Abschlusses beim KSZE-Gipfel 1992 in Helsinki.[21]

Da in der vorgesehenen Erklärung einige Prinzipien der Schlußakte zitiert würden, müsse man klarstellen, daß alle Prinzipien garantiert würden. Dazu gehöre dann auch das in der Schlußakte niedergelegte Recht, internationalen Organisationen anzugehören oder nicht anzugehören, Vertragspartei bilateraler oder multilateraler Verträge zu sein oder nicht zu sein, einschließlich des Rechts, Vertragspartei eines Bündnisses zu sein oder nicht zu sein.

Wir könnten uns auch weitere konkrete Maßnahmen vorstellen. Er habe aber zunächst einmal diese erste Bewertung vortragen wollen.

Wir seien überzeugt, daß es sich lohne, jetzt an eine gemeinsame Diskussion der Mitgliedstaaten beider Bündnisse heranzugehen und zwar mit dem Ziel, noch in diesem Jahr eine Verständigung zu erreichen. Wir seien jedenfalls davon überzeugt, daß es eine ganze Reihe von Fragen gebe, wo Übereinstimmung zu erreichen sei, so daß auch ein wirklich substantielles Dokument erarbeitet werden könne.

Wir würden unseren Verbündeten empfehlen, daß man in eine substantielle Erörterung eintrete. Dabei werde es nützlich sein, daß von beiden Seiten keine dogmatischen Festlegungen vorgenommen würden. Er wolle nachdrücklich raten, sich bei der Bewertung des Erreichbaren nach dem KSZE-Grundsatz zu richten: Das heute Mögliche tun, damit den Boden für weitere Schritte vorzubereiten, die später unter weiter veränderten Umständen möglich seien[,] aber heute noch keinen Konsens finden könnten.

---

[19] Charles (Charlie) Rose (*1939), 1973–1997 Mitglied des US-Kongresses. Eine Kurzvorstellung des Rose-Roth-Kooperationsprogramms findet sich unter http://www.nato-pa.int/default.asp?SHORTCUT=407 (letzter Zugriff am 8.1.2011).
[20] Rita Süssmuth (*1937), 1988–1998 Bundestagspräsidentin.
[21] Vgl. Abschließende Akte der Verhandlungen über Personalstärken der konventionellen Streitkräfte in Europa vom 10.7.1992, in: Schweisfurth/Oellers-Frahm (Hrsg.), Dokumente, S. 671–684.

Er wolle abschließend nochmals unterstreichen, daß es sich um eine erste Bewertung handele, die noch nicht die Meinungsbildung im Bündnis wiedergebe. Allerdings hätten wir bei unserer ersten Reaktion auch darauf abgestellt, was nach unserer Einschätzung im Bündnis konsensfähig sein könne.

Sch.: Er habe mit großer Aufmerksamkeit und großem Interesse zugehört. Er verstehe, daß es sich um die Gestaltung der Beziehungen zwischen den Ländern handele, die den beiden Bündnissen angehörten. Die Ausführungen von BM bedürften weiterer Analyse; aber er bewerte diese erste Reaktion als eine sehr wohlwollende.

Er sei damit einverstanden, daß die Frage[,] ob man ein Abkommen oder eine Erklärung ins Auge fasse, nicht sehr wichtig sei. Eine Erklärung, die bei einem Treffen der Staats- und Regierungschefs oder der Außenminister verabschiedet werde, wirke wie ein Vertrag und habe verbindliche Kraft.

Er wolle mit Genugtuung feststellen, daß in den prinzipiellen Fragen die von BM vertretenen Positionen nicht von den sowjetischen Vorstellungen abwichen.

Er verstehe auch, daß es sich um eine erste Reaktion handele; jetzt seien weitere Diskussionen mit unseren Partnern erforderlich, genauso wie dies für die Partner der Sowjetunion gelte. Er hoffe, daß diese Diskussionen weiterführen würden. Die Ausgangslage sei jedenfalls sehr gut. Bei einigen Formulierungen werde es sicher Schwierigkeiten geben. Aber man müsse sich davon leiten lassen, daß die Frage der Beziehungen zwischen den Bündnissen für die Zukunft entscheidende Bedeutung habe.

Auf die Frage von BM, ob über diese Probleme schon im Warschauer Vertrag diskutiert worden sei, fuhr Sch. fort, er habe an alle Mitgliedstaaten des Warschauer Vertrags einen Brief geschickt, ähnlich dem Brief an Außenminister Baker. Man habe in Moskau auch die Botschafter zu einem Gespräch eingeladen und sehr detailliert die sowjetische Position dargelegt. Die ersten Reaktionen seien positiv gewesen. Die Bündnispartner des Warschauer Vertrages[22] hätten jedoch um Zeit gebeten. Ausgangspunkt für alle Überlegungen sei aber die Moskauer Deklaration.[23]

Durch die Diskussion zwischen ihm, Sch., und BM sei jetzt eine gute Grundlage geschaffen. Jetzt könne ein sehr ernster Dialog begonnen werden. Dabei müsse man in die Einzelheiten gehen. Im Grunde zeige schon der Beginn dieser Diskussion, daß es sich jetzt um neue Beziehungen handele.

BM unterrichtete Sch. anschließend über die am Donnerstag, 21.6. vorgesehene Resolution zur polnischen Grenzfrage.[24]

Er wandte sich dann dem KSZE-Prozeß zu und unterstrich, daß eine Gipfelkonferenz in diesem Jahr notwendig sei. [In][25] Brest sei man bereits darüber einig gewesen, daß die Ergebnisse der „2+4" Gespräche dieser Konferenz präsentiert werden sollten. Was den Termin eines Gipfeltreffens anlange, so bevorzugten wir eindeutig den November gegenüber einem Termin im Dezember. Im Dezember gebe es zahlreiche andere Veranstaltungen, z.B. einen Gipfel der EG, ein Treffen der NATO-Außenminister. Es wäre auch nicht gut, wenn der KSZE-Gipfel zu nah an das Jahresende gerückt werde.

---

[22] Wechselnde Schreibweisen des Genitivs gem. Vorlage.
[23] Vgl. Dokument Nr. 34, Anm. 3, ferner das XXV. Treffen der Verteidigungsminister des Warschauer Pakts am 14./15.6.1990 in Ost-Berlin, unter http://www.php.isn.ethz.ch/collections/colltopic.cfm?lng =en&id=16487&navinfo=14565 (letzter Zugriff am 12.4.2011).
[24] Gemeinsame Entschließung des Bundestags und der Volkskammer vom 21.6.1990, in: Die deutsche Vereinigung. Dokumente, S. 190f.
[25] Im Dokument: Im.

Soweit es nach uns gehe, solle die Gipfelkonferenz die KSZE auf eine wirklich neue Grundlage stellen, und zwar sowohl im Hinblick auf die Substanzfragen als auch im Hinblick auf Institutionen.

Wir wünschten prinzipielle Aussagen zur Demokratie, zu freien Wahlen, zu den Minderheitenrechten. Was die Institutionen anlange[,] so vertreten unsere beiden Regierungen wohl vergleichbare Positionen im Hinblick auf Treffen der Regierungschefs, der Außenminister, der Verteidigungsminister und der Generalstabschefs.

Wichtig seien für uns ein Konfliktverhütungs- und -schlichtungszentrum sowie die Einrichtung eines Verifikationszentrums. Trotz berechtigter Sorgen angesichts der Gefahren übermäßiger Bürokratisierung wünschten wir auch ein kleines Sekretariat.[26]

Wichtig für die künftige Lage sei, daß man zu einer umfassenden Definition des Begriffs von Sicherheit und Zusammenarbeit komme.

BM bezog sich dann auf seine Rede in der Paulskirche vom letzten Freitag, wo er auch über ökologische Sicherheit und neue Spannungsursachen gesprochen habe.

Auch den Stabilitätsbegriff müsse man so umfassend wie möglich definieren.

Er wolle abschließend nochmals auf die kritischen Stimmen in der Sowjetunion eingehen und in diesem Zusammenhang unterstreichen, was die Sowjetunion in einem vereinigten Europa gewinnen könne durch Beziehungen mit dem vereinigten Deutschland. Zusammenarbeit sei auf jeden Fall eine bessere Grundlage für die Zukunft Europas als Panzer.

Sch. betonte, daß man hinsichtlich des europäischen Prozesses und seiner Probleme wohl einen sehr umfangreichen Bereich gegenseitigen Einvernehmens feststellen könne.

Auch die Sowjetunion wünsche eine KSZE-Gipfelkonferenz in diesem Jahr. Er, Schewardnadse, wünsche sie im November. Man müsse deshalb die Konsultationen sehr intensiv fortsetzen. Auch die Außenminister müßten an der Vorbereitung der Konferenz teilnehmen. Über ein Treffen der Außenminister in New York habe man sich bereits geeinigt.[27] Vielleicht müßten die Außenminister nach dem Treffen in New York[,] aber noch vor dem Gipfel ein Treffen in Wien vorsehen, um die Bilanz zu ziehen der Verhandlungen über die konventionelle Abrüstung, aber auch [der][28] Vorbereitungen im Hinblick auf die in Paris beim Gipfel zu verabschiedenden Dokumente. Jedenfalls müsse man sehr intensiv arbeiten.

Beim Gipfeltreffen müsse man ein Dokument verabschieden, das allen Problemen Rechnung trage[,] vor denen Europa stehe, man müsse mit Hilfe positiver Prozesse die zukünftigen Aufgaben lösen. Das Dokument müsse sich auch befassen mit Problemen der wirtschaftlichen Zusammenarbeit, der Umwelt, der wissenschaftlich-technischen Zusammenarbeit und mit anderen Fragen.

Das Wichtigste sei jedoch die Institutionalisierung des KSZE-Prozesses. Mit Genugtuung stelle er fest, daß es zwischen ihm, Sch., und BM keine wirklichen Differenzen zu den Institutionen gebe. Man wolle Gipfeltreffen jedes Jahr oder alle zwei Jahre. Man wolle einen ständig wirkenden Mechanismus und die Treffen der Außenminister. Auf den Namen eines solchen Gremiums komme es für die Sowjetunion nicht an. Die Hauptsache sei, daß man sich regelmäßig treffe, um die Probleme zu erörtern, die einer Lösung bedürfen. Ein

---

[26] Vgl. Anm. 15.
[27] Vgl. Dokument Nr. 30, Anm. 40.
[28] Im Dokument: die.

Sekretariat sei wichtig, auch wenn man vorsichtig sein müsse im Hinblick auf übermäßige Bürokratie.

Er sehe auch Übereinstimmung im Hinblick auf Sicherheitszentren. Eines der Sicherheitszentren könne in Berlin angesiedelt werden, vielleicht auch zwei. Dies werde sich ergeben. Die Zentren brauchten wirkliche Funktionen. Darüber müsse man sich noch weitere Gedanken machen. Auch über die Wirkungsweise der Zentren.

Die KSZE-Gipfelkonferenz brauche auch ein Dokument zur völkerrechtlichen Regelung zur deutschen Frage, das den Interessen aller Seiten Rechnung trage.

An dieser Stelle wurde das Gespräch für das Mittagessen unterbrochen.

BM hob hervor, der Kern der abschließenden Regelung der deutschen Frage sei die Ablösung der Vier-Mächte-Rechte und -Verantwortlichkeiten. Stabilität und konstruktive Entwicklungen in Europa forderten, daß das vereinigte Deutschland souverän und gleichberechtigt an einer neuen Ordnung in Europa mitarbeiten könne. Bei Abschluß der „2+4" Gespräche bis zum KSZE-Gipfel müsse man deshalb auch eine umfassende Ablösung der Vier-Mächte-Rechte und -Verantwortlichkeiten bei Herstellung der deutschen Einheit ohne eine Übergangszeit vorsehen. Etwas anderes seien Übergangsfristen im Sinne von Abwicklungsfristen. Als Beispiele wolle er den zeitweisen Verbleib sowjetischer Streitkräfte auf dem heutigen Gebiet der DDR anführen.

Schon in Brest sei man darüber einig gewesen, daß bestimmte Fragen des Tagesordnungspunktes 2 der „2+4" Gespräche in den entsprechenden Verhandlungsforen einer Lösung zugeführt werden müßten.

Je klarer werde, daß gesamteuropäische Fragen bei dem KSZE-Gipfel substantiell behandelt würden, umso sicherer könne man sein, daß dann auch Antworten auf die noch offenen Fragen gegeben werden könnten.

Sch.: Man habe bisher einen Meinungsaustausch über zwei große Problemkreise gehabt, bei denen man zu bemerkenswerter Übereinstimmung gekommen sei. Jetzt behandele man Fragen, die weniger angenehm seien. Allerdings gebe es auch in diesem Bereich, wenn man genau hinsehe, gewisse Ähnlichkeiten.

Man sei z. B. darüber einig, daß die Vorbereitung des „Hauptdokumentes" auf die Regelung der äußeren Aspekte der deutschen Frage ausgerichtet sein müsse. Es sei wünschenswert, ja notwendig, daß ein solches Dokument dem KSZE-Gipfel vorgelegt werde. Insofern sehe er keine Differenzen.

Zu den Überlegungen von BM zu einer Umkehr des Verhältnisses zwischen abschließender Regelung und Aufhebung der Vier-Mächte-Rechte und zur Übergangsperiode wolle er bemerken, daß es sich hier um sehr ernste Probleme und Komplikationen handele. Man müsse vielleicht damit beginnen, die Frage zu beantworten: Was bedeute Übergangsperiode? Was sei der Inhalt einer Übergangsperiode? Wozu brauche man eine Übergangsperiode? Welche Probleme werde man während einer Übergangsperiode lösen müssen und wie lange solle eine Übergangsperiode dauern? Es werde nicht gelingen, eine neue Qualität zu erreichen ohne eine Übergangsperiode. Er wolle [nochmals][29] den Vorschlag wiederholen, einfach aufzuzählen, welche Probleme zu lösen seien. In diesem Bereich seien die Meinungen sicher unterschiedlich; aber Kompromisse seien möglich.

Die Übergangsperiode beginne nach der Vereinbarung der Sechs, die den Verzicht der Vier Mächte auf ihre Rechte und Verantwortlichkeiten einschließen werde. Der Verzicht

---

[29] Im Dokument: nochmal.

auf die Vier-Mächte-Rechte werde mit dem Abschluß der Übergangsperiode zusammenhängen.

Wenn man eine Übersicht über die Probleme habe, müsse man sich über die Dauer einer Übergangsperiode unterhalten. Dann könne man auch verschiedene Etappen und den Inhalt der einzelnen Etappen einer Übergangsperiode festlegen.

Welche Fragen seien zu lösen? Es gehe um die Anwesenheit sowjetischer Truppen in Deutschland bzw. in der DDR; man müsse über die dafür vorzusehende Zeit sprechen, vielleicht fünf Jahre, vielleicht sieben Jahre. In dieser Zeit werde es keine Anwesenheit der Warschauer Vertragsorganisation auf dem Bereich der Bundesrepublik Deutschland und keine Anwesenheit der NATO auf dem Bereich der DDR geben; insoweit habe man wohl ähnliche Ansichten. Der militärpolitische Status Deutschlands bleibe damit praktisch unverändert, d. h. Deutschland bleibe begrenzt auf seinen westlichen Teil in der NATO. Die Entscheidung über eine Mitgliedschaft des vereinigten Deutschlands in den Blöcken, in den Bündnissen werde am Ende der Übergangsperiode stehen. Während der Übergangsperiode bleiben die Verpflichtungen Deutschlands aus früheren Verträgen bestehen; damit würden die Probleme wirtschaftlicher und sonstiger Ansprüche gelöst. Damit löse sich auch das Problem der Regelung einer Anwesenheit ausländischer Truppen und der Vollziehung der sich aus den Wiener Verhandlungen ergebenden Reduzierungsverpflichtungen.[30]

Parallel werde eine gesamteuropäische Struktur der Sicherheit aufgebaut. Im Rahmen der Wiener Verhandlungen werde die Stärke der Streitkräfte in Deutschland und [vertrauensbildende][31] Maßnahmen mit Wirkung für das Dokument der Sechs geregelt.

In diesem Rahmen werde auch der besondere Status von Berlin beseitigt.

Am Ende der Übergangsphase bestimme das vereinigte Deutschland über die Frage seiner Mitgliedschaft in den Bündnissen und damit über die Frage der Anwesenheit ausländischer Truppen in Deutschland.

Könne man alle diese Probleme in zwei Monaten oder in einem halben Jahr oder in einem Jahr lösen? Diese Fragen müßten jetzt zwischen den Experten besprochen werden. Ohne solche Vorabklärungen werde es schwierig, sich über ein Dokument zu einigen.

(Die vorstehenden Punkte sind in einem sowjetischen Sprechzettel enthalten, der Herrn Elbe nach dem Gespräch übergeben wurde, s. Anlage).[32]

BM: Er wolle unsere Position nochmals darlegen. Das vereinigte Deutschland dürfe nicht mit offenen Fragen belastet werden. Wenn es möglich sei, sich noch 1990 über die großen Fragen der europäischen Struktur zu verständigen, warum solle es dann nicht

---

[30] Vgl. Dokument Nr. 1, Anm. 8.
[31] Im Dokument: vertrauensbildender.
[32] Das Aktenstück ist nach Auskunft des PA AA vom 6. 1. 2011 nicht freigegeben, da es als Dokument des MID „nicht aus der Provenienz des AA" stamme. Vgl. die Darstellung von Kiessler/Elbe, Ein runder Tisch, S. 159, wonach der Inhalt des Sprechzettels von dem hier Gesagten abwich: „Vor dem Mittagessen zog Schewardnadses Planungsstabschef Sergej Tarassenko Genschers Büroleiter Elbe zur Seite und gab ihm einen Vermerk mit Überlegungen, die der Planungsstab im sowjetischen Außenministerium erarbeitet hatte. Von einem Verzicht auf die Vier-Mächte-Rechte erst nach der Übergangsperiode war darin nicht mehr die Rede. Elbe fragte nach. ‚Machen Sie sich keine Sorge', sagte Tarassenko, ‚es wird so laufen wie in diesem Papier.' Tarassenkos Verhältnis zu Schewardnadse war besonders eng. Es bestand kein Zweifel, daß dieser ihn autorisiert hatte, Elbe die Überlegungen zu stecken, die er selbst im Delegationsgespräch offiziell noch nicht ansprechen wollte. Genscher nahm diesen Vorgang mit großer Befriedigung zur Kenntnis, spiegelte er doch definitiv die Bereitschaft der Sowjets wider, sich bewegen zu wollen."

möglich sein, für ein Gebiet im Herzen Europas diese Fragen zu lösen. Die deutsche Vereinigung sei derzeit ein Antrieb für die Entwicklung in Europa. Nach einem KSZE-Gipfel werde ein Faktor der Ungewißheit in einem wichtigen Teil Europas entstehen. Es gebe einen Zusammenhang zwischen dem europäischen Prozeß, unseren bilateralen Beziehungen und der Lösung der äußeren Aspekte der deutschen Vereinigung. Für ihn, BM, stehe im Mittelpunkt: Ein vereinigtes Deutschland wäre ein besserer Faktor der Stabilität und ein besserer in den Beziehungen zwischen Deutschland und der Sowjetunion. Deshalb solle man nichts hinausschieben.

Was die Verpflichtungen der beiden deutschen Staaten anlange, so sei im Staatsvertrag Vertrauensschutz für die Verpflichtungen der DDR gegenüber dritten Staaten ausdrücklich festgeschrieben.[33]

Was die Anwesenheit sowjetischer Streitkräfte in der heutigen DDR anlange, so sei die Zeit ausreichend, um eine vertragliche Regelung über die Dauer und die Grundlage dieses Aufenthaltes zu treffen.

Wenn das vereinigte Deutschland Mitglied im westlichen Bündnis bleibe, dann könnten wir weiter mitgestalten. Das sei gut für das Bündnis, aber auch gut aus der Sicht Verbündeter der Sowjetunion. Es bestünde keine Absicht, die Streitkräfte der NATO nach Osten auszudehnen. Die Frage der Ausdehnung der Schutzklausel stehe im Zusammenhang mit der Frage des künftigen Verhältnisses der Bündnisstaaten zueinander.[34] (Sch. stimmt zu). Die Behandlung des Themas heute zeige, daß die Diskussionen in der Vergangenheit sich gelohnt hätten. Es sei aber auch noch viel in weiteren Gesprächen zu definieren und zu gestalten.

Das eigentliche Problem sei, daß die öffentliche Meinung dazu neige, alles auf diesen Punkt zu konzentrieren. Bei der öffentlichen Behandlung sei eine Entdramatisierung notwendig, damit die anstehenden Fragen in sachlicher Diskussion gelöst werden können. Er wolle unterstreichen, was Sch. heute morgen gesagt habe, verschiedene Faktoren der Entwicklung erleichterten es, auch die komplizierteste Frage zu lösen.

Man habe heute vier Elemente gemeinsam definiert. Daran müsse man weiter arbeiten. Über die Grenzen werde man nicht mehr viel zu sprechen brauchen. Das Gespräch über die komplizierteste Frage solle man fortsetzen, um weitere Gedanken hierzu auszutauschen. Man dürfe sich nicht zum Gefangenen der öffentlichen Diskussion machen. Dies könne den Wert der grundlegenden Veränderungen in den Hintergrund schieben und deren Bedeutung abmindern.

Die Mitarbeiter sollten sich dieses Themas erneut annehmen.

Sch.: Man brauche die weitere Arbeit der Experten. Viele Fragen und Probleme seien noch offen. Daher gebe es Schwierigkeiten.

Er wolle nochmals unterstreichen, man brauche ein Inventar der zu lösenden Probleme.

Er habe einige Hauptfragen der Übergangsphase aufgezählt. Es gebe andere Fragen. Wenn man hierzu keine Lösungen finde, werde es schwer, über ein allgemeines Dokument zu sprechen.

Wie und wann solle man die Obergrenze der Streitkräfte festlegen? Wir sprächen von Wien. Meinten wir die erste oder die zweite Etappe?[35] Hierzu habe es in Brest einen interessanten Meinungsaustausch gegeben. Man müsse nun konkret werden.

---

[33] Zur Wirtschafts-, Währungs- und Sozialunion vgl. Dokument Nr. 22, Anm. 28.
[34] Vgl. Dokumente Nr. 22, Anm. 30 und Nr. 23, Anm. 7.
[35] Vgl. Dokumente Nr. 1, Anm. 8 und Nr. 22, Anm. 20.

Wie solle man sich die Anwesenheit sowjetischer Streitkräfte in der DDR unter den Bedingungen allgemeiner Reduzierungen vorstellen? Dies habe Folgen für die Frage der Stabilität, denn dabei spielten militärische Aspekte eine entscheidende Rolle.

Wichtig sei ein gleiches Herangehen an die Truppen der Vier Mächte in Deutschland ausgehend von einer gleichen Grundlage ihrer Präsenz. Man brauche eine Kräftebalance und Stabilität. Er wolle [nochmals][36] hervorheben, die Sowjetunion habe nichts gegen eine US-Präsenz.

Wenn die Deutschen einverstanden seien, dann würden auch Truppen von Frankreich, Belgien bleiben; dann müßten auch ähnliche Bedingungen für die sowjetischen Truppen geschaffen werden. Es dürfe keine Diskriminierung dieser Truppen geben. Alle ausländischen Truppen sollten etappenweise reduziert werden, entweder bis Null oder bis zu einem sehr geringen Kontingent symbolischer Präsenz. Eine solche Lösung liege auch im Interesse der Deutschen. Die Gleichheit beziehe sich im übrigen nicht nur auf die Frage der Stärke der Streitkräfte sondern auch auf die Bedingungen ihrer Anwesenheit. Die sowjetischen Truppen seien bis jetzt aufgrund einer bilateralen Absprache im Rahmen des Warschauer Vertrages in der DDR stationiert. Das ändere sich jetzt.

Bei den Streitkräften in der DDR und ihren Familien sei die Stimmung schlecht, u. a. im Zusammenhang mit ungeklärten finanziellen Fragen.[37] Dieses Problem habe eine politische Dimension. Es dürften keine unkalkulierbaren Ereignisse eintreten. Vielleicht solle man diese Probleme trilateral lösen. All dies müsse bis zum 1. Juli geschehen. Heute solle man einen Beginn einer solchen Lösung vereinbaren. Es gebe jede Menge konkreter Probleme: z. B. in den bilateralen Beziehungen zwischen der DDR und der Sowjetunion. Es gehe um die Verpflichtungen der DDR gegenüber der Sowjetunion und gegenüber anderen Verbündeten.

Man spreche jetzt von einer endgültigen völkerrechtlichen Regelung der äußeren Aspekte der deutschen Vereinigung; im Potsdamer Abkommen werde dies ganz anders bezeichnet.[38]

Ein sehr wichtiges Element des Pakets sei die Truppenstärke der Streitkräfte Deutschlands. Er sei damit einverstanden, daß die Reduzierung der deutschen Truppen im Zusammenhang mit der allgemeinen Reduzierung der Streitkräfte in Europa erfolge. Das sei ein guter Kompromiß. Es gebe keine Diskriminierung Deutschlands, weil auch andere Staaten beteiligt seien.

Bei einer Vereinbarung in Wien gehöre Deutschland zur Gruppe der Streitkräfte in Mitteleuropa. Dazu gehörten Deutschland, Dänemark, Benelux, Polen, Ungarn und die CSFR. Prinzipiell sei dies in Ordnung. Aber diese Staaten müßten auch gefragt werden. Was sei mit der Obergrenze? Es würden verschiedene Zahlen genannt. Dies müsse im Rahmen der 6er-Gespräche festgelegt werden.

Von sowjetischer Seite werde für die Stärke deutscher Streitkräfte die Zahl von 200 000 bis 250 000 genannt. Das sei eine gute Zahl. Es stelle sich aber die Frage, wie die Stärke deutscher und anderer Streitkräfte in Mitteleuropa schon in dieser Phase in Wien behandelt werden solle. Dies finde wohl Unterstützung auf deutscher und sowjetischer Seite. Also könne man dies im Rahmen der Wiener Verhandlungen behandeln und im 6er-Rahmen.

---

[36] Im Dokument: nochmal.
[37] Vgl. Dokument Nr. 36, Anm. 3.
[38] Vgl. Dokument Nr. 15, Anm. 10.

Es gebe wirklich sehr viele Probleme! Er sehe nicht, wie man dafür in eineinhalb bis zwei Monaten Lösungen finden könne.

Bei dem bevorstehenden Treffen in Berlin solle man diesen Fragen nicht ausweichen. Er wolle auch die militär-politischen Aspekte ansprechen, so daß die ganze Tagesordnung behandelt werden könne. Nach dem Treffen in Berlin müsse man die Arbeit der Experten auf ständiger Grundlage organisieren.

Die Sowjetunion habe kein Interesse, die Entwicklung künstlich zu verzögern. Sie sei bereit, intensiv zu arbeiten. Von den von ihm erwähnten Fragen dürfe keine offen gelassen werden.

Er habe von den internen Problemen in der Sowjetunion gesprochen. Die Sowjetunion sei bereit zu einem Kompromiß, der für die Sowjetunion und für uns verständlich sei.

BM: Was die Anwesenheit sowjetischer Truppen auf dem DDR-Gebiet anlange, so sei darüber zwischen der Sowjetunion und uns zu sprechen, um dafür eine Regelung zu finden. Was die Anwesenheit unserer Verbündeten auf dem Gebiet der Bundesrepublik Deutschland anlange, so werde dies im Rahmen des Bündnisses vereinbart.

Sch.: Genau darum wolle die Sowjetunion die Vier-Mächte-Rechte nicht niederlegen; denn sonst würden die Deutschen die Bedingungen diktieren.

BM: Welche Bedingungen?

Sch.: Die sowjetischen Truppen und andere ausländische Truppen auf deutschem Territorium müßten unter gleichen Bedingungen stationiert werden.

BM: Auch jetzt seien die Bedingungen nicht gleich. Es bestünden jetzt Unterschiede, ohne daß sich von [Seiten]³⁹ der stationierenden Länder das eine gegenüber dem anderen diskriminiert fühle. Die unterschiedlichen Bedingungen seien älter als der Warschauer Vertrag.

Über die Stärke der auf dem Gebiet der Bundesrepublik Deutschland zu stationierenden Truppen unserer Verbündeten werde in Wien zu sprechen sein. Was die künftige Stärke der Bundeswehr anlange, so sei es verfrüht, jetzt über Zahlen zu sprechen. Er meine wirklich **jetzt!** Wir seien aber grundsätzlich bereit, über Zahlen zu sprechen, unter der Voraussetzung, daß keine Singularisierung erfolge. Das bedeute, daß sich Reduzierungen in Zonen vollzögen.

Man müsse jetzt innerhalb des Bündnisses darüber sprechen, wie ein gemeinsamer westlicher Vorschlag aussehen könne.

Er wolle nochmals wiederholen, wir seien bereit, bereits jetzt über Stärke der Truppen im vereinigten Deutschland zu sprechen, unter der Voraussetzung, daß es keine Singularisierung gebe. Auf den Einwurf von Sch., ob dies für die jetzige Etappe gelte, fuhr BM fort, dies hänge auch von dem Ergebnis der Gespräche mit unseren Verbündeten ab.

Wir seien uns der Tatsache bewußt, daß es für die Sowjetunion wichtig sei, wie die Stärke der Streitkräfte im vereinigten Deutschland aussehen werde. Wir würden uns jetzt darüber Gedanken machen, wie diese Frage innerhalb des Bündnisses zu präsentieren sei und dann das Gespräch mit der Sowjetunion fortsetzen.

Auf die Frage von Sch., ob Reduzierungen und Höchststärke die Streitkräfte aller Staaten in Mitteleuropa oder die Streitkräfte in ganz Europa betreffen sollten, erwiderte BM, dies hänge davon ab, ob alle Staaten bereit seien, über die Stärke ihrer Streitkräfte zu reden. Danach werde sich richten, welches Gebiet für die Reduzierungen in Frage komme.

---

³⁹ Im Dokument: seiten.

Er wolle [nochmals]⁴⁰ betonen, daß es sich hier um Fragen handele, die andere Länder betreffen. Er scheue sich deshalb, diese Debatte jetzt zu vertiefen. Wir wollten jetzt unsere eigenen Gedanken klären und dann mit unseren Partnern sprechen.

Er wolle die wichtigen drei Elemente [nochmals]⁴¹ hervorheben:
1. Wir verstünden und respektierten das Interesse der Sowjetunion daran, Gewißheit über die künftige Stärke der Streitkräfte des vereinigten Deutschland zu haben.
2. Wir seien bereit darüber zu reden, und zwar unter der Voraussetzung
3. daß nicht singularisiert werde.

Auf dieser Basis werde man jetzt innerhalb der Bundesregierung und im Bündnis weiter nachdenken. Wir seien interessiert an einem vernünftigen Ergebnis.

Sch.: Es seien komplizierte Zusammenhänge!

BM: Es gebe auch komplizierte Strukturen innerhalb der Bündnisse. In den Bereichen, die nicht nur uns selbst beträfen, müsse man besonders vorsichtig vorgehen, um den Eindruck zu vermeiden, daß über andere verfügt werde.

[…].⁴² Warum sei er für eine Auflistung der bestehenden Probleme?

[Sch.:] Weil sie den Kern der Frage beträfen, wie die Aufgabe der Vier-Mächte-Rechte endgültig geregelt werden solle.

BM: Das ist auch für uns eine Kernfrage! Er könne in gesamteuropäischen Fragen nicht schneller denken, als in Fragen, die Deutschland beträfen. Wenn man bis zum Herbst Verständigung über die gesamteuropäischen Fragen erzielen könnte, wäre es unvorstellbar, daß es nicht gelingen solle, Verständigung über die äußeren Aspekte der Herstellung der deutschen Einheit zu erzielen. Davon müsse man sich jetzt leiten lassen. Im übrigen solle man die Diskussion der Einzelheiten jetzt vielleicht nicht fortführen, sondern die weiteren Fragen den Experten überlassen.

Sch.: Einverstanden!

BM: Er werde sich in Berlin zu diesen Fragen nicht äußern. Heute habe es sich um den Versuch einer Vor-Abklärung gehandelt.

Sch.: Es gehe wirklich um schwierigste Probleme, die eine lebenswichtige Bedeutung für die Sowjetunion und für Europa hätten. Man könne nicht ernsthaft über eine abschließende Regelung sprechen, wenn keine Klarheit über die Truppenstärken in Mitteleuropa bestehe. In welcher Etappe wolle man diese Frage lösen? Je schneller Klarheit geschaffen werde, umso besser. Es gehe nicht nur um eine Vorstellung über die Obergrenzen der Bundeswehr, sondern auch um die Truppen anderer Staaten in Mitteleuropa. Hier müßten die Experten wirklich noch weitere Arbeit leisten. Man müsse nach weiteren Varianten suchen. Die deutsche Seite wolle mit ihren Verbündeten sprechen; auch die Sowjetunion wolle mit ihren Verbündeten sprechen. Man brauche dafür Zeit; aber auch aktive Arbeit.

Was die gesamteuropäischen Strukturen anlange, so sei er sehr befriedigt über den Grad des gegenseitigen Verständnisses insbesondere zur Frage der Beziehungen der Bündnisse. Damit habe man heute ein großes Ergebnis erzielt. Was die schwierigen Probleme

---

⁴⁰ Im Dokument: nochmal.
⁴¹ Im Dokument: nochmal.
⁴² In der Vorlage ist die folgende Frage Ševardnadze zugeschrieben, der sich dann die Antwort selbst gibt. Im Gesamtzusammenhang der Gespräche war es allerdings der sowjetische Außenminister, der mehrfach die „Inventarisierung" der offenen Fragen forderte, so dass die Frage Genscher, die Antwort Ševardnadze zuzuordnen ist.

anlange, so solle man darauf nach dem Berliner Treffen zurückkommen. Er wisse, daß es auch auf [deutscher][43] Seite ein unterschiedliches Verständnis der Gesamtlage gebe. Man solle aber im Auge behalten, die Sowjetunion würde sich herausgefordert fühlen, wenn sie in Isolation gerate. Es gehöre zur Erfahrung der Generation, der beide Außenminister angehörten, was aus dem Versuch geworden sei, die Sowjetunion vor dem Krieg zu isolieren. Heute seien andere Bedingungen gegeben. Es bestehe eine historische Chance, aber auch die Sowjetunion müßte das Gefühl haben, verstanden zu werden.

BM fuhr nach Wiederholung der o.a. drei Elemente fort, wir verstünden gut, daß die Sowjetunion nicht isoliert werden wolle, weil auch wir nicht isoliert werden wollten. Wir seien der Meinung, daß das europäische Haus ohne Einbeziehung der Sowjetunion nicht gebaut werden könne. Die Sowjetunion dürfe nicht am Rande bleiben.

Wenn wir mit der sowjetischen Seite über die KSZE und andere Themen sprächen, so geschehe dies in dem Bewußtsein, daß dies auch die Regelung der äußeren Aspekte erleichtere, aber dies sei nicht der Hauptgrund. Auch wenn diese Fragen schon erledigt wären, würde er nicht anders reden. Er sei von der Richtigkeit und Notwendigkeit dieses Kurses überzeugt. Für das europäische Haus müsse die Statik stimmen. Das vereinigte Deutschland werde diesen Kurs beibehalten, um beizutragen zum vereinigten Europa. Die Fortführung und Intensivierung des KSZE-Prozesses, die Veränderungen des Verhältnisses der Bündnisse weise die Richtung für die Veränderungen in Europa; aber das Ende sei noch nicht absehbar, es könne noch mehr geschehen.

Er wolle einige Ausführungen machen zur Ausgestaltung der deutsch-sowjetischen Beziehungen in der Perspektive der deutschen Vereinigung. BM erwähnte sodann eine Reihe von Abkommen, die in den nächsten Jahren zur Verlängerung anstehen.

Im Hinblick auf die weitere Ausgestaltung der Beziehungen erwähnte BM folgende Bereiche:
- Consulting, insbesondere im Bereich der Landwirtschaft und Nahrungsmittelindustrie;
- Aus- und Weiterbildung von Managern, mit der Möglichkeit verstärkter Institutionalisierung;
- Lösung von Problemen im Zusammenhang mit der Rückführung sowjetischer Streitkräfte, z. B. im Wohnungsbau und unter Nutzung von Fertigungskapazitäten der DDR;
- Handels- und Kooperationsabkommen EG – SU;
- verstärkte Einbeziehung mittelständischer Industrie;
- Möglichkeiten im Bereich der Energie;
- Nachrüstung von Kernkraftwerken.

Im Hinblick auf multilaterale Zusammenarbeit erwähnte BM KSZE-Korb II; OECD; Weltwirtschaftsgipfel, unter Hinweis auf das Schreiben Präsident Gorbatschows an die Gipfelteilnehmer 1989; Europäische Bank für Wiederaufbau und Entwicklung.

Schließlich erwähnte BM verschiedene Bereiche zur wissenschaftlich-technischen Zusammenarbeit, u. a. Umweltschutz, Naturschutz, Reaktorsicherheit.

Durch die Hinweise auf die verschiedenen Möglichkeiten der Zusammenarbeit wolle er deutlich machen, daß wir dabei seien, die Potentiale für bi- und multilaterale Zusammenarbeit festzustellen. Dabei werde die Gemeinsame Erklärung von 1989 weiterhin maßgeblich bleiben.[44] Es handele sich um ein sehr großes Potential, das man konkretisieren

---

[43] Im Dokument: deutsche.
[44] Vgl. Dokument Nr. 1, Anm. 6.

müsse, auch[,] um eine konkrete Perspektive zu entwickeln. Er erwarte jetzt keine Antwort, habe nur die Richtung aufzeigen wollen, in die sich unsere Überlegungen bewegten.

Sch.: Dankte für diese Darlegung. Er wolle in der Tat jetzt hierzu keine Kommentare abgeben, vielleicht werde er beim nächsten Treffen darauf reagieren. Das Thema an sich habe man ja schon mehrfach besprochen. Die Sowjetunion sei interessiert, die wirtschaftliche und wissenschaftlich-technische Zusammenarbeit zu entwickeln. Man habe die Gemeinsame Erklärung, die aber durch das vereinigte Deutschland durch neue Gedanken angereichert werden könne. Die Perspektiven seien sehr interessant. Jetzt müsse man darüber reden, was konkret und operativ zu lösen sei.

Was die Verpflichtungen zwischen der DDR und der Sowjetunion anlange, so werde darüber mit der DDR konsultiert. Es sei aber schwierig, in diesem bilateralen Gespräch Entscheidungen zu treffen. Wie solle man weiter verfahren? Diese Frage beziehe sich auch auf die Situation der sowjetischen Truppen. Auch hierüber müsse man vielleicht trilateral sprechen.

BM: Er habe schon in Brest darauf hingewiesen, daß es für uns wichtig sei, Aufklärung über die konkreten Probleme zu bekommen. Morgen fänden dazu Gespräche zwischen Obminski und Lautenschlager statt. Er habe mit dem Bundeskanzler und dem Bundesfinanzminister darüber am Dienstag gesprochen. Sie wollten sich mit diesen Fragen befassen, sobald klar sei, wo die Probleme lägen.

Sch.: Obminski habe entsprechende Unterlagen. Die Situation spitze sich zu und könne sehr unangenehm werden. Die Stimmung unter den Familien und unter den Offizieren sei schlecht und beanspruche die persönliche Aufmerksamkeit der sowjetischen Führung.

Zum Weltwirtschaftsgipfel habe der Brief Gorbatschows in der Tat das sowjetische Interesse [bekundet].[45] Man müsse den Dialog hierzu fortsetzen. Der Weltwirtschaftsgipfel in Texas werde diese Probleme wohl nicht ausklammern können, sowohl im Hinblick auf Osteuropa, als auch im Hinblick auf die Sowjetunion.[46] Die Sowjetunion werde wohl nicht teilnehmen können. Aber sie verfolge den Gipfel intensiv.

BM: Dies sei eine wichtige Perspektive und bedürfe ernster Erörterung.

Abschließend besprachen die beiden Minister den Ablauf der Pressekonferenz.

Höynck[47]

2.[48] Herrn RL 010[49] m.d.B. Zustimmung BM herbeizuführen

3. Vorschlag zur Verteilung: 014, D 2, Dg 21, Dg 20

PA AA, ZA 178.928 E.

---

[45] Im Dokument: bekunde.
[46] Zum Treffen der Staats- und Regierungschefs der G-7 und des Präsidenten der EG-Kommission vom 9. bis 11.7.1990 in Houston (Texas) vgl. Erklärung vom 10.7.1990, in: Europa-Archiv 45 (1990), S. D 422–D 437. Vgl. ferner Schreiben Gorbačevs vom 4.7.1990 an Bush als Vorsitzenden des Houston-Gipfels, in: Europa-Archiv 45 (1990), S. D 437f.
[47] Eigenhändige Unterschrift.
[48] Zählung gem. Vorlage.
[49] Diese Unterstreichung erfolgte per Hand. Referatsleiter 010 (Ministerbüro) war Elbe.

Nr. 38

Aufzeichnung des Dolmetschers Scheel vom 21. Juni 1990 über das Vier-Augen-Gespräch von Bundesaußenminister Genscher mit dem sowjetischen Außenminister Ševardnadze am 18. Juni 1990 in Münster

Referat 105[1]
105 – A90/7
H. Scheel

Bonn, den 21.06.1990

Betr.: Vier-Augen-Gespräch vom 18.06.1990 in Münster zwischen dem Bundesminister des Auswärtigen, Herrn Hans-Dietrich Genscher (im weiteren als BM abgekürzt), und dem Außenminister der UdSSR, Herrn E. A. Schewardnadse (im weiteren als Sch. abgekürzt);
hier: Dolmetscheraufzeichnung

Sch.: Er wolle dem BM und dem Bundeskanzler herzlich für die sehr operative Art und Weise danken, in der in der bekannten (= finanziellen) Frage reagiert worden sei. Bereits heute würden in Moskau dazu schon Verhandlungen geführt.[2] Präsident Gorbatschow habe ihn beauftragt, dies auszurichten.

Er, Sch., halte es für wichtig, daß jetzt die Kontakte zwischen beiden Ministern intensiv weitergepflegt würden, wobei das nächste Zusammentreffen sicher anläßlich der Berliner „2 + 4"-Gespräche stattfinden werde.[3] Falls es sich als notwendig erweisen werde, sei er bereit, auch dort unter vier Augen mit dem BM zu sprechen. In der SU sei jetzt gerade eine Häufung in den Tagungen der Deputiertenkongresse. So falle der Kongreß der Russischen Föderation zeitlich mit den Berliner „2 + 4"-Gesprächen zusammen.[4] Er, Sch., werde nach Berlin kommen, denn diese Begegnung sei nun einmal multilateral vereinbart.

Er meine, es sei jetzt höchste Zeit, über den bevorstehenden Kanzlerbesuch, der ja nunmehr fest vereinbart sei, nachzudenken.[5] Als Zeitrahmen seien ja die Tage zwischen dem 15. und 20.07. vorgeschlagen worden, sowjetischerseits halte man es für vernünftig, den Besuch auf den 15. und 16.07. zu legen.

BM: Auch wir dächten in dieser Richtung. Der Besuch sollte an den Tagen oder um sie herum liegen, wie sie Herr. Sch. vorgeschlagen habe. Liege die sowjetische Präferenz beim 15. und 16.?

Sch.: Man halte es für richtig, wenn der Kanzlerbesuch dem Außenministertreffen am 17.07. in Paris vorangehe.[6]

BM: Vielleicht könne man ja schon am 14. anreisen, um dann gleich morgens am 15. mit der Arbeit zu beginnen. So könne dann die Begegnung vor dem 17.07., dem Tag des Pariser Treffens, beendet werden.

---

[1] Am Kopf des Dokuments handschr.: „Gespr. – SOW".
[2] Vgl. Dokument Nr. 36, Anm. 3.
[3] Vgl. Dokument Nr. 37, Anm. 5.
[4] Gemeint ist wohl der Kongreß der Volksdeputierten, der bis zum 22.6.1990 tagte.
[5] Vgl. Dokument Nr. 35, Anm. 5.
[6] Zum 2+4-Außenministertreffen in Paris am 17.7.1990 vgl. Vermerk [Pauls] vom 27.7.1990, PA AA, ZA 198.458 E.

Sch.: Man müsse sehen, ob der Pariser Termin unverändert bleibe; wenn alles so bleibe, sei es besser, wenn der Kanzler vor dem Pariser AM-Treffen in die SU käme.

BM: Er bitte noch eine Frage ansprechen zu dürfen, die sich auf eine Frage Herrn Sch.'s am Tisch im Plenum beziehe, und zwar, ob die Bundesregierung beabsichtige, den Prozeß der deutschen Einigung zusätzlich zu beschleunigen. Unsere Antwort sei, daß es uns hierum nicht gehe. Wir beschleunigten die Dinge nicht, sondern sie beschleunigten sich selber. Das, was unsererseits getan werde, entspreche unserem Interesse an der Erhaltung der Stabilität der Entwicklung. Deshalb sei es auch nur gut, wenn der Zeitraum zwischen der wirtschaftlichen und der politischen Vereinigung so kurz wie möglich gehalten werden könne. Auch dies bestätige noch einmal seine Aussage, daß das Jahr 1990 uns die Chance biete, sehr viel zu erreichen. Dies sei auch die Sicht unserer Freunde und Verbündeten. Wenn man sich die heute angesprochenen Hauptelemente der äußeren Aspekte, wie die Neugestaltung des Verhältnisses der Mitgliedstaaten der Bündnisse zueinander, die Abrüstung, die Vertiefung und Institutionalisierung des KSZE-Prozesses im Zusammenhang ansehe und sich vorstelle, daß diese Entwicklungen abbrechen würden, daß sich alle Prozesse verlangsamten, dann könne es wohl geschehen, daß alles wieder auseinanderfalle, woran doch niemand interessiert sein könne. Für uns Deutsche sei es ein schönes Gefühl, durch unsere Arbeit an der deutschen Vereinigung als Antriebsmotor für die europäischen Prozesse zu wirken. Wir wüßten es zu schätzen, wenn Herr Sch. meine, daß zunehmende Verständigung bei den lösbaren Fragenkomplexen auch das sehr komplizierte verbliebene Problem einfacher machen werde. Er, der BM, meine ebenfalls, daß in den vier angesprochenen Fragenkomplexen entscheidende Schritte möglich seien. Zu einer Frage, nämlich zu den Grenzen, brauche im Grunde gar nicht mehr diskutiert zu werden, denn in der Substanz bestehe allseits Einigkeit; hier gehe es eher um eine Unterrichtung, wie wir uns die Form der Lösung vorstellen. Man könne zu den äußeren Aspekten noch ein fünftes Element hinzufügen, nämlich das Thema der künftigen bilateralen Zusammenarbeit, die wir zum Erfolg führen wollten.

Sch.: Er habe diese Frage am Gesprächstisch gestellt, weil er sich eine realistische Vorstellung von den jetzt tatsächlich ablaufenden Prozessen habe machen wollen. Es sei schon sehr wichtig dabei, daß die anderen europäischen Prozesse nicht zu sehr in Rückstand gerieten. Auch die Schaffung der gesamteuropäischen Strukturen, insbesondere der Sicherheitsstrukturen, und der KSZE-Prozeß müßten vorangetrieben werden. Auch er sei der Ansicht, daß das Jahr 1990 ein Jahr des großen Umbruchs in Europa werden könne.

BM: Die deutsche Seite halte es deshalb für so wichtig, das KSZE-Gipfeltreffen im November dieses Jahres abzuhalten. Der Dezember sei in den meisten KSZE-Staaten ohnehin nur zur Hälfte ein Arbeitsmonat, außerdem lägen im Dezember schon andere wichtige politische Termine fest. Der November wäre der richtige Zeitpunkt, gerade weil wir ein Nachhinken der europäischen Prozesse verhindern wollten, so daß man den Rahmen für die gesamteuropäischen Prozesse schon rechtzeitig schaffen könne. Diese Auffassung werde bei uns auch auf sozialdemokratischer Seite geteilt, einschließlich der Sozialdemokraten in der Volkskammer.

Sch.: Einiges in dieser Richtung sei der sowjetischen Seite schon bekannt. Aber hierüber lasse sich zur Zeit des Kanzlerbesuchs besser und ausführlicher sprechen. Bis dorthin sei nur noch wenig Zeit übrig. Zur Vorbereitung des Gorbatschow-Besuchs sei schließlich ein ganzes Jahr nötig gewesen, daher habe der Besuch auch eine so große Resonanz entfalten können, es sei wirklich eine neue Seite in unseren Beziehungen aufgeschlagen worden.[7] Jetzt müsse über eine neue Konzeption für die künftige Entwicklung der bilateralen Beziehungen gesprochen werden. Es gebe noch delikate Elemente, an denen auch noch andere Mächte beteiligt und interessiert seien. Dies dürfe jedoch kein Hindernis sein, über die Zukunft der Beziehungen zwischen der Sowjetunion und dem vereinigten Deutschland zu sprechen. Er denke hier vor allem an die wirtschaftlichen, aber auch an die politischen Beziehungen. Er sei sicher, daß der Kanzlerbesuch bei guter Vorbereitung ein großes Ereignis werden könne. Beide Seiten sollten vielleicht nicht versuchen, zum Zweck der Vorbereitung schon vereinigte Arbeitsgruppen zu schaffen. Man solle vielmehr wie auch bei den früheren Besuchen verfahren: Jede Seite erarbeitet zuerst ihre eigene Variante des Ergebnisdokuments. Wichtig sei, sich die Konzeption des Besuchs richtig zu überlegen. Auf sowjetischer Seite laufe dies jetzt an. Sollte es nötig sein, könnten sich im Rahmen der Besuchsvorbereitung ja auch die Außenminister oder ihre Vertreter noch treffen. Hierbei müsse eine Tagesordnung vereinbart werden, es müßten die Fragen benannt werden, zu denen eine Lösung noch ausstehe, einschließlich der Erarbeitung von möglichen Lösungsoptionen. Trotz aller Schwierigkeiten könne man sich hier nicht herausreden, sondern diese Arbeit müsse nun einmal getan werden.

BM: Bei uns selber sei der Besuch noch nicht zur Sprache gekommen. Zur Vorbereitung ließen sich ja auch die „2 + 4"-Begegnungen am Rande nutzen. Jeder werde auf seiner Seite mit der Vorbereitung beginnen; es brauche ja noch nichts groß herausgestellt zu werden.

Sch. stimmt zu und fährt fort: Mit der genannten Vorbereitungsarbeit könnten ja die Herren Kwizinski und Kastrup beauftragt werden, auch der neue sowjetische Botschafter Terechow[8] sei ein verläßlicher und fähiger Mann, der hierbei hilfreich sein könnte. Somit könne der Besuchstermin als vereinbart gelten.

BM stimmt zu: Er werde dies dem Bundeskanzler weitergeben, und der gegenseitige abschließende Bescheid könne über die Botschaften zugestellt werden.

Hermann Scheel[9]

PA AA, ZA 178.928 E.

Nr. 39

Fernschreiben der Botschaft Moskau vom 9. Juli 1990 über die sowjetische Haltung vor dem Besuch des Bundeskanzlers in Moskau[1]

Aus: Moskau
Nr 2688 vom 09.07.1990, 2022 OZ
An: Bonn AA
Citissime

---

[7] Zum Besuch im Juni 1989 vgl. Dokumente Nr. 1 und 2 in dieser Edition sowie Dokumente Nr. 33–44 in Galkin/Tschernjajew (Hrsg.), Michail Gorbatschow und die deutsche Frage.
[8] Vladislav Petrovič Terechov (*1933), 1990–1997 Botschafter der UdSSR bzw. der Russischen Föderation in der Bundesrepublik Deutschland.
[9] Eigenhändige Unterschrift.

[1] Zum Besuch selbst vgl. die Dokumente Nr. 102–105 in Galkin/Tschernjajew (Hrsg.), Michail Gorbatschow und die deutsche Frage.

Fernschreiben (verschlüsselt) an ~~210~~ 213[2]
Eingegangen: 09.07.90, 1921 OZ
VS – Nur für den Dienstgebrauch[3]
Auch für ChBK, Washington, London Diplo, Paris Diplo, Brüssel NATO, BK-Delegation

Az.: Pol 320.00 VS-NFD
Verfasser: v. Arnim[4]
Betr.: 2+4
Hier: Sowj. Haltung vor dem Besuch des BK
– Zur Unterrichtung –

I.
Die sowj. Außenpolitik ist seit einem halben Jahr innenpolitisch heftig umstritten. Die Gegner der Mannschaft Gorbatschows benutzen mit Vorliebe außenpolitische Argumente, und hier besonders die deutsche Vereinigung, um in ihrem innenpolitischen Kampf letztlich Gorbatschow und seine Mannschaft von der Macht zu vertreiben, zunächst einmal von der Macht in der Partei. Diese Gegner Gorbatschows haben vermutlich die Mehrheit des laufenden Partei-Kongresses hinter sich.[5]

Wir sollten uns im Klaren darüber sein, dass es hierzulande – ganz unabhängig vom Kriegstrauma und viel älter als dieses – ein [breites][6] und tiefgehendes Potential der Antipathie gegen die Deutschen gibt. Das schließt großen Respekt für solche deutsche Tugenden überhaupt nicht aus, deren Fehlen[7] der Russe bei sich selbst bisweilen schmerzlich empfindet, aber nicht so schmerzlich, dass er um ihretwillen auf das zu verzichten bereit wäre[,] was er für seine ureigenste und daher natürlich beste Art hält. Die breite Natur, voll von echtem Gefühl (als subtilster Form von Verschlagenheit – wir, auf Kleingedrucktem bestehend, sind für ihn die eindrucksvolle Verkörperung des gefühllosen, kalten Hintergedankens). Dieser Respekt – der kulturell aufs [Feinste][8] sublimiert sein, sich aber auch in der soeben fast überall zu beobachtenden spontanen [9]Parteinahme für die Deutschen bei der Fußballweltmeisterschaft[10] ausdrücken kann – ist daher paradoxer- oder besser dialektischerweise auch die Wurzel oder wenigstens das Korre[l]at[11] jener Abneigung. (Der [vom halbdeutschen][12] Lenin verordnete strenge Kommunismus ist für den Russen

---

[2] Von Hand korrigiert, darunter handschr.: „Zust[ändigkeits]halber [Paraphe unleserl.] 10/7". Darüber Eingangsstempel des AA, 210, vom 10.7.1990; daneben Verteilerstempel (zusätzlich an 201, 212, 010, AS 2+4, 221, 421, D 2 A, Dg 20, 213/N, 214); darunter handschr.: „zdA N[eu]b[er]t 10/7", neben Verteilerstempel Sichtvermerk des B.v.D. vom 9.7.; am Kopfende gestrichene Paraphen.
[3] Geheimhaltungsstufe auf jeder der 6 Seiten zusätzlich eingetragen.
[4] Alle Unterstreichungen im Dokument von Hand.
[5] Zum 28. Parteitag der KPdSU vom 2. bis 13.7.1990 vgl. XXVIII s-ezd KPSS. Eine Zusammenfassung der Debatten u.a. in Biermann, Kreml, S. 665–676.
[6] Im Dokument: breies.
[7] Dahinter im Dokument: „z.".
[8] Im Dokument: Feisnte.
[9] Ab hier bis Absatzende am li. Rand mit Schlangenlinie versehen. Zugleich auf der re. Seite bis einschließlich des nächsten Absatzes per Hand angestrichen.
[10] Vom 8.6. bis 8.7.1990 in Italien. Weltmeister wurde die Bundesrepublik.
[11] Korrektur von Hand.
[12] Im Dokument: von halbdetuschen. Aufgrund der durchgängigen Großschreibung der Depesche wäre hier zumindest theoretisch eine andere Lesart möglich: „Der von Halbdeutschen Lenin verordnete Kommunismus".

irgendwo auch ein recht deutsches Phänomen, was weder dem hiesigen Kommunismus noch uns guttut.)

So ist die Gemütslage uns gegenüber, und dies durch das Kriegstrauma noch akzentuiert, stets instabil und daher politisch manipulierbar, für uns offenbar Grund zu psychologisch sorgfältigstem Umgang.

Dennoch hat – und dies ist bemerkenswert – die sowj. Bevölkerung weitgehend verstanden, dass Gorbatschows Gegner mit der Mobilisierung antideutscher Affekte nicht nur die alte Außen- sondern vor allem die alte Innenpolitik betreiben wollen. Und noch ist die Lage in Russland, trotz weiter zunehmender Instabilität, nicht so aus den Fugen, dass die Bevölkerung inzwischen die alte Ordnung neuem Chaos vorzöge.

Der Kampf um die Macht an der Spitze wird aber vor dem Forum des Parteitages, der die verschleiernden Bekenntnisse zu Geschlossenheit längst durchschaut, und noch mehr vermutlich hinter den Kulissen, was nur in Anspielungen sichtbar, mit großer Härte und allen Mitteln byzantinischer Intriganz ausgetragen. Es [sic!] ist keineswegs endgültig entschieden, auch wenn Gorbatschow sich erneut, aber auch nur bis auf weiteres durchzusetzen scheint.

Ligatschow nutzt die [Defensive],[13] aus der heraus die Progressiven vor diesem Forum operieren müssen, mit aller Kraft zum Angriff. Er scheut aber bisher vor der offenen Herausforderung der Mannschaft Gorbatschows zurück, entweder der Mehrheit zu folgen oder abzutreten.

Ursache dafür ist vermutlich, dass er und die sich hinter ihm sammelnden Konservativen sich nicht ausreichend sicher sind, nach Gewinnung der Macht in der Partei auch die Macht über die Volksvertretung gewinnen zu können. Gleichzeitig ist die Situation in den Streitkräften und in dem von Gorbatschows Mannschaft geleiteten Sicherheitsapparat nicht so eindeutig, dass ihr Gehorsam einer neuen Parteiführung gegenüber in jedem Falle gewährleistet erscheint.

Insgesamt zweifelt also der alte Parteiapparat daran, ob er im Falle des offenen Bruchs mit Gorbatschow, der sich festigenden „Mitte-Links"-Koalition aus parlamentarischer Legitimität und präsidentieller Macht sicher überlegen wäre. Dennoch ist das Kräfteverhältnis delikat und innenpolitisch auch die Außenpolitik relevant, wenn auch z. Zt. nicht kritisch für die Machtverhältnisse. Gorbatschow kann also weit weniger als irgendeiner seiner Vorgänger außenpolitisch frei nach den von ihm definierten sowj. Interessen handeln, sondern muss darauf achten, was er innenpolitisch durchsetzen und das heißt nach und nach der Bevölkerung erklären kann, so dass konservative Demagogie nicht mehr verfängt. Angesichts der Ergebnisse des NATO-Gipfels gelingt dies aber mehr und mehr.[14]

II.

Die außenpolitische Debatte hat sich, wie gerade die sehr harten erneuten Auseinandersetzungen zeigten, die Jakowlew und Schewardnadse am 07.07. vor dem Parteitag zu bestehen hatten, immer mehr auf die Frage zugespitzt, wer für „den Verlust Ost-Europas" verantwortlich ist.

Dabei wird immer wieder deutlich, dass die „Freiheit der Wahl" für die Ost-Europäer im Grunde genommen von niemand mehr für öffentlich angreifbar gehalten wird.

---

[13] Im Dokument: Dffensive.
[14] Vgl. Dokument Nr. 10, Anm. 37.

Dass daraus aber der Schluss gezogen werden soll, die SU müsse sich machtpolitisch tatsächlich entsprechend verhalten, leuchtet der ganz überwiegend in der Kategorie der „Kräfteverhältnisse" denkenden Masse der Bevölkerung[,] vom Apparat ganz zu schweigen[,] nicht ein. Dies gilt erst recht für die deutsche Frage, in der man, wegen der deutschen Verantwortung für den 2. Weltkrieg, neben der Macht auch die Moral auf seiner Seite glaubt.

Die öffentliche Diskussion hatte sich in den letzten Monaten, auch auf Grund der außenpolitischen Verhandlungstaktik der SU, sehr stark auf die Frage nach der NATO-Mitgliedschaft Deutschlands als solcher zugespitzt. Gorbatschow und Schewardnadse, dessen ausführliche, positive [15]Stellungnahme zum NATO-Gipfel am 07.07. von Iswestija und Krasnaja Swesda veröffentlicht wurde, haben erst angefangen, der hiesigen Öffentlichkeit zu erläutern, dass der Westen als Gegenleistung ein ganzes Paket von Maßnahmen der Abrüstung, der NATO-Reform und der KSZE-Institutionalisierung sowie der ökonomischen Zusammenarbeit geschnürt hat.

Die Ursachen dafür sind vermutlich vielfältig. Zum einen gibt es Anzeichen dafür, dass der hiesige Apparat selbst, schon weil er diesen Interessenausgleich um und mit Hilfe der deutschen Einigung im Grund ablehnt, gar nicht in der Lage war, selbst ein [entsprechendes][16] Konzept zu entwickeln. Zum anderen gibt es Anzeichen dafür, dass dieser Apparat, bis in die Spitze hinein, von dem Ausmaß westl. Entgegenkommens überrascht ist, weil auch diese Spitze teilweise wohl kurzfristig-taktisch denkt und die eigene gegenwärtige Schwäche genau kennt.

Schließlich, noch tiefer, sitzt aber der Selbstzweifel, also der Zweifel daran, ob die SU in Zukunft in der Lage sein wird, die ihr vom Westen jetzt gebotenen Möglichkeiten effektiv zu nutzen, der SU die Marginalisierung also selbst dann droht, wenn der Westen sie nicht will.[17] Immerhin hat aber das Ergebnis des NATO-Gipfels hier, wie diese Parteitagsdebatte zeigte, Gorbatschow außenpolitisch erheblich entlastet. Schewardnadse, der sich am 07.07. sehr eindrucksvoll schlug, während Jakowlew stark in die Ecke gedrückt wurde, konnte darlegen, dass eben nicht nur die alte sowj. Position in Ost-Europa zerfällt, sondern neue, auch für die SU günstige gesamteuropäische Strukturen entstehen.

Dem entspricht, dass das Fernsehen in verschiedenen Sendungen inzwischen nicht nur von der Vereinigung als feststehender Tatsache ausgeht, sondern auch die NATO-Mitgliedschaft in den Medien mehr und mehr den Charakter des wohl Unvermeidlichen erhält. Auch in der öffentlichen Diskussion fällt dabei auf, dass zunehmend von der Notwendigkeit wirklicher deutscher „Souveränität" gesprochen wird.[18]

III.

Damit wird deutlich, dass es auch in der NATO-Frage nicht mehr um das ob, sondern um das wie geht. Das „Souveränitäts-Argument" wird dabei ambivalent verwendet. Die Einen, wohl die Jakowlew-Schule, benutzen es, um die Freiheit der Bündniswahl zu begründen. Die Anderen (Falin[19] und die Germanisten) benutzen es, um den Abzug unserer westlichen Verbündeten zu verlangen und Deutschlands Integration im Westen zu lockern.

---

[15] Absatz ab hier bis einschließlich der ersten beiden Sätze des Folgeabsatzes am li. Rand per Hand doppelt angestrichen, am re. Rand zusätzlich per Hand angestrichen, daneben handschr.: „201[.] 221[.] 421[.]".
[16] Im Dokument: entsprecchendes.
[17] Absatz am li. Rand per Hand doppelt angestrichen, am re. Rand ebenfalls, daneben handschr.: „!".
[18] Der Teilsatz am re. Rand per Hand angestrichen.
[19] Name am re. Rand zusätzlich abgehakt.

Die Gefahr, dadurch in einen grundsätzlichen Konflikt mit den USA geraten zu können, ist beiden Denkschulen bewusst. Insofern wird die SU, mit Hilfe von Fragen wie der Länge und der rechtlichen Konstruktion der Übergangsperiode für ihren völligen Truppenabzug, hier wohl nur dosierten Druck ausüben, der sich wohl letztlich stärker gegen unsere westeurop. Verbündeten und deren Präsenz[20] als gegen die USA richten wird. Im Grunde geht man hier aber als natürlich davon aus, dass der [sicherheitspolitische][21] Status ganz Deutschlands am Ende der Übergangsperiode homogen sein wird, auch wenn man versucht, Sonderregelungen für DDR-Gebiet u.U. auf Dauer zu erreichen.

Die Rede von Generalstabschef Moisejew[22] vor dem außenpolitischen Ausschuss des Parteitags belegt das natürliche sowj. Interesse an einer multilateralen Regelung von Truppenstärken. Es geht der SU nicht nur um die NATO-Truppen in Deutschland[,] sondern immer mehr auch um die Streitkräfte Polens, der Tschechoslowakei und Ungarns.[23]

Auch daraus ergibt sich, dass die SU nicht die Zeit zu einer längeren Auseinandersetzung mit den USA über deren Präsenz bei uns hat. Schewardnadse hat die sowj. „Zeitnot" vor dem Parteitag einmal mehr hervorgehoben („Es liegt nicht in unserem Interesse, die Regelung der äußeren Aspekte der deutschen Vereinigung in die Länge zu ziehen."). Sie ergibt sich aus den Beschleunigungen in der DDR und in allen Staaten Ost-Europas in den letzten Wochen[,] [24]insbesondere in Polen. Der rasche Aufbau einer verfestigten Struktur der KSZE ist für die SU in dieser Lage geradezu ein ideales Mittel, nicht zuletzt auch, um die Sezessionsbewegungen im Baltikum und in Moldawien politisch einzuhegen.[25]

IV.

In diesen Zusammenhang der inneren Stabilisierung der SU gehört die Frage nach Sinn und evtl. Gestaltung wirtschaftlicher Hilfe in großem Maßstab.[26]

Die innerwestliche Debatte darüber ist dem hiesigen Publikum zwar nicht völlig verborgen geblieben, obwohl die Parteitagsreden die Zeitungsspalten fast völlig füllen. Sie ist aber der hiesigen Öffentlichkeit noch kaum wirklich bewusst, auch weil die Initiativen Gorbatschows der letzten Wochen hier bisher nicht bekannt gemacht wurden.[27] Dies liegt an einer gesteuerten Informationspolitik, die bei aller Erleichterung über die sich abzeichnende dringend benötigte Unterstützung, angesichts der konservativen Stimmung der Parteitage[28] und der völligen Uni[n]formiertheit[29] der Masse über die wirtschaftliche Zusammenarbeit in der Welt, dem „Ausverkaufs-Argument" nicht Vorschub leisten wollte. Immerhin hat die Prawda v. 9. 7. die innerwestliche Diskussion jetzt relativ präzise dargestellt.

---

[20] Vorangegangene Passage am re. Rand per Hand doppelt angestrichen, daneben handschr.: „?".
[21] Im Dokument: sicherheitspolitischen.
[22] Michail Alekseevič Moiseev (*1939), 1988–1991 Chef des Generalstabs der Sowjetischen Armee, 1991 Assistent des Präsidenten für Militärfragen.
[23] Absatz am li. Rand von Hand angestrichen, am re. Rand ebenfalls, daneben handschr.: „221! 214".
[24] Ab hier bis Absatzende Passage am re. Rand per Hand angestrichen, daneben handschr.: „212".
[25] Zum Baltikum vgl. Dokument Nr. 22, Anm. 10. In Moldawien propagierten Oppositionelle 1990 die Unabhängigkeit bzw. die Vereinigung mit Rumänien, daneben verwahrten sich ethnische Minderheiten in der Republik gegen die Sprachenpolitik der Republik; vgl. die informative Zusammenfassung der Länderstudien der Library of Congress, Fedor (Hrsg.), Moldova; allg. Altrichter, Russland 1989.
[26] Am re. Rand des Absatzes handschr.: „421".
[27] Vgl. Dokument Nr. 37, Anm. 46.
[28] Plural ggf. Hinweis auf die Gründungskonferenz der Kommunistischen Partei der RSFSR am 19./20. 6. 1990.
[29] Korrektur von Hand.

Schewardnadse hat sich auf dem Parteitag am 07.07. aber sehr bemüht, jeden Zusammenhang zwischen westlicher Wirtschaftshilfe und sowj. Europapolitik zu bestreiten. Man könne aber nichts gegen „Zusammenarbeit" haben.

Daneben wehrt sich natürlich der alte Apparat der Wirtschaftslenkung gegen den Verlust von Entscheidungsbefugnissen nun nicht nur im eigenen Land[,] sondern auch noch an internationale Strukturen.

Bei allem Sinn für Großmacht-Prestige, und der Erwartung, dass der Westen es beachtet, ist aber deutlich, dass Gorbatschow und seine engsten Berater inzwischen erkannt haben, dass ein größeres internationales Hilfsprogramm nicht nur gefährliche Löcher stopfen könnte, sondern auch einen weiteren Hebel zum Aufbruch eben dieses Entscheidungsmonopols der alten Wirtschaftsverwaltung liefern würde, wenn sie sich bisher auch hüten, dies selbst öffentlich zum Ausdruck zu bringen.

Die deutsche Interessenlage ist für sie hierbei ein willkommenes Hilfsmittel. Bei allem zähen Kampf um wirtschaftliche Leistungen von unserer Seite gibt es aber keine Anzeichen dafür, dass es ihnen dabei primär um eine politische Kompensation des Verlustes ihrer früheren Stellung in Deutschland geht. Man erwartet von uns also in den mit der Vereinigung sachlich verbundenen Wirtschaftsfragen Großzügigkeit, sucht aber im Grunde genommen nicht nach einem – ökonomischen – „Preis" für die politische Zustimmung zur Einheit. Er muss aus sowj. Sicht vielmehr in dem Aufbau der Gesamtkonstruktion einschließlich ihrer ökonomischen Strukturen der multilateralen Zusammenarbeit liegen.[30]

Wir könnten sagen, dass auf der Grundlage der Bonner Gemeinsamen Erklärung vom Juni 1989[31] unsere wirtschaftliche Kooperationsbereitschaft heute die Gleiche wäre, auch wenn durch die Ereignisse des [Herbstes][32] 1989 die deutschen Dinge nicht die heutige Dynamik angenommen hätten.

Blech

PA AA, ZA 198.445 E.

Nr. 40
Vermerk des Leiters des Ministerbüros, Elbe, vom 8. August 1990 über das Gespräch von Bundesaußenminister Genscher mit dem Außenminister der DDR, Meckel, am 6. August 1990 in Bad Reichenhall [Auszug]

– Leiter Ministerbüro –

Bonn, den 8. August 1990

<u>von BM noch nicht gebilligt</u>

---

[30] Absatz am re. Rand per Hand doppelt angestrichen.
[31] Vgl. Dokument Nr. 1, Anm. 6.
[32] Im Dokument: Herbses.

Betr.: Gespräch BM/AM Meckel am Montag, 6. August 1990, Bad Reichenhall

Teilnehmer: H. v. Fritsch[1] (LMB AM Meckel)
             VLR I Elbe

Aus dem Gespräch mit AM Meckel ist folgendes festzuhalten:
[...].[2]

BM berichtete über seine Eindrücke im Kaukasus.[3] Er sei überrascht gewesen über die öffentliche Reaktion auf das Ergebnis. Ihm sei von vornherein klar gewesen, daß es der Sowjetunion auf drei Dinge angekommen sei:
1. Fortschritte im KSZE-Prozeß
2. ein neues Verhältnis der Bündnisstaaten zueinander
3. eine Obergrenze für die Bundeswehr.

Nach seinem Eindruck seien die sowjetischen Gesprächspartner im Kaukasus mit fertigen Vorstellungen angetreten. Insofern seien die Gespräche auch erstaunlich unkompliziert verlaufen. Eine wichtige Frage sei der Verbleib von alliierten Kontingenten in West-Berlin während der Anwesenheit sowjetischer Truppen in der DDR gewesen. Gorbatschow habe darauf Wert gelegt, auch sowjetische Truppen in Berlin zu haben. Dies habe für ihn einen wichtigen symbolischen Wert.

BM führte fort [sic!], daß es wichtig sei, Überlegungen anzustellen, was mit den sowjetischen Truppen in der DDR zu geschehen habe. Offensichtlich sei die Lage in den sowjetischen Kasernen dramatisch.

AM bejahte dies. Der Standard der sowjetischen Truppen sei erheblich schlechter als der der NVA. Hinzu kämen Kontaktprobleme und zunehmende Ressentiments der Bevölkerung gegen die sowjetischen Soldaten.

AM bejahte die Frage von BM, ob sich die Stimmung der Bevölkerung in Bezug auf die sowjetischen Soldaten verschlechtere. Ein wichtiger Punkt des Anstoßes seien die Umweltsünden der sowjetischen Truppen.

AM überlegte, ob es nicht angezeigt sei, in Bezug auf die sowjetischen Truppen eine gemeinsame Initiative zu entwickeln.

BM erwiderte, daß man daran denken könne, Bürgermeister aus Großstandorten mit amerikanischen, englischen, französischen und anderen alliierten Truppen zusammenzuführen und in einen Erfahrungsaustausch zu treten, der dann für die Beziehungen zwischen den sowjetischen Truppen einerseits und den zivilen Verwaltungsorganen und der Bevölkerung der DDR andererseits genutzt werden [könnte].[4]

BM wies darauf hin, daß die sowjetische Seite wohl schon bei dem nächsten bilateralen Treffen mit uns über die Fragen der Stationierung reden wolle.[5] BM stellte in diesem Zusammenhang die Frage nach dem Eigentum der sowjetischen Truppen in der DDR. Dies

---

[1] Wolfram von Fritsch, 1990 Leiter des Ministerbüros des DDR-Außenministers Meckel.
[2] Zunächst sprach Genscher zwei Einzelfälle an, „in denen die Treuhand Schwierigkeiten schaffe". Danach ging es um die „personellen Auswirkungen der Vereinigung auf den Auswärtigen Dienst" der DDR und um die Abwicklung von DDR-Botschaften im Ausland.
[3] Vgl. Dokument Nr. 39, Anm. 1.
[4] Im Dokument: könnten.
[5] Vgl. Dokumente Nr. 41 und 42.

sei ein Punkt, der von der sowjetischen Seite bei den Gesprächen im Kaukasus angeschnitten worden sei.

AM erwiderte, daß das Problem des Eigentums der sowjetischen Truppen „so viel wohl nicht sein könne".

Grundstücke und Häuser seien zur unentgeltlichen Nutzung überlassen worden. Er gehe davon aus, daß das beschlagnahmte Vermögen zurückgegeben werden müsse. Man werde sich sicherlich über die Frage, was beschlagnahmt worden sei, was zur Nutzung überlassen worden sei und was im Eigentum der sowjetischen Truppe stehe, streiten. Die Lösung des Problems werde wahrscheinlich auf eine pauschale Abfindung hinauslaufen.

BM bat AM, über diese Fragen unterrichtet zu werden.

BM fuhr fort, daß die Sowjetunion bei dem bevorstehenden Treffen über Fragen der Stationierung, des bilateralen Vertrages und des Abschlußdokuments sprechen [wollte].[6] Er gehe davon aus, daß das Treffen in Moskau die Dinge zum Abschluß bringen könnte.[7] Er habe mit AM Hurd kürzlich gesprochen; dieser wolle ein Treffen in London nur noch, wenn es auch noch ein Treffen in Washington gebe.[8]

BM trug ausführlich an Hand der Vorlage von D 2 A (Fach 6) vor. Er trug AM unseren Entwurf einer Erklärung über die Streitkräfte des vereinigten Deutschland vor.[9]

AM stimmte der Erklärung grundsätzlich zu.

BM sagte ferner, daß die Vorstellung, die DDR könne ihre Quote beim Gerät mitnehmen, absurd sei. Hierin unterstützte ihn AM nachdrücklich. Etwas anderes sei auch nicht die Auffassung des MfAA. Beide Minister waren der Auffassung, daß die Abrüstungsbeauftragten bald zusammentreffen sollten, um über zwei Fragen zu sprechen:
1. Abgabe der Erklärung über die Streitkräfte des vereinten Deutschlands
2. Verbleib der Quote beim Gerät

Das Datum der Abgabe der Erklärung und die Frage, wer sie abgeben würde – Expertenebene oder Ministerebene – sollte noch offen bleiben. Aus seiner Sicht hielt BM den 30. August 1990 für ein sinnvolles Datum, um die Erklärung abzugeben.

AM regte an, gemeinsam in Genf auf der NV-Überprüfungskonferenz aufzutreten.[10]

BM sagte Überprüfung dieses Gedankens zu.

BM führte schließlich aus, daß in den anstehenden Prozessen die Sowjetunion sehr stark auf Deutschland setze. Es dürfe hier keine Enttäuschung geben. Es dürfe nicht der

---

[6] Im Dokument: wollten. Die relevanten Vertragswerke sind: Deutsch-sowjetischer Vertrag über gute Nachbarschaft, Partnerschaft und Zusammenarbeit vom 9.11.1990, in: BGBl. 1991 II, S. 703–709; Deutsch-sowjetisches Abkommen über einige überleitende Maßnahmen vom 9.10.1990 sowie Vertrag zwischen der Bundesrepublik Deutschland und der Sowjetunion vom 12.10.1990 über die Bedingungen des befristeten Aufenthalts und die Modalitäten des planmäßigen Abzugs der sowjetischen Truppen aus dem Gebiet der Bundesrepublik Deutschland (mit Anlagen), in: BGBl. 1990 II, S. 1655-1659 und BGBl. 1991 II, S. 258-290; Deutsch-sowjetischer Vertrag über die Entwicklung einer umfassenden Zusammenarbeit auf dem Gebiet der Wirtschaft, Industrie, Wissenschaft und Technik vom 9.11.1990 (mit Briefwechsel), in: BGBl. 1991 II, S. 799-809; Vertrag über die abschließende Regelung in Bezug auf Deutschland vom 12.9.1990, in: BGBl. 1990 II, S. 1317-1329.
[7] Zum 2+4-Außenministertreffen in Moskau am 12.9.1990 vgl. Vermerk vom 22.10.1990, PA AA, ZA 198.459 E sowie Dokumente Nr. 41 und 42. Die im Folgenden angesprochenen weiteren 2+4-Außenministertreffen fanden nicht mehr statt.
[8] Zum Gespräch Genschers mit Hurd am 30.7.1990 in London vgl. das Fernschreiben der Botschaft London vom 30.7.1990, PA AA, ZA 178.927 E.
[9] Vgl. Dokument Nr. 32, Anm. 15.
[10] Gemeint ist die ständige Konferenz über Fragen der Abrüstung, Rüstungskontrolle und Nichtverbreitung.

Eindruck entstehen, als ob die Deutschen sich die Welt nach der Vereinigung anders ansähen. Auch die USA setzten auf uns, ebenso GB und F, obwohl F seine Rolle in Bezug auf das neue Deutschland noch nicht identifiziert habe. Für F sei wichtig, welche Auswirkungen die Entwicklung zu einem 80 Millionen-Volk für das deutsch-französische Verhältnis haben werde. Aus deutscher Sicht komme es darauf an, dazu beizutragen, daß D und F ein gleichberechtigtes Gespann bleiben. Mit F gehe vieles. Ohne F gehe in Europa nichts. Am allerwichtigsten sei jedoch, wiederholte BM, daß die Sowjetunion in ihren Erwartungen, die sie in die künftige Zusammenarbeit mit uns richte, nicht enttäuscht werde. [...].[11]

gez. Elbe

2.) <u>Verteiler:</u> [...].[12]

PA AA, ZA 178.927 E.

Nr. 41
Aufzeichnung des Dolmetschers Hartmann vom 17. August 1990 über das Vier-Augen-Gespräch von Bundesaußenminister Genscher mit dem sowjetischen Außenminister Ševardnadze am 17. August 1990 in Moskau[1]

<u>Aufzeichnung</u>[2]
des Vier-Augen-Gesprächs zwischen Bundesminister Genscher (BM) und dem sowjetischen Außenminister Schewardnadse (SAM) am 17. August 1990 in Moskau

BM: Er wolle in diesem Gespräch Anmerkungen zu zwei Themen machen, einmal zur Entwicklung in der DDR und zum anderen zum weiteren Procedere bei den verschiedenen Verhandlungsgremien. Er wolle ganz offen sein, ihm scheine, daß der Regierung und dem Parlament in der DDR die Probleme über den Kopf wüchsen. Als die Liberalen in der DDR wegen der Frage der Wahlen nach der entsprechenden Initiative von de Maizière aus der Regierung ausgeschieden seien, habe er SAM bereits gesagt, daß dies keine Probleme schaf-

---

[11] Austausch über die ursprüngliche Ablehnung des Verbleibs alliierter Truppen in Berlin durch Meckel sowie zur früheren Forderung nach einem atomwaffenfreien Gesamtdeutschland. Ferner Gespräch über Personalfragen in Zusammenhang mit dem DDR-Kulturinstitut in Moskau. Abschließend spricht Meckel ohne weitere Diskussionen die Einrichtung eines kleinen Grenzverkehrs mit Polen und die Wiedergutmachung gegenüber Israel an.
[12] StS Lautenschlager und Sudhoff, D 2, D 2 A, Dg 21, RL 210 und D 5; Sichtvermerke, Ablagevermerk undatiert.
[1] Von der deutschen Botschaft in Moskau am 22. 8. 1990 an das Ministerbüro übersandt: „Die Vorlage der Gesprächsaufzeichnung war seinerzeit zwischen dem BM und Herrn Hartmann abgesprochen worden." PA AA, ZA 178.928 E. Gem. des ungez. Vermerks vom 18. 8. 1990 über das Ergebnis des Besuchs am 16./17. 8. 1990 in Moskau fand das Vier-Augen-Gespräch vor dem Delegationsgespräch (s. Dokument Nr. 42) statt, PA AA, ZA 178.928 E.
[2] Im Dokument zusätzlich Sperrdruck.

fen werde, weil die Liberalen den Kurs der Regierung weiter unterstützen würden.³ Die Liberalen in der DDR hätten sich daran gehalten, die Liberalen in Deutschland [sic!] hätten dafür gesorgt. Die Lage sei jetzt, da vier Minister aus der Regierung der DDR entlassen worden seien,⁴ jedoch bedeutend komplizierter geworden. Er hoffe, daß es bei der Absicht bleibe, die Einigung um den 14.10.1990 zu vollziehen. Er habe seinen politischen Freunden in der DDR den dringenden Rat gegeben, sich so zu verhalten. In einer Woche werde er de Maizière sehen. Die Bundesrepublik sei an einem ordentlichen Verlauf interessiert.

Zum weiteren Procedere – es sei etwas schwierig, da es sich nicht nur um <u>einen</u> Vertrag handele.⁵ Er werde vorschlagen, daß Finanzminister Waigl⁶ [sic!] für die Verhandlungen über den Überleitungsvertrag in der kommenden Woche, d. h. ab 24.08. mit seinem sowjetischen Partner⁷ bereit sei, der Ort sei gleichgültig. Er habe heute auch versucht, einen ähnlichen Terminvorschlag für die Verhandlungen über das umfassende Wirtschaftsabkommen, für das Bundesminister Haussmann⁸ zuständig sei, zu machen. Er habe jedoch BM Haussmann an seinem Urlaubsort bislang nicht erreichen können. Auch die Verhandlungen über den sogenannten großen Vertrag müsse man beschleunigen. Bevor er sich zu den Verhandlungen „2+4" äußere, wolle er SAM noch von einem kürzlichen Gespräch mit dem Vorstandsvorsitzenden der Deutschen Bundesbank, Pöhl,⁹ berichten. Pöhl habe [ihm]¹⁰ von seinem inoffiziellen Treffen mit dem sowjetischen Finanzminister¹¹ berichtet. Pöhl habe den Eindruck gewonnen, daß die Sowjetunion wiederum Liquiditätsprobleme habe. Er selbst könne dies nicht beurteilen, aber nach deutscher Überzeugung verfüge die Sowjetunion über bedeutsame Sicherheiten, die sie auch einem internationalen Konsortium anbieten könne. Die deutsche Seite sei sich nicht sicher, ob die zuständigen Institutionen in der Sowjetunion hierüber [Bescheid]¹² wüßten. Pöhl habe ihm gesagt, daß das kürzlich ausgeschiedene Vorstandsmitglied Köhler¹³ gern bereit sei, die entsprechenden sowjetischen Institutionen hierzu zu beraten. Köhler sei für derartige Probleme verantwortlich gewesen. Er wolle diese Frage jedoch nicht zum Gegenstand der Verhandlungen machen, er hielte es jedoch für seine Pflicht, das Problem anzusprechen und die Aufmerksamkeit der sowjetischen Seite auf diese Möglichkeit zu richten.

---

³ Austritt des Bundes Freier Demokraten aus der Regierung am 24.7.1990 vor dem Hintergrund der Debatten über den Beitrittstermin und über das Wahlverfahren (5%-Klausel).
⁴ Am 16.8.1990 entließ de Maizière die Minister Romberg (Finanzen; SPD), Pollack (Ernährung, Land- und Forstwirtschaft; parteilos für die SPD) sowie – auf eigenen Wunsch – Pohl (Wirtschaftsminister; CDU) und Wünsche (Justiz; parteilos, früher LDP). Am 20.8. zog die SPD ihre verbliebenen Minister und Staatssekretäre aus der Regierung zurück. Walter Romberg (*1928), seit Februar 1990 Minister ohne Geschäftsbereich, seit April 1990 Finanzminister der DDR; Peter Pollack (*1930), seit April 1990 Minister; Gerhard Pohl (*1937), seit April 1990 Wirtschaftsminister der DDR; Kurt Wünsche (*1929), 1967-1972 und seit Januar 1990 Justizminister der DDR.
⁵ Zu den Vertragswerken vgl. Dokument Nr. 40, Anm. 6.
⁶ Theo Waigel (*1939), 1989-1998 Bundesfinanzminister.
⁷ Von sowjetischer Seite führte Sitarjan die entsprechenden Verhandlungen. Stepan Aramaisovič Sitarjan (*1930), 1989-1991 Stellv. Vors. des Ministerrats der UdSSR und Vorsitzender der Staatlichen Außenwirtschaftskommission des Ministerrats sowie Ständiger Vertreter der UdSSR im RGW.
⁸ Helmut Haussmann (*1943), 1988-1991 Bundeswirtschaftsminister. Für die sowjetische Seite waren wiederum Sitarjan bzw. Ministerpräsident Ryžkov zuständig.
⁹ Karl Otto Pöhl (*1929), 1980-1991 Präsident der Bundesbank.
¹⁰ Im Dokument: ihn.
¹¹ Valentin Sergeevič Pavlov (1937-2003), 1989-1990 Finanzminister, 1991 Premierminister der UdSSR.
¹² Im Dokument: bescheid.
¹³ Horst Köhler (*1943), 1990-1993 Staatssekretär im Bundesfinanzministerium.

Er sei sich mit SAM darin einig, daß man daran festhalten wolle, die Verhandlungen „2+4" in Moskau abzuschließen. Er habe aus dem sowjetischen Dokument den Schluß gezogen, daß man für das 2+4-Dokument einige Fragen vorgesehen habe, die systematisch nicht dorthin gehörten, andere in dem Entwurf enthaltene Punkte müßten in bilateralen Verträgen zwischen Deutschland und der Sowjetunion behandelt werden.[14] BM bat SAM um seine Vorstellungen hinsichtlich der Paraphierung und der Unterzeichnung der abschließenden Regelung.

SAM: Wie sich die Dinge in der DDR auch entwickeln mögen, es bestehe kein Zweifel daran, daß sich die Einigung vollziehe, vielleicht werde der Prozeß etwas schmerzhafter sein. Man könne diesen Prozeß nicht stoppen und dies sei auch nicht erforderlich. Es sei sicher nicht so gut, wenn sich die Einigung in einer kürzeren Frist vollziehe, aber dies sei eine interne Angelegenheit. Da sich der Prozeß der Einigung Deutschlands so schnell entwickele, bedeutend schneller als erwartet, sehe er es als die gemeinsame Aufgabe der beiden Seiten an, den Mechanismus 2+4 zu beschleunigen, um die Positionen abzustimmen. Man müsse [des weiteren][15] die Abstimmung der anderen Abkommen beschleunigen. Die sowjetische Seite gehe davon aus, daß der Prozeß direkt mit der Verabschiedung eines ernsthaften, eindrucksvollen politischen Dokuments beendet werden solle. Das sei von großer Bedeutung für die Sowjetunion, für Deutschland, für Europa und für die ganze Welt. Er habe keinen Zweifel daran, daß es sich hier um ein Dokument von großer historischer Bedeutung handle, dessen Sinn man heute noch nicht vollkommen erfassen könne. BM und er würden bald stolz darauf sein können, wenn sie sich daran erinnerten, daß sie an der Vorbereitung und Verabschiedung dieses abschließenden Dokuments mitgewirkt hätten. Zwischen beiden Ministern bestehe einheitliche Meinung zu der Frage der europäischen Strukturen. Hierüber werde man ebenfalls in Gespräche eintreten müssen. Er wolle jedoch auch darauf verweisen, daß, wenn das abschließende Dokument fertig sei, ohne daß die Frage der zukünftigen bilateralen Beziehungen klar sei, Probleme entstehen würden. Deshalb sei er der Meinung, daß man im Geiste des Treffens von Stawropol handeln müsse, man müsse den großen Vertrag, den Brief des Bundeskanzlers und alle äußeren Aspekte behandeln.[16]

Er wolle jedoch nun eine Frage hervorheben, derentwegen er um dieses Gespräch nachgesucht habe – es handele sich um die Frage der sowjetischen Streitkräfte in der DDR. Dies sei ein äußerst sensitiver und schmerzlicher Punkt. Hier gebe es [politische],[17] moralische, psychologische und finanzielle Aspekte. Er verstehe, daß diese Frage auch für Deutschland nicht leicht sei. Es sei jedoch so, daß, wenn die Soldaten zurückkämen, es praktisch hier keine Möglichkeit gebe, sie unterzubringen. Diese Tatsache könne unkalkulierbare Folgen sowohl innerhalb der Sowjetunion als auch bei den sich noch in der DDR befindlichen Truppen haben. Er wolle BM vertraulich mitteilen, daß bei den Truppen in der DDR jetzt bereits Prozesse vor sich gingen, die man mit größter Wachsamkeit beobachten müsse. Er habe gestern nach dem Eintreffen des BM noch mit Präsident Gorbatschow telefoniert; auch dieser sei der Meinung, daß es sich hier um eines der wichtigsten Probleme handle. So ginge es hierbei z. B. um das Problem der Umschulung der Soldaten. Im

---

[14] Zu sowjetischen Entwürfen vgl. Dokument Nr. 42, Anm. 7 sowie Dokument Nr. 43. Vgl. dazu das Gespräch Teltschiks mit Kastrup am 15. 8. 1990, in: Deutsche Einheit, S. 1462.
[15] Im Dokument: desweiteren.
[16] Vgl. Dokument Nr. 35, Anm. 5.
[17] Im Dokument: politisch.

Zusammenhang mit dem Übergang der Sowjetunion zur Marktwirtschaft würden ohnehin schon viele Menschen aus dem Arbeitsprozeß ausscheiden müssen. Dies werde die Lage weiter komplizieren. Die Unterbringung der Soldaten in den einzelnen Unionsrepubliken sei auch problematisch. Es gebe zwar ein Gesetz, nach dem die Unionsrepubliken gezwungen seien, 10% des Umfangs an Wohnungsneubauten der Armee zur Verfügung zu stellen, aber gegenwärtig beachte keiner die Bestimmungen dieses Gesetzes. Deshalb sei man in einer schwierigen Lage. Er habe sich deshalb entschlossen, diese Frage in den Vordergrund zu stellen, weil sie am dringlichsten einer Lösung für die Sowjetunion bedürfe und auch von großer Bedeutung für die bilateralen Beziehungen sei. Nach dem Treffen im Kaukasus habe man Diskussionen mit den Militärs gehabt, die immer noch weitergingen. Er wolle ohne diplomatische Floskeln und ohne ein besonderes Geheimnis zu eröffnen mitteilen, daß die Militärs der Frist von drei bis vier Jahren nicht zustimmten, sie wollten eine Frist von fünf bis sechs Jahren für den Abzug. Bis gestern habe es äußerst harte Diskussionen gegeben. Dann sei man zu einem Kompromiß gekommen: Die Soldaten sollten drei bis vier Jahre in der DDR verbleiben, im Verlauf eines weiteren Jahres sollte der Abtransport der Ausrüstungen und der Vermögenswerte erfolgen. Die Militärs hätten Zahlen über die Transportkapazitäten auf Schiene und Straße angeführt, um damit zu beweisen, daß der Abtransport in drei bis vier Jahren nicht möglich sei. Er bitte BM, dies zu berücksichtigen. Es wäre wünschenswert, in all diesen Fragen bis zum 12.09.1990 Klarheit zu haben. Sowjetische Seite sei dafür, am 12.09.1990 alle Probleme im Zusammenhang mit der Einigung abzuschliessen. Wenn dies so sei, könne man das Dokument dann in Anwesenheit von Präsident Gorbatschow unterzeichnen.

BM: Er sehe hier zwei Probleme im deutsch-sowjetischen Verhältnis. Das sei erstens der Abzug der sowjetischen Truppen und zweitens die Regelung ihrer Anwesenheit in der DDR. Was den Abzug betreffe, so rate er dringend dazu, sich an das zu halten, was im Kaukasus vereinbart worden sei. Man müsse eher die Aufmerksamkeit darauf lenken, wie man den Abzug erleichtern könne. Hierbei stellten sich zwei Probleme: Erstens die Unterbringung der Soldaten in der Sowjetunion. Deshalb sei es nötig, Gespräche hinsichtlich des Wohnungsbaus zu führen und darüber, wie die deutsche Seite helfen könne. Zweitens stelle sich das Problem der Umschulung und Weiterbildung für die Soldaten. Dabei müsse man entscheiden, ob dieser Prozeß beginnen solle, während die Soldaten noch in der DDR seien oder erst nachdem sie sie verlassen hätten. In der DDR gebe es viele Menschen, die Russisch sprechen. Er überlege sich, ob man nicht die Umschulungsprogramme bereits in der DDR beginnen lassen solle und ob man sie nicht sogar dort abschliessen könne. Er stelle sich noch eine andere Frage im Zusammenhang mit dem Aufenthalt der Soldaten für drei bis vier Jahre. Die deutsche Seite habe festgestellt, daß das Verhältnis der sowjetischen Soldaten in der DDR zur dortigen Bevölkerung ein völlig anderes sei als das zwischen den in der Bundesrepublik stationierten westlichen Soldaten und der Bevölkerung dort. In der Bundesrepublik gebe es zwischen beiden Seiten ein enges Verhältnis, man lebe praktisch zusammen. Die Soldaten in der DDR lebten jedoch in einer großen Abschottung, dies berge Risiken in sich. Es sei wichtig, daß man in dem entsprechenden Vertrag die Rechte und Pflichten genau beschreibe, um jegliche Probleme auszuschliessen. Die deutsche Seite sei daran interessiert, daß die sowjetischen Soldaten als Freunde in der DDR blieben und als Freunde abzögen.[18]

---

[18] Am 29.8.1990 übergab de Maizière Genscher einen „Katalog von Besonderheiten und Problemen im Zusammenhang mit dem Aufenthalt sowjetischer Streitkräfte auf dem Territorium der heutigen

Was den Abtransport der Ausrüstungen anbelange, so werde man ja sicher nacheinander einzelne Stationierungsorte aufgeben. Es sei deshalb nicht nötig, mit dem Transport abzuwarten, bis der letzte Soldat die DDR verlassen habe. SAM und er seien gleichermaßen daran interessiert, den Überleitungsvertrag schnell zu vereinbaren, deshalb sei BM Waigl [sic!] am 24.08.1990 zu Verhandlungen bereit.

Was die 2+4-Verhandlungen betreffe, so habe er mit dem amerikanischen Staatssekretär Baker und dem britischen Außenminister Hurt [sic!] gesprochen. Beide stimmten einem Abschluß der Verhandlungen in Moskau zu, auch wenn bei ihnen kein 2+4-Treffen stattgefunden habe.

Er habe die Frage nach einer Trennung von Paraphierung und Unterzeichnung gestellt. SAM werde verstehen, daß deutsche Seite es gern sähe, wenn die abschließende Regelung auf deutschem Boden unterzeichnet würde. Es gebe hierzu noch keine endgültige Entscheidung, aber er wolle seine Meinung zu dieser Frage ausdrücken. Man könne in Moskau durch die Außenminister paraphieren und später auf deutschem Boden unterzeichnen. Zur Frage des Unterzeichnungsortes könne er noch keine Angaben machen. SAM sei die Diskussion um die deutsche Hauptstadt bekannt. Er selbst sei ein „Berliner". Vielleicht würde man eine Entscheidung über den Unterzeichnungsort als Präjudiz für die Lösung der Hauptstadtfrage betrachten. Man könne sich auch einen dritten Ort in Deutschland vorstellen, der aufgrund seiner Geschichte als Unterzeichnungsort in Frage komme. Es gebe davon einige – sowohl in der Bundesrepublik als auch in der DDR.

SAM: Sowjetische Seite wolle auch dieses Problem bedenken. Er gebe zu, daß der Vorschlag von BM logisch sei und einen Sinn ergebe. Wenn man in Moskau unterzeichne, so wäre dies auch von großer symbolischer Bedeutung.

BM: Er nehme die Äußerung von SAM sehr ernst.

Man habe sich vorgenommen, das Ergebnis der 2+4-Verhandlungen in Paris auf dem Gipfeltreffen der KSZE vorzulegen. Wenn man die gegenwärtige Entwicklung betrachte, müsse man überlegen, ob es nicht einen anderen Ort für die Unterrichtung der KSZE-Staaten vor dem Pariser Treffen gebe. Es sei möglich, die Staaten nach der Unterzeichnung des Dokuments schriftlich zu unterrichten, man könne das Dokument auch bei dem Außenminister-Treffen der KSZE-Staaten am 1. und 2. Oktober 1990 in New York präsentieren. Das sei dann auch noch ein Termin vor der für den 14.10.1990 vorgesehenen Einigung. SAM und er seien sich darin einig, daß die Unterzeichnung des abschließenden Dokuments durch die beiden deutschen Staaten und die Ratifizierung durch das gesamtdeutsche Parlament erfolgen sollten.

SAM: Er sei ebenfalls der Meinung, daß man das Dokument zu einem beliebigen Zeitpunkt den Staats- und Regierungschefs der KSZE-Staaten zuleiten könne. Man habe ja

---

DDR", PA AA, ZA 178.918 E. Als Punkte, die bei der andauernden Stationierung zu beachten waren, galten: deutsche Souveränität im Luftraum, Rechtshoheit über Grenz- und Zollregime auch hinsichtlich der sowjetischen Armee; die Beendigung der Aktivitäten des KGB und der GRU; die Gewährleistung der militärischen Sicherheit; eine Begrenzung der militärischen Aktivitäten der sowjetischen Armee (v.a. Tiefflüge, Übungsschießen); Regelungen im Umweltschutz, Übungsschäden; Beschäftigung deutscher ziviler Arbeitskräfte; Regelung der Folgen von Verkehrsunfällen; allg. Verbesserung des Verhältnisses zwischen Zivilbevölkerung und sowjetischem Militär; Neuregelungen für Bereiche, die durch frühere bilaterale Abkommen zwischen der DDR und UdSSR reguliert waren (Benachrichtigung bei „speziellen Unfällen"; Lieferungen/Leistungen für die Armee inkl. Regelung der finanziellen Verpflichtungen; Flächen- und Objektnutzung durch die Armee; Funkfrequenzen; Gesundheitswesen; Jagd durch Armeeangehörige; Beschäftigung sowjetischer Zivilisten in deutschen Betrieben).

vereinbart, daß dieses Dokument nicht zur Bestätigung, sondern zur Kenntnisnahme vorgelegt werden solle. Dann könnten sich die Staaten zu dem Dokument äußern. Die Präsentation in New York sei ein vernünftiger Vorschlag.

BM: Wichtig sei, daß die Präsentation vor der Einigung geschehe, dann könne auch die DDR ihr Wort dazu sagen.

SAM: Er bitte nochmals, seine Worte hinsichtlich der sowjetischen Truppen zu berücksichtigen.

BM: Er sehe den Bundeskanzler am Montag und BM Waigl [sic!] würde für die bevorstehenden Verhandlungen gut vorbereitet werden. SU könne Verhandlungsort bestimmen.

SAM: Man müsse jetzt einen äußerst schwierigen Fragenkomplex lösen, man durchlaufe gegenwärtig einen Zeitraum und man müsse dies ohne Schaden für die Perspektive des bilateralen Verhältnisses tun. Er sehe, daß die Frage des Abzugs der sowjetischen Truppen eine gemeinsame Sorge sei.

BM: Bei dem Treffen im Kaukasus sei von beiden Seiten ein hohes Maß an Vertrauen eingebracht worden, das jetzt erhalten bleiben müsse und das man nicht aufs Spiel setzen dürfe. Er verstehe die sowjetischen Probleme und werde sich für deren Lösung einsetzen. Er bitte jedoch, an der Frist von drei bis vier Jahren festzuhalten, dies sei eine psychologische Frage, besonders auch für die DDR. Er glaube, daß man den Abzug gut organisieren könne und daß man die Frage der Umschulung und der Weiterbildung sowie des Wohnungsbaus lösen könne. Für die Soldaten, die sich gegenwärtig in der DDR aufhielten, sei es wichtig, daß sie schon in der DDR eine entsprechende Aus- oder Umbildung erhielten.

SAM: Man könne vielleicht eine Variante mit einzelnen Aus- und Umbildungszentren in der DDR anbieten.

BM: Gegenwärtig erfülle sich das, worüber man in der Vergangenheit oft geredet habe, man müsse das Potential für die Zukunft nutzen.

Moskau, 17.08.1990

(Hartmann, BR)[19]

PA AA, ZA 178.928 E.

Nr. 42
Vermerk des Leiters des Referats 213, Neubert, vom 18. August 1990 über das Delegationsgespräch von Bundesaußenminister Genscher mit dem sowjetischen Außenminister Ševardnadze am 17. August 1990 in Moskau

Az.: 213-321.11 SOW

Bonn, 18. Aug. 1990

---

[19] Darüber eigenhändige Unterschrift.

Vermerk[1]

Betr.: **Konsultationen BM – AM Schewardnadse in Moskau am 17. August 1990**

An den Konsultationen nahmen teil:

auf sowjetischer Seite:
AM Schewardnadse, VAM Karpow, Hauptabteilungsleiter West- und Nordeuropa Fokin, Leiter Planungsstab Tarasenko, Leiter AM-Büro Stepanow,[2] Sonderbotschafter Bondarenko, Sektorleiter BuRep Deutschland Jelisarijew, Stv. Leiter Wi-Abt. Pjensin (plus Dolmetscher)

auf deutscher Seite:
BM Genscher, Botschafter Blech, MD Kastrup, D 2-V Höynck, D 4 Jelonek, MDg Chrobog, VLR I Elbe, VLR I Neubert, BR Schäfers (Dolmetscher: BR Hartmann).[3]

VAM Karpov[4] (Rüstungskontrolle) und D 2A Holik führten getrennte Gespräche und traten zum Ende der Ministerkonsultationen hinzu.

AM Schewardnadse (AM): [5]begrüßte BM und Delegation, stellte fest, 50% der Fragen [seien][6] bereits unter vier Augen erledigt, entscheidende Tage und Wochen stehen für Beziehungen SU-Bundesrepublik bevor, davon hängen ab die Zukunft, die Perspektiven und die Freundschaft zwischen SU und vereintem Deutschland.

Nachkriegszeit – in der schlimme Fehler begangen wurden – geht zu Ende, ebenso Kalter Krieg und Konfrontation, aber auch in dieser Zeit habe es Gutes in den Beziehungen der Sowjetunion zur DDR und zur Bundesrepublik gegeben,

Entwicklung positiver, bilateraler Beziehungen, des KSZE-Prozesses und der Ost-West-Beziehungen insgesamt sei wichtige Etappe gewesen, solides politisches Kapital wurde angesammelt,

Einigung Deutschlands geht schneller als vorgesehen, alte Fragen müssen rasch gelöst werden, ernste Hindernisse auf dem Weg der 2+4-Verhandlungen sind beseitigt, SU hat dazu Beitrag geleistet,

Vergleich sowjetischen 2+4-Entwurfs vom 22.06. mit neuem Text (übergeben am 16.08.90) zeigt, daß viel Neues darinsteht, sowjetische Seite sich bewegt, Nuancen berücksichtigt, jetzt entschlossen ist, aktiv und dynamisch in alle Richtungen zu handeln.[7]

---

[1] Zusätzlich Sperrdruck. Am oberen Seitenende handschr.: „SOW"; darunter Eingangsstempel des AA, Ministerbüro I, vom 20.8.1990; darunter handschr.: „zdA 17/9". Am Seitenende maschinenschr.: „010: Mit der Bitte, Zustimmung BM herbeizuführen"; daneben handschr.: „N[eu]b[ert] 20/8"; Unterstreichung von Hand.
[2] Tejmuraz Georgievič Stepanov (*1934), 1985–1991 Assistent bzw. Büroleiter Ševardnadses.
[3] Jürgen Chrobog (*1940), 1983–1991 Leiter der Presseabteilung und Sprecher des AA; Alois Jelonek (*1931), Leiter der Abteilung D 4 (Abteilung u.a. für Außenwirtschaftspolitik).
[4] Wechselnde Schreibweise gem. Dokument.
[5] Die unterschiedliche Formatierung der Redebeiträge in der Vorlage wurde im Abdruck vereinheitlicht, die sparsame Zeichensetzung der Vorlage nur in unbedingt notwendigen Einzelfällen korrigiert. Die Hervorhebung der Personen erfolgte durch den Herausgeber.
[6] Im Dokument: sei.
[7] Entwurf vom 22.6.1990, in: PA AA, ZA 198.462 E; vgl. dazu auch Kwizinskij, Vor dem Sturm, S. 40–46; Vorlage Teltschiks an Kohl vom 26.6.1990 betr. Außenminister-Treffen, in: Deutsche Einheit,

1. Bis 12.09. sollen 2+4-Verhandlungen über die äußeren Aspekte der deutschen Einheit abgeschlossen werden.
2. Bis dahin auch Klarheit schaffen in allen Aspekten bilateraler Beziehungen, wie in Archys besprochen.[8]
3. Beitragen zu KSZE-Prozeß, Schaffung Strukturen der Sicherheit in Europa, damit dieser Prozeß nicht zurückbleibt hinter deutscher Vereinigung.
– 2 + 4: Weiterarbeit auf Direktorenebene, SU hat sich bemüht, Ergebnisse der Konsultationen D 2/Kwiz. vom 13.07. zu berücksichtigen; abschließende völkerrechtliche Regelung soll gewichtiges und nach Inhalt und Struktur einheitliches Dokument werden
– wichtig dabei: die militärpolitischen Probleme sind groß, fast wichtiger als die Grenzfrage.

BM Genscher (BM): Beide Seiten sind sich in vielen Fragen nahe gekommen, auch bei Vier-Augen-Gespräch heute morgen. Ziel sei, am 12.09. abschließendes Dokument im Rahmen 2+4 zu verabschieden. Kenntnis genommen, daß D 2 und Kwiz. in Bonn am 27./28. August und danach die sechs Direktoren ab 4. September Arbeit fortsetzen werden.[9]

Abschließendes Dokument soll sich auf die Themen konzentrieren, die zusammengehören, sow. Entwurf enthält einiges, das besser in bilaterale Verhandlungen gehört.

Da Dokument bei einigen oder allen Partnern ratifiziert werden muß, wird es Zeitraum zwischen Ratifikation und Unterschrift geben, d.h. die Vier-Mächte-Rechte **erlöschen** mit Inkrafttreten, daher deutscher Vorschlag für einseitige Erklärungen für Suspendierung der Vier-Mächte-Rechte.[10]

(Kwizinskij: Erklärung oder Erklärungen?
BM: Erklärungen).

BM: Deutsches Interesse ist in Frage Abzug und Stationierung schnell substantielle Klarheit zu schaffen, dementsprechend folgen wir sow. Vorschlag zu zwei Verträgen, den über Stationierung/Federführung AA und den über die Überleitung, der synchron dazu unter Federführung BMF verhandelt [wird].[11]

BM Waigel sei zu erstem Gespräch mit seinem sow. Gegenüber am 24.08. in Bonn oder Moskau bereit.

Einverständnis mit SU-Vorschlag für „großen" Vertrag über die politischen Beziehungen und getrennten „umfassenden" Vertrag über wirtschaftliche Kooperation, dafür werde BM Haussmann Federführung haben. BM hofft, noch heute Termin für Gesprächsmöglichkeit mit BMWi nennen zu können. Schnelles Handeln jetzt von großer Bedeutung.

Für Präsentation 2+4-Ergebnis auf KSZE-Gipfel sind beide Seiten einig, nach Unterschrift 2+4 die anderen KSZE-TNS zu unterrichten, eventuell schon in New York am

---

S. 1262–1265. Eine ausführliche Diskussion des aktuellen sowjetischen Entwurfs in den Gesprächen Kastrups mit Kvicinskij am 27. und 28.8.1990 in Bonn, vgl. Vermerke Pauls vom 29.8.1990, PA AA, ZA 198.459 E. Der neue sowjetische Entwurf vom 1.9.1990 als Anlage zum Gesprächsvermerk vom 28.9.1990 über das Gespräch Kastrups mit Terechov am 1.9.1990 ist abgedruckt als Dokument Nr. 43.

[8] Vgl. Dokument Nr. 35, Anm. 5. Zu den relevanten Vertragswerken vgl. Dokument Nr. 40, Anm. 6.
[9] Vgl. Anm. 7, ferner Vermerk vom 10.10.1990 über das 8. Beamtentreffen vom 4. bis 7.9.1990 in Berlin, PA AA, ZA 198.459 E.
[10] Vgl. schließlich die Erklärung der Vier Mächte über die Aussetzung ihrer Vorbehaltsrechte über Berlin und Deutschland als Ganzes vom 1.10.1990, in: Bulletin Nr. 121 vom 10.10.1990, S. 1266.
[11] Im Dokument: werden.

1./2. Oktober, aber 2+4-Ergebnis nicht von Votum der anderen KSZE-TNS abhängig zu machen[.]

Beide deutschen Regierungen werden bei 2+4-Erklärung zu Protokoll geben und bald Entwürfe zirkulieren zu ABC-Verzicht, künftigem militärischem Status von Berlin und DDR-Gebiet sowie künftiger Stärke gesamtdeutscher Streitkräfte, BM wird Erklärung zu ABC in Kürze in Genf und zum Umfang gesamtdeutscher Streitkräfte noch im August in Wien abgeben. Diese beiden Erklärungen sind unabhängig von der Erklärung zu Protokoll bei 2+4.

Erklärung über Streitkräftestärke von besonderem Gewicht, wird Textentwurf mündlich vortragen, bittet um Verständnis für schriftliche Vorlage erst nach Konsultation mit allen vier Mächten, aber an erster sow. Reaktion interessiert:

„Die Regierung der Bundesrepublik Deutschland verpflichtet sich, die Streitkräfte des vereinten Deutschland innerhalb von drei bis vier Jahren auf eine Personalstärke von 370 000 Mann (Land-, Luft- und Seestreitkräfte) zu reduzieren. Diese Reduzierung soll mit Inkrafttreten des ersten KSE-Vertrages beginnen.

Im Rahmen dieser Gesamtobergrenze werden nicht mehr als 345 000 Mann den Land- und Luftstreitkräften angehören, die gemäß vereinbartem Mandat allein Gegenstand der Verhandlungen über Konventionelle Streitkräfte in Europa sind.

Die Bundesregierung sieht in ihrer Verpflichtung einen bedeutsamen deutschen Beitrag zur Reduzierung der Konventionellen Streitkräfte in Europa. Sie geht davon aus, daß in Folgeverhandlungen auch die anderen Verhandlungsteilnehmer ihren Beitrag zur Reduzierung in Europa leisten werden."[12]

Erwähnung der Seestreitmächte im 1. Absatz stelle kein Präjudiz für weitere KSE-Verhandlungen dar, wie BM bereits in Archys klargestellt hat. Bundesregierung betrachtet diese Verpflichtung als wichtigen Beitrag zur Reduzierung der Streitkräfte in Europa und geht davon aus, daß auch die anderen TNS ihren Beitrag leisten (dies keine Bedingung, sondern Ermahnung, wichtig sei bilaterales Verständnis der deutschen Erklärung).

AM: Gegenseitige Verständigung der Experten am 27./28. August in Bonn wichtig, um vor 2+4-Verhandlungen zusammenzutreffen und Position abzustimmen, da letzten Endes endgültiger Text von deutsch-sowjetischer Verständigung abhängt, komplizierteste Probleme müssen *wir* lösen.

Termine für nächste Begegnungen auf verschiedenen Ebenen (BMF, BMWi) sind intern auf sowjetischer Seite abgesprochen, sowjetische Vertreter stehen bereit.

Anstehende Fragen von prinzipieller Bedeutung, Lösung ist gemeinsames Anliegen, je schneller wir fertig werden, Bedingungen für Aufenthalt und Abzug der Truppen zu klären, desto schneller werden wir mit den anderen Fragen zu den äußeren Aspekten bei 2+4 ebenfalls fertig.

AM fragt, wozu deutsche Seite für Zeit zwischen Unterzeichnung und Ratifikation einseitige Erklärung über Suspendierung der Vier-Mächte-Rechte braucht? Oberster Sowjet (O.S.) steht dann vor Tatsache provisorischen Verzichts seitens SU-Regierung. Besser schnell zu ratifizieren, wenn am 12. 09. 2+4-Verhandlungen abgeschlossen werden und Regelungen für Abzug und Überleitung für Ratifikationsdebatte im Obersten Sowjet und auch im Bundestag vorliegen[,] ist zweistufiges Verfahren vermeidbar.

BM: Unser Problem: Nicht vorhersehbar, wann letzte Ratifikationsurkunde vorgelegt wird. (Debatte im Obersten Sowjet, Bundestag und Parlamenten der anderen drei Mäch-

---

[12] Zur Endfassung und zu den Entwürfen vgl. Dokument Nr. 32, Anm. 15.

te!). BM hofft, daß Zwischenzeit kurz wird, sie tritt aber auf jeden Fall ein, ob kurz oder lang liegt weder in Händen Deutschlands noch der Sowjetunion.

Unser Anliegen: Erlöschen erst bei Inkrafttreten, d. h. O.S. wird keines seiner Rechte genommen. Wir halten Suspendierung durch einseitige Erklärung für möglich, damit bleiben die Rechte bestehen, können jederzeit zurückgenommen werden. – Wir wünschen zum Zeitpunkt der Vereinigung, daß die Ausübung aufhört, nicht mehr sichtbar ist, da nicht mehr zeitgemäß. Dies betrifft nicht allein SU, aber die anderen drei Mächte sind (mit Suspendierung) einverstanden.

AM: Die anderen drei Mächte haben (mit Suspendierung) keine Probleme (Einwurf BM zu Haltung der drei Außenminister).

Suspendierungsfrage zu Berlin nicht so akut, wohl aber für Truppenabzug aus DDR (BM: die wird aber von Suspendierung nicht betroffen!). Abzug stellt für Obersten Sowjet großes Problem dar, Suspendierung wird in O.S. heftig debattiert werden, Ratifikation im O.S. wird schmerzhafter.

Präferenz dafür, Ratifikationsprozeß zu beschleunigen, dies möglich, wenn 2+4 am 12.09. fertig, eventuell sogar zu unterschreiben und andere Fragen – wie in Vier-Augen-Gespräch erläutert – zu lösen[.][13]

(BM fragt, wie lange Ratifikation dauert / AM: keine festen Fristen gesetzlich vorgeschrieben, wenn „normale" Bedingungen für Aufenthalt und Abzug vereinbart werden, kann Zustimmung O.S. beschleunigt werden, Zeitraum etwa 2 bis 3 Monate)[14]

Im O.S. ist starke Schicht von Militärs und Vertretern des militärisch-industriellen Komplexes vertreten, außerdem betrachtet Parlament sich zu Fragen verpflichtet, deshalb seien die o.g. Regelungen wichtig: Was, wenn O.S. nicht ratifiziert, Regierung aber Vier-Mächte-Rechte suspendiert hat, ein Skandal! Deshalb: 2+4 beenden, parallel Verträge verhandeln und in einer Etappe abschließen.

BM: Vorschlag, Arbeit an 2+4 und unmittelbar zusammenhängenden zwei bilateralen Verträgen vorantreiben und Frage Suspendierung erneut aufgreifen, vor 12.09., wenn wir weiter voran sind.[15]

Sowjetische Führung möge bedenken, Suspendierung ist eigene Entscheidung jeder der vier Mächte, wenn die drei westlichen Mächte suspendieren und SU nicht, wäre auch dies kein schönes Bild. Damit Frage heute vorläufig behandelt, abschließende Erörterung nach weiteren Fortschritten in den anderen Fragen, dann Lage leichter auch für Obersten Sowjet.

AM: Einverstanden, auf Frage später (Anfang September) zurückzukommen.[16] SU ist nicht mit anderen drei Mächten zu vergleichen, Vergleich mit ursprünglichen sowjetischen Bedingungen, Deutschland nicht in der NATO etc., alle fremden Truppen verlassen Deutschland oder alle bleiben, Friedensvertrag gebe keinen Grund zur Klage. Im Prinzip mit Procedere BM einverstanden.

BM: Einverstanden, eventuell noch vor 12.09. erneutes Treffen erforderlich. Wie ist erste sow. Reaktion zu Erklärung zur Reduzierung gesamtdeutscher Streitkräfte auf 370 000 Mann?

---

[13] Vgl. Dokument Nr. 41.
[14] Zum Ratifizierungsprozeß vgl. die Dokumente Nr. 117, 118, 121 und 132 in Galkin/Tschernjajew (Hrsg.), Michail Gorbatschow und die deutsche Frage.
[15] Vgl. Anm. 10.
[16] Vgl. Dokumente Nr. 44 und 45.

AM: Erbittet Bestätigung, daß großer politischer Vertrag zwischen AA und SAM ausgehandelt wird.

BM: Bestätigt und fügt hinzu, Inhalt werde in mit SU inhaltlich abgestimmtem Brief des BK vor 12.09. dargelegt werden.

AM: Stimmt zu, man soll am Text arbeiten und auf dieser Basis den Brief schreiben.

BM: Allgemeiner Tenor sow. Vertragsentwurfs ist positiv, Sowjetunion möge aber einige kritische Anmerkungen von deutscher Seite in Überlegungen einbeziehen, so hinsichtlich unserer EG- und NATO-Verpflichtungen und der DDR-Verträge. Deutscher Entwurf wird nächste Woche übermittelt. Kein Zweifel, daß rechtzeitige Verständigung möglich.[17]

AM: Gut, will deutschen Text abwarten (D 2: dann am 27./28.08. erste Gesprächsrunde mit Kwiz.) AM kenne einige deutsche Sorgen wie Bündnisverpflichtungen, SU hat das berücksichtigt, aber West und Ost, beide Blöcke ändern sich grundsätzlich, deshalb auch Erklärungen von London und Moskau im Entwurf berücksichtigt, wenn diese Entwicklung Realität ist, dann müssen andere Beziehungen entwickelt werden. Neuer Vertrag soll gleichzeitig neue Etappe in Beziehungen Deutschland – Sowjetunion sein, zusammen mit den Prozessen in Europa.

BM: Neues Verhältnis in Ost-West muß zwischen den Staaten der Bündnisse vereinbart werden, nicht in bilateralen Verhandlungen. Vertrag soll zukunftsweisendes Dokument werden. Darüber keine Differenz, Verständigung über beide Elemente wird möglich sein.

AM: Unser neuer Vertrag soll „neues Wort" für bilateralen Bereich und den gesamteuropäischen Prozeß sein. Wichtigster Faktor in Europa sind Beziehungen zwischen dem vereinten Deutschland und der Sowjetunion.

(BM fragt erneut nach Reaktion auf Erklärung zu Streitkräftestärke, dazu AM: Vergleich alter und neuer Fassung ergibt, daß neuer Text kein Junktim mit Verhandlungsergebnis Wien II enthält).[18]

BM: Text enthält <u>Erwartung</u> für Wien II, aber <u>keine Bedingung</u> (AM: das sei andere Frage / BM: was heißt das? / AM lachend: darüber kann ich stundenlang reden)

In Archys hat deutsche Seite für Ende der Reduzierungen deutscher Streitkräfte drei bis vier Jahre genannt, dies nicht willkürlich gewählt. (AM fragt, ob Erklärungstext auch in 2+4 Dokument aufgenommen wird / BM bestätigt, er will erst noch mit den drei westlichen Partnern sprechen, dann formellen Textvorschlag unterbreiten) Bei alter Variante, mit Junktim zu Ergebnis von Wien II, bereit zu streiten, mit neuem deutschen Text ist Problem beseitigt!

BM:[19] Wird Erklärung (gemeinsam mit AM Meckel) in Wien abgeben, sie wird dann im Rahmen 2+4 förmlich zur Kenntnis genommen und Bestandteil der abschließenden völkerrechtlichen Regelung. Abgabe der Erklärung selbst aber gegenüber allen 23, durch BM selbst, noch vor 12.09., voraussichtlich Ende August.

Zeitraum von drei bis vier Jahren für Reduzierung der Bundeswehr, wie im Kaukasus genannt, ist nicht zufällig, die Reduzierungen erfolgen zusammen mit dem Abzug der sow. Truppen aus der DDR. Dieser Zusammenhang ist zwischen uns klar und außer Zweifel, dies wird nicht in Wien oder bei 2+4 gesagt, nur unter uns.

AM: An Problem erinnern: materielle und finanzielle Seite sowjetischen Truppenabzugs,

---

[17] Der sowjetische Entwurf vom 15.7.1990 ist abgedruckt in Deutsche Einheit, S. 1348–1352.
[18] Zu Wien II vgl. Dokument Nr. 22, Anm. 20.
[19] Erneute Angabe gem. Vorlage.

– Umschulung des Personals kein Problem
– Problem ist das militärische Eigentum und sein Abtransport, deshalb neue Formel in sow. Entwurf vom 16.08. Eigentlicher Truppenabzug in vier Jahren, zusätzlich ein Jahr für Abtransport wegen begrenzter Eisenbahnkapazität, von Schwierigkeiten der Unterbringung der Truppen in der SU ganz zu schweigen! Aber das werden wir zusammen erörtern, wenn in Vier-Augen-Gespräch angesprochene Probleme gelöst sind, kann auch das (Abzug) beschleunigt werden.

BM: Erinnert an Vier-Augen-Gespräch, bittet an Zeitraum drei bis vier Jahre für Abzug nicht zu rütteln, neue Phase der Beziehungen nicht mit Unklarheiten belasten (Exkurs zum Thema Militärs). Vereinbarung vom Kaukasus stellt klaren Zusammenhang zwischen deutschen Reduzierungen und sowjetischem Abzug her.

Wie geht Abzug vor sich: auch westliche Partner lösen Standorte auf, reduzieren nicht in prozentualen Schritten. So wird auch WGT vorgehen, deshalb wird im letzten halben Jahr nicht alles Gerät noch in DDR sein, nur das der dann noch vorhandenen Verbände. Dies aber ist technisch zu bewältigen.

Wichtig für Abzug ist Unterbringung und Umschulung, damit muß sofort begonnen werden, noch vor Abzug aus der DDR. Gleiches gilt für Wohnungsbau, damit nicht erst am Ende der Frist anfangen. Ernste Bitte, Abzugszeitraum hat große Auswirkung bei uns und vor allem in der DDR (Exkurs über Entsendung von Bürgermeistern mit Erfahrung in Stationierungsfragen in die DDR).

Wie kann man sowjetische Kommandeure beraten, wie gutes Verhältnis zur Bevölkerung hergestellt werden kann? Wir haben drei bis vier Jahre vor uns, um ein Verhältnis zwischen Bevölkerung und sowjetischen Streitkräften herzustellen, das den guten Beziehungen Deutschlands und der Sowjetunion in der Zukunft entspricht.

SU-Sache zu entscheiden, wie Aufenthalt ihrer Truppen in der DDR und die Kontakte zur Bevölkerung gestaltet werden. BM hat Besuche bei westlichen Truppen abgestattet, würde dies auch gerne bei sow. Truppen in der DDR tun, um Zeichen zu setzen für neues Verhältnis. (Exkurs über Partnerschaften, Freundschaftsgesellschaften bei uns mit westlichen Verbündeten). In AA und SAM sollte jemand darüber nachdenken, welche Maßnahmen sich für Neugestaltung dieses Verhältnisses anbieten. Rund eine halbe Million junge Bürger der Sowjetunion sind in der DDR, BM möchte, daß sie mit guten Gefühlen, mit guten Erinnerungen in die Sowjetunion zurückkehren.

AM: Dankt, teilt voll Ansatz BM, Frage sei, wie es zu vereinbaren ist, daß Soldaten, Offiziere, Generäle das Territorium Deutschlands verlassen, aber gleichzeitig Freunde werden. Dazu müssen Besorgnisse beseitigt werden, der Abzug aus Ungarn und der CSFR hat die Truppen in kritische Lage gebracht[20] (Einwurf BM: möchte keinen Abzug wie diese beiden). AM verweist auf Verhältnis von Truppenstärke und für Abzug [eingeräumte][21] Zeit. Soldatenfamilien in der SU hausen in Zeltlagern, Winter steht bevor, viele fähige junge Offiziere wollen die Armee verlassen. Zahlreiche psychologische, moralische und politische Schwierigkeiten. Wenn deutsche und sowjetische Regierungen Bereitschaft deutlich machen, für diese Menschen etwas zu tun, gemeinsame Sorge um ihre Anliegen zeigen, dann könnten Truppen Deutschland als Freunde verlassen.

(BM fragt, ob nicht gemeinsamer Besuch in sowjetischen Standorten möglich / AM: ja, aber wir müssen den Leuten sagen können, was wir für sie tun)

---

[20] Vgl. Dokument Nr. 23, Anm. 22.
[21] Im Dokument: eingeräumter.

Arbeitsgruppen (wohl: Verhandlungsdelegationen) sollen Vertrag aushandeln und diese Frage bis 04.09. klären.

BM: Bittet, Delegation für Umschulungsfragen so schnell wie möglich zu entsenden und konkretes Programm, konkrete Maßnahmen zu entwickeln, wir sind gesprächsbereit.

Große Verträge sind gut, aber konkrete Dinge für die Menschen wichtiger (ob in sow. Delegation auch Militärs sind?)

AM: Verweist auf Komplikationen hinsichtlich Abzugszeitraum (nach Gespräch mit Kwiz.). Es gibt sehr viel stationäre Infrastruktur, die

a) sehr schwer abzubauen ist und

b) noch gebraucht wird, solange Truppen in der DDR sind.

BM: Mahnt dringend, nicht öffentlich über diese (sowjetischen) Zeitvorstellungen zu sprechen. Wir über alles gesprächsbereit, was SU die Sache erleichtert:

– Stationierungs- und Abzugsabkommen wird zwischen AA und SAM verhandelt.

– Spiegelbildlich verhandelt BMF über Überleitungsvertrag mit den Komponenten Kostenfrage, Wohnungsbau, Umschulung, Rückgabe sowjetischer Liegenschaften.

– Verhandlungen aufnehmen über umfassenden Vertrag über Wirtschaftskooperation. Hier auch alle anderen Wirtschaftsfragen behandeln (z.B. DDR-Verträge). Dieser Vertrag kann nicht bis 12.09. fertig sein, aber Eckwerte müssen klar sein. Auf Frage Kwiz. verweist BM auf Gesprächsbereitschaft BMF zum 24.08.

AM: Schlägt vor, wichtigste Punkte aufzulisten, die bis 12.09. geklärt sein müssen.

BM: Über Inhalt Hauptvertrag (umfassender politischer Vertrag) erfolgt Brief BK an Gorbatschow.

Für umfassende Wirtschaftskooperation werden mit BMWi Eckwerte ausgearbeitet.

An Lösung Stationierungsfrage in Abzugsvertrag und Überleitungsvertrag mit Energie herangehen.

AM: Bezeichnet letztere zwei als zwingend, wenn bis 12.09. hierüber nicht einig, dann Lage sehr kompliziert; im übrigen einverstanden mit Problemdarstellung durch BM.

(Kwiz. fragt, ob damit alle Fragen gelöst sind / AM sagt, Frage der Stärke der deutschen Streitkräfte ist geklärt, ebenso Zeitraum von drei bis vier Jahren / BM: D 2 und Kwiz. sollen über die Details verhandeln, D 2: Schweigen gilt nicht als Zustimmung!)

AM: 2+4-Dokument soll nach Inhalt und Struktur einheitlich sein, alles Wichtige im Hauptteil, nicht in Anlagen, dies macht keinen guten Eindruck.

BM: Einiges im Hauptteil, einiges in Anlagen, beide haben gleiche Verbindlichkeit.

Sowjetischer Entwurf enthält Bestimmungen über Demilitarisierung, Denazifizierung und Demokratisierung sowie über Rechtmäßigkeit von Besatzungsrecht. Mit diesen Bestimmungen würde Gegenteil von dem erreicht was wir bei 2+4 wünschen.

Z.B. Besatzungsrecht in der DDR: 1938 hat Hitler Juden enteignen lassen bzw. Verkauf erzwungen, Begriff Verkauf ist Hohn, denn nur Bruchteil des Wertes wurde gezahlt. Deshalb ist in Bundesrepublik nach 1949 volles Eigentum wiederhergestellt worden.

In ehemaliger SBZ nicht, dort wurden die Eigentümer 1939 bis 1945 enteignet, ohne nach den jüdischen Voreigentümern zu fragen. Wir müssen den Hinterbliebenen das Eigentum zurückgeben, auch wenn dies von sowjetischer Militäradministration erneut enteignet wurde.[22]

(Kwiz.: Überprüfung von Einzelfällen – BM: sehr große Zahl)

---

[22] Vgl. Dokument Nr. 26, Anm. 3.

Damit werden Besatzungsmaßnahmen nicht in Frage gestellt, aber Korrektur muß möglich sein. Genauso müssen wir Entschädigung zahlen können, wenn Geschädigte sich auf Grundgesetz – Artikel 14[23] berufen, deshalb können wir Gerichte nicht binden, wie in SU-Text vorgeschlagen.

SU-Text enthält Reihe von Punkten, die entweder nicht hierher gehören, wie z. B. die Zwangsarbeiterfrage,[24] andere müssen in 2+4 angesprochen, aber in einem anderen Zusammenhang geregelt werden, dabei dürfen nicht neue Fragen aufgeworfen werden, so z. B. der Vertrauensschutz für bilaterale Wirtschaftsabkommen der DDR.

Gleiches gilt für Gedenkstätten, dies ist bilateral zu regeln, wie bereits in Münster zugesagt.[25] Dies muß nicht bis 12.09. erfolgen, wir wollen aber nicht hinausschieben.

Fazit: einiges gehört nicht in 2+4, anderes gehört dahin, aber nicht in vorliegender Form. D 2 soll mit Kwizinski darüber sprechen.

AM: Müssen weiterarbeiten, Hauptanliegen erhalten, Form ist regelbar.

Enteignung ist wirksam geworden, Eigentum ist an jemanden übergeben worden, wenn man jetzt alle Regelungen aufhebt und Besitz denen wegnimmt, die ihn z. Z. innehaben, was dann? Prüfung erforderlich, wie dies geregelt werden kann (Exkurs über neue Eigentumsauffassungen auch in SU selbst).

BM: Wir können nicht Unrecht des Dritten Reiches legitimieren; Beispiel Halle, zwei große Kaufhäuser am Marktplatz, die Juden gehörten, 1938 enteignet wurden, Deutschen übertragen, von SU wieder enteignet, heute der HO der DDR gehörig. Nach deutschem Recht haben Nachkommen der jüdischen Eigentümer Recht auf Übereignung, weil Maßnahme von 1938 ungültig. Dies müssen wir auch auf dem Gebiet der DDR tun, im übrigen sind nicht nur Juden enteignet worden, sondern auch Deutsche, z. B. der Widerstand. Dieses Anliegen stellt Legitimität der sowjetischen Besatzungsmaßnahmen nicht in Frage, uns geht es um das NS-Problem, wir müssen zur Entschädigung fähig sein, wobei offen bleibt, ob [sic!] dies geschehen wird.

AM: (liest SU-Text der Vier Mächte vor)

Erster Absatz berührt Frage der NS-Enteignungen nicht;

Zweiter Absatz – soll er gestrichen werden? –

(BM: ja!, wir werden uns darüber verständigen, Entschädigungsfrage könne bilateral geregelt werden – sowjetischer Beitrag dazu – D 2 solle Frage in bilateralen Vertragsverhandlungen erörtern. VAM einverstanden, erörtern und beiderseits akzeptable Form finden)

BM: a) Zur Frage nationalsozialistischer Ideologie ist Grundgesetz eindeutig, Nationalsozialismus hat in der Bundesrepublik keine Wiedergeburt gefeiert, Gesetze, das Bundesverfassungsgericht und andere Behörden haben dafür gesorgt.

b) Für Gedenkstätten muß auf Ebene D 2/Kwiz. vernünftige bilaterale Regelung gefunden werden.

c) Vertrauensschutz für DDR-Verträge soll im Vertrag über umfassende Wirtschaftskooperation behandelt werden.

AM: Bittet darum, andere Formulierung, eine Formel zu finden, was die beiden deutschen Staaten in Anlehnung an das Grundgesetz z. B. zu NS-Thema erklären können. Er persönlich habe nicht die geringsten Zweifel an unserer Haltung.

---

[23] Art. 14 Abs. 1: „Eigentum und das Erbrecht werden gewährleistet".
[24] Vgl. Dokument Nr. 30, Anm. 17.
[25] Dokumente Nr. 37 und 38.

BM: a) Formulierung kann mit Rückgriff auf Schlußdokument Kopenhagener Menschenrechtskonferenz gefunden werden.[26]

b) Wir dürfen nicht Eindruck erwecken, erst mit Abschluß der 2+4-Regelung werde in der Bundesrepublik der Faschismus bekämpft. Die Vier Mächte können Kenntnis nehmen von unserer Verfassungs- und Rechtslage als einen Weg, eine Garantie gegen künftige Veränderung.

AM: Thema Gedenkstätten sollte bei 2+4 behandelt werden. Es hilft Ratifikation im O.S.

(BM: Vorzug für bilaterale Regelung / AM: die kann erst nach Herstellung der Einheit Anfang 1991 unterschrieben werden, Frage wird aber sehr viel früher im Obersten Sowjet schon gestellt werden.)

BM: Ausweg wäre Verweis darauf, daß diese Frage mit den Staaten, die Tote auf deutschem Boden haben, geregelt ist, bzw. wird. (Hinweis: SU hat offenbar derartige Regelung im Staatsvertrag mit Österreich)[27]

(AM meint, Verweis auf künftige Regelung sei zu unsicher / BM: wir finden Lösung)

AM: Rechtsschutz (Vertrauensschutz für DDR-Verträge) ist wichtiges Anliegen, hätte nicht gedacht, daß BM dies in Zweifel zieht.

BM: Einigungsvertrag mit der DDR regelt dies in Art. 12 für bilaterale und multilaterale Verträge der DDR, Art. 24 regelt dies für die sonstigen Außenwirtschaftsbeziehungen der DDR.[28] Daraus ersichtlich, daß uns Bedeutung der Frage wohl bewußt. Ebenso, daß dieses für die Sowjetunion im Zusammenhang mit der 2+4-Ratifikation wichtig ist, wir werden konstruktive Lösung suchen.

AM: Fragt, ob nicht auf Basis des deutschen Textes (Einigungsvertrag) Lösung möglich ist durch Kenntnisnahme der Vier.

(Kwiz. gibt zu bedenken, daß Einigungsvertrag lediglich Bundesrecht werde, deshalb Hinweis in 2+4-Dokument aufnehmen.)

Wo liegt Problem bei Art. 2 zum Thema Frieden von deutschem Boden?[29]

BM: Darin, daß für Behandlung des Themas kein Anlaß besteht und es sich um eine einseitige Verpflichtung handeln würde. In Präambel ist Thema behandelt, Deutschland hegt keine Kriegsabsichten, dies soll aber nicht als operative Verpflichtung festgeschrieben werden.

AM: Zeigt Verständnis, es sei aber nicht Rede von Friedensvertrag, gleichwohl hat dieses Thema nicht nur Bedeutung für SU.

BM: Bedeutung hat es auch für uns, deshalb ist es im Präambelentwurf enthalten.

AM: Widerspricht, außer Erwähnung (in Präambel) gibt es konkrete Pflichten, z. B. VN-Satzung Art. 51, auch die anderen Partner verpflichteten sich, wie in der NATO-WP-Erklärung.[30]

BM: Dort ist es auch vernünftig. Da machen wir auch mit. Deshalb Zitat aus dem Grundgesetz zum Thema Frieden in der Präambel, danach zu Grenzen und territorialen Ansprü-

---

[26] Vgl. Dokument Nr. 32, Anm. 3.
[27] Staatsvertrag betreffend die Wiederherstellung eines unabhängigen und demokratischen Österreich vom 15.5.1955, in: BGBl. 152/1955.
[28] Einigungsvertragsgesetz vom 23.9.1990 (Einigungsvertrag vom 31.8.1990), in: BGBl. 1990 II, S. 885–1245.
[29] Zu den verschiedenen sowjetischen Entwürfen vgl. Anm. 7.
[30] Vgl. Dokument Nr. 32, Anm. 7.

chen. Wir wollen Friedensthema nicht im einzelnen konkretisieren, in der Praxis gäbe das einen Anspruch Dritter gegen uns, z. B. nicht an UNO-Aktionen teilzunehmen.

D 2: Konsequenz aus Art. 2, anders formuliert, würde lauten: „Die SU, USA, Frankreich und Großbritannien, Bundesrepublik und DDR verpflichten sich feierlich, daß von ihrem Boden nur Frieden ausgehen wird." Ob das für SU akzeptabel sei?

AM: Verweist darauf, daß sich in Art. 2 Abs. 2 USA, SU, F und GB zu gleichem Verhalten auch gegenüber Deutschland verpflichten.

BM: Warum nicht gegenüber jedermann?

Präambelerklärung (Zitat aus GG) ist einmalig. Das erklärt kein anderes Land, wir tun das, weil es unserer Überzeugung entspricht und das Grundgesetz uns das auferlegt. Das ist im Bundestag und der deutschen Öffentlichkeit vertretbar. Bitte zu verstehen, daß alles andere Wiederholung alter Fehler bedeute, daß dies Mißtrauen atmet! Wir wollen nichts Besonderes sein.

AM: Warum in 2+4 behandeln, doch wohl weil es spezifisches Problem (mit D) gibt, will nicht an Potsdam erinnern, halte Text für gut, wenn dieses Thema nicht behandelt wird, gibt es neue Komplikationen. Es geht um konkrete Friedenspflichten, Nichtnutzung des Territoriums für militärische Aktivitäten gegen die SU.

BM: Wir sind bereit zu solcher Erklärung zwischen den Bündnissen.

AM: Versteht Sorge um Bündnispflichten, kann diese ausgeräumt werden durch Streichung des Passus bzgl. militärischer Tätigkeiten von Drittstaaten auf deutschem Territorium?

BM: Das macht Sache nur schlimmer, Text bedeutet dann, daß Dritte dürfen!

Was bedeutet Abs. 2 sowjetischen Textes: daß die Vier eine Zusage an Deutschland machen, nicht aber an Polen, CSFR oder etwa die Beneluxstaaten oder Dänemark?

(Auf Frage AM zu dieser Schlussfolgerung erläutert BM, daß unsere Verpflichtung nicht nur gegenüber den Vier Mächten, sondern gegenüber jedermann erklärt wird, in der anderen Richtung nur gegenüber uns und <u>nicht</u> gegen jedermann.)

Der ganze Absatz ist nicht akzeptabel, wir können über die Verpflichtung auf eine Friedenspolitik, wie vom Grundgesetz vorgegeben, <u>nicht hinausgehen</u>, dies wäre diskriminierend. Wenn wir etwas <u>anderes</u> sagen, bedeutet es weniger.

(Auf Rückfrage AM: wieso?)

BM: Weil <u>wir neue</u> Pflichten übernähmen, andere nicht. Wir sind dabei, wenn die Mitgliedstaaten von NATO und Warschauer Pakt eine entsprechende Erklärung vereinbaren.

(Kwiz. fragt, ob erster Satz in Ordnung sei und im zweiten Hinweis auf die VN-Satzung / D 2 verweist darauf, daß bei 2 + 4 schon vereinbarte Präambel Hinweise enthält auf VN-Satzung, KSZE und Friedenspassage aus dem Grundgesetz. Ob das nicht genug ist? Text wie in Art. 2 ist diskriminierend, weil man ihn nur von einem Staat abverlangt, dem man mißtraut.)

AM: Bestreitet das. Sowjetische Gemeinsame Erklärung mit China[31] enthält ähnlichen Passus, außerdem entspricht sowjetischer Entwurf VN-Charta.

BM: Sowjetischer Entwurf enthält ein Element der Diskriminierung, Präambel enthält bereits Erklärung, die niemand anders so abgibt (umfassende Friedenspolitik). Sowjetische Seite möge auch unsere Grenzen sehen. Unsere Sorge sei Diskriminierung. Gesamt-

---

[31] Zur Reise Gorbačevs vom 15. bis 18. 5. 1989 vgl. Gorbačev, Sobranie, Bd. 14, S. 198–244. Das gemeinsame Kommuniqué vom 18. 5. 1989, in: Besuch des Generalsekretärs des ZK der KPdSU und Vorsitzenden des Präsidiums des Obersten Sowjets der UdSSR, Michail Gorbatschow, in der Volksrepublik China, S. 75–80, hier v. a. die Punkte 3 und 12–14.

dokument 2+4 gibt genug Sicherheit. Es stellt ein großes Paket, einen Vertrag für die Zukunft dar, sowjetischer Art. 2 ist demgegenüber ein Blick zurück. Aussage zur Friedenspolitik für BM kein Problem, aber Vertrag ist für die Zukunft konzipiert. Man kann noch mehr von uns verlangen, aber jeder Schritt in diese Richtung wird stärker diskriminierend. Bitte an SU, Text noch einmal anzusehen, wenn man uns nicht vertraut, dann ist das auch nicht durch einen Art. 2 zu lösen.

AM: Fragt, warum dann Grenzfrage in 2 + 4 behandelt werden muß, auch Grenzpassus ist diskriminierend, aber vor 45 Jahren hat Deutschland noch Krieg geführt.

BM: Zu Grenzfrage gab es Diskussion, diese wird mit abschließender Regelung beendet. Dies ist Begründung.

(AM fragt, wer diskutiert, schließlich sei HSA da, warum in 2 + 4 Grenzfrage ansprechen?)[32]

BM: Grund sind Verpflichtungen der Vier Mächte aus ihren Erklärungen und Abmachungen von 1945, wonach die Grenzen [Deutschlands][33] in einem Friedensvertrag abschließend zu regeln sind, d. h. das abschließende Dokument ist anstelle eines Friedensvertrages notwendig, sonst würden die Vier Mächte ihre Pflichten aus dem Potsdamer Abkommen nicht erfüllen können.[34]

Fordert AM auf, 2 + 4-Dokument bis zu Ende durchzuarbeiten, es dann noch einmal zu lesen, den Brief des Bundeskanzlers und die anderen Verträge daneben zu legen und dann erneut die Frage zu prüfen, ob eine Formel wie in Art. 2 wirklich notwendig ist.

(Auf entsprechende Nachricht unterrichtet BM den AM, daß BMWi am 24.08. gesprächsbereit ist, nach Gespräch von StvMP Sitarjan mit BM Waigel. AM ist damit einverstanden.)

AM: Will nicht Lage dramatisieren, aber wir (SU) haben Fehler gemacht, vielleicht wird es notwendig, wieder auf Begriff Friedensvertrag zurückzukommen, wir machen ständig Zugeständnisse.

BM: Wieso Zugeständnisse: Deutschland beabsichtigt doch keine militärischen Aktionen. Ich komme nicht nach Moskau, um Probleme zu machen und schon gar nicht Ihnen. Wir sollten Dokument fertig stellen und dann [nochmals][35] diese Frage vornehmen.

AM: Ja, zusammen mit allen anderen Dokumenten, aber einige werden erst nächstes Jahr fertig, die 2 + 4-Ratifikation ist aber noch vor den bilateralen Verträgen fällig, Hinweis auf öffentliche Meinung in SU.

BM: Aber dies alles kann man doch nicht von der Formel in Art. 2 (SU-Entwurf) abhängig machen, diese kann nicht letztes Wort sein, vielleicht finden wir eine andere Lösung.

(AM stimmt zu.)

Das 2 + 4-Dokument, der Brief des Bundeskanzlers, alle Elemente der Vereinbarungen werden da sein, werden sichtbar sein und nicht irgendwo im Verborgenen. Anregung, auch auf sowjetischer Seite sich Gedanken zu machen, wie in Präambel das Thema Frieden formuliert werden kann, auch sowjetische Seite wird nicht an bestimmter Formel kleben wollen.

AM: Präambel ist so in Ordnung, aber Art. im Hauptteil nötig, an zweitem Satz (Art. 2, Abs. 1) arbeiten!

---

[32] Zur Helsinki-Schlussakte vgl. Dokument Nr. 9, Anm. 5.
[33] Im Dokument: Deutschland.
[34] Vgl. Dokument Nr. 15, Anm. 10.
[35] Im Dokument: nochmal.

BM: Über Konkretisierung des Friedensgedankens nachdenken, kann mir nicht vorstellen, daß dies nur so oder gar nicht möglich ist.
AM: Einverstanden: Text näherbringen an die Formulierungen der Londoner und der Moskauer WP-Erklärung.[36]
BM: Als Elemente kommen in Frage das Grundgesetz, auch dessen Art. 26, die VN-Satzung und die Helsinki-Schlußakte. Es geht um Konkretisierung ohne Diskriminierung, es gibt keinen Streit um die Sache, wir wollen niemand angreifen.
AM: Gleiches gilt für Sowjetunion, aber erinnern an alles, was geschah, öffentliche Meinung! Wenn das Dokument dem nicht Rechnung trägt, wäre das nicht gut, wir müssen dies weiter prüfen.
(**BM:** Konkretisierung des Friedensgedankens trägt dem aber Rechnung / **AM:** Gut, versuchen wir's.)
AM: Ort und Termin von Paraphierung und Unterzeichnung des 2+4-Dokuments: SU für Moskau.
Erklärung der NATO und der WP-Mitgliedstaaten über ihr Verhältnis würde wichtige Etappe darstellen, D und SU sollten Arbeit der 23 aktivieren.
BM: Wir sind dafür, müssen aber noch Zustimmung unserer Freunde einholen.
(**AM** weist auf Zögern bei Frankreich im Westen, bei Polen im Osten, vielleicht sollte er mit Dumas sprechen und BM mit Skubiszewski?)
AM: Fragt nach Abzugs- und Stationierungsvertrag, Verhandlungspartner sind AA und SAM, aber wo?
D 2: Einladung nach Bonn zum frühesten für Sowjetunion möglichen Zeitpunkt. Wir werden gestern übergebenen sowjetischen Entwurf mit den zuständigen Ministerien prüfen, in kürzester Zeit verhandlungsbereit.
(Kwiz. fragt nach Verhältnis Überleitungs- und Stationierungsvertrag;[37] BM bestätigt, daß diese parallel/synchron verhandelt werden sollten, dies auch Auffassung des Bundeskanzlers, – D 2 bemerkt, nicht alle drei Verhandlungen müßten stets am gleichen Tag und gleichen Ort stattfinden. – Die Außenminister einigen sich auf Termin 24. August, Ort Moskau für die erste Runde, nächste Runde dann in Bonn.)
AM: Erinnert daran, DDR zu konsultieren sowie an Zusage BK vom Kaukasus, dies mit DDR-Führung aufzunehmen.
(Dazu Anmerkung BM)
SU hat viele Verträge mit der DDR (ca. 300–400), diese müssen aufgelistet und sortiert werden, je nachdem welche weitergelten oder erlöschen sollen und welche verändert werden müssen. Diese Arbeit soll bilateral geleistet werden.
BM: Dies hängt vom Inhalt ab, Wirtschaftsverträge sollten mit BMWi verhandelt werden, über alle anderen Sachgebiete sollten AA und SAM sprechen, dafür werden schnell Listen der Verträge von der Sowjetunion benötigt.
AM: Der Rest (Verträge, die nicht Wirtschaft betreffen) soll von den Rechtsabteilungen der drei Außenministerien „sortiert" werden.
Frage nach Übernahme diplomatischer und konsularischer Vertretungen der DDR, was behalten Sie, was nicht?
Wie soll SU in Berlin vertreten sein, Botschaft, Generalkonsulat?

---

[36] Zu den Erklärungen von NATO und Warschauer Pakt vgl. Dokumente Nr. 10, Anm. 37 und Nr. 34, Anm. 3.
[37] Vgl. Dokument Nr. 40, Anm. 6.

BM: Übernahme DDR-Vertretungen generelles Problem nicht nur mit SU. Grundsatz ist, diplomatische Beziehungen der Bundesrepublik Deutschland fortzusetzen. Übernahme von Gebäuden und Personal werde intern geregelt. Klärung nur erforderlich, wo DDR in Staaten vertreten ist, mit denen wir keine Beziehungen haben oder Konsulate an Orten unterhält, wo wir nicht vertreten sind, im Fall der Sowjetunion in Minsk. In Kürze würden wir Note zu grundsätzlicher Haltung zirkulieren.

(AM fragt, wo die Sowjetunion Generalkonsulate unterhalten solle.)

BM: Wo Sie wollen, Sie können alles behalten, was Sie wollen. Zum Stichwort Berlin können wir nur raten, dortige Botschaft nicht zu verkaufen, sie könne als Außenstelle der Botschaft Bonn fungieren, das einzige, was wir nicht wünschten, sei Vertretung durch zwei Botschafter.

Wir selbst haben auch Wünsche, nämlich im Zusammenhang mit der Betreuung der Deutschen in der Sowjetunion.[38] Wir müssen ihnen eine Perspektive zum Verbleiben geben, dies erfordert kulturelle Förderung und konsularische Betreuung, sollten in Gespräche eintreten über konsularische Vertretung in Kasachstan. Dies entspricht auch gemeinsamer Einsicht bei Gespräch im Kaukasus, daß Sowjetdeutsche Perspektive für Verbleiben in Sowjetunion brauchen.

AM: Im Prinzip gut, demnach wird Deutschland Generalkonsulate in Leningrad und Kiew haben und das in Minsk übernehmen.

(BM fragt, wo SU in DDR vertreten ist, Kwiz. nennt Chemnitz, Leipzig und Rostock, Handelsvertretung in Magdeburg sei geschlossen worden. Hierzu Exkurs BM.)

(Gespräch wurde anschließend bei Tisch fortgesetzt zu folgenden Themen:

a) Vortrag D 2 A und VAM Karpow zu ihren Gesprächen zu VKSE und [V]SBM[39] (hierzu siehe Vermerk D 2 A)

b) Präsentation der Gespräche in Pressekonferenz (hierzu siehe [Transkript][40] Pressekonferenz)

c) Lageeinschätzung und Präsentation zum Thema Irak / Kuwait[41] (hierzu [Transkript][42] Pressekonferenz)

Neubert[43]

PA AA, ZA 178.928 E.

---

[38] Anfang 1990 lag der Bericht einer Kommission der Nationalitätenkammer des Obersten Sowjets zu den Problemen der Sowjetdeutschen vor, der sich u. a. für Autonomieregelungen aussprach. Vgl. Hekker, Die Deutschen, S. 41–43; Kommissionsbericht nach Meldung der FAZ vom 5. 1. 1990, in: Ebenda, S. 134–137. Vgl. schließlich das Deutsch-Russische Protokoll über die Zusammenarbeit zur stufenweisen Wiederherstellung der Staatlichkeit der Russlanddeutschen vom 23. 4. 1992, in: Ebenda, S. 137–140. Eine ausführliche Diskussion und Dokumentation von Verfolgung und Rehabilitierung der so genannten Volgadeutschen bietet Bugaj, Reabilitacija, S. 138ff., 392–458.
[39] Im Dokument: WSBM.
[40] Im Dokument: Transskript.
[41] Am 2. 8. 1990 besetzte der Irak das Emirat Kuwait, am 25. 8. erfolgte die Annexion.
[42] Im Dokument: Transskript.
[43] Eigenhändige Unterschrift.

Nr. 43
Sowjetischer Entwurf des „2+4-Vertrags" vom 1. September 1990[1]

Übersetzung
105 – 330.00 – 90/4640

Sowjetischer Entwurf[2]

Vertrag über die abschließende Regelung in bezug auf Deutschland

PRÄAMBEL

Die Regierungen der Deutschen Demokratischen Republik, der Bundesrepublik Deutschland, der Union der Sozialistischen Sowjetrepubliken, des Vereinigten Königreichs Großbritannien und Nordirland, der Vereinigten Staaten von Amerika und der Französischen Republik
– in dem Bewußtsein, daß die Völker ihrer Staaten seit 1945 miteinander in Frieden leben;
– eingedenk der jüngsten historischen Veränderungen in Europa, die es ermöglichen, die Spaltung des Kontinents[3] zu überwinden;
– unter Berücksichtigung der Mächte und Verantwortlichkeiten der Vier Mächte in bezug auf Deutschland als Ganzes und Berlin und der entsprechenden Vereinbarungen und Beschlüsse der Vier Mächte aus der Kriegs- und Nachkriegszeit;
– entschlossen, in Übereinstimmung mit ihren Verpflichtungen aus der Charta der Vereinten Nationen freundschaftliche, auf der Achtung vor dem Grundsatz der Gleichberechtigung und Selbstbestimmung der Völker beruhenden Beziehungen zwischen den Nationen zu entwickeln und andere geeignete Maßnahmen zur Festigung des Friedens in der Welt zu treffen;
– eingedenk der Prinzipien und Bestimmungen der KSZE-Schlußakte von Helsinki;
– in Anerkennung, daß diese Prinzipien eine feste Grundlage für den Aufbau einer gerechten und dauerhaften Friedensordnung in Europa geschaffen haben;
– entschlossen, die Sicherheitsinteressen eines jeden zu berücksichtigen;
– überzeugt von der Notwendigkeit, Gegensätze endgültig zu überwinden und die Zusammenarbeit in Europa fortzuentwickeln;
– in Bekräftigung ihrer Bereitschaft, wirksame Maßnahmen zur weiteren Abrüstung, zur Umwandlung der bestehenden militärpolitischen Bündnisse, zur Herstellung von Beziehungen des Vertrauens und des partnerschaftlichen Zusammenwirkens untereinander sowie zur Institutionalisierung des KSZE-Prozesses, einschließlich der Schaffung gesamteuropäischer Sicherheitsstrukturen, zu ergreifen;
– in Würdigung dessen, daß das deutsche Volk in freier Ausübung des Selbstbestimmungsrechts seinen Willen bekundet hat, die staatliche Einheit Deutschlands herzustellen, um

---

[1] Als Anlage zum ungez. Vermerk vom 28.9.1990 über das Gespräch von D 2 Kastrup mit Terechov am 1.9.1990, PA AA, ZA 198.459 E. Vgl. Dokument Nr. 42, Anm. 7, ferner den ungez. Vermerk vom 28.9.1990 über das Gespräch zwischen D 2 und Bondarenko am 4.9.1990, PA AA, ZA 198.459 E.
[2] Darüber handschr.: „Anlage Gespräch D 2/Bot. Terechow am 1.9.1990". Darunter handschr.: „1.9.90".
[3] Anm. d. Übers. [in der Vorlage]: „Im Russischen wörtl.: ‚seine (gemeint Europa) Spaltung zu überwinden'. Änderung wohl stilistischer Natur."

als gleichberechtigtes und souveränes Glied in einem vereinten Europa[4] dem Frieden der Welt zu dienen;
- in der Überzeugung, daß die Vereinigung Deutschlands in einen Staat[5] mit endgültigen Grenzen ein bedeutsamer Beitrag zu Frieden und Stabilität auf dem Kontinent ist;
- sind, vertreten durch ihre Außenminister, entsprechend der Erklärung von Ottawa vom 13. Februar 1990 am 5. Mai 1990 in Bonn, am 22. Juni 1990 in Berlin, am 17. Juli 1990 in Paris unter Beteiligung des Außenministers der Republik Polen und am 12. September 1990 in Moskau zusammengetroffen und

sind mit dem Ziel, eine abschließende Regelung in bezug auf Deutschland zu erreichen, wie folgt übereingekommen:

Artikel 1

Das vereinte Deutschland wird die Gebiete der Deutschen Demokratischen Republik, der Bundesrepublik Deutschland und ganz Berlin umfassen. Seine Außengrenzen werden definitiv die Grenzen der Deutschen Demokratischen Republik und der Bundesrepublik Deutschland am Tage des Inkrafttretens der endgültigen[6] Regelung sein. Die Bestätigung des definitiven Charakters der Grenzen Deutschlands[7] ist ein grundlegender Bestandteil der Friedensordnung in Europa.

Das vereinte Deutschland und die Republik Polen bestätigen die zwischen ihnen bestehende Grenze in einem völkerrechtlich verbindlichen Vertrag.

Das vereinte Deutschland hat keinerlei Gebietsansprüche gegen andere Staaten und wird solche auch nicht in Zukunft erheben.

Die Regierungen der Deutschen Demokratischen Republik und der Bundesrepublik Deutschland werden sicherstellen, daß die Verfassung des vereinten Deutschlands keinerlei Bestimmungen enthalten wird, die mit diesen Prinzipien unvereinbar sind. Dies gilt dementsprechend für die Bestimmungen, die in der Präambel und in den Artikeln 23 Satz 2 und 146 des Grundgesetzes für die Bundesrepublik Deutschland niedergelegt sind.

Die Regierungen der Union der Sozialistischen Sowjetrepubliken, des Vereinigten Königreichs Großbritannien und Nordirland, der Vereinigten Staaten von Amerika und der Französischen Republik nehmen die entsprechenden Verpflichtungen und Erklärungen der Regierungen der Deutschen Demokratischen Republik und der Bundesrepublik Deutschland förmlich entgegen und stellen fest, daß mit deren Verwirklichung den Grenzen des vereinten Deutschlands ihr definitiver Charakter bestätigt wird.

Artikel 2

Die Regierungen der DDR und der BRD bekräftigen ihre Erklärungen, daß von deutschem Boden nur Frieden ausgehen wird. Nach der Verfassung des vereinten Deutschlands sind

---

[4] Anm. d. Übers. [in der Vorlage]: „Im Russischen wörtl: ‚... souveränes Glied eines auf dem Weg der Einigung gehenden Europas ...'. Wohl stilistisch begründete Umschreibung der Bedeutung des deutschen unbestimmten Artikels bei ‚einem vereinten Europa'."
[5] Anm. d. Übers. [in der Vorlage]: „Stilistisch im Russischen besser als ‚als Staat'."
[6] Anm. d. Übers. [in der Vorlage]: „Müßte wohl im Deutschen, analog zur Bezeichnung des Vertrags, ‚abschließende' lauten."
[7] Anm. d. Übers. [in der Vorlage]: „‚Deutschlands' hinzugefügt."

Handlungen, die geeignet sind und in der Absicht vorgenommen werden, das friedliche Zusammenleben der Völker zu gefährden, insbesondere die Führung eines Angriffskrieges vorzubereiten, verfassungswidrig und strafbar. Das vereinte Deutschland wird keine seiner Waffen jemals einsetzen, es sei denn zur individuellen oder kollektiven Selbstverteidigung.[8]

Artikel 3

1. Die Regierungen der Deutschen Demokratischen Republik und der Bundesrepublik Deutschland bekräftigen den Verzicht auf Herstellung, Besitz und Verfügungsgewalt über atomare, biologische und chemische Waffen. Sie erklären, daß auch das vereinte Deutschland sich an diese Verpflichtungen halten wird. Rechte und Verpflichtungen aus dem Vertrag über die Nichtverbreitung von Kernwaffen vom 1. Juli 1968 gelten für das vereinte Deutschland fort.

2. Die Regierungen der Deutschen Demokratischen Republik und der Bundesrepublik Deutschland haben bei den Verhandlungen über konventionelle Streitkräfte in Europa am 30. August 1990 in Wien die folgende Erklärung abgegeben:

„Die Regierungen der Deutschen Demokratischen Republik und der Bundesrepublik Deutschland verpflichten sich, die Streitkräfte des vereinten Deutschlands innerhalb von 3 bis 4 Jahren auf eine Personalstärke von 370 000 Mann (Land-, Luft- und Seestreitkräfte) zu reduzieren. Diese Reduzierung soll mit dem Inkrafttreten des ersten Vertrags über konventionelle Streitkräfte in Europa beginnen.[9]

Im Rahmen dieser Gesamtobergrenze werden nicht mehr als 345 000 Mann den Land- und Luftstreitkräften angehören, die gemäß vereinbartem Mandat allein Gegenstand der Verhandlungen über konventionelle Streitkräfte in Europa sind.

Die Regierungen der Deutschen Demokratischen Republik und der Bundesrepublik Deutschland sehen in ihrer Verpflichtung zur Reduzierung von Land- und Luftstreitkräften einen bedeutsamen deutschen Beitrag zur Reduzierung der konventionellen Streitkräfte in Europa. Sie gehen davon aus, daß in Folgeverhandlungen auch die anderen Verhandlungsteilnehmer ihren Beitrag zur Festigung von Sicherheit und Stabilität in Europa, einschließlich Maßnahmen zur Begrenzung der Personalstärke, leisten werden."

Die Regierungen der Union der Sozialistischen Sowjetrepubliken, des Vereinigten Königreichs Großbritannien und Nordirland, der Vereinigten Staaten von Amerika und der Französischen Republik nehmen diese Erklärungen zur Kenntnis.

Artikel 4

Die Regierung der Union der Sozialistischen Sowjetrepubliken hat bei den Verhandlungen über konventionelle Streitkräfte am ... September 1990 in Wien die folgende Erklärung abgegeben:

---

[8] Anm. d. Übers. [in der Vorlage]: „Die letzten zwei Sätze sind im Vergleich zu unserem Vorschlag wohl aus stilistischen Gründen des Russischen umformuliert und lauten rückübersetzt ins Deutsche: ‚Nach der Verfassung des vereinten Deutschland werden Handlungen, die das Ziel verfolgen oder das friedliche Zusammenleben der Völker gefährden können, insbesondere die Vorbereitung zur Führung eines Angriffskrieges, als verfassungswidrig und strafbar gelten. Das vereinte Deutschland wird keine Waffe, über die es verfügt, jemals einsetzen, außer in Fällen der individuellen ...'."
[9] Im Gespräch (s. Anm. 1) wies Kastrup darauf hin, daß „die Erklärung des BM am 30. August in Wien – soweit es den Beginn unserer Streitkräftereduzierung betreffe – bewusst falsch zitiert worden sei".

„In Würdigung der Verpflichtung der Regierungen der Deutschen Demokratischen Republik und der Bundesrepublik Deutschland, daß die Personalstärke der Streitkräfte des vereinten Deutschlands innerhalb von 3–4 Jahren nach Inkrafttreten des ersten Vertrags über konventionelle Streitkräfte in Europa die Gesamtobergrenze von 370 000 Mann für Land-, Luft- und Seestreitkräfte nicht übersteigen wird, hat die Regierung der Union der Sozialistischen Sowjetrepubliken beschlossen, die sowjetischen Truppen innerhalb vergleichbarer Fristen von dem Gebiet der heutigen DDR und Berlins abzuziehen.

Die Regierung der Union der Sozialistischen Sowjetrepubliken sieht in ihrem Beschluß, der Land-, Luft- und Seestreitkräfte umfaßt, einen bedeutsamen Beitrag zur Reduzierung der konventionellen Streitkräfte in Mitteleuropa sowie zum Abzug ausländischer Truppen von Gebieten anderer Staaten. Sie geht davon aus, daß in Folgeverhandlungen die anderen Verhandlungsteilnehmer ihren angemessenen Beitrag zur Festigung von Sicherheit und Stabilität in Europa, einschließlich Maßnahmen zur Reduzierung der Personalstärke, leisten werden."

Die Regierungen des Vereinigten Königreichs Großbritanniens und Nordirland, der Vereinigten Staaten von Amerika und der Französischen Republik nehmen dies zur Kenntnis.

Die Union der Sozialistischen Sowjetrepubliken und das vereinte Deutschland regeln in vertraglicher Form die Bedingungen und die Dauer des Aufenthalts der sowjetischen Streitkräfte auf dem Gebiet der heutigen DDR und Berlins sowie die Abwicklung des Abzugs dieser Truppen innerhalb von vier Jahren nach Inkrafttreten des ersten Vertrags über konventionelle Streitkräfte in Europa und dieses Vertrags.

Artikel 5

Bis zum Abschluß des Abzugs der sowjetischen Truppen vom Gebiet der heutigen Deutschen Demokratischen Republik und aus Berlin werden auf diesem Gebiet als Streitkräfte des vereinten Deutschlands ausschließlich deutsche Verbände der Territorialverteidigung stationiert, die nicht in Bündnisstrukturen integriert sind, denen die deutschen Streitkräfte auf dem übrigen deutschen Hoheitsgebiet zugeordnet sind. Mit Ausnahme des Gebiets Groß-Berlin werden auf diesem Gebiet auch andere ausländische Truppen nicht stationiert sein. Das Recht des vereinten Deutschlands auf Bündnismitgliedschaft mit allen sich hieraus ergebenden Rechten und Pflichten wird davon nicht berührt.

Für die Dauer des Aufenthalts der sowjetischen Truppen auf dem Gebiet der heutigen Deutschen Demokratischen Republik und in Berlin können Truppen des Vereinigten Königreichs Großbritannien und Nordirland, der Vereinigten Staaten von Amerika und der Französischen Republik, deren Zahl nicht erhöht wird und deren Ausrüstungsart dieselbe wie zum Zeitpunkt der Unterzeichnung dieses Vertrags bleibt, in Berlin stationiert werden. Hierüber werden entsprechende vertragliche Regelungen von der Regierung des vereinten Deutschlands mit den genannten Mächten zu denselben Bedingungen wie mit der Union der Sozialistischen Sowjetrepubliken getroffen.

Nach dem Abschluß des Abzugs der sowjetischen Truppen vom Gebiet der heutigen Deutschen Demokratischen Republik und aus Berlin können in diesem Teil Deutschlands auch Verbände der deutschen Streitkräfte stationiert werden, die in gleicher Weise militärischen Bündnisstrukturen zugeordnet sind wie diejenigen auf dem übrigen deutschen Hoheitsgebiet, allerdings ohne Kernwaffenträger. Ausländische Truppen und Kernwaffen oder deren Träger werden in diesem Teil Deutschlands nicht stationiert.

Artikel 6

Die Truppenkontingente des Vereinigten Königreichs Großbritannien und Nordirland, der Vereinigten Staaten von Amerika und der Französischen Republik werden die Linie nicht überschreiten, die mit der gegenwärtigen Grenze zwischen der Deutschen Demokratischen Republik und der Bundesrepublik Deutschland zusammenfällt, ausgenommen Bewegungen ihrer Truppen aus den in Berlin stationierten Kontingenten. Die Truppenkontingente der Sowjetunion werden ihrerseits die genannte Linie ebenfalls nicht überschreiten.

Artikel 7

Fragen der Überprüfung der Einhaltung von Artikel 3, 4, 5 und 6 werden getrennt geregelt.

Artikel 8

Die bei den Oberkommandierenden der Truppenkontingente der Union der Sozialistischen Sowjetrepubliken, des Vereinigten Königreichs Großbritannien und Nordirland, der Vereinigten Staaten von Amerika und der Französischen Republik akkreditierten militärischen Verbindungsmissionen werden aufgelöst. An ihrer Stelle werden Dienststellen der Verbindungsoffiziere eingerichtet. Eine entsprechende Vereinbarung ist unter Beteiligung der deutschen Seite getrennt zu treffen.

Artikel 9

Die Regierungen der Deutschen Demokratischen Republik und der Bundesrepublik Deutschland erklären, daß das vereinte Deutschland
– die Legitimität der Maßnahmen und Verordnungen anerkennt, die von den Vier Mächten in Fragen der Entnazifizierung, Entmilitarisierung und Demokratisierung gemeinsam oder von jeder in ihrer ehemaligen Besatzungszone ergriffen bzw. erlassen wurden. Die Rechtmäßigkeit dieser Beschlüsse, darunter auch in Vermögens- und Bodenfragen, werden nicht revidiert;
– alle Maßnahmen ergreifen wird, um ein Wiederaufleben der politischen Naziideologie sowie nationalsozialistischer Parteien und Bewegungen zu verhindern. Sollten solche Parteien und Bewegungen entstehen, wird ihre Tätigkeit verboten;
– die Erhaltung von Gedenkstätten und anderen Denkmälern, die auf deutschem Hoheitsgebiet zum Gedenken an die von den Völkern bei der Zerschlagung des Faschismus gebrachten Opfer errichtet wurden, sowie von militärischen Grabstätten der Staatsangehörigen von Ländern der Antihitlerkoalition und die gebührende Pflege dieser Objekte sicherstellen wird;
– im Einklang mit den Prinzipien und Normen des Völkerrechts die Gültigkeit der von der Deutschen Demokratischen Republik und der Bundesrepublik Deutschland geschlossenen internationalen Verträge und Abkommen bekräftigen und im Bedarfsfalle mit den Vertragsparteien der früher geschlossenen Verträge Verhandlungen über eine Präzisierung, Änderung oder Beendigung geltender Verpflichtungen und deren Ersatz durch neue auf der Grundlage des gegenseitigen Einvernehmens der Vertragsparteien führen wird.

Die Regierungen der Union der Sozialistischen Sowjetrepubliken, des Vereinigten Königreichs Großbritannien und Nordirland, der Vereinigten Staaten von Amerika und der Französischen Republik nehmen diese Erklärung zur Kenntnis.

Artikel 10

Die Regierungen der Union der Sozialistischen Sowjetrepubliken, des Vereinigten Königreichs Großbritannien und Nordirland, der Vereinigten Staaten von Amerika und der Französischen Republik setzen ihre Rechte und Verantwortlichkeiten für Berlin und Deutschland als Ganzes sowie die entsprechenden damit verbundenen Viermächteabkommen, -beschlüsse und -praktiken hiermit außer Kraft.
    Alle damit verbundenen Viermächteeinrichtungen werden aufgelöst.
    Mit Inkrafttreten dieses Vertrags übt Deutschland seine Innen- und Außenpolitik in voller Souveränität aus.
    Dementsprechend werden die von den Vier Mächten bei der Aufnahme der beiden deutschen Staaten in den Vereinten Nationen gemachten Vorbehalte zurückgenommen.
    Diese Erklärung ist im organischen Zusammenhang mit allen oben aufgeführten Bestimmungen zu sehen.

Artikel 11

Dieser Vertrag wird der Konferenz der Staats- und Regierungschefs der Staaten, die die Schlußakte von Helsinki unterzeichnet haben, vorgelegt.

Artikel 12

Dieser Vertrag bedarf der Ratifizierung oder Annahme nach Maßgabe der verfassungsrechtlichen Bestimmungen der Unterzeichnerstaaten, die so schnell wie möglich erfolgen soll. Die Ratifizierung von deutscher Seite erfolgt durch das Parlament des vereinten Deutschlands. Die sich aus diesem Vertrag ergebenden Verpflichtungen obliegen damit dem vereinten Deutschland.
    Die Ratifikations- oder Annahmeurkunden sind bei der Regierung ... zu hinterlegen, die die Regierungen der anderen Hohen Vertragschließenden Parteien über die Hinterlegung der Ratifikations- oder Annahmeurkunden unterrichtet.

Artikel 13

Dieser Vertrag tritt für das vereinte Deutschland, die Union der Sozialistischen Sowjetrepubliken, das Vereinigte Königreich Großbritannien und Nordirland, die Vereinigten Staaten von Amerika und die Französische Republik am Tag der Hinterlegung der letzten Ratifikations- oder Annahmeurkunde durch diese Staaten in Kraft.

Artikel 14

Die Urschrift dieses Vertrags wird bei der Regierung ... aufbewahrt, die den Regierungen der anderen Hohen Vertragschließenden Parteien beglaubigte Abschriften übermittelt.

Geschehen zu   am
in   Urschriften, jede in deutscher, englischer, französischer und russischer Sprache, wobei jeder Wortlaut gleichermaßen verbindlich ist.

Unterschriften.

PA AA, ZA 198.459 E.

Nr. 44
Vermerk des Leiters des Referats 213, Neubert, vom 4. September 1990 über das Gespräch von Bundesaußenminister Genscher mit dem sowjetischen Botschafter in der Bundesrepublik Deutschland, Terechov, am 3. September 1990

213-231.05 SOW
Verf.: VLR I Neubert

Bonn, 4. Sept. 1990

Vermerk[1]

Betr.: **Vorsprache Botschafter Terechow bei BM am 03.09.90**

Botschafter Terechow (T.) wurde von BM am 03.09.90 zu etwa halbstündigem Gespräch empfangen, er brachte folgendes vor:
– Im Umfassenden Vertrag seien zwei Punkte offengeblieben; einer sei die Klausel über die Nichtunterstützung eines Aggressors.[2] Dies entspreche den Gesprächen im Kaukasus, wonach beide Seiten über bisherige Vereinbarungen hinausgehen wollten.[3] Dies sei besonders wichtig für die sowjet. Öffentlichkeit unter dem Gesichtspunkt der Bewältigung der Folgen des Weltkriegs.
– Der zweite offene Punkt sei die Frage der Zwangsarbeiter.[4] Für den Obersten Sowjet müsse es unverständlich bleiben, daß Deutschland mit zahlreichen anderen Staaten Abkommen über diese Frage geschlossen habe, dies jedoch im Fall der Sowjetunion verweigere. Über Form und Umfang einer entsprechenden Zusage der Bundesregierung könne man sprechen. Dies könne man auch außerhalb dieses Vertrages regeln, aber eine Regelung sei erforderlich.
– Eine dritte offene Frage betreffe das abschließende Dokument 2+4. Hier gehe es um die Interpretation der Erklärung des BM in Wien vom 30.8.90, und zwar ob die Reduzierung der deutschen Streitkräfte auf 370 000 Mann auch in dem Fall aufrechterhalten bleibe, daß ein VKSE-Abkommen nicht zustande käme.[5] Die zweite Frage in diesem Zu-

---
[1] Zusätzlich Sperrdruck. Am Seitenende handschr.: „Vertragsentwurf liegt bei!" „ZdA Mütz[elburg] 20/9". Der Vertragsentwurf ist abgedruckt als Dokument Nr. 43.
[2] Alle Unterstreichungen im Dokument von Hand.
[3] Vgl. Dokumente Nr. 35, Anm. 5 sowie Nr. 40, Anm. 6.
[4] Vgl. Dokument Nr. 30, Anm. 17.
[5] Vgl. Dokumente Nr. 32, Anm. 15 und Nr. 1, Anm. 8.

sammenhang sei, von welchem Zeitpunkt an die Reduzierungen beginnen würden und schließlich der Zeitpunkt des Beginns der 3–4 Jahresfrist für den Abzug der sowjetischen Truppen aus der DDR.[6]

BM verwies darauf, daß die Wiener [Erklärung][7] keine Bedingungen setze für die Reduzierung gesamtdeutscher Streitkräfte, auf erneute Rückfrage von Terechow stellte BM klar, daß in dem hypothetischen Fall, daß ein VKSE-Abkommen nicht zustande käme, die deutschen Streitkräfte trotzdem reduziert würden.

Zu Terechows Frage, ob die 3–4jährige Abzugsfrist mit dem 3. Okt. zu laufen beginne, oder mit dem Inkrafttreten einer 2+4-Regelung, sagte BM, da der derzeitige Terminkalender in Archys noch nicht bekanntgewesen sei, könne man sich darüber verständigen. Wichtig sei, daß die SU ihren Abzug nicht von dem Ergebnis der VKSE abhängig mache und eine Bedingung setze.

T. antwortete darauf, daß sowjet. Erklärung sich in dieser Hinsicht an die BM-Erklärung von Wien halten werde.

BM erneuerte seine Aufforderung, den sowjet. Truppenabzug nicht zu konditionieren, dies sei keine Frage der Hoffnung, sondern der klaren Verständigung im Kaukasus. Zur Frage der Zwangsarbeiter sei deutsche Seite erstaunt gewesen, daß die SU diese Frage jetzt aufbringe, weil sie im Kaukasus nicht erwähnt wurde, zumal dies keine kleine nebensächliche Frage sei und jetzt von der SU auch als sehr wichtig bezeichnet werde.

T. fragte daraufhin, ob man eine deutsche Zusage zur Regelung der Zwangsarbeiterfrage in einem Protokoll festhalten könne.

BM antwortete, dies müsse in der Bundesregierung besprochen werden. Er könne alles regeln, was sich im Rahmen der Absprache von Archys halte, alles was darüber hinausgeht, müsse von der Bundesregierung neu entschieden werden. Zur Frage der Nichtangriffsklausel führte BM aus, daß der vereinbarte Text von Artikel 3 bezüglich Gewaltverzicht und VN-Satzung sehr weit gehe, deshalb sei nicht verständlich, warum ein Anklang an einen anderen Vertrag erforderlich sei.

T. führte dazu aus, daß der Anklang an einen anderen Vertrag allein nicht dazu führen dürfe, daß ein Neuanfang verhindert würde in einer wichtigen sicherheitspolitischen Frage. Rückfrage BM, mit welchen anderen Staaten die SU eine derartige Klausel vereinbart habe, konnte Terechow nicht beantworten.

Auf Frage BM, warum die SU dann so großen Wert auf gerade diese Klausel lege, antwortete

T., dieses sei rein optisch-psychologisch. Es bedeute eine zusätzliche Sicherheit für die öffentliche Meinung in der SU und den Obersten Sowjet.

BM sagte, dies müsse er intern besprechen. BM kam dann auf die Frage der Paraphierung des Umfassenden Vertrages zu sprechen und teilte mit, daß der Bundeskanzler Bedenken habe, den Vertrag am 13.09. paraphieren zu lassen (Frage des Grenzvertrages mit Polen),[8] aber bereit sei, dies sofort nach dem 3.10.90 zu vollziehen. Im Kaukasus sei ein

---

[6] Vgl. Dokument Nr. 41, ferner den ungez. Vermerk vom 28.9.1990 über das Gespräch Kastrups mit Terechov bei der Übergabe des sowjetischen Vertragsentwurfs am 1.9.1990, PA AA, ZA 198.459 E: Kastrup führte aus, dass die „SU [...] an das Inkrafttreten des ersten KSE-Vertrags" anknüpfe. „Wir hingegen verpflichteten uns bei der Erklärung zur Reduzierung gesamtdeutscher Streitkräfte auf 370 000 Mann auf eine Verwirklichung dieses Ziels innerhalb von 3 bis 4 Jahren nach Herstellung der deutschen Einheit. [...] Durch die Verknüpfung mit dem KSE-Vertrag versuche die SU Zeit in beträchtlichem Umfang zu gewinnen."
[7] Im Dokument: Erlärungen.
[8] Vgl. Dokument Nr. 35, Anm. 28.

Briefwechsel BK – Gorbatschow vereinbart worden, wenn auch unter anderen zeitlichen Vorgaben, jetzt solle man den Vertrag voll ausformulieren und sodann einen Brief des Bundeskanzlers an Gorbatschow übergeben.

T. kam erneut auf eine dreiseitige Paraphierung am 13.09.90 zurück, BM verwies darauf, daß ein Brief des BK von politischem Gewicht sei und doch ausreichen dürfte, um die Zeit zwischen dem 12.09. und kurz nach dem 03.10.90 zu überbrücken.

T. kam auf Frage von Ort und Datum der Unterzeichnung zurück, Moskau sei für einen Zeitpunkt „wenige Tage" nach dem 03.10.90, den Ort müsse man noch besprechen.[9] Er fragte dann, ob für uns eine Lösung Brief BK an Gorbatschow plus Paraphierung auf Beamtenebene akzeptabel sei.

BM stellte klar, daß aus den gleichen Gründen hier die gleichen Bedenken gelten. Auf Fragen BM vermittelte

T. sodann den Eindruck, daß er noch zahlreiche Schwierigkeiten bei den Verhandlungen über den Überleitungsvertrag, den Stationierungs- und den Wirtschaftsvertrag sieht. Das Wohnungsproblem sei das größte. Die SU brauche ca. 4,5 Mio qm Wohnfläche. Deshalb solle Bundesregierung nicht allein von der erforderlichen Summe DM ausgehen, sondern von den realen Problemen in der SU, die es zu lösen gelte.[10]

Zur Stationierung führte er aus, daß SU nicht schlechter als in II. Jahreshälfte 1990 gestellt werden wollte (BM verwies auf Kaukasus, wonach Regelung für II. Hälfte 90 kein Präjudiz sein dürfe).[11]

T. führte aus, man könne eine fixe Summe für 1991 vereinbaren, aber solle die Beträge für 1992, 1993, 1994 besser offenlassen, da nicht bekannt sei, wieviele Truppen wann genau reduziert werden können.

BM forderte Terechow auf, bei diesen Überlegungen den Rahmen zu wahren. Auch vor diesem Hintergrund rate er davon ab, die Frage der Zwangsarbeiter aufzubringen, zumal auch die sowjet. Vorstellungen hinsichtlich des Wohnungsbaus weitergingen, als im Kaukasus erörtert. Auf Frage BM nach innerer Entwicklung sagte

T., man rechne in Moskau mit Billigung des Reformprogramms von Schatalin im Obersten Sowjet der RSFSR und danach auf Unionsebene.[12] Dies bringe Schwierigkeiten für die Regierung Ryshkow mit sich, dessen Reformprogramm keine volle Unterstützung finde. Am Schluß bat Terechow BM noch einmal, um eine Reaktion bezüglich der offenen Punkte zu übermitteln [sic!] (Nichtangriffsklausel, Zwangsarbeiter).

Neubert[13]

PA AA, ZA 178.924 E.

---

[9] Vgl. hierzu die Dokumente zum Besuch Gorbačevs in der Bundesrepublik am 9./10.11.1990, in: Galkin/Tschernjajew (Hrsg.), Michail Gorbatschow und die deutsche Frage, Dokumente Nr. 122–129.
[10] Zu den Finanzabsprachen vgl. die Telefonate Kohls mit Gorbačev am 7. und 10.9.1990, in: Galkin/Tschernjajew (Hrsg.), Michail Gorbatschow und die deutsche Frage, Dokumente Nr. 110 und 113.
[11] Vgl. Anm. 3.
[12] Zu „Richtlinien für die Stabilisierung der Volkswirtschaft und den Übergang zur Marktwirtschaft" vom 19.10.1990 und ihrer Umsetzung vgl. Hildermeier, Geschichte der Sowjetunion, S. 1045f. Zum 500-Tage-Plan Šatalins u.a. vgl. die umfangreiche Dokumentation von „Jabloko", unter http://www.yabloko.ru/Publ/500/index.html (letzter Zugriff am 12.4.2011) sowie Jawlinskij/Schatalin, 500 Tage. Stanislav Sergeevič Šatalin (1934–1997), ab 1989 Leiter der Wirtschaftsabteilung der Akademie der Wissenschaften, ab 1990 Mitglied des Präsidialrats der UdSSR.
[13] Eigenhändige Unterschrift.

Nr. 45

Vermerk des Leiters des Referats 213, Neubert, vom 14. September 1990 über das Gespräch von Bundesaußenminister Genscher mit dem sowjetischen Außenminister Ševardnadze am 11. September 1990 in Moskau

Az.: 213-321.11 SOW
Verf.: VLR I Neubert

Bonn, 14. Sept. 1990

(Von BM noch nicht genehmigt!)[1]
Vermerk[2]

<u>Betr.</u>: **Gespräch BM Genscher mit AM Schewardnadse in Moskau am 11.09.90 (19–21.00 h)**

AM begrüßte BM und bat um Verständnis für Verschiebung des Gespräches, da er in wichtiger Debatte des Obersten Sowjet (O.S.) reden und anschließend Fragen der Abgeordneten beantworten mußte.

In den Gesprächen zwischen D 2 und VAM Kwizinskij und Bondarenko seien alle Fragen weitgehend gelöst worden.[3]

Trotz der unmittelbaren und ständigen Teilhabe der Minister an der politischen Entwicklung habe man sich das „natürliche Wachsen" der gegenwärtigen Entwicklung vor einem Jahr kaum vorstellen können, obwohl die (deutsche) Frage immer vorhanden gewesen sei und man durchaus verstanden habe, daß es irgendwann zu einer Lösung kommen müsse. Es sei gut, daß die politischen Anstrengungen jetzt nicht der Entwicklung hinterherhinkten.

BM verwies darauf, daß AM in seiner Wiener Rede Anfang 1989 gesagt habe, daß der Eiserne Vorhang roste.[4] Wenige Monate nach dieser Rede habe Ungarn seine Grenzen geöffnet. Mit dem 12.09. werde die Dynamik der Ereignisse nicht beendet, es ginge jetzt darum, die gute Richtung der Entwicklung fortzusetzen, dies werde und müsse geschehen.

Es sei auch gut, daß beide Seiten am Tag nach dem 12.09.90 den Vertrag über die beiderseitigen Beziehungen paraphieren würden.[5] Dies sei das Signal, daß es „weitergeht".

AM bezeichnete es als große Ehre für alle – für BM und ihn selbst – die daran teilnehmen, daß sie an diesem Prozeß beteiligt waren und Lösungen gefunden haben. Es werde ein neues Verhältnis zu dem vereinten Deutschland geben, zu der <u>einen</u> Nation. Dies sei eine neue Etappe; ein qualitativ neuer Zustand werde durch diese Entwicklung geschaffen:

---

[1] Darüber Eingangsstempel des AA, Ministerbüro I, vom 18.9.1990. Am Seitenende maschinenschr.: <u>„Verteiler: 010 mit der Bitte, Zustimmung herbeizuführen.</u> D 2, AS 2+4". Darunter handschr.: „ZdA Mütz[elburg] 18/10".
[2] Zusätzlich Sperrdruck.
[3] Vgl. Vermerk vom 4.10.1990 über das 9. 2+4-Beamtentreffen am 11.9.1990 in Moskau, PA AA, ZA 198.459 E, sowie den ebenfalls ungez. Vermerk vom 28.9.1990 über das Gespräch von D 2 mit Terechov am 9.9.1990 in Bonn, ebenda.
[4] Vgl. Dokument Nr. 1, Anm. 36.
[5] Vgl. Dokument Nr. 40, Anm. 6.

Die äußeren Aspekte der Herstellung der deutschen Einheit würden geregelt.

Für die bilateralen Beziehungen weise es sich als ein weiser Entschluß (Kaukasus), dies parallel zu den äußeren Aspekten zu regeln. [sic!] Mit dem 12.09. sei der Tag dafür gekommen.

Was gäbe es noch zu regeln? Er hoffe, daß keine Streitfragen für die Außenminister übriggeblieben seien, obwohl seine Mitarbeiter „komplizierte Leute" seien, nicht so „gehorsam", wie die des BM (und bat VAM Kwizinskij um Vortrag).

VAM Kwizinskij:

trug vor, bei den offenen Fragen des 2+4-Dokuments sei man gut vorangekommen:

– Einvernehmen hergestellt, daß das Dokument „Vertrag" heißen wird,

– der Vorsitzende der AM-Tagung des 12.09. werde das ganze 2+4-Dokument in einem Schreiben an den polnischen Außenminister gegenüber Polen notifizieren,

– alle Punkte (Artikel des Vertrages) seien vereinbart, auch die Formulierung über die doppelt einsatzfähigen Waffensysteme,[6] es bliebe nur noch übrig, den Lösungsvorschlag der Direktoren vom Vormittag des 11.09. darüber den Außenministern vorzutragen und den Text dann in der Abendsitzung der Direktoren am 11.09. formell zu vereinbaren.[7]

– Der Artikel über die ausländischen Truppen in Berlin entspreche jetzt dem Geist der (deutsch-sowjetischen) Versprechungen, daß nämlich keine neuen Waffenkategorien in die Stadt eingeführt werden.

– Eine schwierige Frage sei die Formulierung hinsichtlich der Truppen der drei Westmächte, die nicht in das Gebiet der heutigen DDR „verlegt" werden sollten, gemäß dem Sprachgebrauch des Bundeskanzlers in Archys (russisch: peremeschatza). Gorbatschow habe in Archys davon gesprochen, daß diese Truppen dort nicht „erscheinen" dürften.

Die Lage sei wie folgt:

a) für Artikel 5 Abs. 1 über den militärischen Status des DDR-Gebietes bis zum Abzug der sowjetischen Truppen sei – dank D 2 – eine deutliche Formel gefunden worden, wonach „Streitkräfte anderer Staaten auf diesem Gebiet nicht stationiert oder irgendwelche [anderen militärischen][8] Tätigkeiten dort ausüben (werden)".

b) Hinsichtlich Artikel 5 Abs. 3 nach Abzug der sowjet. Streitkräfte sei Lage schwieriger. Die drei Westmächte hätten eine Formel vorgeschlagen, die auf Verbot von Stationierung und Entfaltung (Deployment) abstelle, Deployment sei jedoch ein sehr vager Terminus, da dies bedeute, daß die Truppen im Gelände ihre Stellungen beziehen, d. h. man könne durchaus Kampftruppen verlegen, ohne sie zu entfalten. Dies sei für SU nicht akzeptabel.

Die Zweifel der Westmächte hinsichtlich künftiger Schwierigkeiten für Schiffsbesuche oder das Auftreten von Militärorchestern bei Zustimmung zu dem sowjet. Konzept der Nichtverlegung [seien][9] unbegründet und nicht seriös.

GB und auch die USA und Frankreich wollten das Recht, in der DDR Manöver und Truppenübungen abzuhalten. Sie seien bereit zu einer Formulierung, wonach keine größeren Manöver dort stattfinden, d. h. nicht über 13 000 Mann, und GB (Weston)[10] [forderte][11] eine Erklärung der Außenminister, daß Manöver unterhalb dieser Schwelle möglich

---

[6] Damit sind Waffenträger gemeint, die konventionelle wie nukleare Sprengköpfe verwenden können („dual use").
[7] Wie Anm. 3.
[8] Im Dokument: andere militärische.
[9] Im Dokument: sei.
[10] John Weston (*1938), 1988–1992 Politischer Direktor des Foreign Office.
[11] Im Dokument: forderten.

sind. Es solle festgehalten werden, daß ein Verbot von „Deployment" die Stationierung und Großmanöver betreffe, aber nicht die Abhaltung von kleineren Manövern. Dieser Gedanke sei von Dufourcq[12] aufgebracht worden.

Diese Formel passe jedoch nicht zu der Absprache BK/Gorbatschow in Archys, diese Frage müßte jetzt den Außenministern vorgelegt und von ihnen entschieden werden.[13]

BM sagte dazu:

1. Die Formulierung über doppelt einsatzfähige Waffen sollte auch für die anderen Teilnehmer akzeptabel sein, für uns ist sie akzeptabel.

2. Ergänzung in Artikel 5 Abs. 1 über militärische Aktivitäten sei für uns kein Problem.

3. Zu Artikel 5 Abs. 3 habe AM Baker BM über sein Gespräch mit AM Schewardnadse in Helsinki berichtet, wonach es SU darauf ankäme, große Manöver auszuschließen. So sei bei USA die Vorstellung entstanden, daß man Manöver über 13 000 Mann ausschließen könnte. Die Erklärungen von Präsident Gorbatschow und BK im Kaukasus seien nicht voll deckungsgleich, darauf wolle er aber nicht noch einmal eingehen, sondern eine Idee entwickeln, wie man Manöver über 13 000 Mann ausschließen könne und welche Regelung unterhalb dieser Grenze zur Anwendung komme.

Damit stelle sich die Frage, ob solche Manöver nach 1994 von GB, F oder USA entschieden werden, oder nicht vielmehr von Deutschland, d. h. es stellt sich die Frage der Souveränität in diesem Gebiet.

Er wolle auf die Präambel des Abschlußdokuments hinweisen, wonach die Sicherheitsinteressen eines jeden zu berücksichtigen seien. Die Bundesregierung würde über diese Frage vernünftig und verantwortlich entscheiden. Er sei bereit, eine Erklärung dieses unseres Verständnisses einer solchen Regelung abzugeben.

AM entgegnete, er habe mit AM Baker nicht von großen Manövern gesprochen, sondern Baker habe gefragt, was denn die SU beunruhige, ob dies militärische Aktivitäten einschließlich Manöver betreffe und ob z. B. die Einzelreise eines Soldaten zu Besuch in diesem Territorium verboten werden solle. Dies habe er (Schewardnadse) verneint.

Dies halte sich im Rahmen der deutschen Souveränität, und des besonderen Status' für dieses Territorium; alle Abkommen schränkten Souveränität ein, auch z. B. der NATO-Vertrag, auch die Verpflichtung, die Personalstärke deutscher Streitkräfte auf 370 000 Mann zu verringern, aber dieses seien freiwillige Entscheidungen Deutschlands.

Er hielte es für möglich, etwas aus dem ersten Punkt (des BM) zu übernehmen.

BM stellte klar, er habe nicht die deutsche Souveränität ins Spiel gebracht, sondern bei der Errichtung einer europäischen Friedensordnung, von neuen Sicherheitsstrukturen, müßten (wir) alle Souveränitätsbeschränkungen eingehen, sie aber nicht als Einschränkung empfinden, weil sie sinnvoll seien, um mehr Sicherheit zu schaffen.

Es gehe um Souveränität in einem anderen Zusammenhang, nämlich mit der Frage, ob militärische Aktivitäten unter 13 000 Mann Gegenstand einer deutschen Entscheidung seien.

Wenn man die Formulierungen in Artikel 5 Abs. 1 aufgreift und die Bundesregierung erklärt, daß sie gemäß der Präambel die Sicherheitsinteressen aller berücksichtigen und vernünftig und verantwortungsbewußt entscheiden werde, müsse dies eine für SU akzeptable Lösung sein.

---

[12] Bertrand Dufourcq (*1933), 1988–1991 Politischer Direktor im französischen Außenministerium.
[13] Vgl. Dokument Nr. 35, Anm. 5.

(Kwizinskij und Schewardnadse sprechen verschiedene Formulierungsmöglichkeiten durch. D 2 gibt zu bedenken, daß die derzeitige Formulierung (not stationed and not deployed there) klar sei, da sie beide Begriffe nebeneinander stelle).

AM befürwortet, Manöver nicht zu erwähnen, sondern die deutsche Formel (nicht stationieren oder verlegen) zu nehmen, ohne jegliche Erklärung oder Interpretation, wie GB und F sie wünschen.

D 2 sagt, dann müsse man in der Sitzung klären, was gemeint ist;

AM entgegnet, dann könnte man das zu jedem anderen Artikel auch tun.

D 2 fragt, ob Manöver dann erlaubt seien;

AM darüber sollen die Experten sich dann den Kopf zerbrechen.

BM die deutsche Antwort auf die Frage sei, keine großen Manöver, kleine Manöver seien eine deutsche Entscheidung im Sinne der Präambel.

AM sagt, dies sei der SU nicht genehm. Maximum (Zugeständnis) sei sowjetische Einwilligung zu deutscher Formel ohne weitere Erläuterung.

BM fragt, was er dazu als Antwort auf eine Frage in der Pressekonferenz geben könne. Die Frage der Bedeutung dieser Formel für die Manöver werde die erste Frage sein.

AM Antwort gemäß Text von Artikel 5 Abs. 3.

BM gibt zu bedenken, daß diese Position nicht durchzuhalten sei, zumal diese Frage auch anderen gestellt würde und schlägt erneut vor, auf eine deutsche Entscheidung im Sinne der Präambel zu verweisen. Wenn er sagen müsse, daß große Manöver nicht stattfinden, hieße das, daß andere Manöver stattfinden werden, dies wolle er jedoch nicht präjudizieren. BM verweist darauf, daß dieser Fall frühestens 1995 real werde, die Präambel biete das Kriterium, große Manöver finden nicht statt, über andere wird im Sinne der Präambel entschieden.

Sein Motiv sei die Frage, wie die Entwicklung weitergeht. In 5 Jahren würden beide Seiten mit großer Heiterkeit an die heutige Diskussion denken, weil

a) die USA dann nicht an einer militärischen Präsenz z. B. in Thüringen interessiert seien,

b) die SU darüber nicht besorgt und

c) wir nicht daran interessiert wären.

AM sagt, SU mache sich keine Sorgen für das Jahr 1995, dies könne allenfalls Sorge von F, GB oder den US sein. Ihm ginge es um Lösung und Präsentation am 12. 09. Er beziehe sich auf die Äußerung des BK und deren Wortlaut.

BM führt aus, BK habe davon gesprochen, ausländische Truppen nicht in dieses Gebiet zu „verlegen". Wenn die Übersetzung von „stationed and deployed" nicht „stationiert und verlegt" sein könne, könne man versuchen, von „stationiert und disloziert" zu sprechen (Kwizinskij wirft ein, to deploy habe eine dynamische Komponente).

BM entgegnet, daß (von sowjet. Seite ins Spiel gebrachte) Übersetzung mit „moved" bedeute, daß ausländische Soldaten nicht einmal für einen Tag diese Linie überschreiten könnten.

Die gegenwärtigen Formulierungsschwierigkeiten gingen nicht auf uns zurück, er sei bemüht, das Problem zu lösen. Er sei bereit, eine sehr weitgehende Erklärung über die Handhabung einer entsprechenden Vertragsbestimmung abzugeben. Er wolle keineswegs Probleme für die Zukunft schaffen. Wenn er erkläre, daß die Bundesregierung im Sinne der Präambel entscheiden werde, so sollte das genug Gewißheit geben. Wie wäre es, wenn diese Erklärung zu Protokoll gegeben würde, nicht nur gegenüber der SU, sondern am Verhandlungstisch?

AM fragte nach möglichem Wortlaut einer solchen Erklärung.

BM antwortet, Text in Artikel 5 Abs. 3 solle so bleiben, die Erklärung könne besagen, daß die Bundesregierung bei Auslegung dieser Bestimmung gemäß der Präambel die Sicherheitsinteressen aller berücksichtigen und mit Vernunft und Verantwortungsbewußtsein entscheiden werde.

AM stimmt zu, eine solche Formel könne passen.

BM unterstreicht, er werde das in der Sitzung der AM sagen.

AM fragt, wie dies in der Pressekonferenz gehandhabt werden könne, wenn die Frage nach großen oder kleinen Manövern auftauche. Darüber könne sich GB weiter Sorgen machen, deshalb käme nur eine allgemeine Formel infrage.

BM sagt, in Pressekonferenz sollte auf seine Erklärung in der Sitzung verwiesen werden und diese zitiert werden.

AM ist einverstanden.

BM bittet, nicht von Auslegung, sondern von „Anwendung" dieser Bestimmung zu sprechen, um klarzumachen, daß es nicht verschiedene Auslegungen geben könne.

VAM sagt, das hieße, daß große Manöver möglich seien, wenn die Bundesregierung so entscheide.

BM entgegnet, er sei bereit, große Manöver ausdrücklich auszuschließen, aber – wie vorhergehende Diskussion gezeigt habe – sei SU nicht bereit, diese Unterscheidung ausdrücklich zu erwähnen.

AM bestätigt, man wolle überhaupt nicht über Manöver sprechen.

BM verweist erneut darauf, daß dies eine Diskussion über die Lage 1995 sei, er sei sicher, daß die AM-Kollegen hier als vernünftige und verantwortungsbewußte Persönlichkeiten einer solchen Lösung zustimmen könnten.

AM fragt, ob eine solche Erklärung notwendig sei (förmlich, zu Protokoll der Verhandlungen)?

BM verneint dies, aber verweist darauf, daß er den gleichen Text benutzen werde, wenn er in der PK gefragt werde.

AM faßt zusammen, in der Sitzung der AM werde es keine Erklärung geben, über den Text selbst bestünde Einvernehmen, die Experten (Direktoren) sollten heute noch daran arbeiten.

BM sagt, er werde morgen in der AM-Sitzung klarstellen, daß er für den Fall, daß er in der PK gefragt werde, den soeben besprochenen Text als Antwort verwenden werde und die anderen AM an ihn verweisen sollten, falls die Frage an sie gerichtet wird.

Mit dieser Formel könnten sowohl BM wie AM und auch die anderen drei AM entsprechende Fragen beantworten.

AM bat darum, daß zu diesem Zweck D 2 mit den drei Westmächten klarstellt, daß BM diese Frage auf PK so beantworten wird, und zwar mit dem besprochenen Text.

BM fügte hinzu, Begründung, weshalb Bundesregierung die Entscheidung in diesem Sinne überlassen bleibe, sei, daß zu diesem Zeitpunkt Deutschland souverän sein werde.

BM verwies dann auf knappe verbleibende Zeit (Termin mit AM Hurd) und sagt, er habe noch zwei Fragen an AM Schewardnadse:

1. Am 13.09.90 werde der „Große Vertrag" paraphiert, wann sollten die drei anderen Verträge paraphiert werden, er wolle dies nur wissen und verbinde damit keine weiteren Absichten.[14]

---

[14] Zu den Vertragswerken vgl. Dokument Nr. 40, Anm. 6.

AM führte aus, die drei Verträge (Großer Vertrag, Überleitungsvertrag und Wirtschaftsvertrag) seien klar, nur im Truppenabkommen gebe es noch eckige Klammern.

VAM Kwizinskij fügte hinzu, er schätze, daß es noch etwa einer Woche Verhandlungsarbeit bedürfe, um auch diesen Vertrag abzuschließen.

AM bemerkt, die drei anderen Verträge könnten in New York paraphiert [werden].[15] Er sähe sonst – rein von der Terminlage – keine andere Lösung für BM und ihn.

BM gab zu bedenken, daß der Große Vertrag wegen seiner besonderen Bedeutung von den Außenministern paraphiert werde, die anderen drei Verträge könnten von den jeweiligen Verhandlungsführern paraphiert werden.

AM stimmte dem zu.

BM 2. Bei letztem Gespräch am 17.08. habe AM bezüglich der Suspendierung der Vier-Mächte-Rechte auf das Problem des Obersten Sowjet hingewiesen, sie hätten sich darauf geeinigt, dies im Lichte der Lage am 12.09. erneut zu prüfen.[16] Er bitte dies als Frage zu betrachten, nicht als Forderung.

AM bat darum, Entscheidung bis zum Treffen der beiden Minister in New York zu verschieben, dann seien alle Verträge fertig und es bleibe auch noch genügend Zeit bis zum 3. Oktober, da das bilaterale Treffen ja für früher terminiert sei. Dann [seien][17] 2+4 und die bilateralen Verträge fertig; dies mache es ihm leichter, das (die Suspendierung) im Obersten Sowjet zu vertreten.[18]

BM führte aus, am 12.09. werde über Bedeutung des Ereignisses gesprochen werden. Er wolle heute abend betonen, daß wir uns der Bedeutung voll bewußt seien, ebenso der Beiträge, die Schewardnadse und Gorbatschow dazu geleistet haben. Er wolle für ihre Beiträge danken und für das Verhältnis, das sich zwischen uns (BM/AM) entwickelt habe. Angesichts seines Lebensweges erfülle ihn dies mit besonderer Bewegung.

Morgen werde die abschließende völkerrechtliche Regelung unterzeichnet. Man müsse dabei an den Lauf der Geschichte zurückdenken und die Menschen nicht vergessen, die in dem schrecklichen Krieg ihr Leben verloren haben. Deswegen habe er mit MP [de][19] Maizière vorhin besprochen, am 13.09. durch eine Kranzniederlegung am Grab des unbekannten Soldaten den Toten der Sowjetunion die Ehre zu erweisen. Sie wollten beide auch einen Kranz an den Gräbern der deutschen Soldaten in Lublino niederlegen.[20] Ihm sei bewußt, daß dies bei einem solchen Anlaß (Konferenz) nicht üblich sei, er wolle aber die Stadt nicht verlassen, ohne dies getan zu haben. Man dürfe nichts vergessen, wenn man heute in eine neue und bessere Zukunft aufbreche.

AM entgegnete, auch er werde dazu etwas sagen, aber dies ausführlicher im Obersten Sowjet in den nächsten Tagen tun. Er werde sich dabei Mühe geben, gebührende Worte zu finden, sowohl für den Abschluß 2+4 als auch für den Vertrag über die bilateralen Beziehungen und ihre Bedeutung für Europa, die Welt und die Zukunft.

---

[15] Im Dokument: werde.
[16] Dokumente Nr. 41 und 42.
[17] Im Dokument: sei.
[18] Zur Sitzung des Obersten Sowjets am 20.9.1990 vgl. die Dokumente Nr. 117 und 118 in Galkin/Tschernjajew (Hrsg.), Michail Gorbatschow und die deutsche Frage.
[19] Im Dokument: De.
[20] Bei Moskau gelegener Friedhof für die in sowjetischer Kriegsgefangenschaft verstorbenen deutschen Soldaten.

Es sei deshalb kein Zufall, daß er unbedingt eine Schlußsitzung ohne Debatten, ohne offene Fragen, ohne Streit wünsche. Dies habe auch symbolische Bedeutung. Dies sei sehr wichtig und sehr ernst.

Was BM gesagt habe, sei sehr wichtig. Er sei überzeugt, daß er zusammen mit BM bei dem Besuch in Brest richtig gehandelt habe.[21] Es sei auch richtig, daß in dem Dokument die Achtung vor den Denkmälern und generell gegenüber der Vergangenheit behandelt worden sei. Er glaube, daß beide Seiten würdevoll an diese Etappe herangegangen seien. Es sei eine der wichtigsten Etappen in der Geschichte unserer Völker und der Geschichte Europas und der Welt. Diese Politik sei kein Fehler, beide Seiten hätten richtig gehandelt, auch wenn Vorwürfe kämen, dies sei auch die Meinung Gorbatschows. Gorbatschow werde BM dazu noch etwas sagen.[22]

Zum Ablauf (am 12.09.) sagte er, er werde die Sitzung eröffnen, dann das Wort BM erteilen, anschließend MP [de][23] Maizière, Baker, Hurd und Dumas; er rechne mit einer Sitzungsdauer von ca. 1 ½ bis 2 Stunden, dann werde Gorbatschow dazustoßen für die Unterzeichnung, anschließend Mittagessen mit Gorbatschow, danach das „Familienphoto". Danach werde es zu dem Treffen BM mit Gorbatschow kommen. Am 13.09. werde man morgens den Großen Vertrag paraphieren, bei der Unterzeichnung 2+4 werde es keine Ansprachen geben, wohl aber bei der Paraphierung des Großen Vertrages am 13.09. (Verabschiedung)

Neubert[24]

PA AA, ZA 178.928 E.

Nr. 46
Aufzeichnung des Dolmetschers Hartmann vom [13.] September 1990 über das Gespräch von Bundesaußenminister Genscher mit dem sowjetischen Außenminister Ševardnadze am 13. September 1990 in Moskau[1]

Aufzeichnung des Gespräches zwischen Bundesaußenminister Genscher (BM) und dem sowjetischen Außenminister Schewardnadse (SAM) am 13. September 1990

SAM: Er wolle BM nochmals zu diesem äußerst wichtigen Ereignis (Paraphierung des „großen" Vertrages)[2] gratulieren, dessen große Bedeutung zum gegenwärtigen Zeitpunkt nur schwer zu verstehen sei. Er verhehle nicht ein Gefühl der tiefen Befriedigung über die

---

[21] Dokumente Nr. 34–36.
[22] Zum Gespräch Genschers mit Gorbačev am 12.9.1990 vgl. ausführlich Dokument Nr. 115 in Galkin/Tschernjajew (Hrsg.), Michail Gorbatschow und die deutsche Frage, ferner die Dolmetscheraufzeichnung vom 12.9.1990, PA AA, ZA 178.928 E.
[23] Im Dokument: De.
[24] Eigenhändige Unterschrift.

[1] Am 18.9.1990 vom Referat 105 (Sprachendienst) an das Ministerbüro übersandt, PA AA, ZA 178.928 E.
[2] Vgl. Dokument Nr. 40, Anm. 6.

gemeinsame Arbeit. Er glaube, daß es wichtig sei, die Arbeit an den anderen Verträgen ebenfalls baldmöglichst abzuschließen. Diese Arbeit sollte bis zum New Yorker Treffen beendet sein.[3]

BM: Er teile die Ansicht des SAM über die große Bedeutung des heutigen Ereignisses. Dies sei ein historischer Prozeß. Auch SAM und er, die im Mittelpunkt des Geschehens gestanden hätten, würden die ganze Tragweite dieser Ereignisse erst in einigem Abstand richtig zu werten wissen. Auch er sei von diesen Ereignissen tief berührt. Er sei überzeugt, daß man die richtigen Entscheidungen getroffen habe. Man könne feststellen, daß es sich hier um glückliche, richtige und in die Zukunft weisende Ereignisse handele. Heute sei es wichtig, daß SAM und er, die so maßgeblichen Anteil an der Architektur nicht nur des deutsch-sowjetischen Verhältnisses sondern von ganz Europa hätten, nunmehr dafür sorgen müßten, daß die Entwicklung den gewünschten Weg gehe. So gesehen seien die nächsten Jahre besonders wichtig, um den richtigen Trend festzulegen. Was die anderen Abkommen betreffe, so sei er gleichfalls der Meinung, daß die Arbeit an ihnen in den nächsten Tagen abgeschlossen werden müsse. SAM habe ihm gesagt, daß die sowjetische Seite hinsichtlich des Stationierungsvertrages noch einige Abstimmungen mit den Militärs treffen müsse. Er hoffe, daß dies bald geschehen könne. Der Vertrag über die wirtschaftliche Zusammenarbeit sei praktisch fertiggestellt. Ähnliches gelte auch für den Überleitungsvertrag.[4] Am 01.10.1990 wolle man vor Beginn des New Yorker Treffens der KSZE-Außenminister das Dokument über die Suspendierung der Vier-Mächte-Rechte unterzeichnen.[5]

Er werde noch vor dem 01.10. eine Rede vor der VN-Generalversammlung halten. Diese Rede werde anders sein als alle vorausgegangenen. Die in den Vereinten Nationen versammelten Staaten hätten ein Recht darauf zu erfahren, welche Politik das zukünftige Deutschland betreiben werde. In dieser Politik nehme das deutsch-sowjetische Verhältnis einen wichtigen Platz ein. Er habe deshalb auch bei dem gestrigen Essen festgestellt, daß die Bündnispartner und die Partner Deutschlands in der EG verstanden hätten, daß ein enges deutsch-sowjetisches Verhältnis auch für sie von Nutzen und nicht gegen sie gerichtet sei. Er habe deshalb in seiner kurzen Rede auf die zentrale Lage Deutschlands in Europa hingewiesen. Dies sei eine große Verantwortung, der sich Deutschland stellen müsse. Ihn ermutige dabei, daß es zwischen den beiden Völkern keine negativen Gefühle gebe. Es gebe schlechte Erinnerungen, aber keine schlechten Gefühle. Man müsse nunmehr Wege finden, um die beiden Völker noch enger miteinander zu verbinden.

Er wolle noch einmal zu dem Gedanken zurückkehren, den er gestern gegenüber dem Präsidenten geäußert habe. Die materiellen Fragen des Abzugs und der Unterbringung der sowjetischen Soldaten, die sich gegenwärtig noch in der jetzigen DDR aufhielten, seien gelöst. Es gehe ihm jedoch um etwas Anderes. Er glaube, daß SAM und er eine wichtige Aufgabe für die Freundschaft zwischen der SU und Deutschland übernehmen würden, wenn sie nach der Vereinigung Deutschlands die Standorte der sowjetischen Soldaten besuchen würden. Man könne nicht alle Standorte auf einmal benutzen [sic!], aber im Verlauf von zwölf Monaten sollte man alle großen Standorte besuchen, dort zu den Soldaten und dann mit ihnen und ihren Frauen über die bestehenden Probleme reden.[6]

---

[3] KSZE-Außenministertreffen am 1./2.10.1990.
[4] Wie Anm. 2.
[5] Vgl. Dokument Nr. 42, Anm. 10.
[6] Zum gemeinsamen Auftreten der Außenminister Genscher und Bessmertnych am 20.6.1991 in Potsdam vgl. Kwizinskij, Vor dem Sturm, S. 112. Aleksandr Aleksandrovič Bessmertnych (*1933), 1988–1990 Erster Stellv. Außenminister, 1991 Außenminister der UdSSR.

Zum Abschluß wolle er noch eine persönliche Bemerkung machen und diese mit einer Bitte verbinden. SAM wisse aus zahlreichen Gesprächen, daß [ihn][7] (BM) die Spaltung Deutschlands persönlich sehr berührt habe. Er wolle gern mit SAM seine Heimat besuchen und er sei dankbar, daß dies jetzt möglich werde. Man könne vielleicht in inoffizieller Form ein Wochenende dort verbringen, um die Menschen und Sehenswürdigkeiten seiner Heimat kennenzulernen.[8] Die Menschen dort sollten wissen, daß es hier zwei Männer gebe, die sich gut verstehen und daß der eine, der Gast, dazu beigetragen habe, daß die Wünsche dieser Menschen in Erfüllung gehen konnten.

SAM und er hätten in den letzten Monaten oft telefoniert, häufig in schwierigen Fragen. Er wünsche sich eine Fortsetzung dieser Kontakte – durchaus auch wenn es nicht um schwierige Probleme ginge.

SAM: Es sei wichtig, daß man bereits am ersten Tag nach der Unterzeichnung des Vertrages sehen könne, wie die Ideen aus diesem Vertrag realisiert werden. Man müsse den Völkern praktisch zeigen, daß es sich hier tatsächlich um die Entwicklung eines neuen Verhältnisses handele und daß man dazu in der Lage sei. BM habe richtig gesagt, daß die anderen Kollegen, und zwar nicht nur diejenigen, die an den gestrigen Ereignissen beteiligt waren, sondern alle Kollegen im Rahmen Europas, die gegenwärtigen Ereignisse positiv werteten. Eine gewisse Vorsicht sei allerdings gelegentlich auch zu spüren. Deshalb sei es wichtig, Europa zu zeigen, daß die Sowjetunion und Deutschland Beziehungen miteinander hätten, die gegen kein drittes Land gerichtet seien, sondern eine Garantie für die europäische Sicherheit darstellten.

Präsident Gorbatschow und er hätten die interessante und positive Initiative des BM sehr begrüßt. Man müsse nach der Generalversammlung der VN vereinbaren, die Militärs, die Soldaten und ihre Familien zu besuchen. Dies sei eine weise Idee und er glaube, daß sie den Menschen positiv im Gedächtnis bleiben werde.

BM: SAM möge vorschlagen, welche Standorte zu besuchen seien, vielleicht könne man dies auch mit einem Besuch in Halle, einem bedeutenden Standort, verbinden.

SAM: Er danke für diese Einladung und wolle gern die Heimat des BM besuchen. Er hoffe, daß BM auch einmal seine Heimat, eine äußerst interessante Gegend, besuchen werde. Was die wechselseitigen Kontakte betreffe, so sollte man vielleicht öfter miteinander in Kontakt treten, sowohl per Telefon als über die Vertreter als auch persönlich. Die Entfernung zwischen beiden Ländern sei ja nicht sehr groß. Er sei jederzeit zu Treffen ohne große Formalitäten bereit. Der neue Vertrag erfordere eine neue Dynamik.

(BR Hartmann)[9]

PA AA, ZA 178.928 E.

---

[7] Im Dokument: ihm.
[8] Ševardnadze besuchte am 10.11.1990 Halle.
[9] Darüber eigenhändige Unterschrift.

Nr. 47
Persönliche Botschaft des sowjetischen Außenministers Ševardnadze vom 13. September 1990 an Bundesaußenminister Genscher[1]

Man erfährt echte Befriedigung aus der Freundschaft mit einem Mann, der, eingedenk der Vergangenheit, sich der Verantwortung für die Zukunft unserer Völker zutiefst bewußt ist. Der Umgang mit Hans-Dietrich Genscher ist immer eine Bereicherung; er bereitet die Freude des aufrichtigen Kontakts von Mensch zu Mensch und weckt das Bedürfnis nach neuen Begegnungen.

Eduard Schewardnadse

PA AA, ZA 178.928 E.

Nr. 48
Vermerk Pauls', [Referat 210], vom 21. September 1990 über das Gespräch des D 2 mit dem sowjetischen Botschafter Terechow am 21. September 1990

AS 2 + 4

Bonn, 21. September 1990

Vermerk[1]

Betr.: Gespräch D 2 mit dem sowjetischen Botschafter Terechow am 21.09.1990;
hier: Erklärung der Vier Mächte zur Suspension ihrer Rechte und Verantwortlichkeiten in bezug auf Berlin und Deutschland als Ganzes am 01.10.1990 in New York[2]

Terechow:
Die SU halte an ihrer grundsätzlichen Bereitschaft, die Suspensions-Erklärung am 01.10.1990 abzugeben, fest. Zunächst solle der Auswärtige Ausschuß des Obersten Sowjet dazu jedoch noch Stellung beziehen.[3] Der Text des Aufenthalts- und Abzugsvertrages stünde noch nicht fest. Das gleiche gelte für Art. 1 des Überleitungsvertrages, bei dem auch noch einige weitere Punkte offen seien.

Der Stand der Dinge bei diesen beiden Verträgen schaffe mit Blick auf die endgültige Entscheidung über die Suspension Schwierigkeiten. Die SU müsse zunächst abwarten, was mit den beiden Verträgen geschehen werde.

---

[1] Das maschinenschriftliche russische Original hatte der Stellv. Außenminister Kvicinskij dem Leiter des Sprachendienstes der Botschaft Moskau, Hartmann, übergeben, der die hier abgedruckte Übersetzung zusammen mit dem vorhergehenden Gesprächsvermerk anfertigte und dem Ministerbüro am 18.9.1990 übersandte, PA AA, ZA 178.928 E. Die Übersetzung ist handschriftlich festgehalten.

[1] Zusätzlich Sperrdruck.
[2] Vgl. Dokument Nr. 42, Anm. 10.
[3] Vgl. Dokument Nr. 45, Anm. 18, zu den im Folgenden genannten Verträgen Dokument Nr. 40, Anm. 6.

D 2:
Aus innerstaatlichen Gründen (Hinweis auf notwendige Entscheidungen von Bundestag und Bundesrat sowie Zeitdruck) bräuchten wir schnelle Antworten aus Moskau auf unsere Vorschläge zu beiden Verträgen.

Terechow:
Sollte es nicht gelingen, die Suspensions-Erklärung am 01.10. in New York zu unterzeichnen, so kämen als Alternativtermine das Treffen der Außenminister der KSZE-Teilnehmerstaaten in Wien zur Vorbereitung des KSZE-Gipfels und auch der KSZE-Gipfel selbst in Frage.

D 2:
Er sei optimistisch, daß sich der vorgesehene Zeitplan einhalten ließe. Von der Konditionierung der Suspensions-Erklärung, die jetzt vorgetragen worden sei, sei in Moskau nicht die Rede gewesen.

Terechow:
BM habe bei seinem bilateralen Treffen mit AM Schewardnadse in Moskau die Frage der Suspension angesprochen.[4] Schewardnadse habe erwidert, die SU sähe in der abschließenden Regelung und den bilateralen deutsch-sowjetischen Verträgen ein Paket. Auf die Suspensionsfrage werde man am 01.10.1990 in New York zurückkommen können. Der BM habe diesem zugestimmt.

D 2:
Das Gespräch habe am 11.09. abends stattgefunden. Entscheidend sei jedoch das Gespräch am 12.09. gewesen, bei dem alle Außenminister der Sechs vertreten gewesen seien.[5] AM Schewardnadse habe dabei vorbehaltlos erklärt, die SU sei bereit, die Suspensions-Erklärung am 01.10. in New York abzugeben. AM Schewardnadse habe die soeben von Terechow vorgetragene Verbindung nicht gemacht.

Terechow:
Die Gespräche am 11. und 12.09. müßten als Einheit gesehen werden.

D 2:
BM habe auf der Pressekonferenz am 12.09. in Moskau vor der Weltöffentlichkeit erklärt, die Suspensions-Erklärung werde am 01.10. erfolgen. Keiner der anderen fünf Außenminister, Schewardnadse eingeschlossen, habe widersprochen. In seiner gestrigen Regierungserklärung habe BM die Unterzeichnung der Suspensions-Erklärung als schlichtes Faktum dargestellt. Die SU schaffe eine neue Situation, wenn sie die angesprochene Verbindung herstellen wolle.

Terechow:
Er wolle nicht dramatisieren, Hypothesen bräuchten nicht aufgestellt zu werden. Er habe lediglich die Betrachtungsweise Moskaus dargelegt. Die Erklärung D 2's nähme er zur Kenntnis. Im übrigen habe die SU von Anfang an auf einer Paketlösung bestanden.

D 2:
Auf den zweiten, ihm gegenüber angesprochenen Punkt, sei Terechow nicht eingegangen. Unser Vorschlag: Ein Dokument, mit der Suspensions-Erklärung der [Vier Mächte][6]

---

[4] Dokument Nr. 45.
[5] Zum 2+4-Außenministertreffen in Moskau am 12.9.1990 vgl. Vermerk vom 22.10.1990, PA AA, ZA 198.459 E, das Protokoll der Ansprachen ist in: PA AA, ZA 198.459 E.
[6] Im Dokument: Vier-Mächte.

und der zur Kenntnisnahme durch die beiden deutschen Staaten, das von allen sechs Außenministern unterschrieben würde.
Terechow:
Hierzu läge eine Antwort aus Moskau noch nicht vor.
D 2:
Er richte die dringende Bitte an Terechow, auch im Namen des BM, diese Frage möglichst schnell in Moskau klären zu lassen. Die westlichen Vertragspartner hätten unserem Vorschlag zugestimmt.

Pauls[7]

Herrn D 2 mit der Bitte um Billigung vorgelegt.[8]

Verteiler:
[…].[9]

PA AA, ZA 198.459 E.

Nr. 49
Fernschreiben des D 2, Kastrup, vom 24. September 1990 über das Gespräch von Bundesaußenminister Genscher mit dem sowjetischen Außenminister Ševardnadze am 24. September 1990 in New York

Aus: BM-Delegation
Nr 005 vom 24.09.1990, 2100 OZ
An: Bonn AA
Citissime

Fernschreiben (verschlüsselt) an 213[1]
Eingegangen: 25.09.90, 0557 OZ
Auch für Moskau, Wien Diplo
Az.: D 2 241900 [sic!]
Betr.: Gespräch BM mit AM Schewardnadse am 24.09.1990 (Frühstück in Residenz unseres Botschafters, ca. 1 ½ Stunden)
– Zur Unterrichtung –

Das in freundschaftlicher Atmosphäre geführte Gespräch behandelte folgende Themen:
1. bilaterale Fragen
2. 2 plus 4, auch im Blick auf das KSZE-AM-Treffen am 01./02.10. in New York

---

[7] Eigenhändige Unterschrift.
[8] Darunter unleserl. Paraphe, „21/9".
[9] D 2 V und 213; mit Erledigungsvermerk.

[1] Daneben Verteilerstempel für Arbeitsexemplare an 213, Dg 20, 201, 421, 212, 221, 311, 230, 210, AS 2+4, 010.

3. KSZE und konventionelle Abrüstung
4. Golfkrise

1. Sch. betonte, durch die in Aussicht genommenen Verträge werde ein beständiges Fundament der bilateralen Beziehungen geschaffen, das Verhältnis zwischen der Sowjetunion und dem vereinten Deutschland habe Bedeutung für ganz Europa und müsse deshalb in diesem größeren Zusammenhang gesehen werden. BM wies darauf hin, wir seien daran interessiert, den Stationierungsvertrag, den Überleitungsvertrag und den Vertrag über wirtschaftliche Zusammenarbeit noch in dieser Woche vor dem 01.10. zu paraphieren.[2] Er habe aus Bonn gehört, dass sowjetische Delegationen für die Schlussverhandlungen in den nächsten Tagen nach Bonn kommen wollten. Er bitte nachdrücklich, größte Anstrengungen zu unternehmen, die Verhandlungen bei dieser Gelegenheit zum Abschluss zu bringen. Wir seien dazu bereit und hätten, wie er meine, konstruktive Vorschläge gemacht.

Auf Frage des BM, wann der umfassende Vertrag unterzeichnet werden könne, entgegnete Sch., er nehme an, dass dies in der ersten Dekade November auf höchster Ebene[3] geschehen könne.[4]

Mit dem Ausdruck der Besorgnis sprach BM die Lage der sowjetischen Soldaten in der jetzigen DDR an. Sch. akzeptierte den Vorschlag von BM, recht bald noch in diesem Jahr gemeinsam Standorte sowjetischer Truppen zu besuchen.[5] Die sowjetische Seite werde dazu in absehbarer Zeit einen Vorschlag machen. BM unterstrich, dass die gleichzeitige Anwesenheit von Bundeswehr und Roter Armee [sic!] auf deutschem Boden Chancen für neue Formen der Vertrauensbildung böten.

2. BM berichtete, dass der 2 plus 4-Vertrag im Bundestag und seinen Ausschüssen über die Parteigrenzen hinweg sehr positiv und mit großer Befriedigung aufgenommen worden [sei].[6] Das gute Arbeitsergebnis sei durch die vertrauensvollen Gespräche, beginnend seit der Begegnung in Genf, begünstigt worden. Das Bundeskabinett werde am 05. Oktober auf seiner ersten Sitzung als gesamtdeutsches Kabinett das Vertragsgesetz auf den Weg bringen.

Sch. gab durch Kopfnicken zu erkennen, dass er offensichtlich keine Schwierigkeiten hat, wenn das Dokument über die Suspendierung der Vier-Mächte-Rechte und –Verantwortlichkeiten am 01. Oktober durch alle sechs Teilnehmer des 2 plus 4-Prozesses unterschrieben wird.[7] BM unterrichtete ihn über seinen Wunsch, nach der Eröffnung des KSZE-AM-Treffens durch Präsident [Bush][8] als erster Redner die Teilnehmer über die abschließende Regelung zu unterrichten. Sch. war damit einverstanden. Zur Suspendierungs-Erklärung legte er Wert darauf, dass bis dahin alle noch offenen Fragen in den bilateralen Verträgen geklärt seien.[9]

3. Als Schwerpunkte für den durch das AM-Treffen in New York vorzubereitenden KSZE-Gipfel in Paris nannte Sch.:

---

[2] Vgl. Dokument Nr. 40, Anm. 6.
[3] Alle Unterstreichungen im Dokument per Hand.
[4] Der Absatz am li. Rand von Hand angestrichen. Vgl. Dokument Nr. 44, Anm. 9.
[5] Vgl. Dokument Nr. 46, Anm. 6.
[6] Im Dokument: seien.
[7] Vgl. Dokument Nr. 42, Anm. 10.
[8] Im Dokument: Buuh.
[9] Der letzte Satz am re. Rand von Hand angestrichen.

- Unterzeichnung des [VKSE][10]-Abkommens und Mandat für Folgeverhandlungen
- feierliche Erklärung zwischen den Mitgliedstaaten der Bündnisse, für die bei den Beratungen in Wien bereits eine gute Grundlage geschaffen worden sei[11]
- Konfliktverhütungszentrum, dem sowjetische Seite eine große Bedeutung beimesse. Als Sitz schlage Moskau Berlin vor.[12]
- regelmäßige politische Konsultationen auf Gipfel- und AM-Ebene und Schaffen eines Sekretariats
- feierliche Präsentation der Ergebnisse 2 plus 4.
4. Sch. äußerte sich sehr besorgt über die Lage am Golf. [...].[13]

In einem abschließenden kurzen Meinungsaustausch über die innere Lage in der SU bezeichnete Sch. diese als sehr kompliziert. Es gebe widersprüchliche Prozesse in den einzelnen Republiken.

D 2 A und Karpow wurden beauftragt, noch in New York denkbare Lösungsansätze für die noch offenen Fragen in Wien zu entwickeln. BM und Sch. nahmen in Aussicht, in dieser Woche noch einmal zusammenzutreffen.

Kastrup

PA AA, PA AA, ZA 178.928 E.

---

[10] Handschr. korrigiert aus: „KSZE". Zum Abkommen vgl. Dokument Nr. 1, Anm. 8, zu Wien II vgl. Dokument Nr. 22, Anm. 20.
[11] Vgl. Dokument Nr. 32, Anm. 7.
[12] Vgl. Dokument Nr. 1, Anm. 20.
[13] Es folgen Ausführungen zu sowjetischen Vermittlungsbemühungen und zur israelischen Politik. Vgl. Dokument Nr. 42, Anm. 41. Ševardnadze stimmte Genscher darin zu, dass die Resolutionen des Sicherheitsrats „genauestens eingehalten werden müssten". Die Resolutionen des UN-Sicherheitsrats, beginnend mit Resolution Nr. 660 (1990) vom 2.8.1990 mit der Verurteilung des Einmarsches, sind zu finden unter http://www.un.org/depts/german/sr/sr_90/sr660-90.pdf, eine Zusammenstellung der Resolutionen ist unter http://www.un.org/depts/german/sr/sr_them/irak.htm#1990 (letzte Zugriffe am 12.4.2011).

Dokumentenverzeichnis

Nr. 1
Aufzeichnung des Dolmetschers Scheel vom 13. Juni 1989 über das Gespräch von Bundesaußenminister Genscher mit dem sowjetischen Außenminister Ševardnadze am 12. Juni 1989 in Bonn [Auszug]

Nr. 2
Aufzeichnung des Dolmetschers Scheel vom 20. Juni 1989 über das Gespräch von Bundesaußenminister Genscher mit dem sowjetischen Außenminister Ševardnadze am 14. Juni 1989 in Wachtberg-Pech [Auszug]

Nr. 3
Vorlage des Leiters des Referats 213, Neubert, vom 19. September 1989 zum Antrittsbesuch des bundesdeutschen Botschafters Dr. Blech beim Ersten Stellvertretenden Außenminister der UdSSR, Kovalev, am 15. September 1989

Nr. 4
Fernschreiben der Botschaft Moskau vom 21. September 1989 über die Beziehungen der UdSSR zur DDR

Nr. 5
Vermerk des D 2, Kastrup, vom 27. September 1989 über das Gespräch von Bundesaußenminister Genscher mit dem sowjetischen Außenminister Ševardnadze am 27. September 1989 in New York

Nr. 6
Fernschreiben der Botschaft Moskau vom 5. Oktober 1989 über ein Gespräch mit dem amtierenden Leiter des Planungsstabs des sowjetischen Außenministeriums, Gvendzadze, am 4. Oktober 1989 über die deutsch-sowjetischen Beziehungen [Auszug]

Nr. 7
Vermerk des Leiters des Ministerbüros, [Elbe], vom 11. November 1989 über das Telefonat von Bundesaußenminister Genscher mit dem sowjetischen Außenminister Ševardnadze am 11. November 1989

Nr. 8
Fernschreiben der Botschaft Washington vom 22. November 1989 über das Gespräch von Bundesaußenminister Genscher mit US-Präsident Bush am 21. November 1989

Nr. 9
Brief von Bundesaußenminister Genscher an den sowjetischen Außenminister Ševardnadze vom 27. November 1989

Nr. 10
Vermerk des bundesdeutschen Botschafters in London, von Richthofen, vom 30. November 1989 über das Gespräch von Bundesaußenminister Genscher mit der britischen Premierministerin Thatcher am 29. November 1989

Nr. 11
Niederschrift des bundesdeutschen Botschafters in Paris, Pfeffer, vom 30. November 1989 über das Gespräch von Bundesaußenminister Genscher mit dem französischen Staatspräsidenten Mitterrand am 30. November 1989 in Paris

Nr. 12
Aufzeichnung des Dolmetschers Hartmann vom 6. Dezember 1989 über das Gespräch von Bundaußenminister Genscher mit dem sowjetischen Außenminister Ševardnadze am 5. Dezember 1989 in Moskau

Nr. 13
Vermerk des D 2, Kastrup, vom 6. Dezember 1989 über das Gespräch von Bundesaußenminister Genscher mit Generalsekretär Gorbačev am 5. Dezember 1989 in Moskau

Nr. 14
Gedächtnisaufzeichnung des Dolmetschers Hartmann vom 6. Dezember 1989 über das zweite Gespräch zwischen Bundesaußenminister Genscher und dem sowjetischen Außenminister Ševardnadze am 5. Dezember 1989 in Moskau

Nr. 15
Vermerk des Stellvertretenden Leiters des Referats 213, Stüdemann, vom 12. Dezember 1989 über ein Gespräch des D 2, Kastrup, mit dem sowjetischen Botschafter Kvicinskij am 11. Dezember 1989

Nr. 16
Fernschreiben der Botschaft Moskau vom 14. Dezember 1989 über die sowjetische Deutschlandpolitik

Nr. 17
Entwurf des Vermerks von Legationsrat Berger, Mitarbeiter des Ministerbüros, vom 20. Dezember 1989 über das Gespräch von Bundesaußenminister Genscher mit dem sowjetischen Außenminister Ševardnadze am 19. Dezember 1989 in Brüssel

Nr. 18
Vermerk des Leiters des Referats 213, Neubert, vom 23. Januar 1990 über eine Vorbesprechung im Bundeskanzleramt am 16. Januar 1990 zu einem Besuch von Bundeskanzler Kohl in der UdSSR 1990 [Auszug]

Nr. 19
Fernschreiben der Botschaft Moskau vom 1. Februar 1990 über ein Gespräch mit dem Stellvertretenden sowjetischen Außenminister, Adamišin, am 31. Januar 1990 über die sowjetische Deutschlandpolitik

Nr. 20
Aufzeichnung des Dg 21, Höynck, vom 11. Februar 1990 über das Gespräch von Bundesaußenminister Genscher mit dem sowjetischen Außenminister Ševardnadze am 10. Februar 1990 in Moskau [Auszug]

Nr. 21
Fernschreiben der Botschaft Moskau vom 6. März 1990 über ein Gespräch der vier westlichen Vertreter in Moskau am 6. März 1990 zur sowjetischen Deutschlandpolitik

Nr. 22
Vermerk des Leiters des Ministerbüros, Elbe, vom 26. März 1990 über das Gespräch von Bundesaußenminister Genscher mit US-Außenminister Baker am 21. März 1990 in Windhoek [Auszug]

Nr. 23
Vermerk des Leiters des Ministerbüros, Elbe, vom 28. März 1990 über das Gespräch von Bundesaußenminister Genscher mit dem sowjetischen Außenminister Ševardnadze am 22. März 1990 in Windhoek

Nr. 24
Fernschreiben der Botschaft Moskau vom 23. März 1990 über ein Gespräch mit dem Gruppenleiter für die DDR und Polen der Internationalen Abteilung des ZK der KPdSU, Koptel'cev, am 22. März 1990 über die sowjetische Deutschlandpolitik

Nr. 25
Fernschreiben der Botschaft Moskau vom 27. März 1990 über ein Gespräch mit dem Leiter des Planungsstabs des MID, Tarasenko, am 27. März 1990 über die deutsch-sowjetischen Beziehungen

Nr. 26
Aide-Mémoire des sowjetischen Außenministeriums vom 28. April 1990 über die Wirtschafts-, Währungs- und Sozialunion zwischen der Bundesrepublik Deutschland und der DDR

Nr. 27
Vermerk des Dg 21, Höynck, vom 7. Mai 1990 über das Gespräch von Bundesaußenminister Genscher mit dem sowjetischen Außenminister Ševardnadze am 4. Mai 1990 in Bonn

Nr. 28
Rede des sowjetischen Außenministers Ševardnadze auf dem ersten „2+4"-Außenminister-Treffen am 5. Mai 1990 in Bonn

Nr. 29
Fernschreiben der Botschaft Moskau vom 19. Mai 1990 über ein Gespräch mit dem Gruppenleiter für die DDR und Polen der Internationalen Abteilung des ZK der KPdSU, Koptel'cev, am 18. Mai 1990 über die sowjetische Deutschlandpolitik

Nr. 30
Vermerk des Dg 21, Höynck, vom 25. Mai 1990 über das Gespräch von Bundesaußenminister Genscher mit dem sowjetischen Außenminister Ševardnadze am 23. Mai 1990 in Genf

Nr. 31
Aufzeichnung des Dolmetschers Scheel vom 24. Mai 1990 über das zweite Vier-Augen-Gespräch von Bundesaußenminister Genscher mit dem sowjetischen Außenminister Ševardnadze am 23. Mai 1990 in Genf

Nr. 32
Ungezeichneter Vermerk des Dg 21, [Höynck], vom 7. Juni 1990 über das Gespräch von Bundesaußenminister Genscher mit dem sowjetischen Außenminister Ševardnadze am 7. Juni 1990 in Kopenhagen

Nr. 33
Fernschreiben der Botschaft Moskau vom 7. Juni 1990 über Gespräche des Verteidigungspolitischen Arbeitskreises der CDU-CSU-Fraktion mit dem Berater Gorbačevs, Zagladin, in Moskau

Nr. 34
Aufzeichnung des Dolmetschers Scheel vom 12. Juni 1990 über das erste Vier-Augen-Gespräch von Bundesaußenminister Genscher mit dem sowjetischen Außenminister Ševardnadze am 11. Juni 1990 in Brest

Nr. 35
Vermerk des Dg 21, Höynck, vom 12. Juni 1990 über das Gespräch von Bundesaußenminister Genscher mit dem sowjetischen Außenminister Ševardnadze am 11. Juni 1990 in Brest

Nr. 36
Aufzeichnung des Dolmetschers Scheel vom 13. Juni 1990 über das zweite Vier-Augen-Gespräch von Bundesaußenminister Genscher mit dem sowjetischen Außenminister Ševardnadze am 11. Juni 1990 in Brest

Nr. 37
Vermerk des Dg 21, Höynck, vom 19. Juni 1990 über das Gespräch von Bundesaußenminister Genscher mit dem sowjetischen Außenminister Ševardnadze am 18. Juni 1990 in Münster

Nr. 38
Aufzeichnung des Dolmetschers Scheel vom 21. Juni 1990 über das Vier-Augen-Gespräch von Bundesaußenminister Genscher mit dem sowjetischen Außenminister Ševardnadze am 18. Juni 1990 in Münster

Nr. 39
Fernschreiben der Botschaft Moskau vom 9. Juli 1990 über die sowjetische Haltung vor dem Besuch des Bundeskanzlers in Moskau

Nr. 40
Vermerk des Leiters des Ministerbüros, Elbe, vom 8. August 1990 über das Gespräch von Bundesaußenminister Genscher mit dem Außenminister der DDR, Meckel, am 6. August 1990 in Bad Reichenhall [Auszug]

Nr. 41
Aufzeichnung des Dolmetschers Hartmann vom 17. August 1990 über das Vier-Augen-Gespräch von Bundesaußenminister Genscher mit dem sowjetischen Außenminister Ševardnadze am 17. August 1990 in Moskau

Nr. 42
Vermerk des Leiters des Referats 213, Neubert, vom 18. August 1990 über das Delegationsgespräch von Bundesaußenminister Genscher mit dem sowjetischen Außenminister Ševardnadze am 17. August 1990 in Moskau

Nr. 43
Sowjetischer Entwurf des „2+4-Vertrags" vom 1. September 1990

Nr. 44
Vermerk des Leiters des Referats 213, Neubert, vom 4. September 1990 über das Gespräch von Bundesaußenminister Genscher mit dem sowjetischen Botschafter in der Bundesrepublik Deutschland, Terechov, am 3. September 1990

Nr. 45
Vermerk des Leiters des Referats 213, Neubert, vom 14. September 1990 über das Gespräch von Bundesaußenminister Genscher mit dem sowjetischen Außenminister Ševardnadze am 11. September 1990 in Moskau

Nr. 46
Aufzeichnung des Dolmetschers Hartmann vom [13.] September 1990 über das Gespräch von Bundesaußenminister Genscher mit dem sowjetischen Außenminister Ševardnadze am 13. September 1990 in Moskau

Nr. 47
Persönliche Botschaft des sowjetischen Außenministers Ševardnadze vom 13. September 1990 an Bundesaußenminister Genscher

Nr. 48
Vermerk Pauls', [Referat 210], vom 21. September 1990 über das Gespräch des D 2 mit dem sowjetischen Botschafter Terechov am 21. September 1990

Nr. 49
Fernschreiben des D 2, Kastrup, vom 24. September 1990 über das Gespräch von Bundesaußenminister Genscher mit dem sowjetischen Außenminister Ševardnadze am 24. September 1990 in New York

Abkürzungen

AA	Auswärtiges Amt
ABC-Waffen	Atomare, biologische und chemische Waffen
ADW	Akademie der Wissenschaften
AM	Außenminister
AS	Aktensammlung
B	Botschafter
BBC	British Broadcasting Corporation
BGBl.	Bundesgesetzblatt (Bundesrepublik Deutschland/Österreich)
BK	Bundeskanzler
BM	Bundesminister
BMF	Bundesministerium der Finanzen
BMW/BMWi	Bundesministerium für Wirtschaft
BPA	Bundespresseamt
BR	Botschaftsrat
BRD	Bundesrepublik Deutschland
B.v.D.	Beamter vom Dienst
BVerfG	Bundesverfassungsgericht
CDU	Christlich-Demokratische Union (Deutschlands)
ChBK	Chef Bundeskanzleramt
CSFR = ČSFR	Česká a Slovenská Federativna Republika [Tschechische und Slowakische Föderative Republik]
CSSR = ČSSR	Československá Socialistická Republika, [Tschechoslowakische Sozialistische Republik]
CSU	Christlich-Soziale Union
Cti	Citissime, sehr eilig
D 2	Leiter der Abteilung 2 des AA (Politische Abteilung)
D 2 A	Beauftragter der Bundesregierung für Fragen der Abrüstung und Rüstungskontrolle
DA	Demokratischer Aufbruch
DB	Drahtbericht
DBPO	Documents on British Policy Overseas
DDR	Deutsche Demokratische Republik
DE	Drahterlass
DG/Dg	Unterabteilungsleiter AA
Diplo	Diplomatische Vertretung
DKP	Deutsche Kommunistische Partei
DM	Deutsche Mark
DSU	Deutsche Soziale Union

EBWE	Europäische Bank für Wiederaufbau und Entwicklung
EFTA	European Free Trade Association
EG	Europäische Gemeinschaften
EPZ	Europäische Politische Zusammenarbeit
ER	Europarat
ESA	European Space Agency
EU	Europäische Union
EUREKA/EURECA	European Research Coordination Agency
EWG	Europäische Wirtschaftsgemeinschaft
F	Frankreich
FAZ	Frankfurter Allgemeine Zeitung
FDP	Freie Demokratische Partei
FK	Funk/Fernkabel
FM	Finanzminister
G	Gorbačev
GB	Großbritannien
gem.	gemäß
GG	Grundgesetz
GRU	Glavnoe Razvedyvatel'noe Upravlenie [Hauptverwaltung für Aufklärung (beim Generalstab der Streitkräfte der Russischen Föderation)]
GS	Generalsekretär
GV	Generalversammlung
HAS	Helsinki-Akte
HO	Handelsorganisation
IFRI	Institut Français des Relations Internationales
INF	Intermediate Range Nuclear Forces
KGB	Komitet Gosudarstvennoj Bezopasnosti [Komitee für Staatssicherheit]
KP	Kommunistische Partei
KPČ = KSČ	Komunistická Strana Československa [Kommunistische Partei der Tschechoslowakei]
KPD	Kommunistische Partei Deutschlands
KPdSU	Kommunistische Partei der Sowjetunion
KRK	Konventionelle Rüstungskontrolle
KSE-Vertrag	Vertrag über Konventionelle Streitkräfte in Europa
KSZE	Konferenz über Sicherheit und Zusammenarbeit in Europa
LDP/LDPD	Liberal-Demokratische Partei (Deutschlands)
LMB	Leiter des Ministerbüros
L Pol	Leiter der Politischen Abteilung

MBFR	Mutual and Balanced Force Reductions
MD	Ministerialdirektor
MDg	Ministerialdirigent
MID	Ministerstvo Inostrannych del [Außenministerium der UdSSR]
MP	Ministerpräsident
MR	Ministerrat
MSZMP	Magyar Szocialista Munkáspárt [Ungarische Sozialistische Arbeiterpartei]
MSZP	Magyar Szocialista Párt [Ungarische Sozialistische Partei]
NATO	North Atlantic Treaty Organization
ND	Neues Deutschland
NFD	Nur für den Dienstgebrauch
NRW	Nordrhein-Westfalen
NS	Nationalsozialismus
NSC	National Security Council
NVA	Nationale Volksarmee
NV-Vertrag	Nichtverbreitungsvertrag
NYC	New York Council
OECD	Organization for Economic Cooperation and Development
o. g.	oben genannt
O. S.	Oberster Sowjet
OZ	Ortszeit
PA AA	Politisches Archiv des Auswärtigen Amts
PBA	Politischer Beratender Ausschuss (des Warschauer Pakts)
PDS	Partei des Demokratischen Sozialismus
PHP	Parallel History Project on Cooperative Security
PK	Pressekonferenz
PM	Premierminister(in)
PolDir	Politischer Direktor
Ref.	Referat
RGW	Rat für Gegenseitige Wirtschaftshilfe
RL	Referatsleiter
RSFSR	Rossiskaja Sovetskaja Federativnaja Socialističeskaja Respublika [Russische Föderative Sowjetrepublik]
SAG	Sowjetische Aktiengesellschaft
SAM	Sowjetischer Außenminister
SBM	Strategic Ballistic Missiles
SBZ	Sowjetische Besatzungszone
SED	Sozialistische Einheitspartei Deutschlands
SIPRI	Stockholm International Peace Research Institute
SNF	Short-Range Nuclear Forces
SOW	Sowjetunion

SPD	Sozialdemokratische Partei Deutschlands
SS-20	Surface-to-Surface-Missile (20)
START	Strategic Arms Reduction Treaty
StS	Staatssekretär
StvMP	Stellvertretender Ministerpräsident
SU	Sowjetunion
SZ	Süddeutsche Zeitung
TASS	Telegrafnoe Agenstvo Sovetskogo Sojuza (Nachrichtenagentur der UdSSR)
TNS	Teilnehmerstaaten
UdSSR	Union der Sozialistischen Sowjetrepubliken
UN	United Nations
ungez.	ungezeichnet
US	United States
USA	United States of America
u.U.	unter Umständen
V	Vertraulich
VAM	Vize-Außenminister
Verf.	Verfasser
Vertr.	Vertretung
VKP (b)	Vsesojuznaja Kommunističeskaja Partija (bol'ševikov) [Kommunistische Allunionspartei (Bolschewisten)]
VKSE	Verhandlungen über Konventionelle Streitkräfte in Europa
VLR	Vortragender Legationsrat
VM	Verteidigungsminister
VN	Vereinte Nationen
VP	Vizepräsident
VS	Verschlusssache
VSBM	Vertrauens- und Sicherheitsbildende Maßnahmen
WEU	Westeuropäische Union
WGT	Westgruppe der Truppen
WP	Warschauer Pakt
WV	Wiedervorlage
WVO	Warschauer Vertrags-Organisation = Warschauer Pakt
WWSU	Wirtschafts-, Währungs- und Sozialunion
zdA/z.d.A.	zu den Akten
ZK	Zentralkomitee

Auswahlbibliographie

Quellensammlungen und Dokumentationen

Das Atlantische Bündnis. Tatsachen und Dokumente, Brüssel ⁷1990.

Außerordentlicher Parteitag der SED-PDS. Protokoll der Beratungen am 8./9. und 16./17. Dezember 1989 in Berlin, hrsg. von Lothar Hornborgen u. a., Berlin 1999.

Besuch des Generalsekretärs des ZK der KPdSU und Vorsitzenden des Obersten Sowjets der UdSSR, Michail Gorbatschow, in der Volksrepublik China, 15.–18. Mai 1989. Dokumente und Materialien, Moskau 1989.

Besuch des Generalsekretärs des ZK der KPdSU und Vorsitzenden des Obersten Sowjets der UdSSR, Michail Gorbatschow, in der BRD, 12.–15. Juni 1989. Dokumente und Materialien, Moskau 1989.

Brandt, Willy: Berliner Ausgabe, Bd. 10: Gemeinsame Sicherheit, Internationale Beziehungen und deutsche Frage, bearb. von Uwe Mai u. a., Bonn 2009.

Bulletin des Presse- und Informationsamtes der Bundesregierung, Bonn 1951 ff. (wechselnde Bezeichnungen).

Bundesgesetzblatt, Teil I und II, Bonn 1951 ff. (ab 1990 Verlagsort Köln).

Bundesministerium für innerdeutsche Beziehungen (Hrsg.): Zehn Jahre Deutschlandpolitik. Die Entwicklung der Beziehungen zwischen der Bundesrepublik Deutschland und der Deutschen Demokratischen Republik. Bericht und Dokumentation, Bonn 1980.

Bundesministerium für innerdeutsche Beziehungen (Hrsg.): Texte zur Deutschlandpolitik, Reihe III, Band 8a, Bonn 1983.

A Cardboard Castle? An Inside History of the Warsaw Pact, 1955–1991, hrsg. von Vojtech Mastny u. a., Budapest 2005.

Documents on British Policy Overseas, Series III, Vol. VI, German Unification, 1989–1990, London 2010.

Deutsche Einheit. Sonderedition aus den Akten des Bundeskanzleramtes 1989/90, bearb. von Hanns Jürgen Küsters und Daniel Hofmann, München 1998.

Die deutsche Vereinigung. Dokumente zu Bürgerbewegung, Annäherung und Beitritt, hrsg. von Volker Gransow u. a., Köln 1991.

Europa-Archiv. Zeitschrift für internationale Politik. Dokumente, Bonn 1961 ff.

Fischer, Alexander (Hrsg.): Teheran, Jalta, Potsdam. Die sowjetischen Protokolle von den Kriegskonferenzen der Großen Drei, Köln ³1985.

Galkin, Aleksandr/Černjaev, Anatolij (Hrsg.): Michail Gorbačev i germanskij vopros. Sbornik dokumentov 1986–1991, Moskau 2006.

Galkin, Aleksandr/Tschernjajew, Anatolij (Hrsg.): Michail Gorbatschow und die deutsche Frage. Sowjetische Dokumente 1986–1991, München 2011.

Genscher, Hans-Dietrich: Zukunftsverantwortung. Reden, Berlin 1990.

Genscher, Hans-Dietrich: Unterwegs zur Einheit. Reden und Dokumente aus bewegter Zeit, Berlin 1991.

Genscher, Hans-Dietrich: Politik aus erster Hand. Kolumnen des Bundesaußenministers a. D. Hans-Dietrich Genscher in der Nordsee-Zeitung Bremerhaven, Bremerhaven 1992.

Gesetzblatt der Deutschen Demokratischen Republik, Teil I und II, Berlin 1955–1990.

[Gorbačev, Michail S. =] Gorbatschow, Michail: Glasnost. Das neue Denken, Moskau 1989.

[Gorbačev, Michail S. =] Gorbatschow, Michail: Perestroika. Die zweite russische Revolution. Eine neue Politik für Europa und die Welt, erw. Taschenbuchausg., München 1989.

[Gorbačev, Michail S. =] Gorbatschow, Michail: Gipfelgespräche. Geheime Protokolle aus meiner Amtszeit, Berlin 1993.

Gorbačev, Michail S.: Sobranie sočinenij, Bd. 1 ff., Moskau 2008ff.

Der Grundlagenvertrag vor dem Bundesverfassungsgericht. Dokumentation zum Urteil vom 31. Juli 1973 über die Vereinbarkeit des Grundlagenvertrages mit dem Grundgesetz, Karlsruhe 1973.

Hertle, Hans-Hermann/Stephan, Gerd-Rüdiger (Hrsg.): Das Ende der SED. Die letzten Tage des Zentralkomitees, Berlin 1997.

Hertle, Hans-Hermann: Der Fall der Mauer. Die unbeabsichtigte Selbstauflösung des SED-Staates, 2. durchges. Aufl., Opladen 1999.

Jawlinskij, Grigorij/Schatalin, Stanislaw: 500 Tage zur Marktwirtschaft. Die Pläne der Reform-Ökonomen, Düsseldorf 1991.

Küchenmeister, Daniel (Hrsg.): Honecker Gorbatschow. Vieraugengespräche, Berlin 1993.

Kukutz, Irena: Chronik der Bürgerbewegung Neues Forum 1989–1990, Berlin 2009.

Lehmann, Ines: Die Außenpolitik der DDR 1989/1990. Eine dokumentierte Rekonstruktion, Baden-Baden 2010.

Masterpieces of History: the Peaceful end of the Cold War in Europe, hrsg. von Svetlana Savranskaja u. a., Budapest 2010.

Munteanu, Mircea (Hrsg.): The End of the Cold War. A CWIHP Document Reader Compiled for the International Conference "The End of the Cold War," Paris, 15–17 June 2006, http://www.wilsoncenter.org/index.cfm?topic_id=1409&fuseaction=topics.documents&doc_id=188014&group_id=187963.

Nakath, Detlef (Hrsg.): „Im Kreml brennt noch Licht". Die Spitzenkontakte zwischen SED/PDS und KPdSU 1989–1991, Berlin 1998.

Nakath, Detlef/Stephan, Gerd-Rüdiger (Hrsg.), Countdown zur deutschen Einheit. Eine dokumentierte Geschichte der deutsch-deutschen Beziehungen 1987–1990, Berlin 1996.

Potthoff, Heinrich: Die „Koalition der Vernunft", München 1995.

Schweisfurth, Theodor/Oellers-Frahm, Karin (Hrsg.): Dokumente der KSZE. Textausgabe mit ausführlichem Sachverzeichnis und einer Einführung. Stand 1. Juli 1993, Sonderausgabe, München 1993.

XXVIII s-ezd KPSS. Stenografičeskij otčet, 2 Bde., Moskau 1991.

Sojuza možno bylo sochranit'. Belaja kniga: Dokumenty i fakty o politike M. S. Gorbačeva po reformirovaniju i sochraneniju mnogonacional'nogo gosudarstva, hrsg. von A. S. Černjaev u. a., 2. überarb. u. erg. Aufl., Moskau 2007.

Stenographische Protokolle der Tagung der Volkskammer der DDR, Berlin 1963–1990.

Stephan, Gerd-Rüdiger (Hrsg.): Vorwärts immer, rückwärts nimmer. Interne Dokumente zum Zerfall von SED und DDR 1988/89, Berlin 1994.

Strafjustiz und DDR-Unrecht. Dokumentation, 7 Bde., Berlin 2000–2009.

V Politbjuro CK KPSS .... Po zapisjam Anatolija Černjaeva, Vadima Medvedeva, Georgija Šachnazarova, Moskau 2006.
Verhandlungen des Deutschen Bundestages. Stenografische Berichte, Bonn 1987ff.
Vneočerednoj tretij s-ezd narodnych deputatov SSSR. Stenografičeskij otčet, 3 Bde., Moskau 1990.

Zwei-plus-Vier-Vertrag: Partnerschaftsverträge, EG-Maßnahmenpaket, München 1991.

Memoiren, Tagebücher, Darstellungen von Zeitzeugen

Albrecht, Ulrich: Die Abwicklung der DDR. Die „2+4-Verhandlungen". Ein Insider-Bericht, Opladen 1992.
Attali, Jacques: Verbatim, Bd. 3: Chronique des années 1988–1991, Paris 1995.

Bahr, Egon: Zu meiner Zeit, München 1996.
Baker, James A.: Drei Jahre, die die Welt veränderten. Erinnerungen, Berlin 1996.
Bettzuege, Reinhard: Hans-Dietrich Genscher – Eduard Schewardnadse. Das Prinzip Menschlichkeit, Bergisch-Gladbach 1994.
Bush, George/Scowcroft, Brent: A World Transformed, New York 1999 (Originalausg. 1998).

[Černjaev, Anatolij S. =] Chernyaev, Anatoly S.: Diary, Installment 1ff., 1985–1990, National Security Archive, http://www.gwu.edu/~nsarchiv/NSAEBB/NSAEBB275/index.htm.
[Černjaev, Anatolij S. =] Tschernjaew, Anatoli: Die letzten Jahre einer Weltmacht. Der Kreml von innen, Stuttgart 1993.
[Černjaev, Anatolij S. =] Tschernjaew, A.: Mein deutsches Tagebuch. Die deutsche Frage im ZK der KPdSU (1972–1991), Klitzschen 2005.
Černjaev, Anatolij S.: Sovmestnyj ischod. Dnevnik dvuch epoch. 1972–1991 gody, Moskau 2008.

Diekmann, Kai/Reuth, Ralf Georg: Helmut Kohl: „Ich wollte Deutschlands Einheit", Berlin 1996.

Falin, Valentin: Konflikte im Kreml. Zur Vorgeschichte der deutschen Einheit und Auflösung der Sowjetunion, München 1997.
Falin, Valentin: Politische Erinnerungen, München 1993.

Genscher, Hans-Dietrich: Erinnerungen, vollständige Taschenbuchausg., München 1997.
Gorbatschow, Michail: Erinnerungen, genehmigte Taschenbuchausg., München 1996.
Gorbatschow, Michail: Wie es war. Die deutsche Wiedervereinigung, Berlin 1999.

Hurd, Douglas: Memoirs, London 2003.

Kiessler, Richard/Elbe, Frank: Ein runder Tisch mit scharfen Ecken. Der diplomatische Weg zur deutschen Einheit, Baden-Baden 1993.
Kohl, Helmut: Erinnerungen 1982–1990, München 2005.
Kohl, Helmut: Erinnerungen 1990–1994, München 2007.
Kotschemassow, Wjatscheslaw: Meine letzte Mission. Fakten, Erinnerungen, Überlegungen, Berlin 1994.
Krenz, Egon: Herbst '89, Berlin 1999.
Kuhn, Ekkehard (Hrsg.): Gorbatschow und die deutsche Einheit. Aussagen der wichtigsten russischen und deutschen Beteiligten, Bonn 1993.
Kwizinskij, Julij A.: Vor dem Sturm. Erinnerungen eines Diplomaten, Berlin 1993.

Maizière, Lothar de: Ich will, dass meine Kinder nicht mehr lügen müssen. Meine Geschichte der deutschen Einheit, Freiburg/Breisgau ²2010.

Maksimyčev, Igor': Padenie Berlinskoj steny. Iz zapisok sovetnika-poslannika posol'stva SSSR v Berline, Moskau 2011.

Meckel, Markus: Selbstbewußt in die deutsche Einheit. Rückblicke und Reflexionen, Berlin 2001.

Meyer-Landrut, Andreas: Mit Gott und langen Unterhosen. Erlebnisse eines Diplomaten in der Zeit des Kalten Krieges, Berlin 2003.

Mitterrand, François: Über Deutschland, Frankfurt/Main 1996.

Modrow, Hans: Ich wollte ein neues Deutschland, Lizenzausg., München 1999.

Nudel, Ina: A Hand in the Darkness. The Autobiography of a Refusenik, New York 1990.

Obminskij, Ėrnest: Poka govorjat diplomaty, Moskau 2010.

Schäuble, Wolfgang: Der Vertrag. Wie ich über die deutsche Einheit verhandelte, Stuttgart 1991.

[Ševardnadze, Ėduard =] Schewardnadse, Eduard: Als der Eiserne Vorhang zerriss. Begegnungen und Erinnerungen, aktual., neu konzipierte und erg. Ausg., Duisburg 2007.

Teltschik, Horst: 329 Tage. Innenansichten der Einigung, Berlin 1991.

Terekhov, Vladislav: How the German Problem Was Solved: Postscript, in: International Affairs 44 (1998), Nr. 5, S. 191-229.

Thatcher, Margaret: Downing Street No. 10. Die Erinnerungen, Düsseldorf ³1993.

Vorotnikov, V. I.: A bylo ėto tak ... Iz dnevnika člena Politbjuro CK KPSS, 2., erg. Aufl., Moskau 2003.

Walters, Vernon A.: Die Vereinigung war voraussehbar. Hinter den Kulissen eines entscheidenden Jahres, Berlin 1994.

Weizsäcker, Richard von: Vier Zeiten. Erinnerungen, Berlin 1997.

Wolf, Markus: Die Troika, Düsseldorf 1989.

Zamjatin, L. M.: Gorbi i Mėggi. Zapiski posla o dvuch izvestnych politikach – Michaile Gorbačeve i Margaret Tetčer, Moskau 1995.

Sekundärliteratur

Achtamzjan, A. A.: Ob-edinenie Germanii. Obstojatel'stva i posledstvija. Očerki, Moskau 2008.

Adomeit, Hannes: Imperial Overstretch: Germany in Soviet Policy from Stalin to Gorbachev. An Analysis Based on New Archival Evidence, Memoirs, and Interview, Baden-Baden 1998.

Altrichter, Helmut: Russland 1989. Der Untergang des sowjetischen Imperiums, München 2009.

Biermann, Rafael: Zwischen Kreml und Kanzleramt. Wie Moskau mit der deutschen Einheit rang, Paderborn 1997.

Bozo, Frédéric: Mitterrand, la fin de la guerre froide et l'unification allemande. De Yalta à Maastricht, Paris 2005.

Bozo, Frédéric (Hrsg.): Europe and the End of the Cold War. A Reappraisal, London 2008.

Bugaj, N. F.: Reabilitacija repressirovannych graždan Rossii (XX – načalo XXI veka), Moskau 2006.

The Cambridge History of the Cold War, Bd. 3: Endings, hrsg. von Melvyn P. Leffler u. a., Cambridge 2010.

Conze, Eckart: Die Suche nach Sicherheit. Eine Geschichte der Bundesrepublik Deutschland von 1949 bis in die Gegenwart, München 2009.

Dalos, György: Gorbatschow. Mensch und Macht. Eine Biografie, München 2011.

Daschitschew, Wjatscheslaw: Moskaus Griff nach der Weltmacht. Die bitteren Früchte hegemonialer Politik, Hamburg 2002.

Deutscher Bundestag (Hrsg.): Materialien der Enquete-Kommission „Überwindung der Folgen der SED-Diktatur im Prozeß der deutschen Einheit" (13. Wahlperiode des Deutschen Bundestages), Bd. VIII/1-3: Das geteilte Deutschland im geteilten Europa, Baden-Baden 1999.

English, Robert D.: Russia and the Idea of the West. Gorbachev, Intellectuals & the End of the Cold War, New York 2000.

Fedor, Helen (Hrsg.): Moldova. A Country Study, Washington 1995.

Fisch, Jörg: Das Selbstbestimmungsrecht der Völker. Die Domestizierung einer Illusion, München 2010.

Fülberth, Georg: KPD und DKP, 1945-1990. Zwei kommunistische Parteien in der vierten Periode kapitalistischer Entwicklung, 2., überarb. Aufl., Heilbronn 1992.

Gaddum, Eckart: Die deutsche Europapolitik in den 80er Jahren. Interessen, Konflikte und Entscheidungen der Regierung Kohl, Paderborn 1994.

Grachev, Andrei: Gorbachev's gamble. Soviet Foreign Policy and the End of the Cold War, Cambridge 2008.

Hecker, Hans: Die Deutschen im Russischen Reich, in der Sowjetunion und in ihren Nachfolgestaaten, Köln ²1998.

Hertle, Hans-Hermann: Chronik des Mauerfalls. Die dramatischen Ereignisse um den 9. November 1989, 11., erw. Aufl., Berlin 2009.

Hildermeier, Manfred: Geschichte der Sowjetunion 1917-1991, München 1998.

Himmler, Norbert: Zwischen Macht und Mittelmaß. Großbritanniens Außenpolitik und das Ende des Kalten Krieges. Akteure, Interessen und Entscheidungsprozesse der britischen Regierung 1989/90, Berlin 1999.

Jackisch, Klaus-Rainer: Eisern gegen die Einheit. Margaret Thatcher und die deutsche Wiedervereinigung, Frankfurt/Main 2004.

Kaiser, Karl: Deutschlands Vereinigung. Die internationalen Aspekte. Mit den wichtigen Dokumenten, Bergisch Gladbach 1991.

Kammradt, Steffen: Der Demokratische Aufbruch. Profil einer jungen Partei am Ende der DDR, Frankfurt/Main 1997.

Kowalczuk, Ilko-Sascha: Endspiel. Die Revolution von 1989 in der DDR, Lizenzausg., Bonn 2009.

Kramer, Mark: The Myth of a No-NATO Enlargement Pledge to Russia, in: The Washington Quarterly 32 (2009), Nr. 2, S. 39-61.

Küpper, Herbert: Die Wiedergutmachung nationalsozialistischen Unrechts in den Nachfolgestaaten der Sowjetunion, in: Osteuropa 46 (1996), S. 639-656.

Küsters, Hanns Jürgen: Entscheidung für die deutsche Einheit, in: Deutsche Einheit. Sonderedition aus den Akten des Bundeskanzleramtes 1989/90, bearb. von Hanns Jürgen Küsters und Daniel Hofmann, München 1998, S. 21-236.

Küsters, Hanns Jürgen: Zur Edition, in: Deutsche Einheit. Sonderedition aus den Akten des Bundeskanzleramtes 1989/90, bearb. von Hanns Jürgen Küsters und Daniel Hofmann, München 1998, S. 13–19.

Küsters, Hanns Jürgen: Der Integrationsfriede. Viermächte-Verhandlungen über die Friedensregelung mit Deutschland 1945–1990, München 2000.

Lindemann, Mechthild: Die deutsche Frage auf den Genfer Viermächtekonferenzen 1955, Diss., Bonn 1994.

Maier, Charles S.: Das Verschwinden der DDR und der Untergang des Kommunismus, Lizenzausg., Frankfurt/Main 2000.

Marxen, Klaus/Werle, Gerhard: Die strafrechtliche Aufarbeitung von DDR-Unrecht. Eine Bilanz, Berlin 1999.

Oberdorfer, Don: The Turn. How the Cold War Came to an End. The United States and the Soviet Union, 1983–1990, London 1992.

Pavlov, Nikolaj V.: Ob-edinenie ili Rasskaz o rešenii Germanskogo voprosa s kommentarijami i otstuplenijami, Moskau 1992.

Plato, Alexander von: Die Vereinigung Deutschlands – ein weltpolitisches Machtspiel. Bush, Kohl, Gorbatschow und die geheimen Moskauer Protokolle, 2. durchgeseh. Aufl., Lizenzausg., Berlin 2003.

Pond, Elizabeth: Beyond the Wall. Germany's Road to Unification, Washington 1993.

Potthoff, Heinrich: Im Schatten der Mauer. Deutschlandpolitik 1961 bis 1990, Berlin 1999.

Reuth, Ralf Georg; Bönte, Andreas: Das Komplott. Wie es wirklich zur deutschen Einheit kam, 3. Aufl. der Neuausg., München 1995.

Richter, Michael: Die friedliche Revolution. Aufbruch zur Demokratie in Sachsen 1989/90, Göttingen 2010.

Rödder, Andreas: Deutschland einig Vaterland. Die Geschichte der Wiedervereinigung, München 2009.

Sarotte, Mary Elise: 1989. The Struggle to Create Post-Cold War Europe, Princeton 2009.

Sarotte, Mary Elise: Not One Inch Eastward? Bush, Baker, Kohl, Genscher, Gorbachev, and the Origin of Russian Resentment toward NATO Enlargement in February 1990, in: Diplomatic History 34 (2010), S. 119–140.

Sebestyen, Victor: Revolution 1989. The Fall of the Soviet Empire, London 2009.

Shumaker, David H.: Gorbachev and the German Question. Soviet-West German relations, 1985–1990, London 1995.

Simon, Gerhard; Simon, Nadja: Verfall und Untergang des sowjetischen Imperiums, München 1993.

Die Sowjetunion und Deutschlands Vereinigung. Beiträge des internationalen Kolloquiums der Kommission, Moskau 2003, in: Mitteilungen der Gemeinsamen Kommission für die Erforschung der jüngeren Geschichte der deutsch-russischen Beziehungen 3 (2008), S. 2–149.

Stent, Angela: Rivalen des Jahrhunderts. Deutschland und Russland im neuen Europa, Berlin 2000.

Stuhler, Ed: Die letzten Monate der DDR. Die Regierung de Maizière und ihr Weg zur deutschen Einheit, Berlin 2010.

Süß, Walter: Staatssicherheit am Ende. Warum es den Mächtigen nicht gelang, 1989 eine Revolution zu verhindern, Berlin ²1999.

Theopold, Regina: Die Organisation des Auswärtigen Amtes zwischen 1980 bis 2004, Magisterarb., Univ. Köln 2004.

Timofeeva, Tatiana: Russische Reaktionen auf den deutschen Einigungsprozeß im Spiegel damaliger und heutiger Umfragen, in: Forum für osteuropäische Ideen- und Zeitgeschichte 14 (2010), Nr. 1, S. 85-98.

Umbach, Frank: Das rote Bündnis. Entwicklung und Zerfall des Warschauer Paktes 1955-1991, Berlin 2005.

Weidenfeld, Werner, mit Peter M. Wagner und Elke Bruck: Außenpolitik für die deutsche Einheit. Die Entscheidungsjahre 1989/90, Stuttgart 1998.

Winkler, Heinrich A.: Der lange Weg nach Westen II: Deutsche Geschichte 1933-1990, Lizenzausg., Bonn 2004.

Wohlforth, William C. (Hrsg.): Cold War Endgame. Oral History, Analysis, Debates, University Park 2003.

Wollenweber, Rolf P.: Bemühungen um eine Abrüstung chemischer Waffen, Diss., Braunschweig 1991.

Zelikow, Philip/Rice, Condoleezza: Sternstunde der Diplomatie. Die deutsche Einheit und das Ende der Spaltung Europas, Berlin 1997.

Personenregister

Die Namensschreibung im Register folgt der wissenschaftlichen Transliteration, die auch in den Dokumenten-Überschriften und der Kommentierung verwendet wird, während in den Dokumenten selbst zumeist die Transkription Anwendung findet. Wegen des häufigen Auftretens wurden die Namen Èduard A. Ševardnadze und Hans-Dietrich Genscher nicht erfasst.

Adam, Rudolf 168
Adamišin, Anatolij L. 93-99, 104, 118
Arbatov, Georgij Arkad'evič 108
Arnim, Joachim von 27, 40, 86f., 93, 125, 215

Bahr, Egon 121
Baker, James 12, 44, 47, 62, 99, 104f., 109-113, 116, 130, 134, 155, 165, 169, 171, 175, 193, 195, 197, 199, 202, 226, 252, 256
Berger (LR I, Auswärtiges Amt) 88, 91
Bessmertnych, Aleksandr A. 257
Bismarck, Otto von 99
Blackwill, Robert 44
Blech, Klaus 24f., 35, 41, 74, 98, 105, 108, 124, 126, 146, 170, 219, 228
Bogomolev, Oleg T. 32
Boidevaix, Serge 56
Bondarenko, Aleksandr P. 10, 30, 87, 133, 173, 228, 250
Braithwaite, Rodric Quentin 106
Brandt, Willy 71, 90, 102, 118
Brežnev, Leonid I. 37, 52, 126
Brovikov, Vladimir I. 134
Bush, George 19, 21, 23, 43-47, 54, 57, 62, 76, 84, 134, 262

Ceauşescu, Elena 91
Ceauşescu, Nicolae 91
Černjaev, Anatolij 11f.
Cheney, Dick 55
Chrobog, Jürgen 228
Citron, Klaus-Jürgen 40

Dašičev, Vjačeslav I. 32, 34
Dmitriev (MID) 32, 41
Dubček, Alexander 44f.
Dufourcq, Bertrand 252
Dumas, Roland 57f., 60, 72, 109f., 120, 256

Elbe, Frank 15, 41, 109f., 113f., 120, 168, 170, 173, 188, 205, 211, 219f., 222, 228
El'cin, Boris N. 13
Elisariev (MID) 228

Falin, Valentin M. 31, 169, 217
Fischer, Oskar 30, 38f., 68
Fokin (MID) 228
Fretwell, John 49
Fritsch, Wolfram von 220

Ganter, Bernd 98
Gates, Robert 44
Gorbačev, Michail S. 7, 10-13, 15-19, 22, 25, 28-31, 33, 36-40, 42f., 45-47, 49-52, 54, 58, 60f., 70, 73-75, 77-85, 87-89, 92, 94f., 108f., 122, 124-126, 130, 134, 141, 146, 152-155, 163, 166, 171, 173-176, 190f., 195, 197, 199, 211-213, 215-220, 224f., 234, 237, 249, 251f., 256, 258
Greenspan, Alan 51
Grósz, Károly 52
Guigou, Élisabeth 56
Gvendzadze (MID) 39-41, 87f.
Gysi, Gregor 69

Harmel, Pierre 45
Hartmann, Eggert 61, 73, 80, 82, 222, 227f., 256, 258f.
Haussmann, Helmut 223, 229
Havel, Václav 45, 111
Heyken, Eberhard 88, 106, 121, 145
Hitler, Adolf 37, 234
Höynck, Wilhelm 98, 104, 129, 136, 147, 162, 164, 172, 188, 194, 211, 228
Holik, Josef 44, 228, 240, 263
Honecker, Erich 20, 29f., 33, 39-41, 43, 68, 77, 91
Hurd, Douglas 49, 53-55, 91, 109, 120, 221, 226, 254, 256

Iliescu, Ion 91

Jakovlev, Aleksandr N. 30f., 216f.
Jelonek, Alois 228
Johanes, Jaromir 39

Karpov (MID) 228, 235, 240, 263
Kartschew 86
Kastrup, Dieter 36, 39, 44, 47f., 73f., 80, 83-85, 98f., 103-105, 149, 168, 173, 188, 199, 211,

284 Personenregister

214, 228f., 234f., 239, 243, 248, 250, 253f., 259-261, 263
Kittel, Walter 136
Kočemasov, Vjačeslav I. 124
Köhler, Horst 223
Kohl, Helmut 7, 10, 25f., 37f., 40, 43, 50-54, 57, 64f., 69-74, 76-82, 84, 89, 91f., 96f., 103, 110, 121f., 134f., 149, 152, 162f., 167, 171, 173, 187, 190f., 196, 211-213, 215, 224, 227, 232, 234, 239, 248f., 252f.
Koptel'cev, Valentin A. 106f., 120-124, 145f.
Kovalev, Anatolij 24f., 47, 106, 126
Krenz, Egon 33, 43
Kvicinskij, Julij A. 17, 31, 83-85, 100, 118, 124, 133, 154, 161, 173, 214, 229, 234f., 239f., 250f., 253-255, 259

Lambach, Frank 26
Lautenschlager, Hans Werner 127, 135, 156, 158, 195, 211
Ligačev, Egor K. 29, 32, 108, 146, 216
Luk'janov, Anatolij I. 126

Maizière, Lothar de 109, 130, 222f., 225, 255f.
Masur, Kurt 50, 52, 54
Matlock, Jack F. 105, 107f.
Meckel, Markus 131, 219-222, 232
Medvedev, Vadim A. 154
Mendeleevič (MID) 40
Mérillon, Jean-Marie 106f.
Meyer-Landrut, Andreas 26
Mischnick, Wolfgang 69
Mitterrand, François 17, 56, 58-61, 67, 72, 75, 84, 110, 134
Modrow, Hans 46, 48, 69, 72, 78, 81, 93-95, 97, 101, 103, 107f., 122
Moiseev, Michail A. 218
Momper, Walter 71
Mützelburg, Bernd 43

Neubert, Klaus 24, 26, 81, 91, 93, 227f., 240, 247, 249f., 256
Nudel', Ida 52
Nyers, Rezső 29

Obminskij, Ėrnest E. 127, 135, 156, 158, 195, 211

Pauls, Christian 85, 259, 261
Pavlov, Valentin S. 223
P'enzin (MID) 228
Pfeffer, Franz 56
Pieroth, Elmar 121
Pöhl, Karl O. 223
Pohl, Gerhard 223
Pollack, Peter 223
Powell, Charles 49
Pozsgay, Imre 52

Quayle, James D. („Dan") 44

Reagan, Ronald 19, 23, 51, 84
Reinhold, Otto 27, 30
Richthofen, Hermann von 49, 55
Roh Tae-woo 56
Romberg, Walter 223
Rose, Charles 201
Ruhfus, Jürgen 44, 46
Ryžkov, Nikolaj I. 163, 249

Sagladin, Wadim W. siehe Zagladin, Vadim V.
Samjatin, Leonid M. siehe Zamjatin, Leonid M.
Šatalin, Stanislav S. 249
Sauzay, Brigitte 56
Schäfers, Reinhard 27, 228
Schäuble, Wolfgang 7
Scheel, Hermann 15, 21f., 162, 164, 170, 172, 189, 194, 212, 214
Schmidt, Helmut 50, 55
Schnur, Wolfgang 52
Schürer, Gerhard 32
Scowcroft, Brent 44, 46
Ševardnadze, Akakij A. 167
Siborov (MID) 62
Siebourg, Gisela 49, 56
Sitarjan, Stepan A. 223, 238
Skubiszewski, Krzysztof 42, 66
Sonnenfeldt, Helmut 51
Stalin, Iosif V. 37
Stepanov, Tejmuraz G. 228
Stresemann, Gustav 100
Studnitz, Ernst-Jörg von 24
Stüdemann, Dietmar 83, 85
Sudhoff, Jürgen 73
Süssmuth, Rita 201
Sununu, John H. 44

Tarasenko, S. P. 124-126, 142, 205, 228
Teltschik, Horst 92
Terechov, Vladislav P. 214, 247-249, 259-261
Thatcher, Margaret 20, 49-55, 60, 84, 91, 134, 193
Tiedtmeier, Hans 127

Ulbricht, Walter 31
Usyčenko, Leonid G. 87

Vogel, Wolfgang 68

Waigel, Theo 211, 223, 227, 229, 238
Walters, Vernon A. 44
Weizsäcker, Richard von 71, 74, 89
Weston, John 251
Wolf, Markus 33
Wünsche, Kurt 223

Zagladin, Vadim V. 74, 169
Zamjatin, Leonid M. 106